Consumo e abastecimento
na **História**

Consumo e abastecimento na História

Denise Aparecida Soares de Moura
Margarida Maria de Carvalho
Maria-Aparecida Lopes

Copyright © 2011 Denise Aparecida Soares de Moura
Margarida Maria de Carvalho
Maria-Aparecida Lopes

Grafia atualizada segundo o Acordo Ortográfico da Língua Portuguesa de 1990, que entrou em vigor no Brasil em 2009.

Publishers: Joana Monteleone/Haroldo Ceravolo Sereza/Roberto Cosso
Edição: Joana Monteleone
Editor assistente: Vitor Rodrigo Donofrio Arruda
Revisão: Íris Morais Araújo
Projeto gráfico e diagramação: Eliezer Abrantes Rodrigues
Assistente de produção: João Paulo Putini
Capa: Patrícia Jatobá U. de Oliveira
Assistente de produção: João Paulo Putini

Imagem da capa: *Rua do Ouvidor* de Eduard Hildebrandt (1818-1869)

CIP-BRASIL. CATALOGAÇÃO-NA-FONTE
SINDICATO NACIONAL DOS EDITORES DE LIVROS, RJ

C775

CONSUMO E ABASTECIMENTO NA HISTÓRIA
Denise Aparecida Soares de Moura, Margarida Maria de Carvalho, Maria-Aparecida Lopes.
São Paulo: Alameda, 2011.
452p.

Trabalhos apresentados no Colóquio Internacional Consumo e Abastecimento na História, realizado em maio de 2008 na Universidade Estadual Paulista Campus de Franca

Inclui bibliografia
ISBN 978-85-7939-081-4

1. Consumo (Economia) – História. 2. Abastecimento de alimentos – História. 3. Indústria cultural – Aspectos econômicos – História. 4. Distribuição de mercadorias – História. I. Moura, Denise A. Soares de (Denise Aparecida Soares de). II. Carvalho, Margarida Maria de. III. Lopes, Maria-Aparecida, 1958-.

| 11-1103. | CDD: 306.3 |
| | CDU: 316.74:330.567.2 |

024807

ALAMEDA CASA EDITORIAL
Rua Conselheiro Ramalho, 694, Bela Vista
CEP 01325-000 São Paulo, SP
Tel. (11) 3012-2400
www.alamedaeditorial.com.br

SUMÁRIO

Introdução: os Complexos Significados da Trivialidade   7

PARTE I: ABASTECIMENTO MILITAR E CONSUMO DE   15
GÊNEROS ALIMENTÍCIOS NA ROMA ANTIGA E IDADE MÉDIA

1. A *Annona* e a Organização do Abastecimento Militar   17
José Remesal

2. "Comer com os Olhos": Representação Musiva   33
de Xênia na África Romana
Regina Maria da Cunha Bustamante

3. Comércio e Abastecimento Militar: as Cunhagens na   59
Antiguidade Tardia e o Modelo Constantiniano
Claudio Umpierre Carlan

4. Estratégia e Abastecimento Militares em Amiano Marcelino   73
(século IV d.C.)
Pedro Paulo A. Funari e Margarida Maria de Carvalho

5. O Garo na Alta Idade Média: Investigações Preliminares   89
Wanessa Asfora

PARTE II: MANTIMENTOS MOVIMENTANDO AS REDES DE COMÉRCIO   115

6. Os Portugueses e os Descobrimentos: um Povo no Limbo   117
Lélio Luís de Oliveira

7. Circuitos Internos de Produção, Comercialização e Consumo na   137
América Portuguesa: o Exemplo da Capitania da Bahia (século XVIII)
Avanete Pereira Sousa

8. O Comércio das Carnes Secas do Ceará na Segunda Metade do   167
Século XVIII: as Dinâmicas do Mercado Colonial
Almir Leal de Oliveira

9. O Consumo como Parte do Funcionamento Econômico da Nova   189
Espanha: o Caso da Carne na Cidade do México.
Enriqueta Quiroz

10. Relações de Poder e Interesses no Comércio da Carne 219
na Cidade de São Paulo (1765-1822)
Denise Aparecida Soares de Moura

11. Polêmicas sobre o Desabastecimento Alimentar 245
em Goiás no Século xix
Sônia Maria de Magalhães

12. Hábitos Alimentares na Cidade do México e no Rio de Janeiro: 271
o Consumo da Carne nas Primeiras Décadas do Século xx
Maria-Aparecida Lopes

PARTE III: CIRCULAÇÃO E CONSUMO DE BENS CULTURAIS: 291
ARTE, LETRAS E VIAGENS

13. O Produto Turístico e Cultural: entre o Passado e o Futuro 293
Cláudia Henriques e *Maria Cristina Moreira*

14. Universidade Medieval: um Lócus de Produção 323
e Conservação de Bens Culturais
Terezinha Oliveira

15. Circulação e Fixidez de Ideias sobre o Oriente 357
no Final da Idade Média
Susani Silveira Lemos França

16. A Circulação de Itens Materiais Referentes 385
à Prática Musical na América Portuguesa
Paulo Castagna

17. O teatro na Cidade do México por volta da Segunda Metade 413
do Século xix: dos Cenários às Livrarias
Miguel Ángel Vásquez Meléndez

18. Canção Popular, Meios de Comunicação e Reconfigurações do 431
Nacional, no Chile, entre os Anos 1940 e 1960
Tânia da Costa Garcia

Introdução:
Os Complexos Significados da Trivialidade

POR MUITO TEMPO o comum e o rotineiro passaram despercebidos pelo historiador. Que interesse produtos e objetos triviais podiam ter para a História? A carne, o pão, o trigo, o milho, o vestuário, a água, o açúcar, a composição musical, o livro, a gravura, a pintura, a escultura, as ferramentas de trabalho, a infinidade de objetos que preenchem o cotidiano não pareciam ter vida até as iniciativas de Labrousse e Fernand Braudel[1] no campo da história econômica e social.

Na esfera do político surgiram, igualmente, algumas novidades na interpretação do consumo e abastecimento, como, por exemplo, nos estudos sobre a Antiguidade, com a associação entre ornamentação, alimentação, consumo de víveres e propaganda com práticas políticas. Naquela época, o termo consumo adquiriu uma nova coloração para além do econômico. Não se concebia consumo sem a tríade política-cultura-economia.

No Brasil, no mesmo período em que a historiografia francesa revolucionava os problemas, abordagens e temas da história, Alcântara Machado levantava nos inventários e testamentos os produtos e objetos consumidos pelos bandeirantes paulistas no curso de suas vidas e no momento da morte, assim como Capistrano de Abreu, anos antes, os havia mostrado para a civilização do couro, os vaqueiros do interior do território do Brasil.[2]

Sem teorizações nos campos da história econômica, política ou cultural, estes autores deram vida ao não notado, mostrando que um tipo de tecido usado na confecção de um ponche, uma arma de fogo, um modelo de sela podiam falar sobre a identidade de um

---

1. LABROUSSE, 1933; BRAUDEL, 1970, 3 vols.

2. MACHADO, 1980; ABREU, 1934.

grupo, seus intercâmbios culturais, sua capacidade de aproveitamento dos recursos de um meio natural, hierarquias e uma atividade produtiva. Nestes autores, os produtos e objetos consumidos não eram alienação ou imposição da lógica do mercado, mas resultado de uma atividade criativa dos consumidores, fosse o vaqueiro ou o bandeirante.

Posteriormente, com a sofisticação teórica oferecida pela sociologia e especialmente a antropologia foi possível problematizar o quanto objetos e produtos não se restringem aos mecanismos da oferta e procura ou da movimentação dos preços, possuindo capacidade de legitimação de autoridade e integração de territórios e culturas. Açúcar, pimenta, cravo, canela, tecidos, metais integraram o Ocidente ao Oriente e fizeram homens enfrentarem seus medos nas correntes de vento e mar do Índico ao Pacífico e ao Atlântico, esperançosos também de superarem as deficiências de consumo de uma Europa em crise no advento da era moderna.

A literatura cavalheiresca foi um dos principais objetos de consumo e dava identidade a uma comunidade de leitores de final da Idade Média que acreditavam, quando não quixotescamente deliraram nos ideais de honra e valentia. O consumo da literatura de viagens certamente encorajou muitos a atravessarem oceanos em busca de terras, seres e objetos fantásticos, imaginados, inventados e que inventaram como novas necessidades da civilização moderna.

Garantir a subsistência das populações nas vilas e cidades coloniais, assegurando-lhes o abastecimento, viabilizava a vida a própria colonização dos territórios do Novo Mundo, contribuía para a legitimação do monarca e reforçava os laços de fidelidade entre colônias e metrópoles. O consumo de produtos e objetos cria identidades, autoridade, têm significados culturais, valores, moralidade, como bem mostrou Daniel Roche.[3]

Objetos e produtos fazem parte da cultura material das civilizações de todos os tempos e estão inseridos numa cadeia de produção, circulação e consumo. Através dos objetos de consumo é possível identificar mudanças ou persistências de atitudes individuais ou coletivas e a cultura de uma civilização.

Produzir e consumir são atividades inerentes à condição humana e social, mas adquirem diferentes significados e mecanismos ao longo do tempo: da Antiguidade à Contemporaneidade. Entre estes dois atos existe um outro, o da troca, denominado por Marx esfera da circulação[4] ao associá-lo à origem do capitalismo e à economia de mercado. O advento do capitalismo comer-

---

3.   ROCHE, 2000.

4.   BRAUDEL, 1998, p. 11.

cial, da economia de mercado e do fenômeno da urbanização, contudo, apenas intensificou e imprimiu nova lógica ao consumo e circulação dos objetos e produtos.[5]

Consumo, mais do que a produção ou o abastecimento, é uma das esferas da vida social e cultural de mais difícil acesso,[6] pois depende da biografia, sensibilidades e expectativas dos consumidores, indo da apropriação coletiva à individual dos objetos e produtos.[7]

Consumo e abastecimento na história implicam um conjunto muito amplo de problemas: diz respeito a uma história de gênero, da integração entre partes de um mesmo território ou entre continentes, das trocas culturais, dos novos hábitos, da fiscalidade, das estruturas administrativas, do Estado, da organização militar.

Os textos reunidos nesta coletânea, apresentados no Colóquio Internacional Consumo e Abastecimento na História, acontecido em maio de 2008 na Universidade Estadual Paulista, Campus de Franca, representam uma incursão em parte destes temas.

Dessa forma, na primeira parte desse livro, encontram-se cinco textos que abordam as diversas formas de consumo e abastecimento de alimentos na Roma Antiga e no Ocidente Medieval. O capítulo de José Remesal Rodriguez, "A Annona e a Organização do Abastecimento Militar", trata do abastecimento militar, no período do Principado Romano, como sendo uma jogada política da parte dos imperadores romanos, pois nota-se visivelmente a relação política estabelecida entre o Imperador e o Exército, uma vez que o Príncipe era visto como o responsável pela manutenção de víveres aos seus soldados, angariando, dessa forma, a confiança do corpo bélico, já que na Antiguidade Clássica e Tardia a fome era motivo de sublevação das tropas militares e dos cidadãos romanos em geral.

Em seguida, pode-se encontrar o artigo de Regina Maria da Cunha Bustamante, "'Comer com os Olhos': Representação Musiva de Xênia na África Romana", onde a autora faz uma excelente explanação a respeito das complexas imbricações do termo "xênia", relacionado à hospitalidade. Assim, tem-se uma análise dos significados existentes no consumo de um bem cultural e de sua produção dentro da sociedade romana dos séculos II e III d.C., focalizando, principalmente, sua divulgação no território da África Romana.

---

5. Neste caso, discordamos da periodização estabelecida por Daniel Roche, que associa enfaticamente o nascimento do consumo ao século XVII, por ser um momento de sua multiplicação, em contraposição à fase anterior de raridade dos produtos e objetos.

6. BRAUDEL, 1998, p. 329.

7. Fazemos referência aos recursos reflexivos e métodos investigativos da micro-história que enxerga a totalidade em sua complexidade, formada pela mediação entre o coletivo e o individual. Cf. REVEL, 1998, em especial o texto de Paul-André Rosental, "Construir o 'macro' pelo 'micro': Fredrik Barth e 'micro-história' ", p. 151-172.

Diante daquela representação musiva, pode-se notar a culinária como objeto de estudo das relações políticas e sociais dentro da Antiguidade Clássica Romana.

Cláudio Umpierre Carlan, em "Comércio e Abastecimento Militar: as Cunhagens na Antiguidade Tardia e o Modelo Constantiniano", narra como o comércio romano auxiliou no desenvolvimento do Império, demonstrando que os caminhos que levavam a Roma eram cruciais para as rotas de abastecimento militar e comercial. Tal historiador vincula essa ideia à análise imagética das moedas cunhadas no período constantiniano, pois esses objetos metálicos simbolizavam uma propaganda político-ideológica que circulava por todo o território imperial romano, fortalecendo a íntima relação entre governante e distribuição de alimentos.

Em "Estratégia e Abastecimento Militares em Amiano Marcelino (século IV d.C.)", Pedro Paulo Abreu Funari e Margarida Maria de Carvalho possuem como objetivo nesse capítulo construir uma nova possibilidade de interpretação do abastecimento militar romano no século IV d.C. Ao utilizar o testemunho de Amiano Marcelino, os autores indicam que o tema do abastecimento militar no Império Romano Tardio suscita indagações a respeito da tríade Política-Estratégia-Abastecimento, ainda não abordadas pela historiografia do período.

Por último, nessa parte, encontra-se o escrito de Wanessa Asfora, "O Garo na Alta Idade Média: Investigações Preliminares", o qual elucida as divergências que surgiram entre o Ocidente e Oriente, que podem ser notadas a partir do consumo desse peixe que servia como condimento a diversos pratos. Logo, a autora salienta o percurso traçado pelo garo do Império Romano à Alta Idade Média.

Na parte II, "Mantimentos Movimentando as Redes de Comércio" as mercadorias do mercado de abastecimento alimentar aparecem unindo vários espaços na América, Europa e África. Do centro, sudeste e norte do Brasil, África, México, Lisboa, carnes fresca e seca, farinhas, milho, sal, tecidos, açúcar, banha percorriam o interior e a costa destas regiões, formando ramos mercantis geralmente engatados um ao outro.

Por trás do abastecimento e consumo destas mercadorias se estruturaram políticas governamentais de incentivo à produção, principalmente em áreas mineradoras, como o caso de Goiás, onde a população local estava mais habituada às explorações auríferas do que ao plantio de alimentos, requisito e patamar essencial para o funcionamento do sistema de abastecimento.

Nos estudos de História econômica da América Portuguesa, zonas até então desprivilegiadas, por não se enquadrarem nas grandes linhas do comércio colonial, aparecem movimentando importantes circuitos de abastecimento interno, com conexões conjunturais nos circuitos externos, como é o caso de São Paulo e o porto da vila de Aracati, no Ceará, o que contribui para mostrar que uma história do consumo e do abastecimento deve estar atenta aos grandes e pequenos circuitos, procurando identificar suas diferentes funções.

Movimentando o mercado de abastecimento estiveram também uma infinidade de agentes, do arrematador ao produtor, o vendedor à retalho, o comissário, o caixeiro, o mercador-charqueador e uma infinidade de oficiais ou trabalhadores, de ambos os sexos, como mostra Lélio Oliveira para o caso de Lisboa.

Na parte III do livro seis capítulos apresentam contribuições sobre o tema da circulação e do consumo de bens culturais, em diversas épocas e paisagens geográficos. Os artigos de Paulo Castagna e Tânia da Costa Garcia tratam do tema no âmbito musical. O primeiro centra atenção na circulação de itens necessários a esta prática na América Portuguesa, e a segunda ressalta o processo de urbanização e de inovação tecnológica das décadas de 1950 e 1960 como condições necessárias para a veiculação da música popular urbana chilena nestes anos.

O cenário do artigo de Miguel Ángel Vázquez Mélendez é a cidade do México, na passagem do século XVIII para o XIX. Vázquez Mélendez mostra como neste período autores e impressores se uniram para levar o teatro dos cenários às livrarias. De tal forma que, já na segunda metade da época independente, havia um grupo considerável de consumidores de obras dramáticas, entre outras publicações teatrais na capital da república mexicana. A união dos dois setores, afirma o autor, garantiu a divulgação de notícias, e das próprias obras para um público ávido de informações – mas que não podia aceder aos teatros – ao mesmo tempo que publicitava a vida de seus atores e diretores.

Cláudia Henriques e Maria Cristina Moreira descrevem a evolução do turismo, argumentando que a partir do século XX a viagem torna-se um dos setores mais importantes da atividade econômica do mundo ocidental, vinculado "à progressiva mercantilização e turistificação dos espaços e da cultura".

A circulação de ideias e imagens no âmbito medieval é o tema que une os artigos de Susani Silveira Lemos França e Terezinha Oliveira. A primeira destaca que noções fantasiosas sobre o Oriente, na forma escrita e oral, muito recorrentes nos escritos de viajantes do final da Idade Média, reproduziam um padrão daquilo que era socialmente aceito sobre a região, e que também serviam "para compensar um pouco a decepção com um real menos incomum do que se imaginava". O resultado é uma escrita que mescla o conhecido com o desconhecido, e que por isso mesmo pode ser melhor apreciada por aqueles que tinham acesso a este tipo de literatura. Terezinha Oliveira explica que o nascimento de conceitos como autonomia das cidades e liberdade de pensamento – noções fundamentais para as transformações que Europa ocidental atravessou no final do século XIII – esteve intimamente relacionado com o surgimento das cidades e universidades medievais, estas últimas definidas pela autora como um "lócus de produção de bens culturais".

É intenção das organizadoras deste livro que os artigos aqui reunidos possam contribuir ao debate sobre o consumo na história e inspirar novas pesquisas sobre tema, sempre tendo em vista a possibilidade de combinar diferentes perspectivas historiográficas, ambientes geográficos e contextos temporais.

Bibliografia

ABREU, Capistrano de. *Capítulos de História Colonial. (1500-1800)*. Sociedade Capistrano de Abreu, F. Briguiet, 1934.

BRAUDEL, Fernand. *Civilização material e capitalismo: séculos XV ao XVIII*. Lisboa: Cosmos, 1970, 3 vols.

LABROUSSE, C. E. *Esquisse Du mouvement des prix ET des revenus em France ao XVIIIe siècle*. Paris, 1933.

MACHADO, Alcântara. *Vida e morte do bandeirante*. Belo Horizonte/ São Paulo: Itatiaia/ Edusp, 1980.

REVEL, Jacques (org.). *Jogos de escalas: a experiência da microanálise*. Trad. Dora Rocha. Rio de Janeiro: Fundação Getúlio Vargas, 1998.

ROCHE, Daniel. *História das coisas banais: nascimento do consumo, século XVII – XIX*. Rio de Janeiro: Rocco, 2000.

PARTE I: ABASTECIMENTO MILITAR E CONSUMO DE GÊNEROS ALIMENTÍCIOS NA ROMA ANTIGA E IDADE MÉDIA

1. A *Annona* e a Organização do Abastecimento Militar[1]

José Remesal[2]

---

1. Este artigo retoma considerações publicadas, originalmente, no livro *La Annona Militaris y la exportación de aceite bético a Germânia* (Madrid: Universidad Complutense de Madrid, 1986, p. 81-89) e em *Heeresversorgung und die wirtschaflischen Beziehungen zwischen der Baetica and Germanien* (Stuttgart: Kommissionsverlag Konrad Theiss Verlag, 1997, p. 62-68). A partir de sua publicação, tornou-se referência sobre o tema do abastecimento militar romano e sua publicação em português permite, portanto, que os estudiosos lusófonos tenham acesso a este marco da historiografia militar romana (nota de Pedro Paulo A. Funari).

2. Professor Catedrático de História Antiga, Universidade de Barcelona, Espanha.

OS CAUDILHOS DA ÚLTIMA fase da República Romana compreenderam que a melhor arma política para ganhar o apoio do povo romano era encher seu estômago. Pompeu utiliza a *cura annonae*,[3] e César[4] faz o mesmo, impondo um tributo ao azeite para Numídia, sem dúvida tendo em vista sua *cura annonae*, como demonstram as doações de azeite feitas ao povo.[5] Augusto proclama aos quatro ventos o modo como assegurou o abastecimento de Roma.[6] Ao mesmo tempo, a luta pelo poder havia provocado a criação de exércitos pessoais, tendência que fortaleceu Augusto ao estabelecer unilateralmente as condições do serviço militar e ao dividir o Império em províncias armadas e inermes, reservando-se o controle direto sobre as primeiras.

Para manter a fidelidade desse exército pessoal, Augusto encontrava-se em uma situação em que deveria pagar regularmente os soldos, assegurar o avitualhamento de tudo que o exército em conjunto necessitasse e a garantir a reinserção dos soldados na vida civil uma vez aposentados.[7] Por isso, tanto o abastecimento da *plebs urbana* como do exército se tornou, do ponto de vista político, um dos grandes problemas do Imperador, de modo que se pode encontrar claramente nas fontes literárias a ideia de que o bom Imperador é

---

3. Cic. *Ad Att.*, IV, I, 7.

4. Plut. *Caes.* 55. *De Bell. Afr* 97.

5. Suet. *Caes.* 38, I. *Cass. Dio*, 43, 21, 3.

6. RGDA. 5

7. Sobre o *aerarium militare*, ver L. W. R. E. *s. v. Princeps.* CORBIER, 1974.

aquele que se preocupa em assegurar o abastecimento de Roma e do exército.[8] Para satisfazer essas necessidades, a maior parte dos recursos econômicos que o Imperador detinha em suas mãos, tanto os de sua fortuna pessoal quanto os que pertenciam ao Estado,[9] era direcionada para tal fim, como demonstra a rápida intervenção dos Imperadores ao criar medidas protecionistas para assegurar o abastecimento de Roma: Tibério, em 19 d.C., teve que subsidiar a importação de trigo pagando dois sestércios por módio aos *negotiatores;*[10] segundo Suetônio, Tibério propôs que o Senado regulasse os preços do mercado anualmente.[11] Cláudio criou um novo porto em Ostia e concedeu privilégios aos que servissem a *annona.*[12] As leis de Vipasca[13] ou a lei *de rudibus agris* apontam para a mesma direção.[14]

Seria quase interminável estabelecer uma lista de referências nas fontes literárias, nas quais se demonstra de que modo os Imperadores foram conscientes do valor político que existia em controlar e assegurar o abastecimento de Roma e do exército. Suetônio mostra claramente como Augusto determinou a função do Egito: país abastecedor de Roma.[15] Demonstra ainda seu interesse em manter a província distante de toda atividade política possível, impedindo a entrada de senadores no Egito, o que é transmitido por Tácito e Dion Cássio.[16] A reação de Tibério diante da visita de Germânico ao Egito no ano 19 d.C., ano de carestia, como já mencionamos anteriormente, e a atuação de Germânico com relação aos celeiros[17] mostra até que ponto era vital manter essa política de isolamento e dependência direta do Egito, para assegurar o avitualhamento de grãos em Roma.

Augusto compreendeu que a confiança nas *frumentationes* fazia esquecer o cultivo da terra na Itália e, resoluto em eliminá-las, não levou a cabo seu plano, porque temia que a ambição política de qualquer candidato ao poder iria restituí-las.[18] Durante a luta pelo poder, Vespasiano viaja para Alexandria tendo em mente controlar o avitualhamento do

---

8. REMESAL RODRÍGUEZ, 1986, p. 759-767.

9. Sobre o poder econômico de Augusto, ver SIRAGO, 1978; KIENAST, 1982. Sobre os recursos de seus sucessores, ver CRAWFORD, 1975, p. 35-70.

10. *Tac. Ann.* 2, 87, 1.

11. Suet. *Tib.* 34.

12. Suet. Claud. 18, 2.

13. D'ORS, 1953, p. 71-133.

14. WHITTAKER, 1975, p. 137-165.

15. Suet. *Aug.* 18, 2.

16. *Tac. Ann.* 2, 54. *Cass. Dio,* 51, 17, 1 e 3, 4.

17. Suet. *Tib.* 52, 2. *Tac. Ann.* 2. 54.

18. Suet. *Aug.* 40, 2.

Egito para Roma, com a clara ideia de controlar também toda a costa africana, para evitar, igualmente, o abastecimento vindo desta província;[19] quando Vespasiano se apresenta em Roma, ele está acompanhado de uma frota que transporta trigo, em um momento em que os celeiros públicos estavam quase vazios.[20] A prodigalidade de Antônio Pio[21] e as previsões de Septímio Severo[22] mostram, como exemplos, de quais maneiras os Imperadores, a todo o momento, buscavam assegurar o avitualhamento de Roma.

Outro tanto se pode dizer em relação ao exército, e as notícias são igualmente numerosas. Sobre a importância do abastecimento militar não é preciso teorizar, como exemplo bastam as palavras de Vegetio: *"Frequentemente a penúria consome mais o exército do que a luta, e a fome é mais cruel que a espada…".*[23]

Quando se louva a um general em nossas fontes literárias sua previsão é sempre mencionada. Em relação à Agrícola, Tácito diz-nos que ele sempre tinha provisões previstas para um ano.[24] Sobre Adriano, conta-nos que ele se esforçava em ter notícias detalhadas dos armazéns de vitualhas do exército,[25] isso nos diz o próprio Alexandre Severo,[26] e, além disso, informa-nos de sua previsão e ordem ao declarar seus itinerários e lugares de aprovisionamento com dois meses de antecedência,[27] seguindo seu lema:

> nunca deve temer ao soldado que esteja bem-vestido, armado, calçado, suficientemente alimentado e com algo em seu moedeiro, porque é precisamente a miséria no exército que impulsiona o homem que se vê com armas nas mãos a qualquer ação desesperada.[28]

---

19. Tac. *Hist.* 3

20. Tac. *Hist.* 4.

21. SHA. AP. 8, 11.

22. SHA. S. 8, 5; 12, 7; 32, 2.

23. Vegetius, 3, 3. *Saepius enim penúria quam pugna consumit exercitum, et ferro saevior fames est. Deinde reliquis casibus potest in tempore subveniri, pabuiatio et annona in necessitate remedium non habent, nisi ante condantur. In omni expeditione unum est et maximum telum, ut tibi sufficiat victus, hostes frangat inópia.*

24. *Tac. Agric.* 22, 2.

25. SHA. H. II, I.

26. SHA. AS. 15, 5.

27. SHA. AS. 44, 2.

28. SHA. AS. 52, 3: *"miles non temendus si vestitus, arrnatus, calciatus et satur et habens aliquid in zonula, id circo quod mendicitas militaris ad omnem desperationem vacarei armatum".*

O lema pode nos servir de chave para ressaltar a relação que havia se estabelecido entre o Imperador e o exército: o Imperador devia abastecer, ou ao menos cuidar do abastecimento e de tudo que fosse necessário ao exército.

Tudo que foi escrito neste capítulo tem valor como exemplo do interesse político do tema durante o Império Romano. Agora, será preciso descobrir o modo pelo qual a administração imperial foi encontrando soluções para este problema, e de que maneira essas soluções influenciaram no desenvolvimento posterior do Império.

Os estudos sobre a *annona militaris* durante a época imperial romana foram realizados, consciente ou inconscientemente, sob a influência da máxima de Catão: *"Bellum se ipsum alet"*,[29] pois a pesquisa se concentrou sobretudo em aspectos que investigam a problemática interna dos aquartelamentos – *horrea, fabricae, prata legionis* – e mais recentemente em aspectos relativos à interação do exército com a região onde está assentado ou pela qual transita.[30] Porém, uma pesquisa como a que foi proposta aqui – estudar a relação entre um produto, e seu centro produtor, com uma região e organismos consumidores, neste caso o *limes* ocidental e o exército –, até agora não foi realizada.

***

Ya O. Hirschfeld,[31] R. Cagnat[32] e J. Lesquier[33] entreviram o problema e escreveram sobre ele de um modo superficial, porque a documentação disponível era muito dispersa, e atualmente existe o mesmo problema. O que chama a atenção, dada a importância do tema para a administração romana, é que não existia uma titulatura definida para este serviço administrativo, daí o tema não haver entrado nos estudos modernos prosopográficos, com exceção do comentário feito sobre personagens notáveis, que desempenharam missões consideradas extraordinárias vinculadas à organização de expedições concretas.[34]

As fontes para o estudo aqui proposto podem se dividir em dois grupos: aquelas que fazem referência ao sistema geral de aprovisionamento do exército e aquelas que se referem a aspectos parciais e concretos relativos à organização interna do abastecimento de uma unidade militar determinada. Ambos os grupos de fontes podem se referir tanto ao aprovisionamento procedente da região onde se assenta o exército como ao de outras regiões.

---

29. Liv. 34, 9, 12.

30. Uma aproximação ao tema, com a bibliografia básica, em REMESAL RODRÍGUEZ, 1986.

31. HIRSCHFELD, 1905, p. 230-246.

32. CAGNAT, 1913, p. 311-326.

33. LESQUIER, 1918, p. 347-375.

34. DOMASZEWKI, 1927, p. 17-18. PFLAUM, 1955, 123-154.

CONSUMO E ABASTECIMENTO NA HISTÓRIA   23

Aqui estudaremos com mais detalhes o segundo caso, tomando como ponto de direcionamento o estudo do aprovisionamento de azeite bético ao *limes* germânico. Os estudos de caráter prosopográfico mostram-nos cortes verticais na organização das distintas oficinas, relacionados ao interior delas mesmas, mas não à interdependência entre órgãos distintos e níveis de administração nos quais ocorreu, em nosso caso, a organização do aprovisionamento tanto de Roma como do exército. Em minha opinião, somente estudando a interação entre os órgãos distintos e os níveis da administração romana, poderemos recompor a trama histórica do aprovisionamento de Roma e do exército.

A criação de dois *praefecti frumenti dandi ex S. C.* em 22 a.C.,[35] ano em que Augusto aceita a *cura annonae*,[36] sua ampliação em 18 a.C. de dois para quatro[37] e a criação de uma comissão consular, que atuou para distribuir os alimentos durante a fome do ano 6 d.C.,[38] fizeram surgir, na literatura moderna, uma discussão sobre o caráter senatorial dessa magistratura, contraposta ao poder de Augusto, que emparelhou a discussão sobre a continuidade ou não da *cura annonae* desde Augusto até a criação definitiva, entre os anos 8 e 14 d.C., da *praefactura annonae*.[39] Em minha opinião, esta é uma disputa puramente escolástica, pois é bem conhecida a perspicácia política de Augusto, que soube alterar tudo mantendo quase inalteráveis as aparências. Além disso, deve-se distinguir nitidamente entre dois planos de atuação: a missão de monopolizar alimentos de qualquer ponto do Império para Roma e a função de repartir a quantidade que corresponde aos indivíduos que têm direito ao *frumentatio*, porque em última instância a *cura annonae* e o poder que dela emana estavam nas mãos de Augusto. Os *praefecti frumenti ex s. C.* somente podiam distribuir aquilo que Augusto colocava em suas mãos.

O estudo das *frumentationes*, a repartição de trigo aos cidadãos romanos fixados em Roma, limitou muito o estudo sobre a *annona*, pois esta foi vista, exclusivamente, como a encarregada de abastecer de "trigo" a cidade de Roma.[40] Ya D. van Berchem, com base em *Res Gestae* 5 e 18,[41] apontou que Augusto não só facilitou víveres aos cidadãos romanos, mas também a todos os habitantes de Roma, independentemente de seu status jurídico.

---

35. Suet. *Aug.* 37. Cass. Dio. 54, 1, 3-4.

36. *RGDA.* 5.

37. Cass. Dio. 54, 17, 1.

38. Cass. Dio. 55, 26, 3.

39. Uma discussão recente sobre o tema em PAVIS D'ESCURAC, 1976, p. 14-19.

40. *Idem*, p. 17: "Nous sommes pour notre part persuadée que la cura annonae sous l'Empire implique, comme auparavant à l'époque républicaine, tout autant la responsabilité des distribuitions gratuites *que celle de l'approvisionnement général de Rome en blé*" (os grifos são nossos).

41. BERCHEM, 1939, em particular p. 70-71 e 79.

Uma confirmação disso, a meu ver, é que no ano 6 d.C. Augusto havia expulsado de Roma todos quantos pôde – escravos à venda, gladiadores, peregrinos –[42] diminuindo assim a massa de preceptores, a fim de aumentar, proporcionalmente, as possibilidades de distribuição para os cidadãos em um momento em que não podia reunir alimentos para todos. O motim popular que exigia de Augusto uma intervenção para remediar a escassez e baixar o preço do vinho demonstra que os habitantes de Roma achavam que Augusto devia atender o abastecimento geral de Roma, e a violenta resposta de Augusto demonstra muito mais sua impotência em resolver o problema nesse momento do que sua negação ao pedido de intervenção.[43]

Sêneca, dirigindo-se a *Pompeius Paulinus*, na ocasião *praefectus annonae*, define assim a missão deste: *"cum ventre tibi humano negotium est"*.[44] Mas é um texto de *Dio Cassius* que define claramente a função do *praefectus annonae*: *kai epi tou sitou tes te agoras tes loipes heteros*; ("tanto do grão, como dos outros produtos");[45] e portanto, o *praefectus annonae* tinha a obrigação de controlar não só o trigo, mas também a obrigação de controlar outros produtos: *loipes heteros* ("dos outros produtos"), quer dizer, manter um preço acessível do trigo no mercado (exceto o correspondente às *frumentationes*) e atrelado ao preço do trigo, o de outros produtos básicos. Dizendo isso em linguagem moderna, o *praefectus annonae* devia dispor de um estoque de alimentos que o permitisse intervir sobre o preço de mercado, mantendo assim um "preço político" dos alimentos básicos, e, no caso de carestia, subsidiar as necessidades básicas. Controlar os preços de mercado em Roma é, em minha opinião, a principal função da *praefectura annonae*.[46]

Atrás do trigo, o azeite era outro produto imprescindível na vida romana, necessário não só para a alimentação, mas também para a iluminação, cosmética, farmacopeia e para o culto. É surpreendente que na literatura moderna, devido, sem dúvida, a essa dependência direta e exclusiva imaginada entre a *annona* e a *frumentatio*, não foi aproveitado

---

42. Suet. *Aug.* 42, 3.

43. Suet. *Aug.* 42, 1 ...*satis provisum a genero suo Agrippa perductis pluribus aquis ne homines sitirent*. Uma passagem da vida de Antonino Pio (SHA. AP. 8, 11) mostra como o imperador se encarregou de solucionar a carestia de vinho, azeite e trigo.

44. Sen. *De brev. vit.* 18, 5.

45. Cass. Dio, 52, 24, 6.

46. O fato de o imperador e seu braço administrativo, a *praefectura annonae*, disporem conscientemente de depósitos fora de Roma para que pudessem controlar o mercado da cidade demonstra a atuação de Germânico no Egito e a reação de Tibério (vide supra) e a existência de *horrea* controlados por funcionários imperiais em Alexandria, Pozzuoli e Ostia.

CONSUMO E ABASTECIMENTO NA HISTÓRIA 25

devidamente o conjunto de fontes que demonstra claramente que o preço do azeite estava sob o controle anonário em Roma desde a época de César.[47]

César impôs a Numídia uma contribuição de 3 milhões de libras de azeite[48] e outro tanto a Léptis,[49] e se vem aceitando que, ao menos no caso de Léptis, a contribuição durou até a época de Severo quando ele concedeu à cidade o direito latino.[50] César distribuiu *extra ordinem* azeite gratuito no 46 a sua volta de Numídia,[51] e Suetônio diz com precisão que foram dez libras por indivíduo.[52] A isto se deve acrescentar o azeite recolhido como pagamento *in natura* de tributos ou o vectigales em outras províncias. No caso da Bética, sabemos por Estrabão[53] que as exportações de trigo, azeite e vinho já eram muito abundantes na época de Augusto e, sem dúvida, parte dessas exportações já eram realizadas em conceitos tributários ou fiscais. Com este volume de azeite, a *praefectura annonae* sempre pôde regular o preço do produto no mercado de Roma até mesmo no momento em que tal *praefactura* foi criada.

Deste ponto de vista, a *annona* teria por função em Roma regular os preços de mercado, independentemente do abastecimento das *frumentationes*. Nas províncias, sua função era encaminhar os recursos provinciais para onde a administração imperial necessitasse, daí a escassa competência judicial e administrativa do *praefectus annonae*,[54] sendo que sua função começava no momento em que o fisco imperial já dispunha dos produtos.

Era necessário definir a função da *praefectura annonae* antes de entrar em consideração sobre o abastecimento militar.[55] Augusto subsidiou a *annona* com seu próprio pecúlio, do *fiscus*, embora o custo das *frumentationes* recaísse sobre o *aerarium Saturni*. Mas já sob o controle de Cláudio, ou no máximo de Nero, as *frumentationes* recaíram

---

47. PAVIS D'ESCURAC, 1976, p. 188-201, considera que o azeite está sob controle anonário em meados do século II d.C., apesar de na página 195 admitir que Léptis pagou uma contribuição em azeite desde os tempos de César até os de Severo.

48. Plut. *Caes.* 55.

49. *De Bell. Afr.* 97.

50. *Dig.* L., 15, 8, 11.

51. Cass. Dio. 43, 21, 3.

52. Suet. *Caes.* 38, 1. Agripa doou azeite em 33 a.C. (Cass. Dio. 43, 21, 3) e Nero o concedeu a senadores e cavaleiros por motivo da inauguração de umas termas e um ginásio (Suet. *Ner.* 12, 3. Cass. Dio. 61, 21, 1).

53. Strab. 3, 2, 6.

54. PAVIS D'ESCURAC, 1976, p. 267-289.

55. O estado atual da questão sobre o abastecimento militar em: *Armée et fiscalité dans le monde antique*, 1977, em particular os artigos de D. v. Berchem, J. M. Carrié e P. Ducrey.

sobre o *fiscus*.[56] Entretanto, parte dos produtos monopolizados pelo *fiscus* vinha como o pagamento do *tributum soli* das províncias senatoriais, cujo ingresso deveria se efetuar no *aerarium Saturni*.[57] Talvez as *frumentationes* corressem a princípio a cargo desses ingressos. Assim, poder-se-ia explicar melhor o sentido das *Res Gestae*, quando Augusto diz que, a partir do ano 18 a.C., sempre que a cobrança dos impostos estava atrasada, dava vales de trigo *"ex horreo meo"*, com o que Augusto separa os produtos procedentes de tributos daqueles monopolizados por seu *fiscus*.[58]

Ao mesmo tempo, o abastecimento do exército dependia do *fiscus*, porque um mesmo caixa – o fisco – monopolizava e pagava os recursos alimentícios de Roma e do exército. Em minha opinião, uma única oficina – a *annona* – encarregava-se de distribuir a Roma e ao exército o tanto de alimentos de que necessitavam, assim se explica a ausência de uma *annona militaris* durante o alto Império.

Mas se o fisco monopolizava produtos alimentícios recolhidos como tributos que deviam incorporar-se no *aerarium Saturni*, *faz-se* necessário pensar que entre ambos os caixas existiu um "sistema compensatório",[59] assim se podem entender as "doações" de dinheiro de Augusto ao *aerarium Saturni*. O que Augusto estava fazendo era, talvez, satisfazer com dinheiro o que por outro lado tinha monopolizado *in natura*. A absorção de parte dos vectigales pelo fisco na época de Cláudio[60] também pode ser explicada deste modo, pois assim o fisco reduzia este jogo financeiro ao ficar a cargo das *frumentationes*, incluindo em seu haver algo pelo qual, até o momento, o *aerarium Saturni* tinha que compensar.

Desse modo, são igualmente inteligíveis as confiscações neronianas na África, pois quando o imperador passava a ser dono dessas terras, elas se convertiam em *dominium principis*, cuja administração passava a depender do fisco, assim aumentava o poder do imperador não somente sobre o controle dos recursos alimentícios, mas também dos recursos financeiros.

Vem se defendendo[61] que o recolhimento dos produtos necessários à *annona* estava sob o controle do governador da província. Naturalmente dele dependia, enquanto magistrado

---

56. *Tac. Ann.* 15, 18. Stat. Silv. 3, 3, 100. HIRSCHFELD, 1905, p. 236. BERCHEM, 1939, p. 71. Veja também Rostovzeff, RE. s. v. Fiscus.

57. As relações entre o *aerarium Saturni* e o *fiscus* foram estudadas por DE DOMINICIS, 1963, I, p. 567-597. *Idem*, 1970, p. 133-144.

58. *RGDA*. 18.

59. Assim o admite R. Cagnat seguindo J. Marquardt e O. Hirschfeld. Cagnat, 1913, p. 316.

60. Vide nota n. 54.

61. PAVIS D'ESCURAC, 1976, p. 160-164.

superior, toda atividade política, judicial e administrativa da província.[62] Entretanto a documentação existente mostra de que modo a monopolização de víveres para a *annona* estava sob o controle dos procuradores imperiais: Estrabão indica tal fato claramente, ao explicar à organização administrativa da Hispânia que o abastecimento do exército ali estacionado dependia dos procuradores.[63] O recente achado do decreto de requisição de *Sex. Sotidius Strabo Libuscidianus*,[64] da época de Tibério, mostra de que modo se facilitava o trabalho desses procuradores ao obrigar os habitantes da região a facilitar carros e animais de tiro e carga. Ainda que o decreto não mencione diretamente por qual motivo os procuradores precisavam desses carros e animais, fica claramente exposta a função da exclusão que se faz nas linhas 21-23 de quem transportava o trigo e outras mercadorias privadas.[65]

Plínio, o Jovem, em uma de suas cartas a Trajano, mostra-nos a mesma situação presente no decreto de *Sotidius Strabo*, em que ele, o governador, manifesta ao príncipe seus esforços em satisfazer às necessidades técnicas, neste caso a ajuda de soldados, que inquietavam o procurador na compra e recolhimento do trigo.[66] O fato de os soldados terem colaborado na tarefa de monopolizar e transportar alimentos por conta do Estado não só é demonstrado no texto dessa carta e no decreto de *Sotidius Strabo*, mas também em numerosos papiros.[67]

Um texto de Ulpiano mostra até que ponto os *procuratores fisci* tinham poder nas províncias, ao sugerir que no caso de conflitos fiscais o governador deve deixar o assunto nas mãos dos procuradores.[68]

Por último, quis trazer à colação um conhecido fragmento do panegírico a Trajano: "*Emit fiscus quidquid videtur emere. Inde copiae, inde annonae, de qua inter licentem vendentemque conveniat, inde hic satietas nec fames usquam*".[69]

---

62. Dig. I, 18, 4. Do governador dependia a organização da annona provincial no caso de necessidade, como demonstra o decreto de L. Antistius para resolver a carestia de trigo em Antioquia de Pisídia entre 87 e 89 d.C. (AE. 1926, 371). Mas para o imperador o abastecimento de Roma e do exército estava acima do interesse provincial como demonstra o caso de um procônsul da África, *Hymetius*, que foi condenado ao exílio por facilitar para a província, em tempos de carestia, o trigo destinado à Roma (Amm. Marc. 38, 1, 17) (*apud* PAVIS D'ESCURAC, 1976, p. 163).

63. Strab. 3, 4, 20.

64. MITCHELL, 1976, p. 106-131. *Idem*, 1982, p. 99-100.

65. *...Iis qui frumentum aut aliudq<u>id tale vel quaestus sui caussa vel usus portant praestari nihil volo...*

66. Plin. *Epist.* X, 27.

67. LESQUIER, 1918, em particular o cap. VIII. SCHWARTZ, 1948, p. 179-200. GUÉRAUD, 1950, p. 107-115.

68. Dig. I, 16, 9, pr. *...sane, si fiscalis pecuniaria causa sit, quae ad procuratorem principis respicit; melius fecerit (proconsul) si se abstineat. (Ulp. 1 off. proc.)*. Vide os trabalhos de De Dominicis citados na nota 57.

69. Plin. *Paneg.* 29, 5.

A meu ver, seguindo a opinião de Rostovzeff[70] e van Berchem,[71] *copiae* significa o abastecimento do exército e *annonae* o de Roma. Sirva este texto de colofão da interpretação aqui desenvolvida sobre a relação entre o abastecimento de Roma, do exército e o fisco, e sobre a intervenção administrativa e financeira das oficinas distintas.

Essas considerações nos levam a um problema de maior envergadura: se os procuradores, como agentes do fisco, estavam encarregados de monopolizar os produtos procedentes de impostos ou de compras e despachá-los para onde fosse necessário, para Roma ou qualquer outro ponto do Império onde o exército necessitasse deles, devemos pensar não só em um sistema de compensação entre o *aerarium Saturni* e o *fiscus*, mas também em um sistema de compensações dos caixas provinciais entre si, e entre os caixas e a oficina central do *fiscus*.

Um exemplo pode nos auxiliar a compreender essa ideia: se um procurador em Bética recebeu azeite proveniente do pagamento do *tributum soli* (cujo importe teria de ser entregue no *aerarium Saturni*) ou mesmo o azeite comprado pelo fisco, e o enviou a Germânia, onde outro procurador o utilizou para servir ao exército, que por sua vez teria que pagar por esse azeite descontando do pagamento dos soldados, o dinheiro que deveria vir de Roma, é lícito pensar que a movimentação do azeite de numerário inerente a esta transação se efetuou mediante um sistema de compensação entre caixas. Deste modo, pode-se supor que o Estado romano, com tão escassa quantidade de numerário, como já foi indicado por outros pesquisadores,[72] estivesse realizando abundantes e complexos movimentos financeiros.

Caso se admita que tenha existido um sistema de compensação entre caixas provinciais, pode-se entender que um soldado pudesse ser enviado a regiões distantes de seu aquartelamento em busca de alimentos ou de produtos elaborados.[73] Assim, os soldados viajavam de um extremo a outro do Império sem ter que levar consigo o importe em metal da compra – com o conseguinte risco que isso pudesse oferecer – pois pelos lugares que transitavam eram atendidos pelas autoridades locais, como demonstra o já mencionado

---

70. M. Rostovzeff, RE, s. v. *Frumentum*.

71. BERCHEM, 1937, p. 117-202, em particular 141. Para H. G. Pflaum, annona significa o abastecimento de trigo, e copiae o abastecimento em geral, opinião que não concordo. Pflaum observa que os indivíduos relacionados com o termo copiae são de classe mais elevada que os relacionados com o termo annona, e isto reforça, acredito eu, a opinião a que me atenho.

72. Uma discussão sobre o tema em REMESAL RODRÍGUEZ, 1982.

73. *P. British Museum*, 2851. II, 17-24. FINK, 1971, n. 63.

decreto de *Sotidius Strabo* e *Sículo Flaco,*[74] e uma vez na província de destino, deviam ser atendidos pelos procuradores imperiais.

Sintetizando: Augusto criou uma estrutura administrativa tão simples quanto eficaz: um *praefecturs annonae* em Roma, com seu *officium*, capaz de centralizar e coordenar as operações de monopólio e distribuição, ligadas a alguns delegados nas províncias – os *procuratores Augusti* – que se encarregavam de obter o produto e de dispor do auxílio dos militares integrados no *officium* do governador da província[75] para o desenvolvimento de sua missão.

Esta administração foi se complicando ao longo do Império, tanto dentro da oficina central, como dentro da organização provincial. Neste ponto será preciso distinguir de que modo funcionou e evoluiu o sistema anonário para o interior do exército e quais foram as estruturas administrativas que se desenvolveram ao longo do Império.

Caso se aceite a opinião até aqui exposta, explica-se claramente porque ao longo do Alto Império não existiu entre os militares nenhuma graduação ou classe em relação direta e exclusiva com o sistema de aprovisionamento e porque é tão difícil definir a verdadeira função de todos aqueles que se relacionam, ao interior do exército, com o aprovisionamento: *praefectus castrorum, primus pilus, signifer, optio, beneficiarius, tesserarius, curator, summus curator, frumentarius, actuarius, exceptor, mensor frumentarius, duplicarius, cibariator,* etc.

Bibliografia

Armée et fiscalité dans le monde antique. Paris 1977.

BERCHEM, D. Van. "L'annone militarie dans l'Empire Romain au III siècle". *Memoires de la Société Nationale des Antiquaires de France* 10, 1937, p. 117-202.

_____. *Les distributions de blé et d'argent a la plèbe romaine sous l'empire.* Geneve, 1939.

CAGNAT, R. *L'armée romaine d'Afrique et l'occupation militaire de l'Afrique sous les empereurs.* Paris, 1913.

CORBIER, M. *L'Aerarium Saturni et l'Aerarium militare.* Roma, 1974.

---

74. Sic. Flac. *De cond. agror.* (Ed. Lachmann), 165, 3-8.

75. Conhecemos também soldados dependentes diretamente dos procuradores (Dig. XIII, 7, 43, I; CIL XIV, 125; CIL VI, 8471; CIL XI, 20; CIL XIV, 160; CIL XIV, 409). Veja também SPEIDEL, 1977, p. 687-730, em particular p. 696 (agora em SPEIDEL, 1984, p. 229-272 (238)).

CRAWFORD, D. J. "Imperial Estates". In: FINLEY, M.I. (Ed.). *Studies in Roman Property*. Cambridge, 1975, p. 35-70.

DE DOMINICIS, M. "Sulle attribuzioni dei procuratores imperiali nelle provincie senatorie". In: *Studi in onore de Biondo Biondi*, 1963.

_____. "In tema di guirisdizione fiscale nelle provincie senatorie". In: *Scritti romanistici*. Padova, 1970.

DOMASZEWKI, A. Von. "Die Annona des Heeres im Kriege". In: *Epitymbion Heinrich Swoboda*, 1927.

D'ORS, A. *Epigrafía jurídicas de la España Romana*. Madrid, 1953.

GUERAUD, O. "Un vase ayant contenu un échantillon de blé". *Journal of Juristic Papyrology* 4, 1950, p. 107-115.

FINK, R. O. *Roman Military Records on Papyrus*. Princeton, 1971.

KIENAST, D. *Augustus: Prinzeps und Monarca*. Darmstadt, 1982.

HIRSCHFELD, O. *Die Kaiserlichen Verwaltungbeanten bis auf Diocletian*. Berlin, 1905.

LESQUIER, J. *L'armée romaine d'Egypte d'August à Diocletien*. Cairo, 1918.

MITCHEL, S. "Requisitioned Transport in the Roman Empire: a New Inscription from Pisidia". *Journal of Roman Studies* 66, 1976, p. 106-131.

_____. "The Requisitioning Edit of Sex. Sotidius Strabo Libuscidianus". *Zeitschrift für Papyrologie und Epigrafik* 45, 1982, p. 99-100.

PAVIS D'ESCURAC. *La préfecture de l'annone, service administratif impérial d'Auguste à Constantin*. Roma, 1976.

PFLAUM, H-G. "Deux Carrières èquestres de lambèse et de Zana (Diana Veteranorum)". *Lybica* 3, 1955, p. 123-154.

RE: *Real Encyclopadie der classischen Altertumswissenschaft*.

REMESAL RODRÍGUEZ, J. "Ölproduktion und ölhandel in der Baetica: ein Beispiel für die Verbindung archäologischer und historischer Forschung". *Münstersche Beiträge zur Antike Handelsgeschichte* 2, 1983, p. 91-111.

_____. "Die Organisation des Narungsmittelimportes am Limes". In: *Studien zu den Militärgrenze Roms*. Stuttgart, 1986, p. 759-767.

SCHARTZ, J. "Le Nil et le ravitaillement de Rome". *Bulletin de l'Institut Française d'Archeologie Orientale* 47, 1948, p. 179-200.

SIRAGO, V. *Principato de Augusto*. Bari, 1978.

SPEIDEL, M. The Roman Army in Arabia. Aufstieg und Niedergang de römischen Welt, II/8, 1977, p. 687-730 (= Roman Army Studies, 1. Amsterdam 1984, p. 229-272)

WHITTAKER, C. R. "Agri deserti". In: FINLEY, M. I. (Ed.). *Studies in Roman Property*. Cambridge, 1975, p. 137-165.

2. "Comer com os Olhos": Representação Musiva de Xênia na África Romana

Regina Maria da Cunha Bustamante[1]

---

1. Universidade Federal do Rio de Janeiro.

Introdução

O ATO DE COMER, além de ser uma necessidade vital para a sobrevivência física, também está impregnado de significados socioculturais. Evidenciamos que a culinária na Antiguidade Romana possuía complexas imbricações: econômicas, políticas, religiosas e sociais. Neste texto, abordaremos este tema, a partir da análise cotejada das fontes escritas com um mosaico de chão, proveniente da *exedra* (sala de recepção) de uma rica residência em Hadrumetum (atual Sousse, na Tunísia) e datado do século III. Este mosaico policromático figurativo traz como motivo uma xênia. Este termo – ξένια – está relacionado originalmente à hospitalidade: "presente que, entre gregos e romanos, os hospedeiros tinham o hábito de dar ou de enviar àqueles que recebiam, como marca de hospitalidade e de amizade."[2] O arquiteto latino Vitrúvio informa-nos que o termo passou a ser aplicado pelos pintores "às pinturas em que imitavam aquelas coisas que eram oferecidas aos hóspedes. Deste modo, os pais de famílias, quando hospedados, não se sentiam em terra estranha ao encontrarem nestes aposentos uma discreta liberalidade".[3] Assim, xênia foi empregada genericamente às numerosas representações de naturezas-mortas compostas por frutas, vegetais, caça e outros alimentos, encontradas nas decorações das salas de jantar ou de recepção, inserindo-se, portanto, num contexto tanto de honrar os convidados

---

2. RICH, 2008, p. 713, tradução nossa.

3. VITRÚVIO, 2006.

quanto de enfatizar a generosidade do senhor da casa. A partir do século II, este tipo de representação foi extremamente difundido na África Romana através de mosaicos, ocupando um lugar muito importante nos esquemas de decoração doméstica, em especial, nas residências da elite local. Analisaremos as significações presentes no consumo deste bem cultural, observando as condições de produção deste discurso imagético em pedra, os aspectos dietéticos, sociais, políticos, econômicos e religiosos destas representações, visando compreender as interações da culinária com a cultura daquela época e lugar.

Culinária, um objeto de estudo

Ao longo da existência, o homem consagra ao gesto que o faz sobreviver uma atenção e um lugar que têm variado com a cultura e a história. Este gesto cotidiano não tardou a transformar-se num ritual, numa poética do gosto. Até poucas décadas, a gastronomia[4] não era considerada em si mesma um objeto de investigação histórica. Só passa a ser objeto de estudo quando se recuperam comportamentos e hábitos cotidianos (morte, testamentos, casamentos, modas…) para melhor conhecer os homens e as sociedades, no âmbito da Antropologia Cultural (*e.g.*, Certeau)[5] e da História (*e.g.*, Vidal-Naquet).[6]

A satisfação das carências elementares do homem implica alimentação. Todavia, o evoluir das técnicas de preparação e de confecção dos alimentos impõe uma distinção operatória e conceitual entre alimentação e culinária, inaugurando um capítulo na história da humanidade – aquele em que o mero ato de sobrevivência ascende a conceito estético.[7] Mais do que os condimentos e as matérias-primas utilizadas, os modos de cozinhar e de comer indicam o perfil da sociedade. A grande revolução deu-se quando o homem deixou de comer aquilo que a natureza lhe reservava em estado bruto, passando da mera frugalidade à preparação dos alimentos, ou, na expressão consagrada por Lévi-Strauss,[8] "do cru ao cozido". Portanto, o homem não é só o que come, mas também a maneira como come. A necessidade e o gosto, aliados, constituem os parâmetros da culinária, considerada uma das linguagens que expressa a sociedade. Daí, a importância do seu estudo em seus mais diferentes aspectos: produção, distribuição, preparação e consumo dos alimentos;

---

4. Literalmente, a lei do estômago; do grego *gaster* = estômago e *nomos* = lei; neologismo criado por Rabelais no livro *Pantagruel*.

5. CERTEAU, 1998, p. 131-149; 298-332.

6. VIDAL-NAQUET, 1995, p. 116-140.

7. VALERI, 1989, p. 191-209; ARON, 1989, p. 281-304.

8. LÉVI-STRAUSS, 1991.

preferências alimentares; significação simbólica dos alimentos; proibições dietéticas e religiosas; hábitos culinários; comportamentos à mesa... Neste texto, privilegiamos as interações da alimentação na Roma Antiga com seus mitos, sua cultura e suas estruturas sociais. Há dois mil anos, os antigos romanos já sintetizaram a importância da culinária com a seguinte máxima: "Dize-me o que comes e com quem comes e dir-te-ei quem és."

Culinária nas obras e autores latinos

Dentre os antigos autores latinos, que abordaram a culinária, podemos citar: Catão (234-149 a.C.),[9] Varrão (116-27 a.C.)[10] e Columela (60-5 a.C.),[11] em seus tratados agrícolas. Columela (12, 4,1) atribui ainda três livros a um amigo de Júlio César, Gaio Mácio: *O Cozinheiro, O Peixeiro* e *O Conserveiro.* Cita (12, 4, 2) também Marco Ambívio e Menas Licínio, autores de obras sobre padaria, cozinha e adega, das quais nada nos chegou.

O nome, entretanto, que ficou mais conhecido foi o de Apício, autor do livro *De re coquinaria.*[12] Há discussões sobre sua identidade. Tende-se a identificá-lo como M. Gauius Apicius, nascido aproximadamente em 25 a.C., pertencente à ordem dos equestres, portanto, membro da elite romana. Fama e fortuna granjearam-lhe amizade entre os diversos membros da família imperial Júlio-Cláudia. Apesar das críticas do filósofo estoico Sêneca (*Ad Heluiam* 10, 8)[13] a este tipo de ócio considerado prejudicial, jovens aristocratas foram orientados na arte de cozinhar por Apício. Este dedicou grande parte do tempo a inventar ou a ensaiar receitas, muitas das quais extravagantes, como por exemplo, línguas de flamingo (Plínio, o Velho. *Historia Naturalis* 10, 133),[14] de rouxinol ou de pavão, cristas de aves vivas e calcanhares de camelos. Estas singularidades foram aproveitadas pelos seus detratores, que perpetuaram uma imagem pouco lisonjeira deste *gourmet*, que teria esbanjado a quase totalidade dos seus avultados bens em função destes prazeres. Assim, uma versão de natureza anedótica da sua morte, segundo Sêneca (*Ibidem* 10,9) e reproduzida por Isidoro de Sevilha (*Originum Libri* 20, 1, 1),[15] explica seu suicídio como resultante da consideração de que o restante de sua fortuna, a soma de dez milhões de sestércios

---

9. CATO, 1979.

10. VARRON, 1985.

11. COLUMELLA, 1948.

12. APÍCIO, 1997.

13. SÉNÈQUE, 1950. 3 vol.

14. PLINE L'ANCIEN, 1947-1966.

15. ISIDORO DE SEVILLA, 1983, 2 vol, 433-434.

(considerável quantia na época), seria insuficiente para cobrir os gastos com seu gosto culinário sofisticado, preferindo assim se matar. Outra versão de cunho político relaciona a morte de Apício à queda de um importante político que conspirou contra um membro da família imperial. Seja qual for o motivo de sua morte, o nome Apício ficou associado à culinária.[16] A maioria de suas receitas indica simplesmente o ingrediente principal ou alude à técnica alimentar utilizada, pode evocar modas (peixe à moda de Alexandria) e geografia (salsichas da Lucânia) ou ainda homenagear *gourmets* (papas de espelta à moda de Júlio) ou remeter a denominações sem tradução (*patina*). Não há a preocupação com quantidades. Em termos históricos, o ápice da culinária romana, representada por Apício, estava condizente com a confirmação do domínio romano na bacia mediterrânea e da prosperidade econômica no Alto Império favorecida pela *Pax Romana*, quando as relações comerciais eram intensas. A variedade e o número de receitas não latinas, nomeadamente gregas, sublinham as interações culturais e o triunfo do cosmopolitismo romano. O livro de Apício é uma circunavegação pelo Mediterrâneo unificado sob Roma.

Originalmente, uma dieta vegetariana

Em seus primórdios, Roma era uma dentre as muitas aldeias de pastores e agricultores que existiam na região central da Itália denominado de Lácio. Localizada nas margens do Rio Tibre, sua economia era essencialmente agro-pastoril. Os latinos eram frugais (de *frux*, fruto) e sabiam aproveitar quase todos os produtos da terra. As papas (*puls*), antepassadas do pão, eram a base da alimentação, ora como prato único, ora como acompanhamentos, daí a designação *pulmentum* para indicar qualquer alimento que servisse como tal. Feitas com grãos torrados e umedecidos e depois com farinha de trigo candial (*far*), o único trigo conhecido durante 300 anos, de espelta (*alica*), de milho painço (*milium*) ou de cevada (*polenta*), as papas eram simplesmente cozidas em água e sal ou leite, por vezes melhoradas com favas, lentilhas ou hortaliças.

Cozinhadas de igual modo eram as hortaliças, quer as cultivadas, quer as selvagens. Consideradas por Catão (*Agricultura* 156, 1), o vegetal mais saudável, a couve, nas suas diferentes variedades, terá sido das primeiras espécies selecionadas pelo homem. O alho, a cebola e raízes como o nabo, o rábano ou maro eram outros dos legumes cultivados. Testemunho da prática generalizada da recoleção, pelos campos colhiam-se chicórias bravas, cardos, malvas, folhas de mostarda, rebentos de norça, acelgas, rábanos silvestres, urtigas, alcaravia, pastinacas e até alfaces. Ainda rijos e certamente de sabor

---

16. TERTULIEN, 1931.

CONSUMO E ABASTECIMENTO NA HISTÓRIA   39

acre, estes vegetais, que uma posterior seleção viria a torná-los mais tenros e saborosos, obrigavam a cozimentos prolongados e a utilização de molhos avinagrados, quando consumidos em saladas. Este regime vegetariano requeria grande consumo de sal. Ainda no tempo de Catão, consumia-se mais do dobro de sal que nos nossos dias (18,5g diários). O sal vinha das salinas da foz do Tibre e chegava através da *Via Salaria*. Cientes da sua importância na alimentação, os romanos garantiam que o sal, mesmo sendo caro, chegasse a todos. Segundo Plínio, o Velho (*Historia Naturalis* 31, 89), eram feitas distribuições gratuitas desde o rei Anco Márcio (640-616 a.C.).

Embora seja atestado o cultivo de frutos, como as diversas qualidades de figos, peras, ameixas e azeitonas, dependiam parcialmente da recoleção; aproveitavam-se as bagas silvestres, bolotas, avelãs, castanhas e pinhões, que em breve viriam a ser de cultura. A habilidade dos romanos para a enxertia, aliada à melhoria das técnicas agrícolas, favoreceu uma seleção gradual dos produtos espontâneos e encaminhou-os para o consumo quase exclusivo de espécies cultivadas no Império Romano.

A proteína vinha essencialmente dos ovos e queijos, uma vez que o peixe era quase um exclusivo da zona costeira e a carne estava reservada para dias especiais: uns consagrados pelo calendário litúrgico, outros destinados às comemorações domésticas (nascimentos, casamentos e funerais). Dentre as aves, as galinhas foram selecionadas para a postura de ovos. Além destes, comiam-se ovos de gansa e se apanhavam os de passarinho. No momento em que Roma passou a importar aves exóticas para a criação em reservas, também os seus ovos foram aproveitados para aumentar a ostentação nos banquetes de alguns *gourmets*. Os ovos podiam ser conservados friccionando-os com sal moído ou pondo-os em salmoura durante três ou quatro horas e, depois de lavados, colocados em farelo ou restolho (VARRÃO. *De re rustica* 3, 9, 31). Os ovos eram utilizados em pratos salgados, apropriados para entradas (*gustus* ou *gustatio*), ou em doces para sobremesas (*mensae secundae*). Quanto aos queijos, os romanos, por sua origem pastoril, mostraram-se hábeis no seu fabrico, que ocorria geralmente no verão, enquanto os rebanhos percorriam as pastagens. Além do queijo fresco (*caseus molis* ou *recens*), havia o queijo seco de cabra, conservado no sal e depois em ervas aromáticas, em salmoura ou defumado (*caseus fumosus*). Comia-se nas pequenas refeições ou, mais raramente, como ingrediente de um prato mais elaborado.

De um modo geral, aproveitava-se a carne de todos os animais empregados nos sacrifícios, mas a carne mais utilizada era a de ovinos e caprinos, criados, sobretudo, para produzir leite, e a de porco. As vacas eram consideradas somente animais de trabalho. A venda da sua carne era recomendada quando o animal estivesse velho ou doente. O porco, ou melhor, a porca e o leitão eram a carne doméstica mais apreciada e vendida, quer fresca, quer de salga, sendo originalmente criados para a alimentação. Mesmo durante o Império, não obstante uma maior variedade de carne, o suíno permaneceu o prato emblemático do banquete. As receitas com este tipo de carne representaram quase 70% das receitas de carne de Apício. Eram apreciados, sobretudo, o leitão e os órgãos femininos da porca. Os romanos desenvolveram a conservação dos derivados de porco: presunto, salsichas, salpicões, chouriços e toucinho. As camadas menos favorecidas, que não tinham condições de obter carne fresca, recorriam aos enchidos e ao porco de salga. Outra fonte de carne era a caça. Embora a Itália fosse fértil em zonas naturais de caça de javalis, veados, cabras monteses e carneiros selvagens, a elite durante o Império criou o gosto pelos parques de caça, onde também colocavam animais de caça importados, como antílopes, gazelas e avestruzes.

Transformações na dieta vegetariana

Desde os primeiros tempos da República e até meados do século II a.C., os romanos, em parte devido à expansão, tomaram um contato progressivo com outros povos da Península Itálica. Na alimentação, houve influências gregas e, em menor escala, asiática. Por um lado, após a conquista do Sul da Itália e da Sicília, intensificou-se uma relação direta com os gregos da Magna Grécia, já conhecidos pelo intermediário etrusco. Por outro lado, o contato com os cartagineses ao longo das Guerras Púnicas contribuiu para o conhecimento do mundo asiático, pois aqueles já tinham relações comerciais com o Oriente. Introduziram-se novas espécies, adquiriram-se novos gostos. A expansão desenvolveu o comércio e levou à redistribuição das terras e, posteriormente, ao aparecimento de *villae* escravistas em detrimento da pequena propriedade com a sua horta. A conquista do Mediterrâneo Oriental, então helenizado, provocou a descoberta do sofisticado como categoria da alimentação. Importavam-se espécies animais e vegetais, entre estas, os cereais. Em consequência, diminuiu a produção cerealífera da Itália e as propriedades converteram-se à cultura da vinha e da oliveira e à criação de gado. Aumentou o consumo de carne, e Roma, helenizada, deixou de ser preferencialmente vegetariana. Na época imperial, tudo convergiu para que Roma atingisse o seu apogeu na arte da culinária.

O velho Lácio, habituado a uma alimentação com base em papas de cereais, bastantes legumes cozidos e saladas, frutos, queijo e, pontualmente, carne ou algum peixe condimentado com simplicidade, nunca se rendeu incondicionalmente às novidades culinárias. A defesa de uma alimentação tradicional, neste caso frugal, prende-se à valorização simbólica de determinados alimentos, conotados com uma vida saudável e, por extensão, com uma sociedade menos viciosa. Havia uma positivação da agricultura, como símbolo da civilização, pois o homem produzia seus próprios alimentos[17] dominando a natureza graças ao processo de domesticação das plantas. Contrariamente, a caça e a pecuária eram próprias do espaço selvagem, da natureza. Assim, a carne – de animais domésticos e, sobretudo, a da caça – tinha, culturalmente, uma forte conotação "selvagem", o que favorecia sua identificação como alimento dos povos "bárbaros", demandando, por isso, a sua oferenda como sacrifício aos deuses para ser consumida pelo homem civilizado.[18] Paradoxalmente, a carne era o alimento por excelência do banquete, comensalidade relacionada à civilidade urbana. Na literatura latina imperial, evidenciamos uma "nostalgia dos bons e velhos tempos", quando os costumes ancestrais (*mores maiorum*) não eram corrompidos e os romanos se contentavam com uma alimentação frugal. Os tratados médicos reforçavam este tipo de discurso.[19] Para os antigos romanos, saúde era sinônimo de equilíbrio, que se manifestava na relação do homem com o mundo. Doença e saúde indicavam estados de alma, e se era verdade que elementos exteriores podiam favorecer o aparecimento da doença, esta seria um possível reflexo de uma falta moral propiciada por uma sociedade permissiva.

Se até ao século II a.C., a alimentação das diferentes classes sociais pouco diferiu, após a expansão, a mesa das classes dominantes distanciou-se gradualmente. Na época de Apício, o regime frugal circunscrevia-se aos camponeses e às camadas mais pobres da população. Antes, os frutos e as saladas com ervas aromáticas faziam as delícias das mesas ricas, enquanto os substanciais pratos de leguminosas e as sopas de ervas, mesmo as bravas, apaziguavam a fome do povo. Entretanto, a situação mudou. O comediógrafo latino, Plauto, em *Pseudolus* 811 seq.,[20] reflete as transformações da dieta vegetariana pela boca de um cozinheiro de aluguel, recém-convertido à mesa próspera e refinada, que critica os seus colegas de profissão, adeptos da culinária tradicional: "que me apresentam nos tachos condimentos, que fazem dos convivas bois e lhes oferecem ervas e, além disso, temperam essas ervas com outras ervas."

A crescente importação de artigos destinados a uma exibição ostensiva em banquetes, não só encarecia a alimentação como nem sempre prenunciava uma transformação positiva. Produtos escolhidos pela raridade ou pelo exotismo, aliados às novidades nas práticas elementares, assumiam, aos olhos dos defensores dos *mores maiorum*, foros de corrupção do corpo e da mente. Hostil à influência da cultura grega, Catão, o Censor, repreendia

---

17. O modelo dietético clássico fundamentava-se em três produtos agrícolas primordiais: o cereal, a vinha e a oliveira (a denominada "tríade mediterrânea"), dos quais derivava respectivamente o pão, o vinho e o azeite.

18. GROTTANELLI, 1998, p. 121-136.

19. MAZZINI, 1998, p. 254-265.

20. PLAUTE, 1972, t. 6.

assiduamente os compatriotas por se afastarem da tradição, ao importarem costumes gregos, como o luxo da mesa. Mais do que um tratado técnico, *De agricultura*, foi também uma apologia da sobriedade da vida. Mas o rumo da história era outro...

Após a tomada das cidades gregas do sul da Itália (270 a.C.) e, mais tarde, com a colonização da própria Grécia (146 a.C.), os hábitos e os requintes orientais acolhidos pela civilização helênica vinham sendo progressivamente assimilados por Roma. Dentre as aquisições de maior relevo no âmbito das transformações alimentares em Roma, houve o considerável incremento do consumo de peixe fresco e o aparecimento das primeiras padarias (168 a.C.), exploradas, sobretudo, por libertos gregos. Até meados do século II a.C., os romanos apenas conheciam um pão sem levedura, normalmente cozido em fornos domésticos, feito com uma espécie de bolo de farinha mal peneirada, cozido ou assado, semelhante à antiga papa (*puls*), referida por Plínio, o Velho, em *Historia Naturalis* (18, 83), embora desidratada. Excetuando-se o pão de Piceno, amassado com sumo de uvas, todas as variedades de pão comercializadas em Roma eram de origem helênica. De matriz grega, eram igualmente as massas e os bolos mais difundidos, cozidos sobre cinzas ou então fritos. Os ingredientes, com base em mel, azeite, farinha, frutos secos e eventualmente vinho doce, gergelim e queijo fresco, mantiveram-se como essenciais ao paladar romano. Fabricava-se também a *tracta*, uma mistura de espelta de primeira qualidade e de água, à qual se acrescentava farinha, misturava-se e deixava-se repousar, depois se esticava bem, podendo ser cortada de diversas formas. A influência grega, contudo não se restringiu a estes aspectos. O uso de *garum*, molhos com especiarias e os vinhos condimentados foram outros indícios da sofisticação grega acolhida em Roma.

Se a Grécia deu à mesa romana uma lição de requinte, o contato com os diferentes povos conquistados intensificou a tendência da cozinha latina para o exotismo. Busca do requinte e de exotismo, eis as coordenadas necessárias à apreciação das características do paladar romano. Roma comia não só pelo sabor dos alimentos, mas também pelos efeitos destes nos sentidos. As pesquisas gastronômicas eram uma procura constante de novas sensações. Na tentativa de realizar um só sabor a partir de uma multiplicidade de ingredientes, a cozinha romana privilegiou a sobreposição e a justaposição, negligenciando, por gosto ou por desconhecer, a técnica da combinação. Apreciava-se a síntese, em vez de se degustar cada alimento. Os molhos para servir sobre os alimentos ou para neles se cozinhar apresentavam sempre uma característica: a mistura do doce e do ácido com reduzida utilização de gordura. Desta forma, o mel, o hidromel, os vinhos doces e algumas ervas ou frutos açucaravam o salgado e a gordura era por excelência o azeite de oliveira, cujas características adequavam-se a todos os sabores: doce, agridoce, ácido e salgado. O azeite era prensado duas vezes por ano, no verão e no inverno, de tonalidade mais escura que o

CONSUMO E ABASTECIMENTO NA HISTÓRIA   43

atual, e salgado devido ao sal colocado na prensa. O azeite poderia ser aromatizado com diversas ervas. A banha e a manteiga eram utilizadas somente nas regiões do Império onde não abundavam oliveiras. O *liquamen* – a salmoura de peixe fermentado nas suas diferentes variedades e graus de qualidade (*garum, alex* e *muria*) – continha também gordura, sendo por isso utilizado para fritar alimentos.

O uso excessivo de ingredientes, nomeadamente de ervas aromáticas (orégano, arruda, aipo, cominhos, alcaravia, funcho, erva-doce, pimenta), de especiarias e de condimentos preparados, como o *garum* e o vinho, mascarava o aroma natural dos alimentos e neutralizava os cheiros; assim, ao invés de impregnarem o peixe ou a carne, os temperos resultavam numa miscelânea. A justificativa mais divulgada para esta prática é atribuída à má conservação dos alimentos, cujo sabor alterado seria disfarçado pelas essências utilizadas nos molhos. Mas, se algumas vezes os modos de conservação eram ineficazes, não se pode generalizar. De fato, os romanos, em parte devido à extensão do seu Império, aperfeiçoaram bastante as variedades de conservação de víveres, fossem destinados à alimentação das tropas e plebe urbana ou comercializados entre as regiões colonizadas.[21] Nas obras de Catão, Apício e Columela, encontram-se referências a quatro práticas correntes de manutenção de alimentos perecíveis: a desidratação (secagem de frutos e vegetais); a saturação do meio (cozedura de frutos em açúcares, salmouras de peixe e de carne); o revestimento (cobertura de frutos e de carnes com mel e outros produtos); e o uso de antissépticos (fermentação alcóolica). A venda de peixe e de carne obedecia também a certos princípios higiênicos. Assim, os peixes vendidos nos mercados eram apresentados em tanques de água doce, podendo ser comprados ainda frescos ou vivos. Os mais pobres recorriam frequentemente ao peixe de salga, a elite possuía viveiros de peixe fresco.

Uma outra característica da culinária romana era a preferência por alimentos tenros, moles e picados, fáceis de mastigar e digerir. A cozinha romana tendia a combinar o cozido e o assado. Diversas espécies vegetais e animais não eram ainda criadas expressamente para a alimentação e uma simples cozedura não garantia uma preparação tenra final. Salvo o porco e a galinha, mesmo as espécies domésticas estavam longe das atuais raças apuradas, cuja carne é fácil de digerir. Consumiam-se, portanto, animais jovens e usava-se o cozido juntamente com o assado.

A elite romana estava mais aberta à novidade e, por extensão, ao exotismo culinário do que as outras camadas sociais. Os *gourmets* de maior reputação foram membros da aristocracia. A maior sensibilidade da elite às inovações neste campo decorria pela conjugação de fatores: a ostentação e o poder aquisitivo da elite para escolher um produto importado em

---

21. RITCHIE, 1995; GARNSEY, 1998, p. 238-253.

contraste com o tradicionalismo e o baixo poder aquisitivo das camadas populares. No século II a.C., com a *Lex Orchia,* a *Fannia,* a *Didia,* a *Aemilia* e a *Licinia,* a legislação suntuária passou a incidir sobre os gastos da mesa da elite, limitar o número de convivas em um jantar, estipular quantias máximas a despender e determinar as quantidades e os gêneros de alimentos permitidos. Todavia, ao longo do século I a.C. e à medida que as leis perdiam a rigidez, os excessos aumentavam para voltarem a ser reprimidos na época imperial: sob Augusto (27 a.C. a 14) e de Tibério (14 a 37) a Adriano (117 a 138). Algumas leis prescreviam que as portas das casas, onde ocorressem jantares, estivessem abertas para facilitar a inspeção policial.

"Imagem é tudo"

A literatura imperial privilegiou os testemunhos caricaturais dos jantares dos "novos ricos".[22] As refeições serviam como símbolo de ostentação. Cada anfitrião tentava suscitar a admiração dos seus convidados através da exposição de pratos exóticos ricamente adornados, apresentados por escravos bem vestidos em baixelas de ouro, prata, cristal e vidros trabalhados, num ambiente com móveis requintados e com pinturas e mosaicos decorando paredes e chão. O fausto pretendia estabelecer uma espécie de hierarquia de poder no tecido das relações sociais. Civilização onde o espetacular estava onipresente, a Roma Antiga compreende-se melhor enquanto cultura de dimensão acentuadamente teatral. Era uma sociedade escópica, ou seja, estava sempre à mostra, em suma, uma sociedade do espetáculo, do contato olho-no-olho. De fato, o espetacular impunha-se, quer na vida pública, quer na privada. A representação assumia-se como categoria indispensável: desde as marchas dos triunfos às procissões fúnebres, dos discursos eloquentes no fórum às diversões no circo; e estava também presente nas refeições das elites, como analisaremos no mosaico norte-africano.

Na África do Norte, já havia uma tradição cartaginesa na confecção de mosaicos. Com o domínio romano, houve sua interrupção, embora subsistisse em algumas cidades de origem púnica. Por volta do final do século I e do II, os mosaicistas da região criavam mosaicos geométricos em preto e branco com padrões muito simples, semelhantes aos italianos do mesmo período, relegando suas próprias tradições. Somente em meados do século II, esses artesãos, favorecidos pela prosperidade norte-africana, começaram a se afastar dos padrões romanos com a gradual introdução da policromia nas bordas e da integração de elementos florais e geométricos. Produziram-se então mosaicos figurativos, que seguiam a tradição helenística, com cenas idílicas e mitológicas. O estilo africano chegou a sua

---

22. PÉTRONE, 1955; HORACE, 1932; JUVÉNAL, 1921.

maturidade no século III e foi disseminado em outras partes do Império Romano, como Sicília, Sardenha, Roma e Espanha. Este estilo caracterizou-se pelo uso da policromia e pela representação de cenas cotidianas, caras à elite. Os mosaicistas norte-africanos renovaram seu repertório iconográfico, inspirando-se na realidade ao seu redor. Começaram a se interessar particularmente por aspectos da vida diária, em especial aqueles relacionados à elite que encomendavam os mosaicos, como atividades em suas propriedades rurais, jogos (corridas de carruagens nos circos e caçadas e lutas de gladiadores nos anfiteatros, financiadas por este grupo) e outras atividades sociais, dentre elas, a comensalidade.[23]

Na época imperial, os romanos faziam três refeições diárias: o *jentaculum* (vinho, pão e queijo) de manhã; depois, ao meio-dia, o *prandium*, pequena pausa sem qualquer ritual, em que se comia, geralmente de pé, um pouco de carne e fruta com algum vinho; e, por fim, ao cair da tarde, a *cena*, que era a principal refeição do dia, em que a família e, eventualmente, convidados se reuniam confortavelmente para compartilhar uma comida mais substanciosa regada à bebida e à diversão. A *cena* era preparada para usufruir o *otium* e se opunha ao ligeiro *prandium*, que ocorria ao meio-dia, quando ainda se voltaria às atividades, ou seja, ao *negotium*.[24] A *cena* requeria tempo para seu preparo e consumo. Despertava a gula e o prazer, propiciando a civilidade e a sociabilidade, típicas do meio urbano. Enquanto o *prandium* estava mais de acordo com a dieta frugal dos camponeses, pautada principalmente em alimentos de origem vegetal; a *cena* estava condizente com as transformações no regime alimentar, com o consumo crescente de carnes e produtos exóticos vindos de todo Império, como se comprova no tratado culinário de Apício, que apresentou a nova dietética romana, sensivelmente distante da tradicional frugalidade. Desenvolveu-se uma etiqueta cada vez mais refinada e suntuosa à mesa, estabelecendo hierarquias e conferindo prestígio social.[25]

No ambiente doméstico, o lugar inicial das refeições era o *atrium*.[26] No século II a.C., com a adoção do *perystilum* (pátio aberto com colunas), que retirava a intimidade do *atrium*, as refeições passaram a ser realizadas no *triclinium*. Esta denominação devia-se ao fato de apresentar, como elemento fixo em cada um dos lados do aposento, um leito para os convivas se reclinarem. Ao centro, encontrava-se a mesa, elemento móvel do jantar.

---

23. ENNAÏFER, 1996, p. 65-85; DUNBABIN, 2003; BUSTAMANTE, 2003, P. 95-III; D'ARMS, 2004, p. 428-450; TROM-BETTA, 2005, p. 141-146.

24. DUPONT, 1998, p. 199-216.

25. ROBERT, 1995, p. 121-152; BUSTAMANTE, 2003, p. 95-III; D'ARMS, 2004, p. 428-450.

26. Era um pátio quadrado coberto com uma abertura central no teto, o impluvium, para recolher a água da chuva em um tanque e que servia também para ventilar o cômodo e iluminá-lo. Em torno do atrium, distribuíam-se os outros cômodos da casa. (BARTON, 1996, p. 33-47)

A distribuição dos convivas pelos leitos obedecia a uma hierarquia. Cada leito tinha um nome de acordo com sua disposição: ao fundo da sala, o *medius lectus*, com os lugares de honra (chefe da família e convidados importantes); à direita, o *summus lectus* e, à esquerda, o *imus lectus*, o menos importante dos três.

O mosaico selecionado foi encontrado em um cômodo próximo do *triclinium* de uma rica residência particular na cidade de *Hadrumetum* (atual Sousse, na Tunísia). Ele decorava a *exedra* (sala de recepção, frequentemente construída em forma de abside, como no presente caso), situada em torno do *peristylium* e defronte do *triclinium*. Como referido na Introdução, o tema do mosaico é uma *xenia*, motivo decorativo muito comum nos mosaicos afro-romanos,[27] um exemplo é o mosaico a seguir:

Figura 1: Mosaico de *xenia* de uma *domus* de *Hadrumetum* e datado do século III; dimensões: 4,2m x 1,87m; acervo: Museu de Sousse na Tunísia. (ENNAÏFER, 1996, p. 75, fig. 47)

O mosaico seguiu o formato absidal da *exedra*, que decorava. A distribuição espacial dos seus elementos icônicos maiores ressaltou determinado elemento (cervo) ao dispô-lo no centro da cena com os outros elementos (dois patos, quatro cestas e quatro pratos com vegetais) rodeando-o de forma simétrica e radial. Esquematicamente, o mosaico apresenta-se da seguinte forma:

27. KHADER, 1990; ENNAÏFER, 1996, p. 65-85; KHADER, 2003.

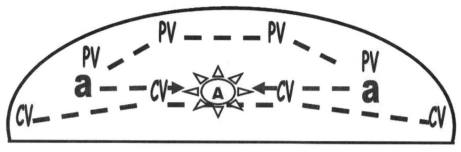

Legenda: A = Animal (cervo); a = animal (pato); CV = Cesta de alças com Vegetais (uvas, tâmaras, figos, cítricos, pêras...); PV = Prato com Vegetais (uvas, tâmaras, figos, cítricos, pêras...)

As carnes (patos e cervo) formam a linha principal do mosaico. De todo o conjunto, destaca-se o cervo, animal de caça (distintamente dos patos, que eram domesticados), como alimento mais importante: os patos têm suas cabeças voltadas para o cervo e as cestas e os pratos de vegetais o circundam. Não é, portanto, uma mesa frugal que se infere pelo mosaico; está longe do tradicional ideal da dieta vegetariana condizente com o *mos maiorum* romano. Os alimentos ali apresentados, por sua diversidade e abundância, denotam riqueza. Esta é ainda mais acentuada pela presença dos animais. Para o seu preparo e consumo, demandam tempo, o que estava mais adequado para a *cena*. Além disso, a quantidade indica um número significativo de convivas, que extrapola o grupo familiar, o que confirma a sociabilidade e a ostentação, características desta refeição.

Elementos icônicos menores estão espalhados entre os anteriormente analisados. Identificaram-se: melões (inteiros e em fatias), abobrinha, cítricos, cacho de uvas, figos, romãs e rosas, sendo estas duas últimas mais reiteradas que os demais. As rosas estavam relacionadas à eternidade. No mito referente à morte de Adonis (o amado de Vênus), de seu sangue brotaram as primeiras rosas vermelhas. Por isso, se converteram em símbolo tanto do amor que vence a morte quanto do renascer.[28] Por sua vez, as romãs estavam associadas à fertilidade em virtude das suas numerosas sementes incrustadas na polpa do seu fruto. Este era o símbolo de algumas deusas – como a fenícia Astarté (também cultuada na África Romana) e as latinas (gregas) Vênus (Afrodite), Ceres (Demeter) e Proserpina (Perséfone) dos Mistérios de Elêusis e Minerva (Atena). As duas primeiras divindades – Astarté fenícia e Vênus latina – tinham seu culto associado na região norte-africana, por possuírem atributos semelhantes; era a prática da *interpretatio*. A fruta também foi referência para outras deusas, como *Magna Mater* (Cibele), que ficou grávida pelo contato com uma romãzeira, e Juno, que, ao ser representada segurando-a, tornava-se símbolo do

---

28. BIERDERMANN, 1993, p. 402.

casamento. O cultivo da romã era conhecido no âmbito do Mediterrâneo e do Oriente Próximo; os fenícios foram os que provavelmente o difundiram e aclimataram em regiões mais quentes,[29] como era o caso da África do Norte, que abrigou colônias fenícias e, posteriormente, esteve sob domínio de uma destas colônias: Cartago. Os antigos romanos chamavam a fruta de *punicum*,[30] uma referência tanto à sua cor vermelha quanto aos cartagineses. A presença das rosas e das romãs conferia ao mosaico ora analisado a eternização de um voto de uma mesa sempre farta tanto aos proprietários da casa e seus descendentes quanto aos hóspedes.

No mosaico, há um outro elemento a considerar: a coroa de quatro hastes que se encontra acima do cervo, que acaba por enfatizar sua posição de destaque neste texto imagético. Esta coroa era o emblema da *sodalitas* (confraria, colégio, corporação) dos *Leontii*, uma das associações que organizavam e patrocinavam os jogos nos anfiteatros. Uma outra referência a esta confraria eram os quatro milhetes, um de seus atributos, que circunscrevem todos os demais elementos icônicos do mosaico. O próprio número quatro também estava relacionado aos *Leontii*.

No anfiteatro, ocorriam as caçadas (*venationes*) e lutas de gladiadores (*ludi gladiatorii*), tipos de espetáculos bastante apreciados por todos os segmentos sociais. Na África Romana, a grande popularidade das *venationes* inspirou a formação de associações, que organizavam materialmente os espetáculos: forneciam caçadores profissionais, pessoal auxiliar e equipamento, bestas para combate ou adestramento no anfiteatro. Além de participarem da organização dos espetáculos, as *sodalitates* funcionavam como associações de torcedores e sociedades funerárias; desenvolviam também atividades econômicas relacionadas à produção agrícola, artesanal e comercial, principalmente fabricação e transporte de azeite.[31] Este tipo de agrupamento foi muito característico da África Romana, onde havia vários deles, que concorriam entre si: os *Leontii, Telegenii, Pentasii, Simematii, Florentinii, Crescentii, Taurisci...* Alguns atuavam em toda a África Romana, o que levou Beschaouch[32] a levantar a possibilidade de existirem seções sob forma de sucursais ou filiais, quiçá até na Itália.[33] Distinguiam-se um do outro pela composição de símbolos com números, que serviam

---

29. BIERDEMANN, 1993, p. 215.

30. GAFFIOT, 1998, p. 1279.

31. BESCHAOUCH, 1977, p. 486-506.

32. BESCHAOUCH, 1987, p. 677-680.

33. BESCHAOUCH, 1977, p. 502-503.

como sinais de reconhecimento da associação.[34] Estes emblemas e numerais apareceram em cerâmica, inscrições em epitáfios e mosaicos de pavimentos de termas, de anfiteatros e de várias casas particulares, às vezes, em painéis ilustrando lutas entre animais selvagens, presumivelmente montadas pelas corporações em questão e, outras vezes, simplesmente como um painel de soleira ou dentro de um conjunto decorativo geral. Em tais casos, podemos pressupor que o proprietário estava proclamando a sua pertença a uma corporação em particular.[35] Assim, aquele que encomendou o mosaico ora analisado declarou seu orgulho de pertencer aos *Leontii*, que organizavam e patrocinavam as *venationes*, um tipo de espetáculo bastante apreciado, o que lhe trazia prestígio social. Esta prática de financiamento de espetáculos, construções públicas, embelezamentos do espaço público, banquetes, distribuição de dinheiro e alimentos para os cidadãos pela elite local inseria-se no quadro urbano e no gênero de vida tradicionais no Império Romano, criando uma solidariedade urbana ao englobar diferentes grupos sociais. Era uma questão de obrigação (*munus*) para aqueles que pertenciam à elite local,[36] especialmente por ocasião de sua ascensão às dignidades públicas ou municipais.[37] Neste processo, como se objetivava a promoção social, era imprescindível o reconhecimento público, condição necessária para uma carreira local, o que ocorria através das prodigalidades, como a organização e o financiamento de espetáculos no anfiteatro.

Na cidade de *Hadrumetum*, havia um anfiteatro para a realização de caçadas e combates de gladiadores. A partir do século II, além deste edifício, foram construídos outros monumentos públicos (como teatro, circo e termas) e suntuosas residências aristocráticas, que denotam a riqueza de sua elite municipal. *Hadrumetum* situava-se numa região que, desde a Antiguidade, permaneceu próspera devido à cultura da oliveira, e, do seu porto, saía a produção para a exportação. A cidade era de origem fenícia e encontrou-se material arqueológico remontando ao século VI a.C. Durante a Segunda Guerra Púnica (218-202 a.C.) entre Cartago e Roma, *Hadrumetum* aliou-se a Roma recebendo como recompensa o *status* de ciuitas libera, o que lhe permitiu manter a sua autonomia até as guerras civis do Primeiro Triunvirato entre Pompeu e Júlio César, em meados do século I a.C.[38] Como se posicionou favorável aos pompeianos, com a vitória de Júlio César, foi agravada com pesados tributos

---

34. Beschaouch elaborou quadros com o número, o emblema e a divindade tutelar de cada uma das associações da África Romana (1966; 1977, p. 497).

35. BESCHAOUCH, 1966, p. 150-157; 1977, p. 487-495; 1987, p. 680; SLIM, 1996, p. 214.

36. VEYNE, 1976.

37. LUSSANA, 1952, p. 100-113; DUNCAN-JONES, 1963, p. 159-177.

38. APPIANUS, 1958, 4 vol.

juntamente com o *conuentus ciuium romanorum*[39] ali instalado (Júlio César. *Commentarii belli Africi* XCVII, 2).[40] Entretanto, *moedas hadrumetinas* da época de Augusto mostraram que a *libertas* era ainda conservada ou foi restaurada. A história municipal de *Hadrumetum* é mal conhecida,[41] devido à continuidade da ocupação humana da cidade, o que afeta a sobrevivência de material epigráfico. Por uma tábua de patronato, datada de 326 (*ILS* 6111), sabemos que o imperador Trajano (98-117) promoveu *Hadrumetum* à colônia honorária e estabeleceu um *procurator regionis Hadrumetinae*, responsável pelos domínios imperiais (*ILS* 1437). Desde o Alto Império, *Hadrumetum* era uma capital regional e, no governo de Diocleciano (284-305), com a criação da província de Bisacena, a cidade tornou-se a sua capital.[42] Em fins do século II (193-197), um cidadão de *Hadrumetum, Decimus Clodius Albinus*, disputou o trono imperial com Septímio Severo, natural da cidade norte-africana de *Leptis Magna* (Escritores da História Augusta. Clodius Albinus IV, 1).[43] A ascensão da dinastia severiana (193-235), de origem africana e oriental, ao poder representou um período de grande prosperidade para as províncias norte-africanas; foi a época de esplendor em *Hadrumetum*, quando houve uma significativa atividade edilícia, dentre elas, a confecção do mosaico em questão.

Conclusão

Para se compreender a cultura visual da antiga sociedade romana, devemos atentar para o consumo social que, basicamente, tece hierarquias e consolida bases, lugares e relações de poder. Na análise da documentação, seja escrita, seja imagética, deve-se considerar seu contexto histórico específico, o que permite apreender a sua complexidade, a sua historicidade cultural. O termo cultural é utilizado em um sentido mais amplo, abarcando atitudes, mentalidades e valores e suas expressões, concretizações ou simbolizações em artefatos, práticas e representações.

---

39. *"Associação oficial de cidadãos romanos nas aglomerações que não tivessem estatuto de município ou de colônia."* (LAMBOLEY, 1995, p. 116, tradução nossa)

40. JULES CÉSAR, 1949.

41. Para o Alto Império, ver GASCOU, 1972, p. 67-75.

42. Ignora-se a data precisa da criação da província; supõe-se entre 294 e 305. A reforma administrativa diocleciana dividiu a Província da África Proconsular em três: Zeugitana ou África Proconsular propriamente dita, Bisacena e Tripolitânia. Esta divisão visava aumentar os recursos fiscais destinados a enfrentar as ameaças exteriores, reforçar a autoridade imperial e, ao mesmo tempo, diminuir a do procônsul da África Proconsular, cujo poder em geral fazia o jogo dos usurpadores. (MAHJOUBI, 1983, p. 482).

43. *Écrivains de l'Histoire Auguste*, 1844-1847, 3v.

CONSUMO E ABASTECIMENTO NA HISTÓRIA   51

A elite local, que comissionava os mosaicos, estava ansiosa para ver publicizados e eternizados seus signos de *status*. Assim, as *xeniae* foram reproduzidas em imagens para decorar os vários aposentos de recepção de suas residências, dentre eles, os *exedrae* e *triclinia*, exaltando, deste modo, sua prosperidade e generosidade e também suas crenças e costumes, ou seja, tudo aquilo que a identificava como pertencente à civilização romana. Através de tais imagens, a elite utilizava suas residências para tornar pública a sua mesa farta e, no caso, sua pertença aos *Leontii*, símbolos de prestígio nesta sociedade de caráter escópico. A riqueza desta elite local, fundamentada, sobretudo, na produção de azeite, encontrou, portanto, uma forma de expressão na decoração sofisticada de suas residências urbanas (*domus*) e rurais (*villae*), onde afirmava seu *status* e seus valores culturais.[44] Em termos da temática culinária, observamos a distância da tradicional dieta frugal condizente com o *mos maiorum* e a adoção de uma nova dieta própria de um estilo de vida cosmopolita e enriquecido da elite provincial. A decoração doméstica buscava reafirmar a posição privilegiada do seu proprietário frente à comunidade romanizada. A aceitação social dos mosaicos nas cidades norte-africanas era uma prática do estilo de vida urbano romano, constituindo-se em um dos elementos decorativos mais admirados, pois adornavam com cores vivas o chão (*opus tessellatum*), as paredes e o teto (*opus musiuum*), além de trazer leveza às residências da elite local, decorando seus aposentos como se fossem afrescos e tapetes. Ao mesmo tempo, revelaram também a vida e os prazeres, os valores, as crenças e as práticas da elite na África Romana. Evidenciamos, através do mosaico, o papel central da riqueza da elite local, reforçando a interação entre poder, *status*, prestígio e religião, formando uma tessitura sociopolítica. No mosaico em questão, esta interação se apresenta na conjugação da *xenia* com os símbolos dos *Leontii*, que organizavam e patrocinavam as *venationes*. Para tanto, era necessário que houvesse prosperidade e paz, o que se verificou na África do Norte em fins do século II e na primeira metade do III, quando imperava a dinastia severiana de origem afro-síria, que beneficiou a região.

Inferimos, de forma sucinta e clara, o papel que os mosaicos poderiam ter na decoração das casas e os tipos de mensagens com os quais eram imbuídos. A própria natureza do suporte – o mosaico – constitui-se em um vetor para potencializar o *status* e o prestígio da elite em diversos momentos: nos gastos de recursos significativos para a decoração dos interiores de suas residências com opulentos pavimentos, evidenciando assim o aumento da importância da esfera do privado e uma maior hierarquização social; na seleção dos temas retratados relacionados a um estilo de vida faustoso condizente com a fortuna da elite; e na localização dos mosaicos em ambientes de sua casa, onde ocorria a sociabilidade, visando

44. THÉBERT, 1990, p. 300-398.

afirmar sua posição privilegiada frente à sociedade e apregoar sua imagem para o exterior. Havia temáticas que eram reproduzidas e se inseriam na retórica, que teve papel central no mundo greco-romano na construção do pensamento e expressão da elite. Era uma maneira de representar experiências e acontecimentos dentro de certa espécie de moral ou rede social; era uma forma de expressar alguns "significados compartilhados",[45] que fundamentavam a cultura da qual se originavam, construindo e consolidando uma identidade romana.

Bibliografia

Documentação escrita

APÍCIO. *O Livro de Cozinha de Apício – Um breviário do gosto imperial romano*. Trad. Inês de Ornellas e Castro. Sintra: Colares Editora, 1997.

APPIANUS. *Roman History*. Transl. Horace White. Londres: William Heinemann, 1958, 4 vol. (The Loeb Classical Library)

CATO. *On agriculture*. Transl. William Davis Hooper. Rev. Harrison Boyd Ash. reimpr. Londres: W. Heinemann, 1979. (The Loeb Classical Library)

COLUMELLA. *On agriculture*. Transl. Harrison Boyd Ash. Londres: W. Heinemann, 1948. (The Loeb Classical Library)

DESSAU, H. *Inscriptiones Latinae Selectae*. Berlin: Weidmannos, 1963. 3 vol.

Écrivains de l'Histoire Auguste. Trad. M. L. Leglay *et al.* Paris: Panckoucke, 1844-1847, 3v. (Seconde Série de la Bibliothèque Latine Française)

HORACE. *Satires*. Trad. François Villeneuve. Paris: Les Belles Lettres, 1932. (Collection des Universités de France)

ISIDORO DE SEVILLA. *Etimologias*. Trad. Oroz Reta, J.; Marcos Casquero, M. A. Madrid: La Editorial Católica, 1983, 2 vol. (Biblioteca de Autores Cristianos)

JULES CÉSAR. *Guerre d'Afrique*. Trad. A. Bouvet. Paris: Les Belles Lettres, 1949. (Collections des Universités de France)

---

45. HUSKINSON, 2000, p. 7.

JUVÉNAL. *Satires*. Trad. Pierre de Labriolle; François Villeneuve. Paris: Les Belles Lettres, 1921. (Collection des Universités de France)

PÉTRONE. *Le Satiricon*. Trad. Alfred Ernout. 3ª ed. Paris: Les Belles Lettres, 1955. (Collection des Universités de France)

PLAUTE. *Pseudolus. Rudens. Stichus*. Trad. Alfred Ernout. Paris: Les Belles Lettres, 1972, t. 6. (Collection des Universités de France)

PLINE L'ANCIEN. *Histoire Naturelle*. Trad. Jean Beaujeu *et al.* Paris: Les Belles Lettres, 1947-1966. (Collection des Universités de France)

SÉNÈQUE. *Dialogues: consolations*. Trad. René Waltz. 3ª ed. Paris: Les Belles Lettres, 1950. 3 vol. (Collection des Universités de France)

TERTULIEN. *Apologétique*. Trad. Jean-Pierre et Albert Severyns. Paris: Les Belles Lettres, 1931. (Collection des Universités de France)

VARRON. *Économie rurale*. Trad. Charles Guiraud. Paris: Les Belles Lettres, 1985. (Collection des Universités de France)

DOCUMENTAÇÃO IMAGÉTICA

BLANCHARD-LEMÉE, M. *et al. Mosaics of Roman Africa: floor mosaics from Tunisia*. Londres: British Museum Press, 1996.

DUNBABIN, K. M. D. *Mosaics of the Greek and Roman World*. Cambridge: Cambridge University Press, 1999.

_____. *The roman banquet: images of conviviality*. Cambridge: Cambridge University Press, 2003.

FANTAR, M. H. *et al. La mosaïque en Tunisie*. Paris/ Tunis: CNRS/ Alif, 1994.

FRADIER, G. *Mosaïques romaines de Tunisie*. Tunis: Céres Édtions, 1997.

KHADER, A. B. A. (ed.). *Image in stone: Tunisia in mosaic*. Paris: Ars Latina & Tunisian Agency for the Development of Heritage and Cultural Promotion, 2003.

KHADER, A. B. A. *et al. Recherches franco-tunisiennes sur la mosaïque de l'Afrique Antique*. 1: *Xenia*. Paris – Rome: École Française de Rome, 1990.

LING, R. *Ancient mosaics*. Londres: British Museum Press, 1998.

OBRAS DE REFERÊNCIA

BIERDERMANN, H. *Diccionario de símbolos*. Barcelona: Paidós, 1993.

CIRLOT, J.-E. *Diccionario de símbolos*. 6ª ed. Barcelona: Labor, 1985.

GAFFIOT, É. *Dictionnaire latin-française*. 52ª ed. Paris: Hachette, 1998.

LAMBOLEY, J.-L. *Lexique d'Histoire et de Civilisation Romaines*. Paris: Ellipses, 1995.

LURKER, M. *Dicionário de simbologia*. São Paulo: Martins Fontes, 1997.

RICH, A. *Dictionnaires des Antiquités Romaines et Grecques*. Singapour: Molière, 2008.

REFERÊNCIAS BIBLIOGRÁFICAS

ARON, J.-P. "Cozinha". In: ROMANO, R. (dir.). *Enciclopédia Einaudi*. Vol. 16: *Homo*-Domesticação-Cultura Material. Lisboa: Imprensa Nacional – Casa da Moeda, 1989, p. 281-304.

AYMARD, J. *Les chasses romaines: des origines à la fin du siècle des Antonins*. Paris: E. De Boccard, 1961.

BARRAU, J. "Animal". In: ROMANO, R. (dir.). *Enciclopédia Einaudi*. Vol. 16: *Homo*-Domesticação-Cultura Material. Lisboa: Imprensa Nacional – Casa da Moeda, 1989, p. 225-239.

BARTON, I. M. *Roman Domestic Buildings*. Exeter: University Exeter Press, 1996.

BESCHAOUCH, A. "La mosaïque de chasse à l'amphithéâtre découverte à Smirat en Tunisie". *CRAI*, 1966, p. 150-157.

_____. "Nouvelles recherches sur les sodalités de l'Afrique Romaine". *CRAI*, 1977, p. 486-506.

CONSUMO E ABASTECIMENTO NA HISTÓRIA   55

_____. "A propos de la mosaïque de Smirat". In: Atti del IV Convegno di Studio (Sassari, 12-14 dicembre 1986). *L'Africa Romana*. Sassari: Gallizzi, 1987, p. 677-680.

BUSTAMANTE, R. M. da C. *Em torno da mesa da elite na Roma Antiga*. CALÍOPE 11: 95-111, dez. 2003.

_____. "Sangue, suor e prestígio social: o mosaico de *Magerius*". In: CARVALHO, M. M. de; SILVA, M. C. da; ROCHA, I. E.; ANDRADE FILHO, R. O. (orgs.). *Relações de poder, educação e cultura na Antiguidade e Idade Média*. São Paulo: Solis, 2005, p. 169-178.

CARCOPINO, J. "A cena". In: *A vida quotidiana em Roma no apogeu do Império Romano*. Lisboa: Edição "Livros do Brasil", s/d, p. 318-332.

CERTEAU, M. de. "O pão e o vinho"; "No fundo, a cozinha me inquieta…". In: *A invenção do cotidiano*. Vol. 2: Morar, cozinhar. 2ª ed. Petrópolis: Vozes, 1998, p. 131-149 e 298-332.

CORBIER, M. "A fava e a moreia: hierarquias sociais dos alimentos em Roma". In: FLANDRIN, J.-L.; MONTANARI, M. (dir.). *História da alimentação*. São Paulo: Estação Liberdade, 1998, p. 217-237.

D'ARMS, J. H. "The culinary reality of roman upper-class convivia: integrating texts and images". *Comparative Study of Society and History* 46 (3), jul. 2004, p. 428-450.

DALBY, A.; GRAINGER, S. *The classical cookbook*. Londres: British Museum Press, 2000.

DECRET, F.; FANTAR, M. H. *L'Afrique du Nord dans l'Antiquité: histoire et civilisation des origines au Ve. siècle*. 2ª ed. Paris: Payot, 1988.

DUNCAN-JONES, R. "Wealth and munificence in Roman Africa". *Papers of the British School at Rome* 31, 1963, p. 159-177.

DUPONT, F. "Gramática da alimentação e das refeições romanas". In: FLANDRIN, J.-L.; MONTANARI, M. (dir.). *História da alimentação*. São Paulo: Estação Liberdade, 1998, p. 199-216.

ENNAÏFER, M. "Xenia and banquets". In: BLANCHARD-LEMÉE, M. *Mosaics of Roman Africa: floor mosaics from Tunisia*. Londres: British Museum Press, 1996, p. 65-85.

FABIETTI, U. "Vegetal". In: ROMANO, R. (dir.). *Enciclopédia Einaudi*. vol. 16: *Homo*-Domesticação-Cultura Material. Lisboa: Imprensa Nacional – Casa da Moeda, 1989, p. 210-224.

FÉVRIER, P.-A. *Approches du Maghreb Romain*: *pouvoirs, différences et conflits*. 2 t. Aix-en-Provence: ÉDISUD, 1989/1990.

GARNSEY, P. "As razões da política de aprovisionamento alimentar e consenso político na Antiguidade". In: FLANDRIN, J.-L.; MONTANARI, M. (dir.). *História da alimentação*. São Paulo: Estação Liberdade, 1998, p. 238-253.

GASCOU, J. *La politique municipale de l'Empire Romain en Afrique Proconsulaire de Trajan à Septime-Sévère*. Rome: École Française de Rome, 1972. (Collection de l'École Française de Rome)

GRIMAL, P. "Os prazeres da cidade". In: *A civilização romana*. Lisboa: Edições 70, 1988, p. 255-257.

GROTTANELLI, C. "A carne e seus ritos". In: FLANDRIN, J.-L.; MONTANARI, M. (dir.). *História da alimentação*. São Paulo: Estação Liberdade, 1998, p. 121-136.

HUSKINSON, J. (ed.). *Experiencing Rome*: *culture, identity and power in the Roman Empire*. Londres: Routledge/Open University, 2000.

JULIEN, Chr.-A. *Histoire de l'Afrique*: *des origines à 1830*. 3ª ed. Paris: Payot, 1994.

LEPELLEY, Cl. *Les cités de l'Afrique Romaine au Bas Empire*. T. 2: Notice d'histoire municipale. Paris: Études Augustiniennes, 1981.

LÉVI-STRAUSS, Cl. *Mitológicas I*: *o cru e o cozido*. São Paulo: Brasilense, 1991.

LONGO, O. "A alimentação dos outros". In: FLANDRIN, J.-L.; MONTANARI, M. (dir.). *História da alimentação*. São Paulo: Estação Liberdade, 1998, p. 266-276.

LUSSANA, A. "Munificenza nell'Africa Romana". *Epigrafica* 14, 1952, p. 100-113.

MAHJOUBI, A. "O período romano e pós-romano na África do Norte". In: MOKHTAR, G. (coord.). *História Geral da África*. vol. 2: A África Antiga. São Paulo – Paris: Ática – Unesco, 1983, p. 473-509.

CONSUMO E ABASTECIMENTO NA HISTÓRIA   57

MANTON, E. L. *Roman North Africa*. Londres: Seaby, 1988.

MAZZINI, I. "A alimentação e a medicina no mundo antigo". In: FLANDRIN, J.-L.; MONTANARI, M. (dir.). *História da alimentação*. São Paulo: Estação Liberdade, 1998, p. 254-265.

PATRIDGE, B. *Uma história das orgias*. São Paulo: Planeta do Brasil, 2004.

PERLÈS, C. "Fogo". In: ROMANO, R. (dir.). *Enciclopédia Einaudi*. Vol. 16: Homo-Domesticação-Cultura Material. Lisboa: Imprensa Nacional – Casa da Moeda, 1989, p. 264-280.

PICARD, G.-C. *La civilisation de l'Afrique Romaine*. 2ª ed. Paris: Études Augustiniennes, 1990.

RAVEN, S. *Rome in Africa*. 2ª ed. London – Nova York: Longman, 1984.

RITCHIE, C. *Comida e civilização: de como a história foi influenciada pelos gostos humanos*. Lisboa: Assírio & Alvim, 1995.

ROBERT, J.-N. "Os prazeres da mesa". In: *Os prazeres em Roma*. São Paulo: Martins Fontes, 1995, p. 121-152.

SASSATELLI, G. "A alimentação dos etruscos". In: FLANDRIN, J.-L.; MONTANARI, M. (dir.). *História da alimentação*. São Paulo: Estação Liberdade, 1998, p. 186-198.

SLIM, H. "Spectacles". In: BLANCHARD-LEMMÉE, M. *et al. Mosaics of Roman Africa: floor mosaics from Tunisia*. Londres: British Museum Press, 1996, p. 188-217.

STRONG, R. *Banquete, uma história da culinária, dos costumes e da fartura à mesa*. Rio de Janeiro: Zahar, 2004.

THÉBERT, Y. "Vida privada e arquitetura doméstica na África Romana". In: ARIÈS, P.; DUBY, G. (org.). *História da vida privada*. Vol. 1: do Império Romano ao ano mil (org. P. Veyne). São Paulo: Companhia das Letras, 1990, p. 300-398.

TROMBETTA, S. "O momento festivo e a eternidade: a perpetuação da memória nos mosaicos de banquete". In: BUSTAMANTE, R. M. da C.; LESSA, F. de S. (orgs.). *Memória e festa*. Rio de Janeiro: Mauad, 2005, p. 141-146.

VALERI, R. "Alimentação". In: ROMANO, R. (dir.). *Enciclopédia Einaudi*. Vol. 16: *Homo-Domesticação-Cultura Material*. Lisboa: Imprensa Nacional – Casa da Moeda, 1989, p. 191-209.

_____. "Fome". In: ROMANO, R. (dir.). *Enciclopédia Einaudi*. Vol. 16: Homo-Domesticação-Cultura Material. Lisboa: Imprensa Nacional – Casa da Moeda, 1989, p. 169-190.

VEYNE, P. *Le pain et le cirque*: *sociologie historique d'un pluralisme politique*. Paris: Seuil, 1976.

_____. "Prazeres e excessos". In: ARIÈS, Ph.; DUBY, G. (dir.). *História da vida privada*. Vol. 1: Do Império Romano ao ano mil (org. P. Veyne). São Paulo: Companhia das Letras, 1990, p. 178-199.

VIDAL-NAQUET, P. "Os jovens: o cru, a criança grega e o cozido". In: LE GOFF, J.; NORA, P. (dir.). *História*: *novos objetos*. 4ª ed. Rio de Janeiro: Francisco Alves, 1995, p. 116-140.

3. Comércio e Abastecimento Militar: as Cunhagens na Antiguidade Tardia e o Modelo Constantiniano

Claudio Umpierre Carlan[1]

---

1. Professor-Adjunto de História Antiga da Universidade Federal de Alfenas/MG; Colaborador do Núcleo de Estudos Estratégicos (NEE – Unicamp).

Introdução: comércio e abastecimento

A fome mata mais que a espada
Vegecio, século IV.

O COMÉRCIO ROMANO, desde o final da República e início do Império, foi o grande condutor da economia romana. Os diversos territórios conquistados tinham a sua função específica: abastecer a Cidade de Roma. Os impostos eram cobrados. Poderiam ser pagos com dinheiro (moeda), metais preciosos, escravos, trigo, vinho, azeite, entre outros. Afinal, todos os caminhos levam a Roma. A preocupação com as estradas não era apenas um capricho.

Outros fatores importantes eram a língua, o latim, e as legiões. Ambos foram apoiados pelo comércio, sendo até mesmo sua espinha dorsal. Os romanos, os comerciantes e a longevidade do seu Império dependiam das rotas comerciais terrestres e marítimas. A logística de qualquer exército necessita de um abastecimento contínuo. Uma burocracia competente para exercer esse controle. Não importa a nacionalidade ou a origem do comerciante ou do legionário, as ordens e as normas comerciais são escritas em Latim, a língua do Império. Aliada à expansão militar, está a comercial e a ideológica.

Ainda que, na teoria, os membros do Senado e seus familiares fossem proibidos de dedicar-se ao comércio, os membros da ordem equestre e seus valores aristocráticos estavam ligados às legiões, os plebeus e homens livres tinham suas lojas em marcados, enquanto que o trabalho duro recaía sobre os escravos. Eles mesmos, os escravos, eram objetos de transações comerciais.

Segundo Remesal, essas necessidades ligadas tanto ao comércio, quanto ao abastecimento militar, criaram uma ampla rede de contatos e esses influenciaram diretamente a evolução política do Império Romano.[2]

As legiões romanas e as reformas do século IV

Na tentativa de restaurar as fronteiras, Diocleciano[3] cria doze dioceses, dirigida por um vigário, ligadas politicamente a quatro prefeitos pretorianos, encarregados da parte militar; e quatro governantes, responsáveis pela administração. Assim, o imperador consegue facilitar o sistema de defesa, reduzindo a gravidade da "guerra em duas frentes". O efetivo do exército aumenta de 450 para 500 mil soldados e as legiões são compostas por 5 mil legionários.[4] Ocorre uma variação tática: são incorporados lanceiros de cavalaria, *lanciarri*; companheiros, *comitês*; infantes, *ioviani* e *herculiani*.

Segundo Zózimo, Constantino retira essas forças fronteiriças, enfraquecendo a já debilitada posição,[5] e amplia o exército móvel para 10 mil elementos. Os tamanhos dos exército móveis são desconhecidos, mas a estimativa é de 110 a 120 mil homens, sem incluir a África. Boa parte dessas tropas era composta por povos germânicos, chefiados pelos comandantes provinciais, os *duces*, subordinados ao general tarimbeiro, *comes*.[6]

Constantino também reduz o número das legiões para mil legionários, dissolve os pretorianos, mantém a logística Diocleciana de taxação em espécie. São criados os guardas imperiais especiais, *scholae palatinae*.

As tropas romanas atravessaram o Reno e o Danúbio, em cujos cursos se reconstruiria uma sólida defesa. Tanto que as melhores representações das numárias romanas sobre as fortificações são, respectivamente, as de Constantino, portas de Trèves (Trier) contidas nas moedas de um sólido, e a de seu filho e sucessor, Constâncio II.[7] Da época deste último, há dezessete peças no Museu Histórico Nacional do Rio de Janeiro, que reproduzem a

---

2. REMESAL, 2004, p. 182.

3. Na parte econômica, podemos destacar a tentativa dos tetrarcas em deter a inflação. A mais conhecida foi o Edito de Preços (*Edictum Diocletiani et Collegarum de praetiis rerum venalium*), que foi uma tentativa de estabelecer o preço máximo e mínimo entre os diversos bens básicos e salários (inclusive na prostituição).

4. FERRIL, 1989, p. 36.

5. ZOSIME, 1971, p. 112.

6. Ironicamente, em inglês um Duque, *dux* no singular, supera a hierarquia de um conde, *comes*.

7. CARLAN, 2003, p. 22.

imagem de uma fortaleza ou campo militar. Essas fortalezas teriam de ser solidamente construídas mas não fortemente defendidas, para evitar a perda de efetivo.

Com a evolução da situação política, fica praticamente impossível para o exército romano manter a ofensiva. Para isso, os imperadores tratam de fortificar as cidades, aumentando o número de soldados e reserva de defesa, mudando a organização interna das legiões. Nos períodos anteriores, o aumento de efetivo ocorria apenas durante as campanhas. Durante o século IV, cada vez mais os mercenários bárbaros são incorporados ao exército romano.[8]

A Mesopotâmia é reconquistada e o Império Sassânida é obrigado a ceder territórios além-Tigre. No Oriente, Roma nunca avançara tão longe. Como exemplo, podemos citar os combates travados entre Constâncio II e Sapor II, nos quais o Imperador Romano obteve os mais variados resultados. Tais combates estão representados nas moedas existentes nos lotes de números 26 e 27 do Museu Histórico Nacional, onde aparece a figura de Constâncio, à esquerda de quem observa, de armadura, a cavalo, derrotando um inimigo, que aparece de joelhos, com os braços levantados, como se estivesse suplicando misericórdia. Apesar de a moeda estar um pouco deteriorada pelo tempo, nota-se, que a imagem central do imperador romano – que é o centro do poder – sempre aparece maior que a do persa. Através da análise desse pequeno objeto de bronze, cujo diâmetro é de 2,5 mm., e o peso, de pouco mais de 4 gramas, podemos destacar também a crescente importância da cavalaria, representada aqui pela personificação de Constâncio.

A riqueza iconográfica dessa fase é muito bem representada nas medalhas e moedas romanas, ocorrendo uma exaltação à pessoa, na figura do monarca, da própria política real.[9] Era uma espécie de propaganda, de comunicação, de que todos os habitantes do vasto Império Romano tomariam conhecimento através da visualização das peças, legitimando assim o poder temporal. Isto também explica as várias cidades, espalhadas por todo o território, onde tal cunhagem era feita.

A experiência vinha provando quão insuficiente era o antigo exército, bem como sua inadaptação às novas condições da guerra agora impostas pelos adversários. Assim sendo, o exército foi aumentado e, ao mesmo tempo, alterada a sua estrutura.

O ideal romano continua sendo o do Estado estabilizado, visando à proteção da totalidade do território. Depois das lutas vencidas pelo então César Juliano, restabelecendo as fronteiras ao longo do Reno e do Danúbio contra os alamanos, começa a ser realizada uma obra sistemática e de suma importância, sobretudo no tempo de Valentiniano.

---

8. DEPEYROT, 1987, p. 44.

9. NIETO SORIA, 1993, p. 17-18.

Sem voltar ao método dos entrincheiramentos contínuos, multiplicam-se, em relação a estradas e rios, as torres, os fortins, os castelos e os campos, seguindo uma técnica que o contato com os persas torna mais apurada: padrões orientais são transferidos para o Ocidente. Do mesmo modo, mantêm-se e aperfeiçoam-se as muralhas urbanas; perante os bárbaros, dotados de rudimentares técnicas bélicas de assédio, as cidades constituem redutos quase inexpugnáveis.

O próprio equipamento individual começa a sofrer mutações que, desde o final do século III, já mostram indícios dos aparatos dos futuros cavaleiros medievais.[10] Os solda-dos, que desde o governo de Septímio Severo podem contrair matrimônio, recebem terras nas fronteiras para auxiliar em sua defesa. A ponto de o latim vulgar influenciar, até os dias atuais, algumas dessas regiões, como a Trácia (Romênia), por exemplo, isolada depois da grande leva de invasões. Princípio da hereditariedade na profissão paterna aplica-se de maneira rigorosa no exército.

Outra questão importante é a chamada "barbarização" do império. Os numerosos cati-vos e grupos étnicos que pedem asilo são instalados em território romano, a fim de repovoar e recultivar regiões em que a mão de obra é rara. Tratam-se dos chamados letos ou gentios, que a administração deve manter sob vigilância, e cujos filhos são agora obrigados, como filhos de soldados, a entrar no exército. Outros gozam do regime de federados e fornecem contingentes organizados à sua maneira, comandados pelos seus chefes.

Os efetivos da cavalaria aumentam muito, porque a mobilidade torna-se a principal estratégia militar. Como na batalha de Andrinopla, em 378, ganha por uma carga de ca-valeiros godos, a qual Ferril afirmou ter sido precursora das táticas medievais.[11]

Havia também o choque, egoísmo ou até mesmo rivalidade, entre os conselhei-ros, de seus "escritórios" burocráticos, e, às vezes, entre as populações. A ação mili-tar, que pressupõe unidade de comando, estava cindida, retardada ou precipitada, por ignorância ou mesquinharia da parte de homens desejosos de triunfar sozinhos. Valente deu combate aos godos, seguindo o conselho do seu comandante-em-chefe, Sebastiano, diante de Andrinópolis, sem esperar a chegada do outro Augusto, que lhe levava reforços. Condenado pelas circunstâncias do sistema colegial, o Baixo Império sofria os seus inconvenientes.

Durante esse período, os imperadores empenhavam-se em anular o privilégio de san-gue, ou seja, os antigos líderes senatoriais são afastados dos comandos das legiões; o que Constantino consegue durante o seu governo, separando as funções civis das militares. A

---

10. BROWN, 1972, p. 98.

11. FERRIL, 1989, p. 53.

principal conquista social do século III mantém-se no século IV, isto é, a atribuição dos postos e a própria promoção baseadas apenas no mérito. Essa mudança foi influenciada principalmente pela necessidade de ser mantida a ordem política, pois se temia que a ambição da classe senatorial incentivasse a tropa contra o governante. Isso leva Constâncio II a nomear apenas um único oficial para o comando da infantaria e da cavalaria, no Oriente, *o magister equitum et preditum per Orientum*.

Os imperadores continuam sendo aclamados pelas tropas e, no século IV, se não levam seus deveres militares a sério, tornam seu poder efêmero. Muitas vezes, como nos casos de Juliano e Valentiniano I, devem a proclamação às provas previamente dadas de seu valor militar e não se afastam do exército: participam das expedições e arriscam a vida; no caso de Juliano contra os persas, perdendo-a.

No ano de 350, quando Magnêncio é aclamado imperador, Constâncio leva um rei alamano a atravessar o Reno, numa manobra para despistar as tropas do usurpador, que iria tentar a sorte na Panônia (atual Hungria ocidental) e na Itália. As dificuldades tendem a aumentar quando todo o nordeste da Gália é invadido. Constâncio é obrigado a associar seu primo Galo ao poder, na função de César. Alguns anos mais tarde, Galo seria acusado de traição, e condenado à morte, numa intriga palaciana realizada pelo eunuco Eusébio, que exercia grande influência sobre as decisões do imperador.

Moedas e representações: o pagamento das legiões

Das 1888 moedas da coleção do Museu Histórico Nacional, que representam os imperadores, familiares e usurpadores, ou seja, todos aqueles que circulavam pela orla do poder, analisaremos apenas quatro variantes sobre esse tema. Como modelo, descreveremos os tipos monetários cunhados por Diocleciano e Constâncio II, filho e herdeiro político de Constantino. Não podemos esquecer que durante o governo Constâncio II e a fase inicial da Tetraraquia, Roma teve vários problemas com o Império Sassânida. Sendo assim, ampliaram as cunhagens com temas militares. Principalmente para o pagamento das tropas e para homenagear uma ou outra legião.

DIOCLECIANO E A REFORMA

Nos primeiros anos de seu governo, Diocleciano, em seus retratos numismáticos, contempla um estilo duro e esquemático, que havia posto em vigor Aureliano. A reforma de 293 coloca em marcha um novo tipo de retrato, com cabeças ao invés de bustos, suprimindo a couraça, aparecendo um alto relevo bem modelado, dando uma maior tendência à expressão da personalidade.

Nas cunhagens militares, Júpiter e Diocleciano de uniforme militar (*Concordia Militvm*) representam quarenta peças ou moedas. Existem mais 6 moedas, consideradas pelos especialistas como raras, com a mesma representação. Só que Diocleciano está representado como um cavaleiro medieval (encouraçado), muito semelhante às estátuas dos tetrarcas em Veneza.

Dados da moeda

Denominação: Aes

Ano/Local: entre os anos de 297 – 298, em Alexandria.
Anverso: IMP C C VAL DIOCLETIANVS PF AVG

Reverso: CONCORDIA MILITVM A/ALE

Busto à direita, com uma coroa radiada, encouraçado. Nessa variante aparecem as iniciais do nome completo de Diocleciano. No reverso, Imperador de pé, voltado para a direita, com uniforme militar, tendo na mão esquerda um *paragonium*, recebendo um globo, encimado pela *vitória*, das mãos de Júpiter nu. À esquerda da divindade, um cetro. Entre Diocleciano e Júpiter, a letra A. Exergo de Alexandria.

A *concordia* era uma divindade feminina, protetora da vida social e moral em Roma.

Peça de bronze, estado de conservação: Muito Bem Conservado (MBC), diâmetro de 1,98 mm; peso de 9,80 g; alto reverso ou eixo 10 horas.

Constâncio II e o fortalecimento do modelo constantiniano.

Um dos maiores acervos de Imperadores romanos no Museu Histórico Nacional é o referente a Constâncio II.[12] Como podemos notar nas ilustrações, ocorreu nesse período uma preocupação com as legiões e legionários, representados nas peças. Preocupação essa herdada por seu pai e irmãos.

Dois Soldados e um Lábaro

Dois soldados seguram um único lábaro ou estandarte ao centro da representação. Podem ser encontrados os seguintes símbolos: S, O, G, I, PX (sobrepostas, formando o cristograma (⳩), e na ponta do lábaro como uma espécie de flâmula. Os símbolos localizados, no reverso, acompanhados pela legenda *gloria exrcitvs*, indicam, segundo Cohen, que os símbolos aqui identificados são insígnias militares. Foram utilizados para representar (ou até mesmo para pagar) alguma legião.

Essa emissão também foi realizada no período em que Constâncio desempenhava a função de César, pois este tinha a função de comando militar. No anverso podem ocorrer as seguintes variantes quanto à legenda: FL CONSTANTIVS NOB C, busto à direita do observador, com diadema e o manto, ou FL IVL (Flávio Júlio); e, nas cunhagens posteriores, AVG, já como único Augusto.

Muitas dessas peças estão com os exergos ilegíveis, mas conseguimos identificar alguns locais de cunhagens: CONS, CONST (Constantinopla), PARL (Arles), R*T (Roma), entre outras.

Dados da moeda
Anverso: IMP CONSTANTIVS AVG

Reverso: (GLORIA EXERCITVS) O/SCONSᴦ

---

12. Existem 259 (incluindo um solidus de ouro) moedas cunhadas por Constâncio II no Museu. Seu pai, Constantino, possui 360 exemplares.

Única peça da coleção do MHN com a legenda IMP CONSTANTIVS AVG no anverso. Busto de Constâncio à direita, com manto preso ao pescoço.

Peça de bronze, estado de conservação: muito bem conservada (MBC), diâmetro de 1,27 mm, peso de 1,95 g, alto reverso: 12 horas.

Ano/Local: cunhada no ano de 340, provavelmente em Arles.

Denominação: AE 4

Um Soldado e Dois Lábaros

Esta moeda merece um destaque especial mais pela sua raridade na coleção do MHN do que propriamente pelas informações que delas podemos retirar. Trata-se do único exemplar com esse reverso. O exergo encontra-se ilegível. Aparece o numeral III, e o cristograma (☧), na ponta de cada lábaro ou estandarte. A figura de um soldado encouraçado, no centro, segura os dois lábaros. Quanto à inscrição, CONCORDIA MILITVM, notamos que poucas peças, no MHN, têm tal legenda. Tanto nos catálogos de David Sears, Cohen e RIC, as amoedações como esta são poucos detalhadas.

No anverso, além da legenda CONSTANTIVS PF AVG e o busto à direita, novamente notamos a presença da letra H na nuca (esquerda), acompanhada do diadema e do manto imperial, a púrpura.

Dados da Moeda (Citados no texto)

Peça de bronze, estado de conservação regular (R), de diâmetro de 2,9 mm, peso de 3.70g, alto reverso 11 horas.

Não foram encontrados dados dessa peça em outros catálogos.
Denominação: AE *centenionalis*
Ano/Local: Indeterminado

Dois Soldados com Dois Lábaros

As representações são semelhantes às da peça comentada no ponto 2.2.1 acima (dois soldados e um lábaro), mas com uma variação no reverso, onde se apresentam dois lábaros ao invés de um. Novamente, o cristograma aparece em ambos os estandartes.

Notamos uma grande variedade nas legendas localizadas no anverso, como por exemplo, nas amoedações relacionadas à época em que Constâncio exerce a função de "César", FL CONSTANTIVS NOB C, FL IVL CONSTANTIVS NOB C. Como também nas de Augusto, CONSTANTIVS PF AVG, CONSTANTVS AVG, FL IVL CONSTANTIVS AVG, DN CONSTANTIVS PF AVG. Estas alterações foram encontradas apenas nas legendas, pois, na imagem, não ocorrem maiores inovações: o busto à direita, com o diadema e o manto. Podemos afirmar a necessidade de Constâncio se impor perante as legiões, associando, à sua função de "César" ou "Augusto", o símbolo cristão. Assim seria mais fácil a sua aceitação pela a tropa.

No reverso, GLORIA EXERCITVS, aparecem dois soldados de uniforme (armadura), lança na mão direita (soldado da esquerda) e lança na mão direita (soldado da direita) com as cabeças voltadas para o centro, que observam dois lábaros com o cristograma na ponta. Por causa do estado das 23 moedas que foram analisadas, não foi possível identificarmos o símbolo. Os exergos encontrados – CONS, CONSB (Constantinopla), SMALA, SMALE (Alexandria), SMANEI, SMANAI (Antioquia) – mostram-nos a importância do exército para a parte oriental do império, principalmente por causa da ameaça persa, cada vez mais constante.

Dados da Moeda
Anverso: FL IV CONSTANTIVS NOB C

Reverso: GLORIA EXERCITVS/SMALA

No Anverso, o busto de Constâncio, aparentemente bem mais jovem que outras representações, ostentando uniforme militar, à direita, com diadema. No reverso, dois soldados, com elmo, de uniforme, com suas lanças e um objeto semelhante a uma corda ao lado, guardam dois estandartes ao centro. Exergo referente à Alexandria.

Peça de bronze, estado de conservação: muito bem conservada (MBC), de diâmetro de 1,2 mm, peso de 2,22 g, alto reverso 12 horas.

Denominação: AE ½
Ano/Local: cunhada antes de maio de 337 em Alexandria.

Conclusão

As cunhagens na Antiguidade tinham uma função bem diferente da circulação monetária dos dias atuais. Hoje a moeda é vista sobre o prisma comercial, compra e venda, ligadas às diversas etapas econômicas de uma nação. No mundo antigo, as amoedações mantinham uma função bem mais complexa.

Naquele mundo, onde não existiam os nossos sofisticados meios de comunicação, a propaganda política e ideológica ficava diretamente ligada a esse diminuto pedaço de metal. Os romanos souberam como "trabalhar" com esse artefato.

A moeda circulava em todo o Império. O receptor saberia identificar o seu governante, pelo anverso, e suas realizações, vitórias militares, casamento, funerais, através do reverso monetário.

Essa característica permanece viva no mundo moderno. Mesmo com a União Europeia e o euro, foram mantidos certos padrões há muito estabelecidos. Nas moedas portuguesas, por exemplo, encontramos no anverso a representação de Camões, nas espanholas, Cervantes. No Brasil, os cem anos de JK, entre outras.

As estradas construídas, muitas delas em uso até hoje, ligavam a capital do Império às províncias. O abastecimento de trigo, vinho, carne, animais exóticos para as lutas de gladiadores eram constantes. Tudo gratuito para a população. Era a política do pão e circo. Diversão e comida. Com súditos felizes, não existe revolta. Hitler, ditador alemão, fez o mesmo durante a Segunda Grande Guerra (1939-1945). Tudo que os nazistas roubavam na Europa abastecia a Alemanha. As casas dos judeus eram confiscadas pelo governo e dada aos alemães. O "restaurante a 1 real", o circo (hoje futebol e carnaval) ainda está na moda. As visões estão voltadas para o circo, não para política.

A Antiguidade continua presente no nosso dia a dia, bem mais do que muitos imaginam.

Agradecimentos

Agradecemos aos professores da Unesp/Franca, em especial à Margarida Maria de Carvalho, pela oportunidade de trocarmos ideias, a Pedro Paulo Funari, Jose Remesal, Vera Lúcia Tosttes, Eliane Rose Nery, Rejane Maria Vieira, Ciro Flamarion Cardoso, Maria Beatriz Florenzano e Edinéa da Silva Carlan. Mencionamos ainda, o apoio institucional do Núcleo de Estudos Estratégicos (NEE/Unicamp).

Referências

FONTES NUMISMÁTICAS

Moedas dos imperadores Diocleciano e Constâncio II. Medalheiro de Número 3, gavetas 24, 25, 26; lâminas de 1 a 6. Acervo do Museu Histórico Nacional/RJ.

BIBLIOGRAFIA

AMMIEN MARCELLIN. *Histoire.* 24. 3ª ed. Paris: J. Fontaine, 1977.

BROWN, P. *O Fim do Mundo Clássico. De Marco Aurélio a Maomé.* Tradução de Antônio Gonçalves Mattoso. Lisboa: Editorial Verbo, 1972.

CARLAN, Cláudio Umpierre. "As Fortificações e Constâncio II". *Revista do Clube da Medalha*, ano XII, n. 24. Rio de Janeiro: Casa da Moeda do Brasil, 2003, p. 23.

CARVALHO, Margarida Maria de. "Gregório de Nazianzo e a Polêmica em Torno da Restauração Pagã de Juliano". In: SILVA, Gilvan Ventura; MENDES, Norma Musco (orgs.). *Repensando o Império Romano. Perspectiva Socioeconômica, Política e Cultural.* Rio de Janeiro: Mauad Editora, 2006, p. 267-284.

DEPEYROT, G. *Economie et Numismatique (284-491).* Paris: Errance, 1987, p. 98-109.

FERRIL, Ather. *A Queda do Império Romano. A explicação militar.* Tradução de Octavio Alves Velho. Rio de Janeiro: Zahar, 1989.

FUNARI, Pedro Paulo de Abreu. *Grécia e Roma. Vida pública e vida privada. Cultura, pensamento e mitologia. Amor e sexualidade.* São Paulo: Contexto, 2002, p. 93.

FUNARI, Pedro Paulo Abreu; CARLAN, Cláudio Umpierre. *Arqueología Clássica e Numismática,* n. 62. Campinas: IFCH/Unicamp, 2007.

NIETO SORIA, Jose Manuel. *Ceremonias de La Realeza. Propaganda y Legitimacion en La Castilla Trastámara.* Madrid: Editorial Nerea, 1993.

REMESAL RODRÍGUEZ, Jose. "El abastecimiento military durante el alto imperio romano. Um modo de entender la economia antigua". In: *Boletim do Centro do Pensamento Antigo. Revista de Estudos Filosóficos e Históricos da Antiguidade.* Campinas: IFCH/Unicamp, jan./jun. de 2004.

ZÓSIME. *Histoire Nouvelle.* III. 18ª ed. Paris: F. Paschoud, 1979.

4. Estratégia e Abastecimento Militares em Amiano Marcelino (século IV d.C.)

Pedro Paulo A. Funari[1]
Margarida Maria de Carvalho[2]

---

1. Professor Titular de História Antiga, DH/IFCH/Unicamp, Coordenador-Associado do Núcleo de Estudos Estratégicos (NEE/Unicamp).

2. Professora de História Antiga, DH/FHDSS/Unesp-Franca, Pesquisadora do Núcleo de Estudos Estratégicos (NEE/Unicamp).

Considerações Preliminares

O TEMA DO ABASTECIMENTO militar no Império Romano Tardio vem suscitando várias indagações aos historiadores e arqueólogos, já que se trata de um assunto, até o momento, pouco explorado pela historiografia. Destacamos uma das obras de Jean-Michel Carrié[3] que faz um estudo crítico sobre o livro de Fritz Mitthof: *'Annona militaris': Die Heeresversorgung im spätantiken Ägypten. Ein Beitrag zur Verwaltungs-und Heeresgeschichte des römischen Reiches im 3. bis 6. Jh. N. Chr.* (2001) o qual nos fornece informações a respeito do abastecimento militar romano. Conforme nos esclarece Carrié, essa obra está dividida em dois volumes: o primeiro engloba uma discussão historiográfica e metodológica acerca do abastecimento militar dos governos dos Severos a Justiniano. O segundo volume é composto por um catálogo de documentos papirológicos relativos à logísitica.

Percebe-se pela leitura de Carrié que a região do Egito Romano Tardio é a mais bem documentada em termos de material arqueológico e papirológico, haja vista que, quando se trata de uma análise econômica, os poucos autores que dissertam sobre o assunto só nela se baseiam. Esse é o caso, também, de A. D. Lee em sua obra *War in Late Antiquity*[4] em que dedica poucas páginas (somente 26) sobre o tema da infraestrutura da guerra na Antiguidade Tardia.

---

3. Cf. CARRIÉ, 2002, p. 427.

4. Cf. LEE. 2007.

Em que pese o enorme valor dessas obras e dos comentários de seus autores, nos parece difícil irmos além desse âmbito analítico se não pensarmos na questão em termos políticos e estratégicos. Portanto, nosso objetivo, nesse capítulo, é construir uma nova possibilidade de interpretação do abastecimento militar no século IV d.C. Para isso, utilizaremos como estudo de caso o testemunho de Amiano Marcelino sobre a composição da tríade por nós anunciada – política-abastecimento-estratégia – assim como, também, analisaremos o desenvolvimento dessa no interior do Exército Romano na concepção daquele autor antioquiano.

Várias imagens sobre o corpo bélico romano foram elaboradas com o passar do tempo na História. A imagem do Exército Romano foi moldada nos tempos modernos pela contemporânea experiência imperialista como, por exemplo, pela britânica. Administradores imperiais britânios, políticos e intelectuais, construíram um interessante paralelo entre as experiências imperiais da Bretanha e de Roma.[5] A administração e o Exército Romano serviram não só como um modelo, mas como um ideal a ser adotado pelo moderno período industrial. Deste modo, estudiosos modernos utilizaram-se de conceitos contemporâneos a eles para entender realidades antigas. É o caso de como a historiografia discutiu o abastecimento militar no período do Principado Romano, pois sequer tocavam na periodização que hoje entendemos como Antiguidade Tardia (meados do século III ao VII d.C.) por acreditarem em declínio e queda do Império Romano. Tal correspondência entre Bretanha e Roma antiga mostrou-se, a nosso ver, ilusória, a partir do momento da constatação que na língua latina não há termo para indicar o que os estudiosos modernos pretenderam descrever como *limes*, ou seja, para os romanos, uma borda defendida e para os modernos, uma fronteira cartograficamente demarcada. Essa descrição derivou-se da idealização do conceito moderno de Estado Nacional.[6]

Ao mesmo tempo, nós não temos uma única palavra para traduzir o conceito *Annona*, tão importante para o Exército Romano e a sociedade de então. Conceito este que os pesquisadores traduziram baseados em uma compreensão capitalista de abastecimento, implicando um local de mercado, isto é, utilizando-se de pressupostos basicamente econômicos.

Para os antiquistas atuais preocupados com as especificidades do mundo antigo romano, *annona* significa, precisamente, provisões e abastecimento *per se*. Assim, *Annona* é, ao mesmo tempo, abastecimento de grãos e meios de subsistências em geral, não podendo implicar em compra e requisições. Na realidade, *Annona* refere-se à "produção anual" não

---

5. Cf. HINGLEY, 1999.

6. ISAAC, 1998, p. 146.

apenas de grãos (Cf. VEGETIUS, Epi. 3,3: *frumentum, ceteraeque, annonariae species*). Nas palavras de Vegécio, autor do final do século IV d.C. ou meados do V d.C.:

> Do cuidado que se deve ter com o aprovisionamento e a conservação de forragens e cereais. Chegou a altura de mencionar as provisões de forragem e cereais, porque os exércitos são destruídos de forma mais célere pela fome do que pelas batalhas; a fome é um inimigo mais cruel do que a espada [...]. Em qualquer expedição, a arma mais eficaz é fazer com que sobrem víveres no nosso exército quando escasseiam no inimigo. Antes do início da guerra, deve-se avaliar a quantidade de provisões e dos seus gastos previstos, de tal forma que se possa de antemão tratar da forragem, do cereal, e dos restantes abastecimentos requisitados às províncias [...]. Se não houver possibilidade de contribuição em gêneros, deve ser efetuado em dinheiro, para que depois o exército tenha condições para assegurar a proteção de todos os bens da comunidade [...].[7]

No período do autor supracitado entendemos *Annona* como o abastecimento requisitado às províncias, ou seja, o imposto pago em forma de cereais para o abastecimento do Exército.

Faremos, então, uma análise da visão econômica do abastecimento militar, já que essa é a predominante na historiografia para, finalmente, expormos nossos argumentos sobre um novo elemento que pode ser coadunado a esta interpretação a respeito da logística militar.

O tema do Abastecimento Militar no Principado Romano: alguns comentários

Por muitas décadas, debates acerca da economia romana tem se concentrado no papel do mercado no Mundo Antigo. A História é sempre baseada nas experiências do presente e é, neste caso, compreensível que uma divisão entre modernistas e primitivistas seja hoje tão relevante quanto o foi há cem anos.

O papel econômico do Exército é um bom exemplo da complexidade de como a economia romana e a arqueologia têm trabalhado em torno da função única de produzir evidências da Bretanha, que é o caso mais bem documentado relativo ao período do Principado Romano. As tabuinhas vindas da fronteira militar, Vindolanda, têm sido escavadas e publicadas, muitas das quais contendo informações envolvendo trocas econômicas. Algumas delas são inteiramente sobre negócios e assuntos financeiros relacionados à escala ou entrega das mercadorias repletas de iniciativas empresariais. Esta evidência da operação de uma economia de dinheiro mostra sofisticadas transações financeiras e em grande escala

---

7. VEGETIUS, 2006, p. 82-4.

na fronteira do norte durante o segundo século do Império.[8] Registros de pagamentos, mercadorias e transações econômicas eram mantidas escrupulosamente por pessoal militar. A extensão de bens disponíveis para os soldados comuns era considerável e a unidade operava um mercado interno de pagamento-mercadoria em que as compras eram cuidadosamente registradas, tanto que empresários e mercadores devem ter prosperado por meio das oportunidades oferecidas pelo Exército.

As necessidades do Exército eram o abastecimento pela combinação de importações vindas do resto do Império e a exploração do *territorium* próximo ao campo militar. Quanto às importações, não eram importações no sentido moderno, eram mais mercadorias "transportadas/ conduzidas" de outras áreas (cf. Caes., B.G. 4,2, *uinum ad se importari*). A. K. Bowman sugere que as tabuinhas de Vindolanda solaparam qualquer noção de uma economia dominada por métodos primitivos de trocas e indicam que as necessidades do pessoal militar não eram simplesmente satisfeitas por um sistema oficial de requisição e compra compulsória.[9] Os militares não eram, portanto, isolados da movimentação de mercado e da circulação desses víveres, como Clavel-Lévêque[10] descreveu o Império Romano.

Sobre o papel do Exército Romano, durante o Principado, nessa redistribuição concordamos com José Remesal:

> Penso que se pode determinar a existência de um sistema de abastecimento no início do Principado. Por meio desse mecanismos, os soldados, mesmo quando em serviço em províncias distantes, podiam ser devidamente abastecidos. Isto ocorria com produtos provenientes do âmbito de atuação da *Annona* imperial.[11]

É interessante observarmos que exércitos são instituições políticas, não primordialmente econômicas, mesmo nos tempos modernos. Os aspectos de mercado da presença do Exército na Bretanha não são explicados pelo mercado, já que os militares estavam lá por razões políticas. Sobre o assunto, infere Claude Nicolet:

> as mudanças eram essencialmente inegáveis, porque elas eram parte do modelo para a conquista militar e política e que havia, por definição, um inegável valor entre o povo dominante e as regiões a ele submetidas.[12]

---

8. BOWMAN; THOMAN; ADAMS, 1990, p. 33-52.

9. BOWMAN, 1994, p. 40-1; p. 70.

10. CLAVEL' LÉVÊQUE, 1977, p. 19.

11. REMESAL, 1990, p. 57.

12. NICOLET, 1988, p. 97.

O tema do Abastecimento Militar na Antiguidade Tardia: um estudo de caso

Se no período do Principado, os soldados recebiam seus salários em dinheiro – após as deduções de gastos com vestuário, equipamentos e alimentação –, durante o século IV d.C., em contraste com o período citado, o soldo passa a ser pago praticamente em forma de trigo, carne, azeite, vinho, equipamentos e vestes. Esses seriam os traços fundamentais que distinguiriam o suprimento militar entre os dois períodos.

O sistema de taxas gerado para abastecer de produtos consumíveis as tropas ficou conhecido como Annona Militaris desde o final século III d.C. Coube ao Imperador Tetrarca Diocleciano, no momento em que fez uma grande reforma no sistema fiscal do Império Romano, acrescentar o termo Militaris ao vocábulo Annona, termo, igualmente, utilizado como referência ao suprimento de grãos à população de Roma e Constantinopla (nessa a partir de 330 d.C.).

Conforme Lee,[13] eram o Prefeito do Pretório e seus subordinados os encarregados pela quantidade do armazenamento de cereais nos celeiros, bem como da coleta desses víveres junto às cidades de sua jurisdição. Entendem-se como subordinados do Prefeito do Pretório o conjunto de administradores municipais: os Curiais e os Decuriões, os quais constituíam a elite local das cidades que formavam as províncias.

Os membros das Cúrias eram responsáveis, também, pelo transporte dos víveres até o local onde as tropas em campanha encontravam-se alojadas. Lee,[14] como Carrié, utiliza-se da leitura de Mitthof para afirmar que estrategicamente as autoridades poderiam providenciar suprimentos junto às províncias mais próximas dos aquartelamentos militares.

No que tange ao Principado Romano, lembremos que as interpretações acerca das tabuinhas de Violanda, na Bretanha, constituíam-se em contribuições fundamentais para compreensão das trocas comerciais mantidas pelo Exército Romano. Em relação aos séculos IV e V d.C., mencionamos um documento primordial denominado Notitia Dignitatum; uma espécie de diário do Exército Romano contendo informações e imagens reveladoras da logística épica. Esse importante documento pode ser analisado tanto no campo militar-econômico, quanto nos campos político e jurídico. Esse é o intuito de Concepción Neira Faleiro[15] ao propor um tratamento documental sobre a obra, levando em consideração

---

13. LEE, 2007, p. 86.

14. *Idem*, p. 86-7.

15. FALEIRO, 2006, p. 241.

aspectos legislativos e diplomáticos, até então não abordados pela historiografia a respeito da História Militar na Antiguidade Tardia.

Destacamos que foi a partir das informações dos estudos supracitados e de uma historiografia sobre Amiano Marcelino que vinculamos esse material a uma importante particularidade do arco cronológico da Antiguidade Tardia: a existência do cargo de Protectores Domestici. Tal cargo foi ocupado por Amiano Marcelino durante os governos de Constâncio II e Juliano. O cargo indicava que sua origem era de família tradicional romana e que era de confiança do Imperador. Tal cargo nos remete à ideia de que o autor era responsável pelo abastecimento das tropas militares tendo contato para tanto com governadores de províncias e diversos decuriões das cidades do Império Romano.

Esse autor antioquiano escreveu a obra *Res Gestae* ou *Histórias,* composta por 31 livros no período denominado de Renascimento Teodosiano.[16] Os treze primeiros livros, cujos fatos relatados eram de 96 d.C. a 353 d.C. encontram-se perdidos. Os dezoito restantes revelam acontecimentos vivenciados e assistidos pelo autor, cujo arco cronológico é de 354 d.C. a 378 d.C. Nesse relato, alguns imperadores como Valente (365-378 d.C.) são depreciados, outros como Juliano (361-363 d.C.) são heroificados. Assim, notamos que entre todos os príncipes citados, Juliano é um dos mais elogiados. Essa descrição de acontecimentos militares caracterizam o escritor mais como um intelectual, uma cabeça pensante, do que um soldado que adentrava nos frontes de guerra.

Sabemos através de Libânio que Amiano finalizou sua obra em 392 d.C. e, logo depois, realizou a leitura de seus discursos para um pequeno séquito da elite romana. Em alguns momentos, no decorrer da leitura de sua fonte, Amiano dá a entender que é proveniente de família nobre e que foi designado por Constâncio II ao *staff* usual de Ursicino – *magister equitum* – do oriente. Em 356 d.C. ouviu falar de Juliano como *César* de Constâncio II, o qual estava realizando feitos contra os estrangeiros nas regiões das Gálias romanas. Amiano atuou no exército romano de 356 a 363 d.C., período no qual integrou-se ao exército do Imperador Juliano devido ao seu conhecimento de estratégia militar englobando sua aprimorada experiência no saber das rotas de abastecimento militar.

Ressaltamos que nesse momento já se encontrava incluso no círculo de profissionais de confiança desse Príncipe. Assim sendo, acompanhou, ao seu lado, em inúmeras batalhas contra os gauleses e contra os persas, assistindo em uma dessas últimas, no Oriente, a

---

16. À guisa de adendo esclarecemos que Amiano Marcelino foi um cronista, partícipe do Exército Romano até a época em que o Imperador Juliano permaneceu no poder. Amiano tinha o costume de transcrever o seu cotidiano nas batalhas que enfrentou. Durante os anos do reinado do Imperador Teodósio, compilou suas narrativas que foram publicadas e divulgadas nessa época.

morte do Imperador (dezembro de 363 d.C.). Após a entonação de Joviano, retirou-se da vida militar, iniciando sua vida literária.

Por meio da análise da *Res Gestae* conseguimos perceber sua noção de Estado atrelada à questão militar, de proteção às fronteiras do Império, enfim, de governo e de governante. O Império romano em sua concepção deveria ser mantido sob a égide de um exército formado, essencialmente, por romanos e dirigido por um autêntico general romano, de preferência tendo à testa um Imperador que valorizasse os costumes e a tradição militar. O imperador por ele idealizado não deveria romper com o equilíbrio das fronteiras e da identidade romanas recuperados com dificuldade após um longo período de instabilidade política e militar proporcionada pelas circunstâncias delineadas durante o século III d.C. Embora esse fosse o discurso de Amiano Marcelino, não podemos nos esquecer que nesse momento o Exército romano já contava com a presença do elemento bárbaro, ocorrendo, dessa maneira, a construção de identidade entre um e outro.

Na visão de Amiano Marcelino, como também na de qualquer outro autor de discursos no século IV d.C.,[17] sobressai-se a fundamental importância do Imperador como um chefe militar exemplar que vai defender as fronteiras do Império e que manterá um aparato militar ampliado construindo novas estratégias militares – condição básica para a preservação do Império contra ataques estratégicos inimigos.

Destacamos que a composição estratégica não se resumia somente a um exército numeroso, bem equipado, organizado, disciplinado e bem-treinado, mas também, a um plano logístico bem definido.

Entendemos como infraestrutura logística, o sistema de abastecimento militar romano, no qual comportava a construção e manutenção de estradas, pontes, portos, navios, depósitos para alimentos sem conhecimento do inimigo. Isso significa que tal sistema tinha que se apresentar muito flexível, pois variava de acordo com as circunstâncias da guerra. Não é possível, portanto, falar em regras definidas para o transporte de víveres bem como as formas de pagamento da *Anonna Militaris*.

É nesse sentido que percebemos, na leitura da *Res Gestae*, o quanto Amiano Marcelino admira as estratégias bélicas de Juliano, incluindo sua constante preocupação com o abastecimento de víveres e água para seus exércitos em campanha. Inúmeras são as descrições de Amiano Marcelino sobre os feitos gloriosos de Juliano como *César e Augusto*. Destacamos as seguintes:

---

17. Os discursos, nessa época, legitimam o poder político do Imperador como o centro das atenções. Haverá uma proliferação, tanto por parte de autores pagãos como de cristãos, da produção de panegíricos – documento político que exalta ou denigre a figura do Imperador como um chefe político-militar.

– Nos livros XV, XVI e XVII há relatos sobre suas investidas contra os alamanos, sua memorável vitória em Estrasburgo, as consequências de seu sucesso (como, por exemplo, as intrigas feitas na corte de Constâncio II) e as campanhas contra os sármatas.

– Nos livros XVIII e XIX há relatos sobre seus empreendimentos nas guerras, livrando os romanos de Sapor (rei dos Persas).

As passagens abaixo ilustram a fidelidade de Amiano e os passos de uma construção heroificadora à figura do príncipe Juliano:

> Depois que este discurso terminou, ninguém ficou quieto; todos os soldados agitados de forma receosa, baixaram seus escudos até os joelhos (sinal de completa aprovação; caso contrário teriam golpeado seus escudos com suas lanças). Foi maravilhoso assistir que, com muito júbilo, quase todos os soldados aprovaram a escolha de Juliano como Augusto e, com a devida admiração, saudaram o Caesar reluzente com o brilho da púrpura imperial (Amiano Marcelino, XV, 8-15).

> Fitando seus olhos, seriamente e longamente, ao mesmo tempo severos e cheios de fascínio, localizados numa face sedutora dotada de uma vivacidade incomum, eles profetizavam que estirpe de homem Juliano seria; como se escrutinassem livros antigos cuja leitura desvelasse sinais das qualidades intrínsecas da alma pelos traços do corpo. Ponderando que ele poderia ser considerado com maior respeito, eles não o exaltaram além da conta, muito menos da medida adequada; portanto suas palavras foram avaliadas como se fossem de censores e não como palavras de simples soldados (Amiano Marcelino, XV, 8-16).

Igualmente nos livros 24 e 25, Amiano faz honras a Juliano pelas suas qualidades como homem de Estado, fundamentalmente, por ter sido um grande chefe militar e estrategista.

No tocante ao abastecimento propriamente dito, é no Livro 23, 3 que Amiano Marcelino mostra a preocupação de Juliano com o abastecimento de suas tropas no oriente:

> Depois de ter lidado com alguns problemas graves, Juliano organizou suas tropas em fileiras e suprimentos de todos os tipos quando ele recebeu uma notícia de seus subordinados, que se apresentavam de forma ofegante e preocupada […]. (Amiano Marcelino, XXIII, 3).

A respeito da dieta do soldado romano, Peter Kehne[18] comenta que o estado providenciava para os seus soldados as necessidades básicas, em outras palavras, água e alimentação. Os soldados cozinhavam o trigo com sal e azeite e faziam com este ingrediente uma

---

18. KEHNE, 2007. Ressaltamos que Kehne, por sua vez, se inspirou no artigo de R. W. Davies, intitulado "The Roman Military Diet", de 1971.

espécie de mingau, pão e biscoito. Além do trigo, outros alimentos integravam sua dieta alimentar, como vinho, vinagre, grãos e verduras.

Em comemorações festivas, os soldados obtinham uma dieta especial e rações extras: carne de boi e de porco, bem como condimento de peixe, o garo.

Mais uma vez acrescentamos que a logística está inserida no conceito de estratégia, pois fazia parte das táticas de guerra ou confiscar os víveres das tropas inimigas, ou impossibilitar o acesso do inimigo o seu abastecimento.

Nesse sentido é importante detectarmos tal conceito dentro dos parâmetros do desenvolvimento histórico militar do próprio século IV d.C. que, como sabemos, é um período postulado por um leque de transformações de grande abrangência que termina por redefinir os valores da unidade político-imperial romana.

É nesse contexto de transformações, como demonstramos, que Amiano, ao escrever a sua obra, ressalta a figura do Imperador Juliano delineando suas concepções de governante, governo e Estado.

Outros autores contemporâneos a Amiano também demonstram suas preocupações com o tema militar. Dessa maneira destacamos as obras de Eunápio,[19] Vegécio e Zósimo[20] (esse último localizado temporalmente em 498 d.C.), assim como os testemunhos do próprio Imperador Juliano, ou seja, as cartas escritas nas Gálias, Ilíria, Constantinopla e Antioquia.

Ressaltamos que a obra de Vegécio, possui um importante grupo de informações sobre o abastecimento de água para o Exército Romano. Em seu *Tratado de Ciência Militar*, Flávio Vegécio Renato dedicou capítulo inteiros a temas sobre a provisão; e nesta, ele também enuncia princípios básicos de logística militar. Em relação ao abastecimento de água citamos o Livro IV, X:

> Providências contra a falta de água dos defensores.
> É uma grande vantagem para uma cidade cercada dispor de fontes de água no interior das muralhas. Caso não as tenha por natureza, deverão ser abertos poços, mesmo que seja necessário cavar muito fundo, e obter água por meio de cordas e baldes. Mas como os sítios estão muitas vezes construídos sobre um monte ou rocha, obtém-se água fora do perímetro, a um nível mais baixo, mas junto às muralhas e às torres de arremesso. Se a fonte se encontrar nas proximidades, mas fora do alcance de tiro da muralha, construir-se-á um forte, chamado burgo, entre ela e a cidade, no qual se posicionam catapultas e archeiros. Para além disto tudo, devem existir cisternas sob

---

19. Desta obra, chegaram às nossas mãos apenas seus fragmentos, disponíveis em EUNAPIUS, OLYMPIODORUS, PRISCUS and MALCHUS, C1981-1983.

20. ZÓSIMO, 1992.

todos os edifícios públicos e sob muitas casas privadas, onde se recolhem as águas da chuva que caem dos telhados. É difícil obrigar uma cidade à rendição através da sede quando se usa a água, mesmo que seja pouca, apenas para beber.[21]

Voltamos dessa forma, a nossa proposta de construção da tríade política – abastecimento – estratégia: tanto Amiano Marcelino quanto outros historiadores militares de sua época estavam bastante preocupados com a manutenção do *limes* e com a sobrevivência daqueles que formavam o Exército Romano. Politicamente, o Exército era a espinha dorsal do Império enquanto que o abastecimento era, consequentemente, o que garantia a sobrevivência do corpo bélico. Para que esse abastecimento fosse garantido, era essencial um intenso conhecimento de fundamentos estratégicos.

Considerações Finais

Notamos no decorrer desse capítulo que houve algumas mudanças no abastecimento militar entre o Principado Romano e o período da Antiguidade Tardia. Ressaltamos, também, as documentações que podem ser utilizadas na análise desses fornecimentos militares: no caso da Bretanha, as tabuinhas e outros achados arqueológicos e no que diz respeito à Antiguidade Tardia temos à *Notitia Dignitatum,* os papiros do Egito Romano e os testemunhos de Juliano, Amiano Marcelino, Eunápio, Vegécio e Zózimo.

Levando em conta todas as considerações acima expostas, declaramos que os discursos sejam quais forem os seus tipos e em quais épocas forem escritos, mascaram interesses político-culturais que só podem ser desvelados, avaliados e compreendidos por meio da análise de suas representações e subjetividades.

A temática, longe de ter sido esgotada nas linhas aqui apresentadas, tem como meta refletir novos pontos de vista sobre consumo e abastecimento militar. Como poderá ser verificado na bibliografia deste capítulo, as discussões ainda estão em fase de organização e publicação. Ainda há muito para se contribuir com o tema.

Agradecimentos

Agradecemos aos colegas professores José Remesal Rodríguez e Jean-Michel Carrié, especialistas no tema, Claudio Umpierre Carlan e à pós-graduanda Helena Papa pelas discussões profícuas sobre o tema. Às agência de fomento: CNPq (Bolsa Produtividade-1D e Bolsa de Pós-Doutorado Júnior período de 10/2006 a 07/2007), à Fapesp (Bolsa

---

21. VEGETIUS, 2006, p. 128-129.

de Pesquisa no Exterior – Pós-doutorado no período de 12/2008 a 03/2009) pelo auxílio dado a essa pesquisa. Ao apoio do Núcleo de Estudos Estratégicos (NEE/Unicamp) e Laboratório de Estudos sobre o Império Romano (LEIR/Unesp-Franca). As ideias apresentadas aqui são de nossa autoria, pelas quais somos exclusivamente responsáveis.

Bibliografia

DOCUMENTAÇÃO IMPRESSA

AMMIANUS MARCELLINUS. *Res Gestae*. With an English Translation by John C. Rolfe. Cambridge, Massachusetts: Harvard University Press. Londres: Willian Heinemann LTD, 1982, 3v. (The Loeb Classical Library).

AMMIEN MARCELIN. *Histoire*. Livres XIV-XIX. Texte établi et traduit para Eduard Galletier et Guy Sobbah. Paris: Les Belles Lettres, 1968-1970. 2 t.

EUNAPIUS, OLYMPIODORUS, PRISCUS and MALCHUS. *The fragmentary classicising historians of the later Roman Empire*. Text, Translation and Historiographical Notes by R. C. Blockley. Liverpool, Great Britain F. Cairns c1981-1983.

JULIANO. *Contra los Galileos. Cartas y Fragmentos. Testimonios. Leys*. Introducción, Traducción y Notas por José Garcia Blanco y Pilar Gimenez Gazapo. Madrid: Editorial Gredos, 1982.

_____. *Discursos*. Introducción, Traducción e Notas por José Garcia Blanco. Madrid: Editorial Gredos, 1979.

JULIEN. *Oeuvres Complétes. Discours de Julien l'Empereur*. Text revue et traduit par J. Bidez et Gabriel Rochefort. Paris: Les Belles Lettres, 1924-1964, 2 t.

JULIANUS. *The Works of Emperor Julian*. With an English Translation by W. C. Wright. Londres: Willian Heinemann, 1913, 1949, 3v. (The Loeb Classical Library).

VEGETIUS. *Tratado de Ciência Militar*. Tradução, estudo Introdutório e Notas de Adriaan de Man. Portugal, Lisboa: Edições Silabo, 2006.

ZÓSIMO. *Nueva Historia*. Indroducción, traducción y notas de José Maria Candau Morón. Madri: Ed. Gredos, 1992

Obras gerais

AUSTIN, N. J. E. *Ammianus on Warfare: an Investigation into Ammianus' Military Knowledge.* Bruxelles, Lotomus Revue d'edtudes Latines, 1979.

BOWMAN, A.K. *Life and letters in the Roman frontier.* London, 70, 1994.

_____; THOMAS, J.D.; ADAMS, J.N. "Two Letters from Vindolanda". *Britannia*, n. 21, 1990, p. 33-52.

BURKE, Peter. *Hibridismo cultural.* Coleção Aldus – 18. São Leopoldo: Ed. Unisinos, 2003.

CARRIÉ, Jean-Michel. *Nouvelle Histoire de l'Antiquité, tome 10: L'Empire romain en mutation. Des Sévères à Constantin.* Points: Seuil, 1999.

_____. "Armée Romaine Tardive dans quelques travaux récents. 3e Partie. Fournitures Militaires, Recrutament et Archéologie des fortifications". *Antiquitè Tardive,* n. 10, 2002.

CARVALHO, M. M. de; FUNARI, P. P. A. "A história militar na Roma Antiga e o testemunho de Amiano Marcelino". In: CERQUEIRA, F. V.; GONÇALVES, A. T. M.; NOBRE, G. J. E; VARGAS, A. Z. *Guerra e Paz no Mundo Antigo.* Instituto de Memória e Patrimônio, Laboratório de Antropologia e Arqueologia/ UFPEL. Pelotas, 2007, p. 281-297.

CLAVEL' LÉVÊQUE, M. "Imperialisme, developpement et transition: pluralité des voies et universalisme dans le modèle impériale romain". *La Pensée* 196, 1997, p. 10-27.

CRUMP, Gary. "Ammianus and the late Roman Army". *História* 23, 1972, p. 91-103.

DAVIES, R.W. "The Roman Military Diet". *Britannia*, vol. 2, 1971, p. 122-142.

DRIJVERS, J. W.; HUNT, David. *The Late Roman World and its Historian: Interpreting Ammianus Marcellinus.* Londres e Nova York: Routledge, 1999.

ERRINGTON, R. Malcolm. *Roman Imperial Policy from Julian to Theodosius.* Chapel Hill: The University of North Carolina Press, 2006

FERRILL, Arther. *A queda do Império Romano: a explicação militar.* Rio de Janeiro: Zahar, 1989.

FRIGHETTO, Renan. *Cultura e Poder na Antiguidade Tardia.* Curitiba: Juruá, 2000.

FUNARI, P. P. A. "Contatos Culturais na Fronteira Militar Romana na Britannia". In: *Anais do V Congresso da Sociedade Brasileira de Estudos Clássicos.* Pelotas – 15 a 19 de setembro de 2003. *Fronteiras e Etnicidade no Mundo Antigo.*Pelotas: Editora e Gráfica Universitária UFPEL.

GREATREX, G.; LIEU, S. N. C. *The Roman Eastern Frontier and the Persian Wars:* Part II, 363-628 A. D., a Narrative Soucerbook. Nova York: Routledge, 2002.

HEATHER, Peter. "The barbarian in late antiquity: image, reality, and transformation". In: MILES, Richard. *Contructing Identities in Late Antiquity.* Londres: Routledge, 1999.

HINGLEY, R. "The imperial context of Romano-British studies and proposals for a new understanding of social change". In: FUNARI, P. P. A.; HALL, M.; JONES, S. (eds.). *Historical archaeology: back from the edge.* Londres e Nova York, 1999.

HUGH, Elton. *Frontiers of the Roman Empire.* Londres: Batsford, 1996.

ISAAC, B. "The meaning of the term *limes* and *limatanei*". *Journal of Roman Studies* 78, 1998.

JENKINS, Keith. *História Repensada.* São Paulo: Contexto, 2004.

JONES, A. H. M. *The decline of the ancient world.* Londres: Longmans, 1996.

KEEGAN, John. *Uma história da Guerra.* São Paulo: Companhia das Letras, 2006.

KEHNE, P. "War and Peacetime Logistics: Supplying Imperial Armies in East and West". In: ERDKAMP, Paul. *A Companion to the Roman Army.* Oxford: Blackwell Publishing, 2007.

LEE, A. D. *War in Late Antiquity. A Social History.* Malden: Blackwell Publishing, 2007.

LIEBESCHUETZ, J. H. G. W. *From Diocletian to the Arab Conquest: Change in the Late Roman Empire.* Brookfield, Ashgate Vernont, 1999.

MACMULLEN, R. *Soldier and civilian in the later Roman Empire.* Cambridge: Harvard University Press, 1963.

MOMIGLIANO, Arnaldo. *Os Limites da Helenização: A interação cultural das civilizações grega, romana, céltica, judaica e persa.* Rio de Janeiro: Zahar, 1991.

NEIRA FALEIRO, Concepción. "La Notitia Dignitatum elo spiegamiento dell' esercito romano nei secoli IV e V d.C". In: ÑACO DEL HOYO, T.; ARRAYÁS MORALES, I. (coords.). *War and Territory in the Roman World.* Espanha: John and Erica Hedges, 2006.

NICOLET, C. *Rendre à César. Économie et societé dans la Rome Antique.* Paris, 1988.

REMESAL, J. "Die Procutores Augusti um dir Versorgung der römischen Heeres". *Akten der 14 Internationalen Limescongress* 1986 Carnuntum. Wein, 1990.

SABBAH, Guy. "Ammianus Marcelinus". In: MARASCO, G. *Greek & Roman historiography in Late Antiquity.* Leiden: Brill, 2003.

SEAGER, Robin. *Ammianus Marcellinus: Seven Studies in His Language and Thought.* Columbia: University of Missouri Press, 1986.

THOMPSON, E.A. *The Historical Work of Ammianus Marcelinus.* Cambridge: Cambridge University Press, 1947.

TROMBLEY, Frank. "Ammianus Marcellinus and the fourth-century warfare: a *protector's* approach to historical narrative". In: DRIJVERS, J. W.; HUNT, David. *The Late Roman World and its Historian: Interpreting Ammianus Marcellinus.* Londres e Nova York: Routledge, 1999.

VEYNE, Paul. *Como se escreve a história e Foucault revoluciona a história.* Brasília: Ed. UnB, 1971.

WHIRBY, M. *Rome at War, A. D. 293-696.* Nova York: Routledge, 2003.

5. O *Garo* na Alta Idade Média: Investigações Preliminares

Wanessa Asfora[1]

---

1. Centro Universitário Senac, SP.

UM DOS EPISÓDIOS mais comumente citados – talvez anedótico, mas sem dúvida alguma, emblemático – para demonstrar como o lento distanciamento entre Ocidente e Oriente chegara a termos irrecuperáveis no século X diz respeito à segunda passagem de Liutprando de Cremona, embaixador do imperador do Ocidente Oto II, pela corte do basileu de Bizâncio Nicéforo Focas no ano de 969. Sentado à mesa do primeiro banquete que lhe fora oferecido como parte do elaboradíssimo ritual da corte bizantina, Liutprando vê-se frente a frente com a materialização mais pungente de que naqueles dois mundos haviam se constituído universos completamente distintos: a comida era odiosa. Pratos regados a óleo e um condimento à base de peixe[2] evidenciavam o fosso que se abrira entre Oriente e Ocidente.

Aparentemente, seguindo Liutprando, essa seleção de sabores havia sido abandonada no Ocidente há muito tempo. Dado com o qual Andrew Dalby, pesquisador da história da alimentação grega parece concordar: "este molho de peixe fermentado, nesse momento [século X] morto no Mediterrâneo Ocidental, ainda era muito usado em Bizâncio".[3] Entretanto, pouco se sabe sobre o que teria substituído os condimentos à base de peixe no Ocidente, pois a história da alimentação e da culinária da Alta Idade Média ocidental revela-se ainda hoje objeto tão pouco conhecido quanto pesquisado.[4] A dificuldade do

---

2. "[…] *oleo diluta, alioque quodam deterrimo piscium liquore aspersa* […]." (Liutprando Cremonensi, 1873, c. 914)

3. "this fermented fish sauce, by now just about dead in the western Mediterranean, was still much used in Byzantium." (DALBY, 1996, p. 199)

4. Dentre os trabalhos voltados essencialmente a questões alimentares da Alta Idade Média, *cf.*: ROUCHE, Michel. La faim à l'époque carolingienne. *Revue Historique*, 250/2, 1973, p. 295-320; MONTANARI, Massimo. *Storia*,

trabalho com fontes que possibilitem a investigação do universo alimentar altomedieval é talvez o principal obstáculo para que especialistas encontrem elementos para delimitação dos sabores mais apreciados no período. Uma documentação mais específica, os livros de cozinha, será mais abundante apenas a partir do século XIII, quando se poderá falar com mais propriedade sobre preferências alimentares.[5]

Ainda que haja poucas luzes sobre a alimentação anterior ao século XIII, ao que tudo indica, houve uma lenta e gradativa migração do antigo gosto romano para algo "propriamente medieval"; o que equivaleria dizer que, grosso modo, em um dado momento deixar-se-ia progressivamente de valorizar condimentos à base se peixe (garo, *liquamen, muria*, etc.), azeite e um estoque de especiarias composto essencialmente por pimenta-do-reino, cominho, costo, levístico e erva-dos-gatos, por exemplo, e passar-se-ia a apreciar molhos mais

---

alimentazione e storia dell'alimentazione. Le fonti scritte altomedievale. Archeologia Medievale, 1981, p. 25-37 (*Problemi di storia dell'alimentazione nell'Italia medievale*); _____. *Alimentazione e cultura nel Medioevo.* Roma: Laterza, 1988; MUZZARELLI, M. G. Norme di comportamento alimentare nei libri penitenziali. *Quaderni Medievali,* 13, 1982, p. 45-80; HOCQUET, Jean-Claude. Le mangeur de l'an mil. *L'Histoire,* n. 73; _____. Le pain, le vin et la juste mesure à la table des moines carolingiens. *Annales E.S.C.,* vol. 48, 1985, p. 661-668; MEENS, R. Pollution in early Middle Ages: the case of food regulations in Penitencials. *Early Medieval Europe,* vol. 4, 1985, p. 3-19; BONNAISE, Paul. Consomation d'aliments immondes et cannibalisme de survie dans l'Occident du haut moyen âge. *Annales, E. S. C.,* vol. 44, 1989, p. 1036-1039; BOULC'H, Stéphane. Le repas quotidien des moines occidentaux du haut Moyen Âge. *Revue Belge de Philologie et d'Histoire,* t. 75, n.2, 1989, p. 287-328; PEARSON, Kathy. Nutrition and the Early-Medieval Diet. *Speculum,* 72, 1987, p. 1-32; MELIS, Antoni Riera. *La faim comme outil expiatoire. Les restrictions alimentaires édictées par certaines règles monastiques aux vi^e et viiie siècle, Food and History,* vol. 1, 2003, p. 33-48. Há ainda que se mencionar os três capítulos integrantes da seção "Da Antiguidade tardia à Alta Idade Média (séculos v-x)" publicados na obra de síntese editada por Jean-Louis Flandrin e Massimo Montanari, *História da Alimentação.* Petrópolis: Estação Liberdade, 1998: "Estruturas de produção e sistemas alimentares" (p. 282-291); "Os camponeses, os guerreiros e os sacerdotes: imagem da sociedade e estilos de alimentação" (p. 292-299), ambos de autoria de Massimo Montanari; e o terceiro de Gerd Althoff, "Comer compromete: refeições, banquetes e festas" (p. 300-310). Finalmente, existem duas coletâneas que reúnem trabalhos apresentados em dois importantes encontros científicos, às quais ainda não tive acesso, mas que muito provavelmente contém artigos sobre o período altomedieval: *Manger et boire au Moyen Âge, Actes du colloque de Nice (15-17 octobre 1982).* Paris: Belles Lettres, 1984. 2v.; BITSCH, Irmagard *et al.* (ed.) *Essen und trinken im Mittelalter und Neuzeit:Vorträge eines interdisziplinären Symposions vom 10.-13. Juni an der Justus-Liebig-Universität Griessen.* Sigmaringen: Jan Thorbecke Verlag, 1987.

5. Recentemente foram catalogados 133 manuscritos, datados em grande parte do final do século XIV e XV, havendo apenas três manuscritos pertencentes ao final do século XIII e início do XIV. A maior parte dos textos encontra-se em alemão (45), seguidos do inglês (39), italiano (13) e francês (12). Há ainda textos em holandês (6), anglo-normando (2), catalão (2), dinamarquês (2), islandês (1), ocitano (1) e português (1). Quatorze destes textos estão em latim, porém alguns deles são bilíngues. Dos textos que possuem seu local de produção conhecido, a maioria pertence a localidades da atual Alemanha e Áustria (37), seguidos da França (15), Itália (14), Inglaterra (9), Flandres (1) e Catalunha (1). (*Cf.* HIETT, C; LAMBERT, C.; LAURIOUX. B. *et alli,* "Répertorie de manuscrits médiévaux contenant des recettes culinaires". In: LAMBERT, Carole. *Du manuscrit à la table.* Montréal/Paris: Les Presses Universitaires de Montréal. 1992. p. 317-388).

leves, ácidos e temperados com especiarias distintas como cravo-da-índia, noz-moscada, galanga, pimenta-malagueta e macis.[6] No entanto, precisar onde estaria o ponto de inflexão desse processo é um exercício ao qual nenhum especialista, até onde se sabe, se aventurou. Seria o relato de Liutprando de Cremona um indicador?

O problema do gosto medieval não é o objeto deste artigo, ainda que de alguma maneira esteja a ele associado. O que interessa aqui é traçar o percurso de um dos célebres condimentos à base de peixe, o garo, que por muito tempo foi item importante de produção e consumo no Império Romano, mas cujo destino medieval parece ser ignorado ou, no mínimo, mal-explicado. A afirmação acerca de seu abandono, gradativo ou não, merece um melhor enquadramento, principalmente à luz da antiga documentação. É certo que os registros sobre o garo são escassos durante a Alta Idade Média, principalmente se comparados com períodos anteriores. Contudo, se não são inexistentes, é preciso saber olhar melhor para eles na tentativa de compreender como teria se dado tal processo. Afinal, no Ocidente, entre a Antiguidade tardia e o século X (momento do relato de Liutprando de Cremona) há um intervalo de tempo considerável que não seria prudente ignorar.

Dada à amplitude de possibilidades de inserção do problema do garo na Alta Idade Média, este artigo se limitará a reunir e apresentar a documentação altomedieval que dele trata, esboçando os primeiros argumentos em favor de uma hipótese que, certamente, permanecerá objeto de aprofundamento posterior.

Garo e outros condimentos à base de peixe

Uma tentativa de definição do que venha ser o garo não constitui tarefa fácil, uma vez que fontes escritas e arqueológicas que permitiriam traçá-la são esparsas e lacunares. O ponto de partida é, sem dúvida, o contexto greco-romano antigo; contudo, ainda assim, a historiografia que busca interpretar tais fontes se vê muito mais frequentemente imersa em dúvidas e especulações do que propriamente na condição de oferecer respostas. Revisitarei, brevemente, algumas das referências documentais comumente citadas quando do estudo acerca do garo na Antiguidade clássica, com propósito de circunscrever um entendimento mínimo para tal condimento nas fontes medievais investigadas neste artigo.

Os especialistas costumam afirmar que o garo é um dos vários condimentos fermentados à base de peixe e de aspecto liquórico (daí que seja usualmente qualificado como molho), consumido largamente por gregos e romanos antigos. Aparentemente, tratava-se de uma variedade especial de *salsamentum* – termo genérico que designava qualquer peixe

---

6. LAURIOUX, 1992, p. 33-38; 1998, p. 452.

(e possivelmente outros tipos de carne) preservado em salmoura[7] – cujo método de preparo é ainda hoje objeto de debate.[8] De fato, o estabelecimento de distinções dentre os diversos tipos de *salsamentae* é um exercício engenhoso. Para avançar nesse sentido, parte-se usualmente de textos romanos do primeiro século da era cristã, principalmente a História Natural de Plínio (23-79) e as Epigramas de Marcial (38/41-104). A *Deipnosophistae* escrita pelo grego Ateneo de Naucratis entre o final do século II e o início do III é também referência importante, principalmente para argumentar a favor de uma influência grega na difusão das *salsamentae* dentre as preferências alimentares romanas. A julgar pelos cenários e hábitos culinários gregos apresentados na obra – que embora escrita no século II afirma utilizar autores de séculos precedentes – Mnesitheus de Atenas e Diocles de Carystus (s. IV a.C.), Diphilus de Siphnos (s. III a.C.), Euthydemus de Atenas (s. II a.C.), Hicesius de Smyrna (c. 100 a.C.) e Dorion (s. I) – as *salsamentae*, de fato, constituíam uma preferência há muito enraizada no cotidiano grego.

É comum encontrar nessas e em outras obras termos supostamente aparentados. Nomes como *muria, liquamen, allex* (ou *allec*), *cybium, melandryum, trigonum, horaeum* e o próprio garo revelam um universo amplo e repleto de particularidades que textos escritos não conseguem elucidar com precisão. Todavia, parece possível afirmar que diferenças no processo de confecção das *salsamentae*, como por exemplo, a quantidade maior ou menor de sal ou o tipo de peixe utilizado, davam origem a produtos finais distintos. Talvez essas especificidades tenham se perdido quando da translação de alguns termos do contexto grego para o latino, momento no qual uma designação única e genérica, *salsamentum*, teria sido privilegiada. No que diz respeito ao garo, parece mesmo ter existido, pelo menos em certo momento do contexto antigo grego, uma relação entre o condimento e o tipo de peixe usado em seu preparo. Uma das passagens mais citadas para corroborar tal ideia encontra-se na História Natural de Plínio. Segundo o autor, o garo receberia este nome por se tratar de um condimento elaborado com vísceras e sobras do peixe chamado pelos gregos de garos; entretanto, no tempo em que escreve Plínio, o garo era feito com peixe de outra denominação; e que o mais popular e especial dentre os garos, o garo dos aliados (garum sociorum) preparava-se com um tipo especial de escombrídeo (família de peixes da qual fazem parte espécies como a cavala, o bonito e o atum).[9]

---

7. CURTIS, 1991, p. 6.

8. GRAINGER, 2006, p. 373.

9. "aliud etiamnum liquoris exquisiti genus, quod garum vocavere, intestinis piscium ceterisque, quae abicienda essent, sale maceratis, ut sit illa putrescentium sanies. hoc olim conficiebatur ex pisce, quem Graeci garon vocabant.[…]. nunc e scombro pisce laudatissimum in Carthaginis Spartarie cetariis – sociorum id appellatur – singulis milibus nummum permutantibus congios fere binos. nec liquor ullus paene praeter unguenta

Haveria, então, mais de um tipo de garo? Talvez. Nas Epigramas, Marcial reforça essa possibilidade. A epigrama intitulada *Amphora Muriae* ("sou filha do atum de Antipolis; se fosse feita de escombrídeo, não teria sido enviada a você"),[10] permite pensar que o condimento feito com tal escombrídeo não recebia a mesma denominação daquele, de categoria inferior, feito com atum, a *muria*. É certo que o nome garo não aparece na segunda epigrama, mas a ideia de que garo e *muria* eram coisas totalmente diferentes é bastante plausível. O que não se pode saber é se existiria ainda um outro condimento denominado tão somente por garo, e que poderia ser confeccionado com outro tipo de peixe.

Enquanto alguns pesquisadores se limitam a considerar garo, *muria*, *liquamen* e outros termos assemelhados apenas como condimentos (ou molhos) à base de peixe, outros, contudo, se inquietam e são instigados a adentrar nas filigranas da questão. Um dos estudos mais recentes nessa direção foi publicado como anexo à nova edição do livro de receitas atribuído a Apício (Roma, século I), modernamente intitulado *De re coquinaria*.[11] Corroborando Plínio e Marcial com outras fontes antigas (a *Astronomica* de Manílio, *De re rustica* de Columella) e medievais (Etimologias de Isidoro de Sevilha e a anônima Geoponica), Grainger sugere que a diferença entre o garo e demais condimentos à base de peixe reside no uso imprescindível de sangue na preparação do primeiro.[12] Na realidade, ao buscar definir o garo, os autores pretendem compreender principalmente o que vem a ser *liquamen*, termo praticamente soberano no texto de Apício, objeto de suas pesquisas. Nessa coletânea de 490 receitas médico-culinárias,[13] *liquamen* figura em mais de 90% delas, e o garo aparece somente em palavras compostas como oxygaro (condimento à base de peixe e vinagre), oenogaro (condimento à base peixe e vinho) e hidrogaro (condimento à base de peixe e água). Para Grainger, o emprego de *liquamen* em Apício (praticamente inexistente em outras fontes que remetem ao século I; exceção feita a Columella) constitui um verdadeiro quebra-cabeça, principalmente quando coteja as fontes antigas com

---

maiore in pretio esse coepit, nibilitatis etiam gentibus. Scombros quidem et Mauretania Baeticaeque Carteia ex oceano intrantes capiunt ad nihil aliud utiles. Laudantur et Clazomenae garo Pompeique et Leptis, sicut muria Antipolis ac Thuri, iam vero et Delmatia". (PLINY, 1963, l.XXXI, p. 93-94)

10. *"Antipolitani, fateor, sum filia thynni: essem si scombri, non tibi missa forem."* (MARTIAL, 1978, l. XIII, CIII)

11. A tradição textual apiciana tem início nos séculos VIII/IX, momento da confecção dos manuscritos mais antigos que se conhece. Em seu conteúdo, antiquistas têm encontrado referências que remetem muito mais à Antiguidade tardia do que ao século I, quando teria vivido o homem que portava aquele nome. Ainda assim, o texto é frequentemente utilizado, de maneira genérica e indistinta, como fonte para estudo da cozinha imperial. *Cf.* os estudos introdutórios às edições de Sally Grainger e Christopher Grocock (APICIUS, 2006.) e Jacques André (APICIUS, 1987.).

12. GRAINGER, 2006, *passim*.

13. Em GRAINGER, 2006. Jacques André, na sua edição, por considerar um diferente agrupamento do texto, contabiliza 499 receitas (APICIUS, 1987, *passim*).

aquelas mais relacionadas a contextos medievais. Se por um lado, nas Etimologias existe uma distinção entre garo e *liquamen*, na Geoponica, os dois termos se sobrepõem.

As Etimologias, por sua influência ao longo de toda a Idade Média, é sem dúvida nenhuma a obra mais célebre do bispo de Sevilha. Concluída em 630, constitui um vasto compêndio de caráter enciclopédico reunindo assuntos variados que se estendem do universo religioso ao mundo natural. Nela, como indica o título, toda explicação parte de supostas origens das palavras. Assim, no vigésimo livro da obra, no capítulo dedicado à comida, o garo é apresentado como um

> líquido salgado de peixes que outrora fora confeccionado a partir do peixe que os gregos chamavam de garon e, ainda que em seu tempo fosse feito de infinitas espécies de peixe, mantinha o nome antigo que levava desde o início.[14]

E logo em seguida, sobre o *liquamen:*

> o dito liquamen, mais especificamente, peixinhos que dissolvidos em salmoura libertam um fluido (humor) cujo líquido é chamado salsugo ou muria; por outro lado, é dito que a muria propriamente é feita a partir da água misturadas com sal semelhante à água do mar.[15]

Pelo que se vê, a obra pouco revela acerca do modo de fabricação do garo. Pode-se supor apenas que aquele líquido salgado de peixes não seja feito da mesma maneira que o *liquamen*; aliás, tampouco são a mesma coisa. Além disso, a utilização do peixe grego *garon* ou algo parecido com ele já não era mesmo uma prática (a dúvida existente em Plínio estaria aqui solucionada?). Nota-se também que a alusão à *muria* em nada se assemelha ao que diz Marcial. A obrigatoriedade do uso do atum desaparece para dar lugar a duas possibilidades: ao fluido resultante da liquefação dos peixes em sal ou simplesmente à mistura de água com sal à semelhança da água do mar (neste último caso, sinônimo de *salsugo*).

Na Geoponica, o garo figura no livro que discorre sobre peixes. Detalhes acerca do modo de fabricação são finalmente encontrados, embora uma sobreposição entre os termos *liquamen* e garo não permita um claro entendimento. O item 46 do livro 20 é intitulado "composição do garo";[16] entretanto, o texto se inicia com as instruções para se fazer

---

14. "garum est liquor piscium salsus, qui olim conficiebatur ex pisce quem Graeci garon vocabant, et quamvis nunc ex infinito genere piscium fiat, nomen tamen pristinum retinet, a quo initium sumpsit." (ISIDORUS, 1850, c.914)

15. "liquamen dictum, eo quod soluti in salsamento pisciculi eumdem humorem liquant, cujus liquor appellatur salsugo, vel muria. Proprie autem muria dicitur aqua sale commista, effectaqe gustu in modum maris." (*Idem*)

16. GEOPONIKA, 1805, p. 229-230.

liquamen. As vísceras de peixes ou peixes pequenos inteiros são jogados em um recipiente, salgados e depois temperados ao sol; o preparado deve ser mexido com frequência e, depois de temperado no calor, o garo será extraído. Segue então explicando que um pequeno cesto de tessitura fechada deve ser colocado no recipiente para filtragem do garo. O que foi filtrado, segundo a Geoponica, é chamado *liquamen* e o que permanecer no recipiente é *allec*. O texto segue ainda detalhando o processo de confecção do garo à maneira dos povos da Bitínia, além de oferecer uma alternativa para aqueles que desejam usar o condimento imediatamente (ao invés do repouso no sol, o preparado deve ser fervido).

Acredito que recorrer a essas duas fontes provenientes de contextos tão diferentes seja pouco operativo para reflexão acerca do garo e *liquamen* na Antiguidade romana. Quando mais tardia a fonte, a distinção entre os dois condimentos parece apagar-se. O Edito do Máximo do imperador Diocleciano (301), escrito em latim e grego, apresenta *liquamen* como tradução latina para *garon*. Para Grainger e Grocock, tal informação não é propriamente uma evidência de que os condimentos fossem a mesma coisa; ao contrário, segundo os especialistas, nesse momento, a distinção permanecia válida, porém, compartilhada apenas por integrantes de certos círculos especializados, como o dos cozinheiros.[17] Quando e por que os dois condimentos passaram a ser algo indistinto não é objeto de seu interesse. Ao que tudo indica, Grainger parece crer que no século VI, quando Isidoro escreve as Etimologias, garo ainda não é o mesmo que *liquamen* (o fato de Isidoro apoiar-se largamente em Plínio e outros autores antigos não é problematizado, nem levado em consideração). Isso porque o atributo que define o garo é o sangue do peixe e não suas vísceras ou carne (nesse sentido, o paradigma é o garo dos aliados, *garum sociorum*, elaborado com o sangue do escombrídeo); enquanto para confecção do *liquamen* é o peixe inteiro que deve ser utilizado.

Escolhi fazer a longa digressão acima para sinalizar a complexidade da questão. As distinções buscadas por Grainger e Grocock e outros especialistas talvez nunca possam ser efetivamente demarcadas, tão pouco o momento em que deixaram de existir. Se o Edito do Máximo contradiz ou não Isidoro, se a Geoponica é ou não fonte "habilitada" para lançar luz sobre o problema, é impossível saber, pelo menos no estado atual da questão. Registros arqueológicos, por outro lado, também não auxiliam muito em relação ao método de preparo desses condimentos aparentados. Até o momento, a arqueologia tem oferecido contribuições maiores acerca de locais produtores e possíveis rotas comerciais envolvendo-os. No apêndice de sua obra, Robert Curtis reuniu inscrições de ânforas portando condimentos à base de peixe encontradas em diferentes sítios arqueológicos da Antiguidade clássica. Em

---

17. GRAINGER, 2006, p. 380-381.

sua lista, há 169 recipientes que levam o nome *garum*; 69 denominados como *liquamen*; 40 como *muria*; e, ainda, 11 com a denominação *hallex*.[18]

Em síntese, o que se percebe é que o discurso sobre o garo e similares está construído majoritariamente a partir de uma colagem de informações provenientes de fontes de temporalidades distintas e que não dá conta do dinamismo social e cultural por detrás do nome do condimento. Para ficar em apenas um exemplo, a Grécia do século IV a.C., suposto momento mais antigo onde se encontram as *salsamentae*, é acessada por lentes do século II. Em outras palavras, o historiador que se ativer firmemente à tradição textual de cada uma das fontes disponíveis e que mencionam o garo, ver-se-á em meio a tantos obstáculos que não ousaria arriscar uma definição para tão distinto e importante condimento, tão pouco desenhar uma trajetória cronológica para sua existência. Digo isso não para invalidar as propostas levantadas até agora sobre o assunto, mas para lembrar das armadilhas que podem capturar os historiadores pelo meio do caminho...

Portanto, seguir o curso das transformações incorporadas ao método de preparo do garo da Antiguidade à Alta Idade Média nem sempre é possível. Pensando o problema a partir da perspectiva da história medieval, as fontes escritas cristalizam referências que parecem, por vezes, obsoletas, por vezes acessórias. No primeiro caso, porque estão ancoradas em saberes e eventos do passado que, para não cair no esquecimento, convém às vezes registrar – caso da informação recorrente de que o garo era feito antigamente a partir do peixe grego chamado *garon*. No segundo caso, porque parecem considerar que o essencial sobre o assunto já é conhecido e compartilhado por todos na sociedade de onde e para onde se escreve, prescindindo-se assim de explicações (o que vem a ser garo ou *liquamen* é quase como se fosse, por assim dizer, de "domínio público"), convém apenas, em algumas circunstâncias e por distintas razões, oferecer detalhes complementares.

Diante de tantas limitações, a proposta mais viável para o estudo do garo em contextos mais tardios, como a Alta Idade Média, é trabalhar *a priori* com a indistinção entre as várias qualidades de condimentos à base de peixe e a possível sobreposição de sentido entre os termos garo e *liquamen* que aparecem na documentação medieval.

BEM SIMBÓLICO, ARTIGO DE LUXO

Na documentação escrita referente ao Ocidente medieval, excetuando as passagens das Etimologias mencionadas anteriormente, o garo aparece em textos que remetem a universos, à primeira vista, dissociáveis: economia, por um lado, e medicina, por outro.

---

18. CURTIS, 1991, p. 195-196.

CONSUMO E ABASTECIMENTO NA HISTÓRIA 99

Cronologicamente, tais textos se estendem dos séculos VI ao IX e, espacialmente, provêm de territórios integrantes do reino franco e lombardo e, posteriormente, carolíngios.

Para refletir sobre a dimensão econômica, o primeiro aspecto que pretendo destacar diz respeito à presença do garo em assuntos envolvendo agentes políticos de peso, como reis e abadias ao longo de quase todo período altomedieval. A hipótese é que o garo pertenceria à categoria dos artigos de luxo – assim como especiarias e tecidos – que com certa frequência eram utilizados para pagamentos de tributos de diferentes naturezas. Uma mudança de status teria, então, incidido sobre o garo que se transformara de um produto de uso comum na Antiguidade para algo exclusivo – difícil (mas não impossível) de ser adquirido – na Alta Idade Média.

É com esse sentido que o garo figura em seis dos textos mencionados. O primeiro deles é um formulário merovíngio compilado na abadia de Saint-Denis por volta dos anos 650 e 700. As *Formulae Marculfi*, como demais formulários anteriores ao século XI, reúnem modelos de composição a serem empregados na redação de atos e outros documentos régios, eclesiásticos ou privados.[19] A menção ao garo encontra-se na primeira parte da obra, dedicada a orientar atos régios, em item denominado *Tractoria ligatoriorum vel minima facienda istius instar*. Na Alta Idade Média, *tractoria* designava o documento outorgado pelo rei autorizando seu portador – geralmente legados enviados em missões oficiais, como, por exemplo, o recebimento de impostos – a requisitar provisões para seu sustento durante viagens, bem como para diminuir gastos despedidos com transporte.[20] Através da leitura das *Formulae*, é possível cogitar que se tratasse de uma prática a solicitação, por parte de representantes do rei, de azeite, mel, especiarias e garo, dentre outras coisas.[21]

No mesmo século, Gregório, bispo de Tours, relata no livro IV de sua obra sobre a história dos francos que no tempo do rei Sigiberto, a substituição do governador da Provença havia gerado uma série de animosidades entre as partes da contenda, dentre eles o roubo de setenta *orcas* (recipientes para armazenar vinho) cheias de azeite e garo que estavam em navios vindos de além-mar aportados em Marselha. Nota-se que, no caso de Gregório, o termo preferido é *liquamen* e não garo.[22]

No século seguinte, mas ainda no contexto merovíngio, o garo será encontrado em um dos diplomas do rei Chilperico II, datado de 716. Neste, o monarca, a pedido do abade

---

19. GIRY, 1894, p. 479-480.

20. NIERMEYER, 1997, p. 1035; DOEHARD, 1984, p. 181.

21. "[...] olei libras tantas, gari libras tantas, mellis tantas, aceti tantas, cumini libras tantas, piperis tantas, costi tantas [...]." (*Formulae Marculfi*, 1882, p. 49)

22. "Igitur advenientibus ad cataplum Massiliensim navibus transmaris, Virigili archidiaconi homines septuaginta vas quas vulgo orcas vocant olei liquaminisque furati sunt, nesciente domino." (GREGORII, 1937, p. 177)

Sebastião, confirma um antigo diploma de seu antepassado Clotário III e, através dessa confirmação, concede à abadia de Corbie o direito de receber, pelas mãos de agentes que a representam, o pagamento *in natura* referente ao imposto sobre transporte e transação de mercadorias (*teloneum*[23]) no mercado da cidade de Fos (atual Provença), além da concessão de uma *tractoria* que exonerava a abadia da alimentação e hospedagem de seus enviados.[24] O documento menciona uma movimentação de 30 módios[25] de garo, nos tempos do antepassado do rei,[26] e de 1 libra do mesmo condimento já no tempo de Chilperico.[27]

De maneira semelhante, o garo aparece na Lombardia associado ao pagamento de tributos estabelecido por antigos costumes. O decreto do rei lombardo Liutprando, datado de 715 ou 730, portanto contemporâneo ao diploma merovíngio, dispõe, dentre outras coisas, sobre o *ripaticus*, taxa que autoriza a ancoragem de embarcação,[28] a ser pago *in natura* pelos mercadores da bizantina Comacchio (norte de Ravena) que transportavam e negociavam sal por portos do delta do Pó. Dentre os itens que deveriam ser entregues no porto de Brescia, estava 1 libra[29] de garo.[30]

No século IX, os territórios envolvidos nos documentos referidos haviam sido reunidos sob o comando de Carlos Magno, governante único e, a partir de 800,

---

23. Herdado do sistema fiscal romano, o *teloneum* é um direito reservado ao rei que incide sob a forma de taxas sobre a circulação de bens adquiridos ou destinados à venda, ou ainda sobre a própria transação comercial (DEVROEY, 1993, p. 360). A grande contribuição acerca das problemáticas envolvendo a *tractoria* e o *teloneum* na Alta Idade Média vem dos estudos de François-Louis Ganshof. *Cf.* La "*tractoria*". Contribuition à l'étude des origines du droit de gîte, *Tijdschrift voor Rechtsgeschiedenis*, 8, 1927; A propôs du tonlieu sous le Mérovingiens, *Studi in onore di Amintore Fanfan*, t.1, Milano, 1962; A propos du tonlieu à l'époque carolingienne, *La Città nell'alto Medioevo*, Spoleto, 1959, *Settimane di studi del Centro italiano di studi nell'alto medioevo* VI, p. 485-508. Para demais trabalhos do mesmo autor, *cf.* DEVROEY, 1993, p. 360.

24. *Cf.* LEVILLAIN, 1902, p. 68-72.

25. A Idade Média herdou o sistema de medidas de capacidade romano, que permanece sendo referência na maior parte das vezes. No entanto, problemas e variações são bastante comuns quando do tratamento da documentação medieval que faz uso dessas medidas. Um estudo importante nesse sentido é Devroey, 1987. Pelo sistema romano, 1 *modius* equivale a 6,54 litros (*Idem*, p. 71).

26. "de teloneo de fossas annis singulis ad ipso monastério concesserunt: hoc est, oleo lib.x millia, garo modios23 xxx, pipere lib. xxx, cumino lib.cl"(*Diploma* XXXII, col. 1123).

27. "annis singulis dare praecipimus: hoc est [...], oleo lib. ii, garo lib.i, piper uncia i, cimino uncias ii." (*Idem*)

28. NIERMEYER, 1997, p. 921.

29. Provavelmente, tratava-se ainda da libra romana que oscilava entre 321 e 327 gramas. Somente um pouco antes de 779, Carlos Magno instituirá a libra equivalente a 408 gramas que passará a ser utilizada como uma das unidades de peso vigentes nos territórios do Império Carolíngio (DEVROEY, 1987, p. 71; LONGNON, 1895, t.1, p. 29).

30. "Ripatico vero et palo solitura simul munus dare providimus solido uno, oleo vero libra uma, garo libra uma, piper onzias duas, [...]". *Liutprandi Langobardorum regis decretumi*, 1851, col. 1353.

CONSUMO E ABASTECIMENTO NA HISTÓRIA   101

imperador. A abadia de San Colombano di Bobbio, ao norte da Itália, era um dos grandes centros monásticos de relevante atividade cultural, política e econômica no Império Carolíngio. O alcance de seu poderio econômico pode ser atestado através do estudo dos inventários de domínios da abadia (também chamados políptico[31]). Redigidos em duas etapas entre os anos 862 e 883, pretendem recensear todas as concessões, terras, trabalhadores e bens por eles produzidos ou deles advindos. A menção ao garo aparece na parte dedicada aos entrepostos de provisão de bens localizados fora da abadia, assim, lê-se que em Gênova 2 *congii*[32] de garo deveriam ser recebidos anualmente para uso dos monges.[33]

Dentre os documentos que dispõem sobre a gestão imperial, a capitular *De villis*, de Carlos Magno (c.792/800), é um dos mais célebres.[34] Trata-se, mais especificamente, de um texto normativo que dispõe sobre a administração ideal dos domínios fundiários tendo em vista a manutenção do exército e da corte.[35] Apresenta, por exemplo, determinações acerca da obrigatoriedade de se inventariar os bens e rendimentos daquelas propriedades, incluindo-se aí os trabalhadores manuais que ali atuam. Diferentemente das *Formulae*, dos documentos régios merovíngio e lombardo ou do políptico de Bobbio, a capitular, não apresenta o garo como bem integrante de operações econômicas. Na verdade, aprende-se sobre sua existência por conta das menções àqueles que o confeccionam. O trabalho do fabricante de garo, assim como os de vinho, vinagre, mostarda, vinho reduzido, mostarda, queijo e outros itens, deve ser cuidado e gerido, ao que tudo indica, para a manutenção do bom funcionamento do Império.[36]

Posto isso, volto aqui à questão que interessa. Para encontrar indícios do caráter de artigo de luxo atestado ao garo é revelador observar a lógica que parece organizar a listagem de itens que figura nos textos relacionados com o pagamento de tributos. Nas *Formulae* de Marculfo, bem como no diploma e no decreto do século VIII, o garo é colocado ao lado

---

31. *Adbreviatio de rebus omnibus Ebobiensi*, 1979, p. 121-144.

32. O *congius* é uma unidade de medida para líquidos, equivalente a 3,27 litros. *Cf. supra* nota 22.

33. "[...] emuntur inde per annum ad opus fratrum reste ficarum c, cedri cc, sal modia iiii, garo congii ii, pice librae c, habet massarios vi, qui faciunt vineant et iam dictum censum portant ad monasterium." (*Adbreviatio*, 1979, p. 131-132 e 152-153)

34. *Capitulare De villis imperialibus*, 1835, p. 181-187.

35. VERHULST, 2002, p. 127.

36. "Omnino praevidendum est cum omni diligentia, ut quicquid manibus laboraverint, aut fecerint, id est lardum, siccamen, sulcia, niusaltus, vinum, acetum, moratum, vinum coctum, garum, sinape, formaticum, butirum, bracios, cervisas, medum, mel, ceram, farinam, omnia cum summo nitore sint facta vel parata" (*Capitulare De villis*, 1835, p. 183).

do costo, pimenta e cominho, especiarias tradicionalmente importadas do Oriente ou de regiões mediterrâneas e que, embora bastante apreciadas no período,[37] não são acessíveis igualmente a todos. Para Jean Lestocquoy, de fato, a seleção de especiarias que aparece na *tractoria* das *Formulae* fazem supor o apreço por um consumo real requintado.[38] Consideração que é possível estender, sem dúvida alguma, à segunda *tractoria* mencionada. Bonnie Effros já havia mostrado em seu estudo sobre a convivialidade merovíngia que as práticas em torno da comida e da bebida no período não são sinônimo de rusticidade ou precariedade, seja no âmbito laico, seja no eclesiástico, como às vezes os mais desavisados são levados a acreditar.[39] Já no políptico de Bobbio, embora a ordem não seja a mesma, o garo aparece juntamente com produtos pouco comuns (figos do oriente) ou preciosos (sal) que reforçam a condição de exclusividade desses itens.

Em tempos de redes comerciais recrudescidas (este ponto já será retomado), a proveniência longínqua de certos produtos, garo inclusive, converte-os em itens pouco acessíveis, portanto, exclusivos a ambientes sociais que podem bancá-los. Contudo, encerrar a explicação dentro de uma perspectiva estritamente econômica não oferece possibilidade de compreensão mais ampla para a significação daqueles produtos no interior de uma sociedade que confere uma importância à troca social de presentes que vai, certamente, muito além da noção tradicional de comércio.[40] Na Alta Idade Média, a movimentação de moedas e de artigos de luxo insere-se em um fenômeno mais complexo no qual a valoração econômica se dá em íntima e recíproca relação com os atributos simbólicos postos em circulação.

Nesse sentido, são fecundas as reflexões que alguns medievalistas, partindo do conceito antropológico de dom,[41] oferecem acerca do funcionamento de certas dinâmicas sociais do período. Mauss, no artigo que inaugura o conceito, propõe um esquema interpretativo para as trocas nas sociedades tradicionais. Segundo ele, nessas sociedades não existem "simples trocas de bens, de riquezas e de produtos num mercado estabelecido entre indivíduos". Em primeiro lugar, porque não existem indivíduos e sim coletividades

---

37. O gosto medieval por especiarias é uma constante. No entanto, parece ter existido uma flutuação entre especiarias "de elite" e especiarias "populares". A pimenta, por exemplo, teve seu uso difundido às camadas sociais menos privilegiadas no final do período, enquanto na Alta Idade Média constituía artigo de prestígio. O cominho possivelmente seguiu o mesmo caminho; já o costo, bastante consumido desde o Baixo Império romano, caiu gradativamente em desuso (LAURIOUX, 1992, p. 36-37).

38. LESTOCQOY, 1952, p. 181.

39. EFFROS, 2002, *passim.*

40. WHITAKER, 1993, XIII, p. 164-165.

41. *Cf.* MAUSS, 2003. Para uma síntese acerca dos rendimentos da reflexão de Mauss para Idade Média, ver Magnani, 2003, p. 169-193.

que se obrigam mutuamente; em segundo lugar, porque o que trocam são "amabilidades, banquetes, ritos, serviços militares, mulheres, crianças, danças, festas, feiras". Mauss chama a atenção para o fato de esses dons que circulam estarem atrelados ao doador original, e que a ele devem voltar sob a forma de contradom em algum momento. A tudo isso, ele designou de sistema de prestações totais.[42] O trabalho de Maurice Godelier faz uma releitura de Mauss, e amplia as possibilidades de utilização de seu esquema sobre as trocas. O antropólogo aponta a necessidade de distinção, em certas sociedades, entre bens que não podem ser trocados (bens inalienáveis) – frequentemente aqueles relacionados às coisas que se deve dar a Deus – e aqueles que o podem ser (bens alienáveis). Essas novas ideias permitiram uma compreensão mais aproximada da realidade medieval por dar conta da evidente hierarquia e assimetria existente nas várias instâncias da ordenação social do período: entre o criador e as criaturas, entre o rei e os vários níveis de fiéis súditos.[43]

Ao olhar para a Idade Média por esse prisma interpretativo, percebe-se que o sistema de dom e contradom impregna-se tanto a atos grandiosos como doação de terras ou a fundação de mosteiros, quanto à oferta de presentes comparativamente mais singelos como as joias, os tecidos e as especiarias mencionados. A adjetivação "de luxo" no período altomedieval pelo menos, merece ser compreendida, portanto, de maneira mais abrangente. Ao mesmo tempo em que remete a um privilégio econômico, este só pode ser assim considerado porque ganha força ao integrar aquele sistema de trocas simbólicas.

Diante disso, a valoração positiva do garo poderia ser assim compreendida: o garo é, dentre outros, um símbolo de romanidade por sua imensa participação na vida cotidiana da antiga Roma, bem como por ser, em certas variedades, atestado artigo de elite (o garo *sociorum*, por exemplo). Assim, em um primeiro nível, ter e oferecer garo rememoraria hábitos de grupos tradicionalmente associadas ao poder e, conjuntamente, marcaria o anseio, ou o reforço, de pertencimento a esses grupos. Em contrapartida, oferecer garo proporcionaria para quem o recebe a possibilidade de semelhante pertencimento (ainda que com as devidas assimetrias, como lembra Godelier), desde que se cumprisse a obrigatoriedade de retribuí-lo reconhecendo a condição daquele que o presenteou. Cria-se com o garo e demais artigos ditos de luxo postos em circulação, redes de pertencimento que circunscrevem grupos. No caso da Alta Idade Média, redes de clientela e fidelidade em torno das famílias que concorrem na afirmação de seu poder em um cenário de instabilidade política.[44]

---

42. MAUSS, 2003, p. 191.

43. GODELIER, Maurice. *L'énigme du don, apud* MAGNANI, 2003, p. 178.

44. *Cf.* LE JAN, 2001.

Essas considerações reforçam algumas das mais recentes reflexões de historiadores e arqueólogos que se ocupam da economia do período alto medieval, particularmente, aquelas relativas ao comércio de artigos de luxo. Richard Hodges, por exemplo, afirma que a circulação dessas mercadorias teria sido estimulada pela necessidade de afirmação e consolidação do poder político de elites que competiam entre si. Segundo ele, quando nos séculos V e VI desaparecerem os mercados competitivos que serviam às regiões do Império Romano tardio, ocupou seu lugar um sistema de rede de trocas bem mais rudimentar voltado a servir pequenos núcleos da aristocracia laica e eclesiástica. Assim sendo, haveria ao longo do século VII um crescimento no comércio de artigos de luxo entre as elites empregados como maneira efetiva para controlar grupos rivais. Fundamentando-se essencialmente em fontes arqueológicas, particularmente no estudo da distribuição de cerâmicas distribuídas ao longo da Europa e do Oriente Médio, Chris Wickham afirma que a troca desses produtos nunca deixou de existir entre os anos 400 e 800, embora não se caracterizasse mais como comércio inter-regional de larga escala. Dentre os itens enumerados por ele, encontra-se o "fish sauce", categoria que, como se viu, inclui o garo.[45]

A afirmação acima toca, de certa maneira, em um dos debates mais acirrados da historiografia medieval: a tese do historiador belga Henri Pirenne. Do ponto de vista econômico, Pirenne interpretou a economia europeia após a conquista islâmica do século VII como um sistema fechado de base agrícola e pouco, ou quase nada, orientado para o comércio. Para ele, as antigas redes comerciais romanas que vigoraram na Europa teriam desaparecido ao longo dos séculos VII e VIII, uma vez que as principais vias de circulação de mercadorias, aquelas em torno do Mediterrâneo, haviam caído em mãos muçulmanas. É ainda de fundamental importância a ideia mais ampla de que a ruptura decisiva com o mundo romano não estaria ligada às invasões "bárbaras" germânicas, mas sim ao estabelecimento do Islão nas antigas terras do Império Romano.[46]

Sem a pretensão de discutir as posições de Pirenne, tampouco apresentar uma síntese do estado da questão,[47] é preciso que se diga que inserir o garo em redes comerciais que serviriam, sem descontinuidade, a algumas das elites germânicas da Alta Idade Média (merovíngios, lombardos e carolíngios, para efeito deste artigo) é, de alguma maneira, participar dos rendimentos daquele debate. Aspecto que se evidenciará no item seguinte

---

45. WICKHAM, 2005, p. 701.

46. PIRENNE, 1992.

47. O debate é prolífico e remete ao período imediatamente posterior à publicação da obra de Pirenne. Uma síntese atual das correntes de pensamento e posições tomadas por diferentes historiadores a partir de então pode ser encontrada em HODGES; WHITEHOUSE, 1983, *passim*; VERHULST, 2002, p. 1-8.

CONSUMO E ABASTECIMENTO NA HISTÓRIA   105

quando a trajetória entre os possíveis locais de produção do garo e seus consumidores finais será problematizada.

Locais de produção e vias de circulação

De onde vinha o garo? Supostamente de algumas das antigas usinas (denominação dos locais de produção do condimento) do mundo romano que ainda estariam em funcionamento. No século I, Plínio havia elogiado o garo proveniente de regiões em torno do Mediterrâneo.[48] E, com efeito, algumas localidades do sul da atual Espanha (*Gades, Sexi, Mellaria* e *Malaca*) fabricavam produtos bastante célebres.[49] Até que ponto é possível verificar a permanência da atividade dessas usinas, ou pelo menos parte delas, na Alta Idade Média, constitui questão essencial para a construção de um quadro explicativo para as menções ao garo encontradas no período.

Sabe-se que o comércio de condimentos à base de peixe foi, de maneira geral, extremamente importante para a economia romana. Sua vitalidade e alcance podem ser atestados pela arqueologia, em especial pelo estudo de ânforas encontradas no Mediterrâneo, como evidencia a já referida listagem de Curtis que permite ver exemplares não só da Hispania, como da Histria (Romênia), de Antipolis (Antibes), de Ostia e de Herculano,[50] muitos dos quais foram encontrados nos portos de Pompeia e Ostia.[51] Na Gália, três séculos mais tarde, Ausônio ainda recebe como presente azeite de oliva e *muria* de Barcelona.[52]

Entre o século IV, quando escreve Ausônio, e os séculos VIII e IX, quando são redigidos os documentos medievais levantados neste artigo, é bastante plausível que o garo tenha permanecido na lista de artigos de luxo que penetravam em território europeu através de portos com atividade comercial entre Oriente e Ocidente. Caso de Fos e Gênova no Mediterrâneo e de Comacchio no Adriático; todos eles estratégicos pontos de entroncamento de rotas marítimas e fluviais. Comacchio, no delta do Pó, foi até o final do século VIII importante porta de entrada de mercadorias orientais, via Bizâncio, para o reino lombardo e de lá para o território franco.[53]

---

48. *Cf. supra* nota 7.

49. PONISH; TARRADELL, 1965, p. 98-99.

50. *Cf. supra* nota 17.

51. PONISH; TARRADELL, 1965, p. 109-111.

52. AUSONIUS, 1850, c.929.

53. WICKHAM, 2005, p. 690.

No entanto, mesmo no final do século VIII, quando Comacchio sai da cena política e econômica em benefício de sua rival Veneza, permaneceu em atividade certa rota leste-oeste de comércio internacional que atravessava a Itália antes de adentrar o *regnum francorum*. No seu caminho, mosteiros importantes funcionavam como estações de paragem e, por que não, de negócios. É o caso de Saint-Gall na atual Suíça.[54] Afora esse eixo oriente-ocidente, antigas vias romanas de circulação interligando o sul e o norte da Europa ainda estavam em funcionamento, a exemplo da rota que integrava Marselha a Trier, e que poderia ter sido a alternativa utilizada pelos emissários do mosteiro de Corbie para chegar a Fos. Dessa rede de caminhos, certamente se beneficiou Bobbio que, como outros grandes mosteiros do período, precisavam garantir o aprovisionamento de gêneros alimentares não adquiridos em seus domínios próximos, através da utilização e do estabelecimento e redes de produção e circulação que lhe servissem.[55] Se isto parece particularmente verdade no que diz respeito a produtos especializados como vinho e azeite,[56] por que não o seria para o garo?

Importante ressaltar que um maior dinamismo comercial nos séculos VIII e IX concentrava-se nas regiões no entorno da bacia do Mar do Norte e não no Mediterrâneo. Situação atestada pelas descobertas de *emporia*, localidades de comércio de longa distância, ao longo da costa do Mar do Norte, no sul e no leste da Inglaterra e em torno do Mar Báltico. Dorestad, Quentovic e Hamwih são apenas alguns dos *emporia* ativos durante o período. No primeiro, localizado na embocadura do Reno, escavações têm trazido à luz a grande envergadura das atividades ali realizadas. Dos artigos comercializados em Dorestad, foram encontrados vestígios de peles e de produtos orientais, porém nada que se referisse garo.[57] Assim, até o momento, não existem pistas de que o condimento possa ter adentrado a Europa pelos movimentados portos do norte. A hipótese mediterrânea parece ser então a mais plausível.

Entretanto, se os dados levantados até o momento permitem delinear um quadro bem mais ativo para a atividade comercial entre a área mediterrânea e o interior da Europa do norte (inclusive durante o século IX quando Pirenne ali enxergava uma situação de isolamento), por outro lado, é impossível saber a exata procedência do garo transportado por esses portos e caminhos. Talvez se tratasse do outrora (ou quem sabe ainda) afamado garo hispânico; talvez o condimento viesse de outras usinas (antigas ou novas) do Mediterrâneo

---

54. LOPEZ, 1961, p. 41.

55. DEVROEY, 1993, p. 337.

56. TOUBERT, *La part du grand domaine dans le décollage économique de l'Occident (VIII-X siècle) apud* DEVROEY, 1993, p. 340.

57. PRUMMEL, 1983, *passim*.

ou do Oriente Médio. Enfim, há razão para crer que o garo tenha se beneficiado dessa conjuntura, caso contrário, como explicar sua menção nos documentos dos séculos VIII e IX? Entretanto, no estágio atual desta investigação, é difícil avançar para repostas mais precisas. A arqueologia pode auxiliar a mapear usinas produtoras ativas e contemporâneas à documentação, mas muito provavelmente não poderá sozinha estabelecer com precisão a relação entre tais locais produtores e aqueles envolvidos na sua compra/comércio que aparecem em tais documentos. Para isso, uma releitura de velhos e esquecidos textos ou a descoberta de material inédito seria necessário.

Consumo do *garo* na Alta Idade Média: o que é possível saber?

Da documentação até agora mencionada, é bastante difícil apreender que uso propriamente se fazia do garo. A ideia que nos parece mais óbvia é que se tratava de um condimento destinado à cozinha, mas em nenhum momento isso fica evidente. Existem, no entanto, alguns poucos textos sobre os quais é possível ainda fazer conjecturas.

O primeiro deles está associado ao século VI, mas se encontra em um manuscrito pertencente ao século IX. Trata-se da carta intitulada *De observatione ciborum* de autoria de Antimo, médico associado ao círculo de Teodorico (493-526), rei ostrogodo da Itália.[58] Ao ser enviado como embaixador ao reino de Teuderico (511-534) por volta de 511, Antimo procura com a missiva propor ao rei uma alimentação adequada, de acordo com a perspectiva "romana", como se entendiam os ostrogodos. Suas ideias, claramente tributárias da medicina hipocrática-galênica, advogam uma superposição entre alimento e medicamento. Assim, ao longo do texto, toda e qualquer menção a produtos alimentícios é ao mesmo tempo uma recomendação médica. O garo aparece sob duas formas: o sinônimo *liquamen* e o composto *hidrogario* (o mesmo que hidrogaro). De acordo com Antimo, para que a boa saúde do governante fosse mantida, o consumo do condimento estava proibido: "nam liquamen ex omni parte prohibemus".[59] Já o *hidrogario* é mencionado apenas como ingrediente na preparação de um prato denominado *afrutum* ou *spumentum* (espécie de omelete), sem que haja um maior detalhamento sobre ele.[60]

O segundo texto provém de um tratado médico que integra um manuscrito do século IX oriundo da abadia de Echternach (atual Luxemburgo) – hoje na Biblioteca Nacional da França, sob a cota BNF Lat. 11219. Trata-se de uma receita que contém raras e detalhadas

---

58. ANTHIMUS, 1996.

59. *Idem*, p. 54.

60. *Idem*, p. 62.

instruções sobre como o garo deveria ser preparado. Jean Lestocquoy, na década de 1950, publicou-a, pela primeira vez ao final de um curto e instigante artigo sobre a relação entre especiarias e medicina monástica.[61] Para aquele autor, o garo, embora não fosse uma especiaria propriamente dita, exercia, como condimento, função medicamentosa similar.

> Preparação para se fazer garo: duas partes de peixe limpo, uma parte de sal, uma parte de dill e mexas bem diariamente. Para cozinhar, adicione as seguintes ervas secas: duas mãos de dill, quatro mãos de hortelá; erva-dos-gatos, sálvia-esclareia, orégano, segurelha, atanásia, serpilho, feno-grego, de todas elas duas mãos. E também dois maços de cada uma dessas ervas frescas: cássia, sálvia, sabina, iva, arruda, abrótano, raízes de costo, raízes de levístico, raízes de funcho, folhas de louro, grãos de junípero. Dois sextários de marmelo, o mesmo de maçá, o mesmo de nozes gálicas, quatro pães assados, dois sextários de raízes de *cipiro* [?] em pó para cada módio de peixes; dois módios de mosto doce. Misture três e depois dois sextários de mel. Reduzas à metade, tire do fogo, e coloque em um saco e faça clarear [o líquido]. Em seguida, ponha em um vaso bem revestido com breu para que não haja nenhum respiro.[62]

Lestocquoy, bem como muito mais recentemente Robert Curtis, do já mencionado estudo, compartilham da mesma opinião acerca da inserção dessa receita em um manuscrito carolíngio: o condimento não teria sido abandonado ao longo da Alta Idade Média e sua permanência no elenco das preferências alimentares de galo-romanos, francos e carolíngios, dar-se-ia em função das propriedades terapêuticas e dietéticas que possuía.

O trabalho de Curtis apresenta uma sólida argumentação em favor da condição medicamentosa do garo que, desde Hipócrates, é item importante da matéria médica antiga. Para ele, não há razão para pensar que essa característica tenha se perdido na passagem do

---

61. LESTOCQUOY, 1952, p. 179-186.

62. "Confectio ad garum faciendum pisces mundos partes duos sal partem unam *anetum parte unam et* agitas eum bene de die in diem et de herbas quas ibidem mittere debes siccis Ad coquendum haec sunt anetum manipulos duos menta manipulos quattor nepita sclareia origano satureia ambrosia serpullo fenogreco de uniquoque manipulos II et de herbis virides cassia, salvia savina iva ruta abrotano costo ortense radices livistici radices fenuculi radices lauri folia genipere grana de unoquique fasciculos duos citonia sextarios II pomma similiter nuces galicas similiter panes asatos IIII cipiro radices pulvera sextarios II ad unoquoque modio de pisces *musto dulce* modios II, ad conjectandum postea III, et mel sextarius II; et coquis usque ad medium, ex tollis de foco et mittis in saco et clarere facias et postea mittis in vaso bene picatum ut nullum suspirum habeat" (*Idem*, p. 185-186. A receita consta também do apêndice de CURTIS, 1991, p. 193). Para esta tradução, o manuscrito original, *BNF Lat. 11219*, foi consultado. Em relação à transcrição moderna, as seguintes modificações foram realizadas: o primeiro trecho em negrito (anetum parte unam), ausente, foi recuperado; o segundo trecho (musto dulce) é uma correção já que a opção por mustodilce não faz sentido; finalmente, a pontuação sugerida foi eliminada. Na tradução acima, optei igualmente por manter-me o mais próximo possível da pontuação do texto manuscrito, inserindo o mínimo necessário com intuito apenas de fazer fluir melhor a leitura em língua portuguesa.

mundo antigo para o medieval – o que parece evidente pelas recomendações de Antimo e bastante plausível pela inserção da receita no tratado médico do século IX. O autor vai ainda mais longe e afirma que o garo teria sido consumido, ainda que em menor escala, durante todo o período medieval:

> O que parece certo é que os usos dietético e terapêutico destes itens da matéria médica [garo e outras *salsamentae*] se mantiveram tanto em áreas do Mediterrâneo ocidental quanto oriental, e que existia aí também algum nível de atividade comercial. Não se pode, contudo, determinar claramente em que grau eles continuaram a exercer um papel prático na medicina, nem tão pouco se pode julgar o nível da sua produção e comércio antes do início do período moderno.[63]

Essas palavras de Curtis, que abrem o epílogo de sua obra, tocam em alguns dos pontos discutidos neste artigo e, em certa medida, o sintetiza. São aspectos que o autor não se propõe desenvolver, uma vez que sua pesquisa concentra-se majoritariamente na Antiguidade, mas que mesmo assim corroboram as investigações apenas aqui iniciadas: o garo não deixou de ser produzido e consumido no Ocidente altomedieval como quis nos fazer acreditar Liutprando de Cremona e alguns historiadores da alimentação. Até porque, voltando rapidamente ao relato do século X, não se pode esquecer que a "desclassificação" que Liutprando faz do garo se insere em uma conjuntura histórica bastante particular na qual a rivalidade entre o Ocidente e Bizâncio está assentada em bases menos transparentes do que a princípio pode parecer. Em 949, vinte anos antes da segunda embaixada, Liutprando em uma condição política bastante distinta, havia desembarcado em Constantinopla em uma missão amistosa. Interessante observar que em tal contexto nada é dito sobre o odioso garo. As referências à alimentação, de forma geral, fazem parte de discrições um tanto maravilhadas da vida palatina. Em outras palavras, as considerações do embaixador de Otto II devem ser tomadas com cuidado, uma vez que há claras intenções políticas em sua segunda descrição da corte bizantina.[64] Sem dúvida nenhuma, não podem ser levadas ao pé da letra...

Enfim, o lugar do garo na história da Alta Idade Média está por ser circunscrito. Muitas das notas tecidas ao longo deste artigo constituem hipóteses a serem trabalhadas nesta que é uma investigação recente. Resta aprofundar a reflexão acerca da efetiva penetração do garo na vida cotidiana da sociedade altomedieval e das especificidades que os diferentes tempos e espa-

---

63. "What seems certain is that the dietetic and therapeutic uses of theses items [of materia medica continued in both the Eastern and Western Mediterranean areas and that there was some level of trade in them as well. One cannot, however, clearly determine the degree to which they continued to play a practical role in medicine nor can one judge the level of production and commerce before the Early Modern Period." (CURTIS, 1991, p. 184.)

64. *Cf.* o estudo introdutório de Sandrine Lerou na tradução francesa: Liutprand de Crémone, 2004, p. 7-29.

ços do alto Medievo o conferem. Parece-me fundamental, nesse sentido, romper com noções aprisionadoras dos ainda estanques domínios da história da economia e da medicina medieval. Posicionar a pesquisa sobre o garo no interdisciplinar espaço dos estudos da alimentação oferece uma possibilidade mais ventilada de compreensão.[65] Afinal, entender o garo como condimento é situá-lo na fronteira tênue e permeável entre economia, medicina, e cozinha.

Bibliografia

Abreviações

PL = *Patrologia Latina Cursus Completus*
MGH = *Monumenta Germaniae Histórica*
Settimana = *Settimana di Studi del Centro italiano sull'altomedioevo*

Fontes primárias

Adbreviatio de rebus omnibus Ebobiensi monastério pertinentibus. In: *Inventari Altomedievali di Terre, coloni e redditi*. Ed. Andréa Castagnetti, Michele Luzati *et al*. Roma: Instituto Storico Italiano per Il Medio Evo, 1979, p. 121-144.

ANTHIMUS. *De obseruatione ciborum*. Ed. e trad. Mark Grant. Devon: Prospect Books, 1996.

APICIUS. *De re coquinaria. L'art culinarie*. Ed. e trad. Jacques André. Paris: Belles Lettres, 1987.

---

65. A alimentação constitui um domínio de pesquisa recente dentro do conjunto da produção intelectual das ciências sociais. São pioneiros os trabalhos de antropólogos e sociólogos que desde o final do século XIX desenvolveram estudos que, embora centrados em problemáticas relacionadas a outros fenômenos sócio-culturais, como o tabu, o totemismo, o sacrifício e a comunhão, acabaram por se debruçar, de maneira indireta, em questões relacionadas à alimentação. Comparativamente, a entrada da história nesse campo é bastante recente. No entanto, suas contribuições foram decisivas para a consolidação de uma perspectiva teórica interdisciplinar de trabalho, hoje compartilhada pela maioria dos especialistas no assunto. Para uma recuperação histórica abrangente da constituição do campo de estudos sobre a alimentação, *cf*. MENESES, Ulpiano T. B.; CARNEIRO, Henrique. "A História da Alimentação: balizas historiográficas". In: *Anais do Museu Paulista*, 5, 1997, p. 9-91; POULAIN, Jean-Pierre. "Do interesse sociológico pela alimentação às sociologias da alimentação". In: _____. *Sociologias da Alimentação*. Trad. Florianópolis: Editora da UFSC, 2004, p. 151-222; GOODY, Jack. "State of play". In: _____. *Cooking, cuisine and class*, Cambridge: CUP, 1982, p. 10-37; MENNELL, Stephen; MURCOTT, Anne *et al*. "Introduction: significance and theoretical orientations". *Current Sociology*, vol. 40, n. 2, p. 1-19, 1992, p. 28-34 (The Sociology of food: eating, diet and culture); MINTZ, Sidney. "Comida e Antropologia, uma breve revisão". *Revista Brasileira de Ciências Sociais*, vol. 16, n. 47, p. 31-41, 2001.

_____. Ed. e trad. Sally Grainger e Christopher Grocock, Londres: Prospect Books, 2006.

AUSONIUS. Epistola XX, *Epistolarum Liber, PL*. Ed. J.-P. Migne. Turnholt: Brepols, 1850, vol. 19, c. 929.

Capitulare De villis imperialibus. MGH, Legum. Ed. G. Pertz. Hannover, 1835, vol. 1, p. 181-187.

Diploma XXXII. PL. Ed. J.-P. Migne. Turnholt: Brepols, 1850, vol. 88, c. 1123.

Formulae Marculfi. MGH, Leges. Ed. Karl Zeumer. Hannover, 1882, p. 49.

Geoponika: Agricultural Pursuits. Trad. Thomas Owen. 1805-1806 (Disponível em: <http://www.ancientlibrary.com/geoponica>. Acesso: 2 dez. 2007).

Gregorii Turonensiis. *Libri historiarum X, MGH, Gregori Turonensi Opera.* Ed. Bruno Krusch. Hannover, 1937, t. 1, p. 177.

Isidorus Hispalensis. *Etymologiae, PL.* Ed. J.-P. Migne. Turnholt: Brepols, 1850, vol. 82, c. 714.

Liutprandi Cremonensis. *Relatio de legatione constantinopolitana. PL.* Ed. J.P. Migne. Turnhout: Brepols, 1853, vol. 136, c. 910-938.

Liutprand De Crémone. *Ambassades à Byzance.* Trad. Joël Schnapp. Toulouse: Anacharsis, 2004.

Liutprandi Langobardorum regis decretum quo statuuntur census persolvendi a Comaclensibus in sale advehendo per portus Langobardiae. PL. Ed. J.-P. Migne. Turnholt: Brepols, 1851, vol. 87, col. 1353.

MARTIAL. *Epigrams.* Ed e trad. Walter C. A. Ker. Cambridge Massachussets: Havard University Press, 1978.

PLINY. *Natural History.* Ed. e trad. W. H. S. Jones. Cambridge Mass.: Havard University Press, 1963.

Estudos

CURTIS, Robert. "Garum and salsamenta. Production and commerce". In: *Materia Medica.* Nova York: E.J.Brill, 1991.

DALBY, Andrew. *Siren feasts, a history of food and gastronomy in Greece*. London/Nova York: Routledge, 1996.

DEVROEY, Jean-Pierre. "Units of measurement in the Early Medieval economy: the example of Carolingian food rations". *French History*, 1, 1. Oxford: OUP, p. 68-91.

_____. "Courants et réseaux d'échange dans l'économie franque entre Loire et Rhin". In: *Mercati e mercanti nell'Alto Medioevo: l'area euroasiativa e l'area mediterrânea*. *Settimana*, 1993, p. 327-393.

DOEHARD, Renée. *Occidente durante la alta Edad Media. Economias y sociedades*. Barcelona: Labor, 1984.

EFFROS, Bonnie. *Creating community with food and drink in Merovingian Gaul*. Nova York: Palgrave Macmillan, 2002.

GIRY, A. *Manuel de diplomatique*. Paris: Hachette, 1894.

GRAINGER, Sally; GROCOCK, Christopher. "Excursus on garum and liquamen". In: *Apicius*. Devon: Prospect Books, 2006, p. 373-387.

HODGES, Richard; WHITEHOUSE, David. *Mohammed, Charlemagne & the origins of Europe*. Londres: Duckworth, 1983.

LAURIOUX, Bruno. *Idade Média à mesa*. Trad. Lisboa: Publicações Europa-América, 1992.

_____. "Cozinhas medievais (séculos XIV e XV)". In: FLANDRIN, Jean-Louis; MONTANARI, Massimo. *História da Alimentação*. São Paulo: Estação Liberdade, 1998, p. 447-465.

LE JAN, Régine. *Femmes, pouvoir et societé dans le haut Moyen Age*. Paris: Picard, 2001.

LESTOCQUOY, Jean. *Épices; médicine et abbayes, Études mérovingiennes*. Actes des journées de Poitieres, Paris, 1-3, maio 1952, p. 179-186.

LEVILLAIN, Leo. *Examen critique des chartes mérovingiennes et carolingiennes de l'abbaye de Corbie*. Paris: Picard, 1902.

LONGNON, Auguste (ed.). *Polyptque de l'abbaye de St. Germain-des-Près redigé au temps de l'abbé Irminon*. Paris: Champion, 1895, t. 1.

LOPEZ, Roberto; RAYMOND, I. *Medieval trade in the Mediterranean World*. Nova York: Columbia University Press, 1961.

MAGNANI, Eliana. "O dom entre a História e a Antropologia. Figuras medievais do doador". *Signum*, 2003, p. 169-193.

MAUSS, Marcel. *Ensaio sobre a dádiva. Forma e razão da troca nas sociedades arcaicas*. São Paulo: Cosac Naify, 2003.

MONTANARI, Massimo. *Alimentazione e cultura nel Medioevo*. Roma: Laterza, 1988.

NIERMEYER, J. F. *Mediae Latinitatis Lexicon Minus*. Leiden: Brill, 1997.

PIRENNE, Henri. *Maomé e Carlos Magno*. Trad. Lisboa: Asa, 1992.

PONISH, Michel; TARRADELL, Miguel. *Garum et industries antiques de salaison dans la Mediterranée Occidental*. Paris: PUF, 1965, p. 98-99.

PRUMMEL, Wietske. *Excavations at Dorestad* 2, *ROB*, Amersfoort, 1983.

ROUCHE, Michel. "Marchés et marchands en Gaule du Ve au xe siècle". *Settimana*, 1993, p. 395-441.

VERHULST, Adriaan. "*The Carolingian Economy*". Cambridge: CUP, 2002.

WHITAKER, C. R. "Late Roman trade and traders". In: *Land, city and trade in the Roman Empire*. Aldershot: Variorum, 1993, XIII, p. 164-165.

WICKHAM, Chris. *Framing the Early Middle Ages*. Oxford: OUP, 2005.

PARTE II: MANTIMENTOS MOVIMENTANDO AS REDES DE COMÉRCIO

6. Os Portugueses e os Descobrimentos: um Povo no Limbo

Lélio Luiz De Oliveira[1]

---

1. Doutor em História Econômica pela FFLCH-USP. Professor do Departamento de História da Universidade Estadual Paulista, Franca. Nossos agradecimentos à diretoria da Cátedra Jaime Cortesão – FFLCH/USP – que autorizou a realização da pesquisa nas fontes e na bibliografia, disponíveis na instituição.

"O longo prazo sempre vence no final"[2]

PORTUGAL NO TEMPO DOS DESCOBRIMENTOS vivia uma nítida sobreposição temporal. O mundo rural ainda era o alicerce da vida da maioria das pessoas, cadenciado pelo "ritmo denso e monótono das tarefas do campo". Em contrapartida, *as grandes navegações*, tendo Lisboa como centro dinâmico, impregnaram ao pequeno reino peninsular o tempo diligente do mercador.[3]

Nos séculos XV e XVI os portugueses embrenharam mar adentro com objetivos definidos – comercializar e evangelizar[4] – redesenhando os espaços e mantendo vários contatos com sociedades imaginadas ou não.[5] Os empreendimentos foram sustentados pela conjuntura mercantil favorável,[6] pelas atitudes da monarquia em fase de centralização[7] e suas novas formas de normatização[8] e condução do reino.[9] Foi o tempo da somatória

---

2.   MCNEILL, 1999, p. 6.

3.   GODINHO, s.d., p. 7-28.

4.   SANTOS, 1998, p. 145-162.

5.   PINTO, 1990, p. 223-229; KRUS, 1998, p. 95-105.

6.   SWEEZEY, 1973; CASTRO, 1987.

7.   DIAS, 1963.

8.   HESPANHA, 1982.

9.   ALENCASTRO, 1998, p. 193-208.

das atitudes inovadoras *porta afora* – descobrimentos – e das reformas das *bases internas*. Conjuntamente, na medida em que se fundavam os pilares da centralização monárquica tornou-se possível forjar e implementar os planos da expansão ultramarina, e dinamizar de forma gradativa as bases produtivas internas, movidas pelo crescimento populacional.

Os portugueses, nesse processo, impactaram povos e terras. Em contrapartida, absorveram gradualmente as culturas de fora,[10] controladas por certos filtros – leia-se, a burocracia do rei e a Igreja católica. Lisboa, por concentrar grande parte dos contatos com mundo externo ao reino, filtrava as novidades controlando os interesses locais, irradiava os conhecimentos e fomentava a produção interna visando atender as necessidades do mundo mercantil. A acomodação dos interesses e absorção do mundo externo pelos portugueses foi morosa, sabendo-se que o lugar das tradições e dos costumes estava bem aquinhoado no âmago daquela sociedade.[11] Quem transitava entre o *velho* e o *novo*, dentro de parâmetros definidos, eram os humanistas, os religiosos, a corte e os mercadores.[12]

Os empreendimentos ultramarinos fizeram crescer a construção naval e de acessórios, que requeriam matérias-primas como breu, sebo, resina, estopa e ferro para pregos e âncoras, além das cordas e pano para as velas das naus. Se grande parte desses produtos originava-se no reino, as madeiras melhores careciam de importação.[13]

Desde os primeiros tempos das grandes viagens quando achavam que a melhor política era saquear,[14] os exploradores portugueses passaram a necessitar cada vez mais de armas de fogo e pólvora, bem como da habilidade para o uso. A utilidade das armas foi crescente mesmo após a mudança do olhar e do comportamento dos portugueses diante das sociedades novas que se deparavam. No decorrer do tempo, a prioridade passou a ser a realização de contatos amenos e estabelecimento de alianças que facilitavam as trocas de produtos.

> Já em 1460, porém, Diogo Gomes pôde voltar à Guiné em caravela armada por Afonso V, para lá encontrar duas outras anteriormente chegadas; uma de Gonçalo ferreira, "familiar do senhor Infante", outra do mercador genovês Uso di Mare; e, então, começ[ou] de fato a era do tráfico organizado de mão-de-obra escrava obtida através da novidade dos acordos diretos com os régulos da África Negra, em nível praticamente de Estado para Estado.[15]

---

10. BARRETO, 1998, p. 273-291.

11. ELLIOTT, 1984, p. 18; SOUZA, 2002, p. 151-69; PEREIRA, p. 23-29.

12. CARVALHO, 1980; MARTINS, 1998, p. 179-192; BELLINI, 1999.

13. CASTRO, 1985, p. 130.

14. ZURARA, 1942, p. 87.

15. TINHORÃO, 1988, p. 65.

CONSUMO E ABASTECIMENTO NA HISTÓRIA   121

Mesmo assim, a violência pelas armas, volta e meia, era o recurso a ser utilizado para atingir os objetivos.[16] No decorrer das viagens, aqueles que ficavam para trás nas chamadas *feitorias* faziam das armas um meio de proteção e de imposição sobre os nativos. O que transformou os *espingardeiros* e *bombardeiros* homens protegidos da realeza.[17]

A necessidade de provisão para os navegantes requeria o trabalho dos plantadores de trigo e das *biscoiteiras*. Os biscoitos, fortemente cozidos, feitos de porções ideais de trigo, sal e água, alimentavam as tripulações por vários meses mar adentro. Alguns fornos no entorno de Lisboa forneciam o necessário. A produção, nas décadas finais do século XVI, girava em torno de 500 toneladas/ano. Alguns marinheiros, de patente maior, tinham a sorte de somar esses pães a um naco de carne conservada no sal. Como decorrência, os rebanhos – bovinos, ovinos e suínos – ganhavam mercado.[18]

A tradicional forma de exploração agrária portuguesa, sustentada em remotas convenções de uso da terra – como o aforamento, por exemplo – impôs a sua marca.[19] Em parte condicionou a expansão e a diversificação da produção a um ritmo pausado e lento, se comparado com às necessidades do mundo mercantil. O crescimento não provocou mudanças radicais na estrutura produtiva.[20] O reino contribuía somente em parte com os produtos necessários ao comércio internacional. Muitas das mercadorias que serviram para alavancar as trocas nas bordas da África, nas Índias ou no Brasil originavam-se do Marrocos e de Tunes (norte da África).[21]

O crescimento populacional, as transformações urbanas e o ritmo dos acontecimentos demonstram de forma objetiva o impacto das grandes navegações no pequeno reino peninsular. Quanto aos números da população algumas estimativas indicam que todo o território português tinha, na virada do século XV para o XVI, aproximadamente 1 milhão de pessoas. Adentrando o século XVI – anos 30 – o número salta para 1.377.000. Dois quintos situados Entre Doutro e Minho e Nordeste da Beira. Ao sul do rio Tejo incluindo o Algarve a população era mais rarefeita – um quinto do todo. Lisboa e arredores aparecem como centro dinâmico e de povoamento denso.[22]

---

16. *Idem*, p. 62-63. O autor Tinhorão tem como fonte os testemunhos do navegador Diogo Gomes, via relatos de Martin Behaim, Luís de Cadamostro, Jerónimo Münzer e Martin da Boemia.

17. CASTRO, 1985, p. 131.

18. *Idem*, p. 130.

19. RAU, 1965, p. 65-74.

20. SOBRAL NETO, s.d., p. 165-75.

21. CASTRO, 1985, p. 129.

22. RODRIGUES, s.d., p. 197-211.

De meados do século XV até a virada do XVI, provavelmente, já tinham aportado em Portugal em torno de 140 mil a 150 mil escravos africanos.[23] Isso decorrente do processo de conhecimento e reconhecimento dos novos lugares conhecidos através das viagens, quando os navegantes exerciam os saques, os escambos e o comércio.

> o Sul transariano [forneceu] a mais cobiçada de todas as mercadorias: os escravos. Começa[ram] por vir das Canárias, metodicamente esvaziadas dos guanchos, a sua população nativos; em número de 80.000 no início do século XIV, fic[aram] reduzidos a cerca de 30.000 durante a segunda metade do século XV. Esses escravos, a que se junt[aram] negros e azenegues capturados durante razias e viagens de reconhecimento nas costas da Mauritânia, povoar[am] a Madeira e, sobretudo, o arquipélago de Açores, desabitado nesse tempo. Em 1448, a abertura da feitoria de Arguim permit[iu] satisfazer as crescentes necessidades de mão-de-obra para as plantações de cana-de-açúcar das ilhas. Entre 1443 e 1448, foram aí capturados 970 escravos. E, a partir de 1456, foram enviados anualmente para Portugal cerca de 1.000 cativos.[24]

Por volta de 1527, a cidade de Lisboa tinha aproximadamente 65 mil habitantes, já em 1551 contava-se em torno de 100 mil pessoas – uma *macrocefalia, nos dizeres de Vitorino Magalhães Godinho*[25] – sendo que em 1590 atingiria 120 mil.[26] Parte dessa população, difícil de precisar, já era de escravos oriundos das investidas dos portugueses pelo continente africano.[27] A população era equivalente às de Veneza ou Amsterdam. Para se ter uma ideia, outras duas cidades importantes do reino como Porto e Coimbra possuíam, em 1620, entre 15 mil e 20 mil habitantes.[28]

Concomitantemente ao crescimento da cidade de Lisboa diversificaram-se os profissionais lá instalados, como uma porção deles descrita por Saramago:

> Na grande cidade viviam ricos, pobres, comerciantes, navegantes, mesteirais, mercadores, corretores, fidalgos da corte, fidalgos arruinados, biscoiteiros, meirinhos, forneiros,

---

23. GODINHO, 1981. O crescimento populacional português acompanhou o mesmo movimento ocorrido em grande parte da Europa na primeira metade do século XVI. Para realizar uma comparação, ver LE ROY LADURIE, 2007.

24. COUTO, 2003, p. 120-1.

25. GODINHO, s.d., p. 17, grifo nosso.

26. COELHO, 1986, p. 39-44.

27. TINHORÃO, 1988, p. 41-167.

28. RODRIGUES, s.d., p. 197-211; DIAS, 1998, p. 11-52. Nossa preocupação, no momento, é demonstrar o crescimento populacional especialmente de Lisboa no século XVI, no entanto, há trabalhos que questionam tanto os períodos de crescimento quanto as crises da população do reino português, o que complementa a compreensão do viés demográfico, como RODRIGUES, 1990.

douradores, ourives, pedintes, tangedores de tecla, tecelões, enfermeiras, mestras que ensina[vam] lavores, moças de soldada, alfaiates, soldados, sirgueiros, dentistas saca-molas, atafoneiros, albibebes [...], tabeliães, burgueses em formação, judeus e cristãos-novos [...], novos ricos ligados ao comércio do ultramar, os "indiáticos", físicos, bo-ticários, capitães de navios, bruxos, frades e freiras, padres, bispos de cabidos [...], missionários, aventureiros, jesuítas, comandantes de armada, tocadores, cirurgiões, Arrais, professores, regateiras, músicos, carregadores, catraeiros, funcionários da alfân-dela, índios, negros e mouriscos, escravos, funcionários do Rei e da corte, arruaceiros, contratadores, intermediários, amanuenses, solicitadores, padeiros, sapateiros, alfaiates, tosadores, confeiteiros, calciteiros, "caixeiros".[29]

O trânsito de pessoas pelo reino não ia somente em direção a Lisboa. A busca de melhor sobrevivência favorecia as migrações internas. A gradativa centralização do po-der monárquico, o rearranjo administrativo e os impulsos mercantis moviam as pessoas. Predominavam os deslocamentos da população masculina. As mudanças aconteciam, em grande medida, para localidades próximas.[30]

Até meados do século XVI, a edificação do império impôs a imigração para o Brasil, África e Oriente, de mais ou menos 40 mil homens com objetivo de assegurar o funcio-namento da burocracia, das relações econômicas, das guarnições e da efetiva ocupação de lugares estratégicos. Sabe-se, também, que parte dos imigrantes regressava. No mesmo período, Portugal, por sua vez, recebia mão-de-obra qualificada de outros reinos ou prin-cipados. Os emigrantes, pelo menos nesse momento histórico de considerável crescimen-to demográfico, não despovoaram Portugal. Mesmo porque não era um contingente que promovesse desequilíbrios populacionais de grande impacto.[31]

Por outro lado, de fora para dentro do reino o fluxo de pessoas era constante, na me-dida em que já rivalizava com Gênova e Veneza, quando os ventos do mundo comercial viravam para o Atlântico.

Lisboa convocava gente de todos os lados [...], [como exemplo:] cambistas, represen-tantes dos senhores financeiros da Europa, funcionários das casas bancárias alemãs como os Welser, os Imhoff e os Fugger, baneiros de Carlos V, de empresas italianas como a Affaidit, de Florença, mercadores italianos como Lucas Girardo e o milanês João Baptista Rovelasco senhores de uma quinta em Alcântara onde plantou cana-de açúcar [...], peregrinos [...], homens da Flandres e de Espanha [...], gente de Ceuta, da Madeira, dos Açores, de Arzila, da Guiné e da Serra Leoa, de Mombaça

---

29. SARAMAGO, 2004, p. 82-83.

30. RODRIGUES, s.d., p. 211-2.

31. *Idem*, p. 212.

e de Calecute, cartógrafos, cosmógrafos, cronistas, geógrafos, marinheiros, espiões, latinistas [...],"filhos dos senhores da Etiópia", negros de várias cores: acobreados, pretos e anegrados, gende do Oriente e mercadores de escravos.[32]

A expansão marítima e a ampliação do comércio fizeram de Portugal, especialmente de Lisboa, um entreposto de mercadorias. O cotidiano da cidade foi amplamente dinamizado na medida em que o espaço urbano foi remodelado e racionalizado por um surto de obras públicas e privadas, especialmente no reinado de D. Manuel I (1495-1521).[33] A *Rua Nova dos Mercadores* tornou-se vital para a cidade. Ladeada de edifícios suntuosos foi designada como o *nervo econômico de Quinhentos*. Bem próximo a *Rua Nova d'El Rey* fazia chegar às praças do *Rossio* e da *Ribeira*. Os nobres e a burguesia mudaram-se para perto do porto. Os novos espaços ganhavam notoriedade pelo espetáculo constante: o burburinho das compras e vendas, das festas, das touradas e até dos conflitos entre cristãos-novos e cristãos-velhos. A população ficava extasiada com os ritos de passagem do rei e seu séquito, exibindo animais exóticos que os navegantes traziam de presente das terras distantes.[34] As ruas também serviam de lugar para diversas procissões. Eram realizadas pelo menos três por mês, tanto para reafirmar os dias santos quanto para aclamação do rei ou exéquias de algum membro da família real.[35]

O dinamismo econômico de Lisboa absorvia parte do crescimento populacional da época que, por outro lado, revertia em necessidade de abastecimento. Empreendimento de fôlego. Uma das principais e novas edificações da cidade, o *Terreiro do Paço*, centralizava o comércio do trigo, da cevada, do centeio, do milho e dos legumes, oriundos do Alentejo, de Entre Doutro e Minho, de Trás-os-Montes e de Açores. Mas todas essas partes não davam conta de fornecer tudo que Lisboa consumia e comercializava. Outro tanto de mercadorias vinha da Bretanha, da Inglaterra, França, Flandres, Galícia e de Castela. A maior parte chegava por mar, carregados em navios – *o pão do mar*. Pequena parte dos grãos era carreada dos arredores por terra. Quanto à carne, havia leis que cercavam o tráfego de rebanhos para Castela. O gado criado a pelo menos dez léguas de Lisboa devia ser necessariamente para lá direcionado. Raramente o peixe salgado e seco deixava de estar à mesa dos habitantes da cidade. O atum geralmente chegava do Algarve. O vinho, de várias estirpes, produzido em grandes quantidades no vale do rio Douro, era bebida muito

---

32. SARAMAGO, 2004, p. 81-3.

33. CARITA, 1999; COELHO, 2007. Esta obra é baseada em fontes documentais como o *Livro de lançamento e serviço*, além dos textos mais conhecidos como GÓIS, 2001; BRANDÃO (de Buarcos) 1990; e OLIVEIRA, 1987.

34. ARAÚJO, 1990.

35. PEREIRA & LEITE, s.d., p. 31-41.

consumida e também taxada pelo fisco. O líquido que acompanhava a alimentação gerava impostos e exportações. Da mesma forma, o azeite, produzido internamente, regava o peixe do português e atendia outras nações.[36]

A grande repercussão dos primeiros descobrimentos, especialmente para Lisboa, no que se refere às importações, que poderiam em parte ser re-exportadas em seguida, é anotada por Dejanirah Couto:

> Além do trigo e das cabeças de gado trazidas de Marrocos, surg[iram] nos mercados lisboetas diversas mercadorias oriundas das costas da Mauritânia: goma-arábica, almíscar, plumas e ovos de avestruz, marfim, pelos de foca e de altílope, pós de ouro obtido em troca de conchas na ilha de arguim, na zona do cabo Branco, e, entre os materiais de tinturaria, o índigo. Em breve os navios volt[aram] carregados de açúcar da ilha da Madeira, onde há escravos a desbravar a terra para plantio de vinhedos e cereais. Ali, os melhores solos são reservados ao cultivo da cana-de-açúcar, cujo transporte mobiliza[va] em 1480 cerca de vinte navios e cinquenta embarcações ligeiras. Depois, [foi] a vez do algodão, da malagueta e da pimenta.[37]

Durante o século XVI, de forma gradativa, ampliou-se o cultivo do milho, da batata e do tabaco. As atividades já tradicionais como a produção de tecidos de lã e de linho atendia a demanda interna crescente. A produção algodoeira e a feitura de tecidos desse naipe cresceram no bojo das transformações. O consumo de açúcar e de especiarias, produtos de alto valor, era menos disseminado. Ficava mais restrito aos detentores de maiores recursos econômicos, que ainda consideravam esses produtos como artigos de luxo ou de função terapêutica.[38]

Ora, no tempo dos descobrimentos, o certo é que Lisboa ao transformar-se em um importante entreposto comercial passou a ter a função de intermediar as transações econômicas com o interior do reino e com outros portos distantes. Consolidou-se como a *cabeça do reino*, que tinha que pensar nos negócios de além-mar sem se esquecer do abastecimento interno da cidade. O cotidiano econômico foi aturdido pelo aumento das necessidades.

---

36. SARAMAGO, 2004, p. 98.

37. COUTO, 2003. p. 120.

38. CASTRO, 1985, p. 131.

Os trabalhos de Cristóvão Rodrigues de Oliveira – *Lisboa em 1551, Sumário*[39] – e de João Brandão (de Buarcos),[40] já muito esmiuçados pelos historiadores,[41] demonstram, ao menos em parte o perfil e a quantidade dos profissionais envolvidos com o abastecimento de Lisboa, bem como o que produziam revelando as demandas dos lisboetas, em meados do século XVI, conforme as Tabelas 1 e 2.

A vida girava pelas novidades, mas, antes de tudo, era necessário cuidar das tarefas elementares, ou melhor, da rotina. Força que cadenciava o ritmo das transformações. Um esforço contínuo na busca dos mantimentos. A velha monotonia das ruas passou a ser invadida pela toada dos ambulantes em sua jornada ofertando *o de que comer e de beber*. Gente de toda a sorte participava do comércio local, a vagar pelas ruelas ou estabelecidos na feira da Ribeira, exercendo seus ofícios. Vendiam-se, ao mesmo tempo, os antigos produtos impregnados pelos sabores tradicionais, bem como os produtos exóticos oriundos de além-mar.

> O mercado recebia peixe de todas as qualidades, o Atlântico sempre foi rico em variedades, e os lava-peixes lavavam os peixes e entregavam-no às regateiras e às peixeiras que, ou o vendiam no mercado, ou vinham com ele para a rua entoando pregões [...]. Também havia as chamadas escumadeiras, que escamavam e arrajavam o peixe, e algumas vezes cortavam-no em postas, pronto para ser cozinhado. Produtos hortícolas, como hortaliças e legumes, fruta diversa, carne, criação, ovos, todos os bens alimentares chegavam ao mercado vindos por terra ou, mais frequentemente, por mar e pelo rio. Dos barcos grandes eram descarregados produtos exóticos para espanto de todos, como as tâmaras da Terra dos Mouros, a manteiga de Flandres, o queijo da Holanda, a laranja da China.[42]

As relações comerciais que visavam o abastecimento de Lisboa eram, em sua maioria, reguladas pela Câmara, que tinha a função, desde longuíssima data, de diagnosticar as carências da população, normatizar as trocas, fazer receber os impostos e fiscalizar o cumprimento das legislações.

A Câmara da cidade de Lisboa tem origem remota, instituída pelo Foral atribuído ao rei D. Afonso I, possivelmente no ano de 1179. A corporação municipal era composta,

---

39. OLIVEIRA, 1987.

40. BRANDÃO (de Buarcos), 1990.

41. Por exemplo, Saramago na obra *Para uma História da alimentação de Lisboa e seu termo* (2004) contabiliza o número de pessoas dedicadas aos ofícios relacionados ao abastecimento, tendo como base os trabalhos de OLIVEIRA (1987) e BRANDÃO (1990).

42. SARAMAGO, 2004, p. 83-4.

nos primórdios, dos alvazis[43] – magistrados – que a documentação não precisa o número, do procurador do Conselho, e ainda de outros *magistrados* de posição inferior. A Câmara ficava sob a jurisdição do *alcaide-mor,*[44] responsável "de todos os negócios administrativos e judiciais do Conselho; mas nos assuntos mais importantes reunia-se em 'rellaçom' com as pessoas notáveis e abastadas da cidade, que eram os chamados 'homens bons'".[45] Em data muito posterior, de acordo com a Carta Régia de 20 de junho de 1437, percebe-se que naquela época a Câmara era composta de três vereadores e um Procurador da cidade.[46] Os vereadores eram pagos com "mantimento, além de dois móis de trigo a cada um deles, quando servissem em todo o ano, e que, se o trigo não chegasse, recebessem seiscentos réis por cada moio".[47]

A forma de pagamento dos vereadores é um bom indício das modificações das relações econômicas acontecidas em Portugal, direcionadas cada vez mais para a monetarização das trocas. Fato identificado por Dias:

> Graças à intensificação da cunhagem de metal precioso, o regime da troca direta, embora não se extinguisse, foi, todavia, suplantado pela circulação da moeda. Exemplo expressivo disso é o pagamento efetuado pelo município de Lisboa, em 1471, aos seus funcionários que recebiam parte em trigo, parte em Dinheiro. Com o ouro da Guiné a Coroa ia, progressivamente, substituindo o tradicional processo de pagamento em gêneros pelo de prestação em numerário – fato novo na história da administração pública do reino que bem demonstra o ingresso de Portugal numa autêntica economia monetária, e num sistema internacional de troca em moldes de estruturas capitalistas.[48]

---

43. "Dava-se indistintamente esta denominação aos magistrados judiciais e municipais. Uns e outros gozavam, durante o tempo que serviam, de grande imunidade e regalias". OLIVEIRA, 1885, p. 1.

44. "Oficial nomeado pelo rei, com atribuições civis e militares." *Idem.*

45. *Idem*, p. 6.

46. "Com a sucessão dos tempos, as atribuições, propriamente municipais, que exerciam os alvazis, passaram para uma outra ordem de magistrados, a que se deu nome de 'vereadores' [...] Só no tempo do rei D. Fernando é que pela primeira vez aparecem os chamados 'vereadores', em número de três, funcionando simplesmente com o Procurador do Conselho, conquanto ainda dependentes do Corregedor da cidade, que era o delegado do poder supremo." *Idem*, p. 1.

47. Para compararmos, "o Alvará Régio de 11 de agosto de 1550 autoriz[ou] a Câmara a elevar o vencimento anual dos procuradores da cidade a mais dez mil réis em dinheiro, e dois moios de cevada, à custa das rendas do Conselho. O vencimento anual de cada um dos procuradores [passou a ser] assim: 15$000 réis em dinheiro, 2 moios de trigo e 3 moios de cevada." *Idem*, p. 12.

48. DIAS, 1963, p. 564-5.

Desde a remota origem da Câmara até as décadas finais do século XVI, os cargos que deveriam ser ocupados, bem como as atribuições dos vereadores, continuaram muito semelhantes. Somente no Regimento de 30 de agosto de 1502, *dado* por D. Manuel I, houve o detalhamento das "atribuições que competiam a cada um dos oficiais da cidade".[49] Isso decorre das novas necessidades por que passava Lisboa naquele momento de crescimento demográfico e de demandas muito fortes em relação ao abastecimento local. Mesmo assim, poucas modificações foram implantadas sobre as formas de agir dos membros da Câmara no sentido de administrar as carências dos lisboetas e verificar os interesses do poder real.

D. Manuel I, diante das novas circunstâncias históricas – o impacto do comércio internacional sobre Lisboa –, visando regular melhor e bem resolver as atribuições da Câmara, baixou Carta Régia em 1º de fevereiro de 1509, "que distribuía o serviço por 'pelouros', que os vereadores tirav[am] à sorte".

> Pelouros na administração municipal são os diferentes ramos de serviço, cuja inspecção e fiscalização as Câmaras distribui[am] pelos vereadores, sem prejuízo da ação administrativa e da responsabilidade coletiva, que aquelas corporações tem em todos os negócios desses pelouros. [...] Por muito tempo esta distribuição fez-se à sorte, por meio de "bolas de cera", contendo cada uma um papelinho com a designação de um dos ramos de administração municipal. A estas bolas, dava-se o nome de "pelouros" e é a verdadeira significação da palavra. O vereador do pelouro, isto é, escolhia à sorte o serviço de que havia de ficar incumbido durante um certo tempo.[50]

Havia os *pelouros:* das carnes, da execução das penas e feitos (almotaçaria), das obras e da limpeza da cidade. Ressaltando que o a *almotaçaria* é cargo ou ofício do "almotacé, que tem o direito de almotaçar, ou seja, tabelar os preços dos gêneros".[51]

Nota-se, através dos documentos da época, que os membros da Câmara visavam sua manutenção e o desempenho dos afazeres da instituição, fiscalizando as atividades econômicas desenvolvidas no interior da cidade, sejam elas de *caráter interno* no sentido de suprir as necessidades básicas da população – alimentação, vestimenta, estabelecimento de condições para o trabalho cotidiano dos desprivilegiados –, além de moldar-se aos *imperativos externos* do turbilhão da Ribeira e seus desdobramentos decorrentes das grandes navegações. Além de fiscalizar, a Câmara recolhia as *rendas* decorrentes das atividades

---

49. OLIVEIRA, 1885, p. 9.

50. *Idem*, p. 10.

51. "Pelo assento de vereação de 13 de agosto de 1555 [...] vê-se que continuou a haver quatro vereadores, e que a administração municipal estava dividida nos seguintes 'pelouros': carnes e S. Lázaro, limpeza, obras, execuções (almotaçaria) e provedoria-mor da saúde." *Idem*, p. 10; 13.

CONSUMO E ABASTECIMENTO NA HISTÓRIA   129

exercidas na cidade.[52] Impostos necessários à Coroa, carente de recursos para moldar o núcleo do reino, que passou a ser o centro de um império. Contudo, percebe-se – diante da Tabela 3 – que os impostos têm origem remota e foram mantidos e adaptados segundo as novas circunstâncias do século XVI requeriam.

Devido à importância gradativa de Lisboa, não só para as relações comerciais com o mundo exterior, mas também como capital de um reino que se fortalecia rapidamente, o mesmo D. Manuel dedicou-se às questões do abastecimento interno e do fornecimento dos mantimentos aos moradores da cidade. Em Carta, de 24 de outubro de 1517, doou "do chão da Ribeira, desde o cunhal da alfândega, do lado da Misericórdia, até o outro cunhal, a fim da Câmara ali mandar construir casas e lojas para 'agasalhar pão'". Dois anos após, edita nova Carta de Doação, em 24 de setembro de 1519, mandou "edificar junto à Alfândega nova, na Ribeira da Cidade, para venda do trigo que vinha de franquia, com a condição da Câmara nunca as aforar, escambar ou dar-lhes outras aplicação".[53]

> Mais que uma reforma ao nível da jurisprudência e do direito, as reformas iniciadas no reinado de D. Manuel são concebidas, sobretudo, numa linha de reorganização das estruturas do aparelho de Estado, redefinindo competências, atuações e normas capazes de fazer face a um novo território imperial com uma economia de dimensões e nível de complexidade impensáveis no contexto do universo medieval português.[54]

Uma análise sobre o abastecimento de Lisboa, no tempo dos descobrimentos, remete à necessidade de relembrar os impactos promovidos por questões externas no cotidiano dos portugueses. Estes, aferrados às heranças solidamente construídas em séculos, passaram a ter que conviver, ao mesmo tempo, com transformações e continuidades históricas nitidamente contraditórias. Da mesma maneira que viram brotar novas esperanças líricas, forçosamente, tiveram de adaptar os espaços, reformular as instituições, vislumbrar o exótico, experimentar novos paladares, acolher populações em crescimento e, enfim, retornar à rotina do pão de cada dia.

---

52. "O lançamento dos Impostos, tanto ordinários ou gerais, como extraordinários, era atribuição do rei, que não declinava, fundando-se em que por direito público lhe pertencia. [...] À Câmara de Lisboa, bem como as dos outros Conselhos, não era dado promulgar posturas ou ordenações, que por qualquer modo afetassem as rendas ou direitos reais; quando tal sucedesse imediatamente seriam derrogadas." [Cap° 48 dos artigos das sizas, de 27 de setembro de 1476]. In: *Idem*, p. 126.

53. OLIVEIRA, 1885, p. 102.

54. CARITA, 2001, p. 171.

Tabela 1 – Ofícios relacionados com a alimentação e os números de pessoas que se ocupavam dos ofícios – População masculina (1551-1552)

Ofícios	Nº	Ofícios	Nº
Mestres de fabricar açúcar	20	Fabricantes de aguardente	10
Vendedores ambulantes de obreiras [a]	9	Aguadeiros com carreta	5
Alcaparreiros [b]	10	Alfeloeiros [c]	23
Atafoneiros [d]	216	Biscoiteiros [e]	43
Cabriteiros [f]	32	Os que vendiam caça	19
Confeiteiros	150	Cortadores de carne no açougue	60
Forneiros de biscoitos	40	Forneiros de pão	500
Galinheiros, que vendiam galinhas	20	Hortelões e lavradores junto dos muros e nos arrabaldes da cidade	187
Lava-peixes	20	Obreeiros [g]	26
Pasteleiros	30	Taverneiros	300
Esfoladores	30	Regatões	27
Vinhateiros	38	Vinagreiros	20

Fonte: SARAMAGO, 2004, p. 85-6.

[a] Obreira: folha de massa muito fina de que é feita a hóstia. Também utilizada para alguns doces.

[b] Os que fabricavam e vendiam alcaparras. Fruto de uma planta arbustiva, usada em conserva de vinagre e que serve de condimento.

[c] Os que fabricavam e vendiam alféolas. Artigo de confeitaria feito com massa de açúcar ou melaço em ponto grosso.

[d] O que possui atafona ou nela trabalha. Atafona é um engenho de moer grão, posta em movimento mecanicamente ou à mão.

[e] Os que fabricavam ou vendiam biscoito, pão duas vezes cozido, consumido nas viagens marítimas.

[f] Os que criavam e vendiam cabritos.

[g] Os que fabricavam obreias (ver nota [a]).

Tabela 2 – Ofícios relacionados com a alimentação e os números de pessoas que se ocupavam dos ofícios – População feminina (1551-1552)

Ofícios	Nº	Ofícios	Nº
Aguadeiras da Ribeira	50	As que destilam água	20
As que vendem água	26	As que fazem aletria	28
As que fazem alféolas	23	Negras que vendem ameixas e favas	200
As que fazem arroz cozido	50	Atafoneiras [a]	800
Azeiteiras ambulantes	50	Biscoiteiras	58
As que vendem cabrito	20	As que vendem caça	30
Conserveiras	30	Cuscuzeiras [b]	3
Escamadeiras da Ribeira	50	Farteleiras [c]	26
As que vendem na Ribeira fruta de Colares	100	As que vendem na Ribeira fruta passada	100
As que vendem à porta de suas casas fruta seca	200	As que vendem na Ribeira fruta seca e verde	70
As que compram na Ribeira fruta verde	300	As que fazem fruta de açúcar	60
As que vendem girgilada e outras frutas de mel	30	As que vendem na Ribeira ervas e hortaliças	150
As que vendem na Ribeira laranjas	50	As que vendem na Ribeira leite e queijos	200
As que vendem manteiga cozida	43	Marisqueiras	100
As que vendem marmelada	50	As que vendem mel	20
Mostardeiras	45	As que fabricam e vendem pão cozido	1000
As que fritam peixe	200	Pescadeiras	400
As que vendem pescado	140	As que raspam púcaros	13
Regateiras de porta, as que vendem por miúdo	900	As que vendem sal na Ribeira	13
Taverneiras	118	Tripeiras	50
Mulheres que fazem zevezinhos [d]	24	Sardinheiras	45
Regateiras da Ribeira	660	Negras de pote e quarta que vendem água	1000
Vendedoras de camarões, "briguigões", caramujos e todo o gênero de marisco	200	As que vendem ameixas cozidas, favas cozidas, "chichorros" cozidos e arroz	200

Fonte: SARAMAGO, 2004, p. 85-6.

[a] O que possui atafona ou nela trabalha. Atafona é um engenho de moer grão posta em movimento mecanicamente ou à mão.

[b] As que fazem e vendem cuscus. Cuscuz são bolos feitos de massa de farinha de milho ou de arroz e cozidos ao vapor de água a ferver.

[c] Que fazem farteis, ou fartens, que são bolos de açúcar e amêndoa, envolvidos em farinha de trigo, e outros bolos que contêm creme.

[d] Zevezinhos: espécie de doce ou massa.

Tabela 3 – Rendas da Câmara de Lisboa – Séc. XV e XVI			
Nº	Rendas	Origem	Descrição
1	Das Licenças	Cujo princípio muito antigo se desconhece	Imposto de *Licença* para a venda de todos os gêneros e mantimentos
2	Da Cestaria	De que trata o Foral de D. Afonso I	A Câmara tinha *cestos*, em que os seus rendimentos mediam o peixe que vinha à Ribeira, para pagar o direito dele, e havia posturas para ninguém se [...] servir dos ditos *cestos*, senão no referido ministério
3	Das Barcas e tragamalho [a]	Que remonta ao ano de 1322	Esta contribuição já era cobrada desde o reinado de D. João I em todas as terras do litoral do Tejo, dava-se a circunstância de ser em Lisboa onde ela era menos pesada
4	Da variagem [b]	Que teve começo em 1371	Qualquer vizinho [de Lisboa] que transitar com panos de cor à alfândega, que [fossem] de varas. Ao vender que pague a medida à cidade.
5	Ver-o-peso	Já o recebia no tempo dos reis D. Diniz e D. Afonso IV	Balança pública ou balança geral. Em Lisboa conhecida como Balança da Cidade.
6	Do terreiro	Que data do ano de 1372	Salário que a Câmara recebia pelas vendas de cereais e farinha nos lugares públicos.
7	Do marco dos navios	Já conhecida em 1422	Todos os navios de 100 ton. acima pagavam à cidade um marco de prata, sendo metade por conta do fretador e metade por conta do dono do navio
8	Da imposição dos vinhos (ou Real D'água e realete)	De que é sobeja prova a Carta Régia de 9 de agosto de 1454	Tributo que os moradores pagaram para a construção do aqueduto para abastecimento da cidade, generalizando-se depois semelhante denominação para o imposto sobre carne, peixe e vinho.
9	Dos carros	Que apareceu em 1498	Tinha o rendimento a aplicação nas obras das calçadas, que os carros desconjuntavam ou destruíam.
10	Das propriedades e foros	Que sempre fez parte do domínio, administração e patrimônio da cidade	Por várias vezes foi câmara coagida a vender parte dos seus foros para acudir as próprias necessidades e também as da Coroa.
11	Do Alqueirão	É de convicção que já pertencia ao povo de Lisboa muito antes da fundação do Reino.	Parte de terras pertencente à Câmara que era concedida aos pobres em troca de orações.

Fonte: OLIVEIRA, 1885, p. 145.

[a] *"O nome de 'tragamalho ou traga-o-malho' com que se designava o imposto em questão, parece provir de licença que se conced[ia] aos barqueiros para cravarem a malho estacas na praia, a fim de prenderem as suas embarcações."*

[b] "sistema que primitivamente se usava na cobrança da 'medidagem', direito das varas ou variagem."

Referências Bibliográficas

Documentos publicados

BRANDÃO (de Buarcos), João. *Grandeza e abastança de Lisboa em 1552*. Lisboa: Livros Horizonte, 1990.

GÓIS, Damião de. *Descrição da cidade de Lisboa*. Lisboa: Livros Horizonte, 2001.

OLIVEIRA, Cristóvão Rodrigues de. *Lisboa em 1551 – Sumário*. Lisboa: Livros Horizonte, 1987.

OLIVEIRA, Eduardo Freire de Oliveira. *Elementos para a História do município de Lisboa*. Lisboa: Typografia Universal, 1885. T. I.

ZURARA, Gomes Eanes de. *Crônica da tomada de Ceuta*. Lisboa: Clássica, 1942.

Bibliografia

ALENCASTRO, Luiz Felipe. "A economia política dos descobrimentos". In: NOVAES, Adauto (org.). *A descoberta do homem e do mundo*. São Paulo: Companhia das Letras, 1998, p. 193-208.

ARAÚJO, Renata de. *Lisboa: a cidade e o espectáculo na época dos descobrimentos*. Lisboa: Livro Horizonte, 1990 (Coleção Cidade de Lisboa).

BARRETO, Luís Filipe. "O orientalismo conquista Portugal". In: NOVAES, Adauto (org.). *A descoberta do homem e do mundo*. São Paulo: Companhia das Letras, 1998, p. 273-291.

BELLINI, Ligia. "Notas sobre cultura, política e sociedade no mundo português do século XVI". *Tempo*. Rio de Janeiro: UFF, vol. 4, n. 7, 1999.

CARITA, Helder. *Lisboa Manuelina e a formação de modelos urbanísticos da época moderna (1495-1521)*. Lisboa: Livros Horizonte, 1999.

_____. "Legislação e administração urbana no século XVI". In: ARAÚJO, Renata; CARITA, Hélder; ROSSA, Walter (coord.). *Actas do Colóquio Internacional Universo Urbanístico Português*. Lisboa: Comissão Nacional para as Comemorações dos Descobrimentos Portugueses, 2001.

CARVALHO, Joaquim Barradas de. *O Renascimento português*. Lisboa: Imprensa Nacional; Casa da Moeda, 1980.

CASTRO, Armando. *História econômica de Portugal*. Lisboa: Caminho, 1985. vol. 3.

_____. *Teoria do sistema feudal e transição para o capitalismo em Portugal*. Lisboa: Caminho, 1987.

COELHO, António Borges. "População urbana". In: *Quadros para uma viagem a Portugal no século XVI*. Lisboa: Caminho, 1986, p. 39-44.

_____. *Ruas e gentes na Lisboa quinhentista*. Lisboa: Caminho, 2007.

DIAS, João José Alves. "A população. As realidades demográficas". In: SERRÃO, Joel; MARQUES, A. H. de Oliveira (Dir.). *Nova História de Portugal. Portugal do Renascimento à crise dinástica*. Lisboa: Editorial Presença, 1998.

DIAS, Manuel Nunes. *O capitalismo monárquico português (1415-1549). Contribuição para o estudo das origens do capitalismo moderno*. Coimbra, 1963. 2v.

COUTO, Dejanirah. *História de Lisboa*. Lisboa: Difel, 2003.

DEYON, Pierre. *Mercantismo*. São Paulo: Perspectiva, 1973.

HESPANHA, António Manuel. *História das instituições: épocas medieval e moderna*. Coimbra: Almedina, 1982.

ELLIOTT, J. H. *O velho mundo e o novo, 1491-1650*. Tradução: Maria Lucília Filipe. Lisboa: Editorial Querco Ltda., 1984.

GODINHO, Vitorino Magalhães. *Os descobrimentos e a Economia Mundial*. 2ª ed. Lisboa: Presença, 1981.

_____. "Os nossos problemas: para a História de Portugal e Brasil". In: CHAVES, Maria Adelaide Godinho Arala. *Formas de pensamento em Portugal no século XV. Esboço de análise a partir de representações de paisagens nas fontes literárias*. Lisboa: Livros Horizonte, s.d., p. 7-28.

KRUS, Luis. "O imaginário português e os medos do mar". In: NOVAES, Adauto (org.) *A descoberta do homem e do mundo*. São Paulo: Companhia das Letras, 1998, p. 95-105.

LE ROY LADURIE, Emmanuel. *História dos camponeses franceses: da peste negra à revolução*. Tradução de Marcos de Castro. Rio de Janeiro: Civilização Brasileira, 2007.

MARTINS, José V. de Pina. "Descobrimentos portugueses e renascimento europeu". In: NOVAES, Adauto (org.) *A descoberta do homem e do mundo*. São Paulo: Companhia das Letras, 1998, p. 179-192.

MCHEILL, William H. "Fernand Braudel, historiador". *Braudel Papers*. Documento do Instituto Fernand Braudel de Economia Mundial, n. 23, 1999.

PEREIRA, Fernando António Baptista. "Atitudes e mentalidades. Algumas reflexões". In: *Lisboa quinhentista. A imagem e a vida da cidade*. Lisboa: Direcção dos Serviços Culturais da Câmara Municipal de Lisboa, s.d., p. 23-29.

PEREIRA, Paulo; LEITE, Ana Cristina. "Espiritualidade e religiosidade na Lisboa de quinhentos". In: *Lisboa quinhentista. A imagem e a vida da cidade*. Lisboa: Direcção dos Serviços Culturais da Câmara Municipal de Lisboa, s.d., p. 31-41.

PINTO, João Rocha. "O vento, o ferro e a muralha". In: CHANDEIGNE, Michel; ARAÚJO, Carlos (Dir.). *Lisboa e os descobrimentos. 1415-1580: a invenção do mundo pelos portugueses*. Lisboa: Terramar, 1990, p. 223-229.

RAU, Virgínia. "A grande exploração agrária em Portugal a partir dos fins da Idade Média". *Revista de História*. São Paulo: FFLCH-USP, vol. 30, n. 61, jan./mar. 1965, p. 65-74.

RODRIGUES, Teresa Ferreira. "As estruturas populacionais". In: MATTOSO, José (Dir.). *História de Portugal*. Lisboa: Editorial Estampa, s.d., p. 197-211.

_____. *Crises e mortalidade em Lisboa. Séculos XVI e XVII*. Lisboa: Livros Horizonte, 1990.

SANTOS, João Marinho dos. "A expansão pela espada e pela cruz". In: NOVAES, Adauto (org.) *A descoberta do homem e do mundo*. São Paulo: Companhia das Letras, 1998, p. 145-162.

SARAMAGO, Alfredo. "Lisboa da expansão". In: *Para uma história da alimentação de Lisboa e seu termo*. Lisboa: Assírio & Alvim, 2004.

SOBRAL NETO, Margarida. "A persistência senhorial". In: MATTOSO, José (Dir.). *História de Portugal*. Lisboa: Editorial Estampa, s.d., p. 165-75.

SOUZA, Laura de Mello e. "Os novos mundos e o velho mundo: confrontos e inter-relações". In: PRADO, Maria Lígia Coelho; VIDAL, Diana Gonçalves (orgs.) *À margem dos 500 anos: reflexões irreverentes*. São Paulo: Edusp, 2002 (Estante USP; Brasil 500 Anos; 7), p. 151-69.

SWEEZEY, Paul Marlor *et al. A transição do feudalismo para o capitalismo.* 3ª ed. Rio de Janeiro: Paz e Terra, 1983.

TINHORÁO, José Ramos. *Os negros em Portugal. Uma presença silenciosa*. Lisboa: Caminho, 1988 (Coleção Universitária; 31).

7. Circuitos Internos de Produção, Comercialização e Consumo na América Portuguesa: o Exemplo da Capitania da Bahia (século XVIII)

Avanete Pereira Sousa[1]

---

1. Professora do Departamento de História da Universidade Estadual do Sudoeste da Bahia (Uesb). Doutora em História Econômica pela USP.

Salvador: epicentro dos circuitos mercantis externos e internos

A CAPITANIA DA BAHIA foi, no período colonial, palco em que se concretizavam importantes relações produtivas, mercantis e comerciais. A imagem de sua capital, Salvador, como *cabeça de Estado*, ou seja, como núcleo político-administrativo de espaços fragmentados, disseminava-se pelos quatro cantos do império. De outro modo, também seu potencial econômico e seu peso demográfico se destacavam. No final do século XVII, Salvador já abrigava aproximadamente 20 mil habitantes, enquanto o Rio de Janeiro não chegava a ter 12 mil almas.[2] A população crescia em ritmo acelerado para os padrões da época, passando de 21.601 habitantes, em 1706, para mais de 40 mil em 1759.[3] A capitania, no mesmo período, contava com cerca de 100 mil habitantes.[4]

Ponto convergente, metrópole regional de vários espaços econômicos,[5] Salvador foi, até a década de 60 do século XVIII, enquanto *cabeça de Estado* e capital da colônia, a base político-administrativa de extenso território. Entretanto, a sua importância econômica perdurou e, ainda no século XIX, continuava um dos principais polos de recepção e distribuição de produtos diversos, quer oriundos do interior da capitania, quer de outras capita-

---

2.   MATTEDI, 1979, p. 345-347.

3.   NASCIMENTO, 1986, p. 65.

4.   AZEVEDO, 1969, p. 150-190; SILVA, Sylvio C., 1989, p. 78.

5.   MATTOSO, 1978, p. 112-116.

nias e, nomeadamente, da metrópole.[6] Do Recôncavo e de lugares pertencentes ao termo de Salvador, vinham açúcar e tabaco que seguiam para a Europa através do movimentado porto da capital.[7] Havia ainda a produção de açúcar das capitanias de Ilhéus, de Porto Seguro e de Sergipe, ao norte, computada como parte da balança comercial baiana.[8]

Dos mais diferentes espaços econômicos, provinham os gêneros que qualificavam, em termos de rendimentos para a coroa, as exportações da Bahia no período colonial. Dos produtos enviados para Portugal, bem como para a Ásia e para a África, e que movimentavam o porto de Salvador e conferiam à cidade o título de cidade mercantil, destacavam-se o açúcar, o tabaco, couramas, a aguardente, o melado, o algodão, o arroz, o cacau, o café, madeira e azeite de baleia.[9] Da comercialização desses produtos, viviam grandes e médios negociantes, "tanto dessa praça, como daquela corte", como afirmou Caldas, ressaltando os ganhos metropolitanos com "os direitos e contratos" que emanavam do comércio do açúcar e do tabaco.[10]

As mercadorias importadas eram desembarcadas no porto de Salvador e distribuídas para outras capitanias, gerando intensas trocas inter-regionais.[11] De acordo com Russel-Wood, a supremacia comercial de Salvador foi facilitada pela localização estratégica da Baía de Todos os Santos: "eixo mais ocidental para o Império atlântico português, que englobava possessões na África do Norte, na África Central e Ocidental, assim como os arquipélagos ao Norte e ao Sul do Equador". Para o citado autor, além de importância singular no comércio bifronte entre colônia e metrópole, Salvador acabou por tornar-se imprescindível ao comércio triangular Europa-África-Brasil, assim como ponto de articulação e destino para uma rede atlântica de comércio que não passava necessariamente pela Europa e que incluía Angola, São Tomé, Príncipe, Cabo Verde, Açores e Madeira.[12]

---

6. AGUIAR, 1957, p. 6 (introdução à obra de autor anônimo).

7. Nestas localidades operavam, em 1711, 146 engenhos de vários tipos, que produziram, entre 1736 e 1766, 173 mil caixas de açúcar e, entre 1778-1789, 144 mil caixas. Cf. SILVA, Sylvio C., 1989, p. 87-88.

8. SCHWARTZ, 1988, p. 90, 91 e 93.

9. Arquivo Histórico Ultramarino (AHU). *Bahia-Catálogo Castro e Almeida*. Docs. 2320-2321; 13.037-13059; 13144-13146; 9724-9725; 9730-9731.

10. CALDAS, 1951, p. 220.

11. AHU. *Bahia-Catálogo Castro e Almeida*. Docs. 20521-20526. ARRUDA, 1980, p. 191.

12. RUSSELL-WOOD, 2001, p. 84, 105. De acordo com Vilhena, no final do século XVIII, o comércio entre Salvador e as Ilhas dos Açores e Madeira consistia na "importação de vinho, aguardente, louça inglesa de pó de pedra, algum pano de linho curado, linhas e pouca carne de porco" e na "exportação de açúcar e aguardente de cana". Cf. VILHENA, 1969, vol. I, p. 59.

A dinâmica e a potencialidade comerciais de Salvador tornaram-se, ao longo dos séculos XVI-XVIII, referência obrigatória nos relatos de viajantes e cronistas.[13] Mesmo em testemunhos oficiais, preocupados em registrar outros aspectos da vida da cidade, o seu caráter mercantil era frequentemente ressaltado, como na correspondência entre José da Silva Lisboa, futuro visconde de Cairú, e Domingos Vandelli, Diretor do Real Jardim Botânico de Lisboa, em 1781. Em extensa carta, Silva Lisboa dizia ser "o comércio na Bahia [...] amplo e variado, tanto o interior, como o exterior. É uma coisa bela ver aportar ao cais da Bahia mais de 40 embarcações pequenas cada dia, carregadas de víveres e de tudo o necessário para o uso da cidade".[14]

Perspicaz observador, Lindley, em princípios do século XIX, notara que mais de

> oitocentas lanchas e sumacas de vários tamanhos, [traziam] diariamente sua contribuição para o comércio com a capital: fumo, algodão, drogas diversas, de Cachoeira; o maior sortimento de louça comum, de Jaguaripe; aguardente e óleo de baleia, de Itaparica; farinha e peixe salgado de Porto Seguro; algodão e milho, dos rios Real e São Francisco; açúcar, lenha e legumes, de todos os lugares. Uma riqueza em grau desconhecido na Europa, [era] assim posta em circulação.[15]

De fato, como assinala Amaral Lapa, a expansão colonial portuguesa teve na cidade de Salvador lugar estratégico, tanto do ponto de vista náutico, como militar e comercial. O porto de Salvador sobressaía-se tanto que, segundo este autor, fora denominado de "porto do Brasil, como se não houvesse outro ancoradouro em toda a colônia".[16]

CIRCUITOS INTERNOS DE PRODUÇÃO: AS "VILLAS DO SUL, CELEIROS DA CAPITAL"[17]

O açúcar e o tabaco tornaram-se, ao longo dos séculos, a riqueza maior do Recôncavo – principais produtos da pauta de exportação – e, ao que a historiografia deixa transparecer, responsáveis, sobretudo a cana-de-açúcar, pela gradativa interiorização da produção interna

---

13. AUGEL, 1980, p. 3-26.

14. AHU. *Bahia-Catálogo Castro e Almeida*. Doc. 10.907.

15. LINDLEY, 1969. Essas embarcações atracavam nos dois principais cais da cidade, o da Lixa e o do Sodré. As mercadorias trazidas eram comercializadas no próprio local ou transportadas para os trapiches situados na Praia. Cf. Arquivo Público do Estado da Bahia (APEB). *Cartas do Senado à sua Majestade, 1731-1742*, fls. 112v.

16. LAPA, 1968, p. 1.

17. Biblioteca Nacional da Ajuda (BNA). *Relatório apresentado ao príncipe regente D. João. 1808*. Documento Manuscrito. Cota 51 -V -38, fl. 3v.

destinada ao abastecimento.[18] De fato, em viagem ao Brasil, na primeira década do século XVII, Pyrard de Laval não se cansou de admirar o fato de os colonos, nos arredores da Baía de Todos os Santos, dedicarem-se ao cultivo de "toda sorte de frutos" e "outros comestíveis como milho grosso e miúdo, arroz, raízes de mandioca, batatas e outras semelhantes". Além disso, registrou o viajante, os portugueses na cidade tinham "belas hortas cheias de hortaliças como alfaces, repolhos, melões, pepinos, rábanos e outras ervas".[19] Anos antes, 1587, Gabriel Soares de Sousa, havia registrado situação semelhante ao constatar a existência "à uma e duas léguas à roda da cidade de terras ocupadas com roças [...] onde se lavram muitos mantimentos, frutos e hortaliças [...] a cuja praça se vai vender".[20]

No entorno de Salvador, a plantação de mandioca, o mais importante alimento da mesa de brancos, negros e índios, conforme afirmava Brandão[21] em seus *Diálogos das grandezas do Brasil*, abarcava áreas que iam do Rio Vermelho até Itapuá. Situação que foi se modificando ao longo dos séculos XVII e XVIII, motivada tanto pelo crescimento da cidade como pela lucratividade da produção da cana-de-açúcar. Aos poucos, o cultivo da mandioca ficou restrito a algumas vilas e povoados do recôncavo, como Campinhos, Saubara, Capanema, Maragogipe, Jaguaripe, até firmar-se, nas últimas décadas do século XVIII, em Nazaré, localidade um pouco mais distante das ricas terras férteis ocupadas com a cana-de-açúcar.[22]

No entanto, desde o final do século XVII até meados do XVIII, foram as vilas do Sul, Camamu, Cairú e Boipeba, na capitania de Ilhéus, as principais responsáveis pelo abastecimento de farinha da capital e de áreas a ela circunscritas.[23] A quantidade do produto oriunda das vilas do recôncavo tornara-se insuficiente para dar conta da demanda ocasionada pelo crescimento populacional, pela necessidade de provimento das embarcações que iam para a África, bem como pelo sustento da infantaria. Aliás, este último há muito, desde 1630, era objeto de acordo político, entre as câmaras de Camamú, Cairú e Boipeba e a Câmara de Salvador, que impunha às três câmaras das vilas do Sul a obrigatoriedade de fornecer anualmente certa quantidade do produto destinada a tal fim.[24]

---

18. Guillermo Palácios faz alusão à crise de gêneros de primeira necessidade na Bahia, na primeira metade do século XVIII ocasionada pelo cultivo do tabaco por agricultores antes dedicados ao cultivo de alimentos. "Agricultura camponesa e *plantations* escravista no nordeste oriental durante o século XVIII". In: SZMRECSÁNYI, 1996, p. 46.

19. LAVAL, 1944, p. 230-232.

20. SOUSA, [1971], p. 139.

21. BRANDÃO, 1977, p. 210.

22. Biblioteca Nacional do Rio de Janeiro (BNRJ). *Documentos Históricos,* vol. 87, p. 12; vol. 41, p. 47; BNRJ. *Seção de manuscritos.* II, 33, 21, 64.

23. BNRJ. *Seção de manuscritos.* II, 33, 21, 91. Sobre a produção/comércio de farinha na Bahia, ver SILVA, Francisco C., 1990; BARICKMAN, 2003.

24. Arquivo Municipal de Salvador (AMS) *Atas da Câmara, 1684-1700.* fls. 152v.

CONSUMO E ABASTECIMENTO NA HISTÓRIA   143

Não obstante a relativa variedade de gêneros alimentícios provenientes das capitanias de Ilhéus e Porto Seguro[25] – destas localidades chegavam semanalmente a Salvador inúmeras embarcações trazendo cereais, legumes e frutas diversas[26] – a farinha se destacava devido ao aumento da produção e à incorporação de novas áreas a exemplo de Barra do Rio de Contas (1732), atual Itacaré, Barcelos (1758) e Maraú (1761), vilas da capitania de Ilhéus; Alcobaça, Prado e Caravelas, vilas da capitania de Porto Seguro, criadas em 1755.[27] A intensa produção atraía contrabandistas de diversos lugares da colônia que adquiriam a farinha a baixos preços do próprio lavrador e a comercializava nas capitanias do Rio de Janeiro, Pernambuco, Paraíba, Alagoas, Ceará e São Paulo, gerando crises constantes no abastecimento da própria capitania da Bahia,[28] crises estas que mereceram atenção especial dos governantes desde final do século XVII.

Em 1690, o governador geral, Antônio Luís Gonçalves da Câmara Coutinho, decretou a pena de 100 mil réis, aplicadas às fortificações, a quem não cumprisse o alvará régio de 1688 que exigia

> que todos os moradores do Recôncavo da dita cidade da Bahia, dez léguas ao redor dela, fossem compelidos a plantarem cada ano 500 covas de mandioca por escravo que tiverem de serviço e particularmente os que lavram por engenho as canas e os que plantam tabaco e possuem terras para o poderem fazer.[29]

Isto parecia resolver definitivamente a questão. Porém, dez anos depois, novas medidas para evitar a falta de farinha foram necessárias: fixação e controle de preços pelas municipalidades; penalização dos que estocavam o produto, elevando os preços; controle da saída de farinha para provimento de navios envolvidos com o comércio de escravos e importação de mercadorias do reino. Ademais, tais medidas, constantes de alvará régio de 1700, limitavam a plantação de cana àqueles que possuíssem mais de seis escravos e

---

25. As capitanias de Ilhéus e Porto Seguro foram incorporadas à capitania da Bahia em 1761.

26. Na Segunda metade do século XVIII, produtos como o café e o arroz, oriundos das vilas de Camamú, Cairú, Ilhéus, Boipeba, ocupavam posições significativas no rol das exportações para a Metrópole, além de movimentar o comércio urbano de lancheiros e vendeiros. AHU. *Bahia-Catálogo Castro e Almeida*. Docs. 18296-18315.

27. BNRJ. *Sessão de manuscritos*. II, 34, 6, 21. Em Barra do Rio de Contas, por volta de 1799, existiam lavradores com roças de 50 a 80 mil covas, em atividade que envolvia toda a gente da vila e seu termo e que rendera 30 mil alqueires de farinha enviados para Salvador nesse mesmo ano. Cf. SILVA, Sylvio C., 1989, p. 92.

28. BNRJ. *Documentos Históricos*. vol. 40, p. 129; vol. 87, p. 214-217; vol. 41, p. 47; vol. 88, p. 182-183.

29. AHU. *Bahia-Catálogo Castro e Almeida*. Doc. no. 1352.

proibia às vilas de Camamú, Cairú e Boipeba de investirem em outra cultura que não a produção de víveres, sobretudo a de farinha.[30]

Embora um controle eficiente pareça difícil ou quase impossível de ser empreendido pelas câmaras, foram várias as iniciativas nesse terreno, sobretudo da Câmara de Salvador, que, por vezes, surtiram alguns efeitos. Exemplo disso foi a punição, em 1725, de Antônio dos Santos, "senhorio do bergantim que se acha carregado para Angola, por levar mais farinha da terra do que o permitido pela Câmara, causando prejuízo ao povo nestes tempos de carência".[31] Uma outra ação foi proibir, em 1726, os navios que iam para a Costa da Mina de seguir viagem sem antes provar que a farinha que levavam era fruto das roças de seus senhorios, medida que encontrava respaldo entre a população mas desagradava negociantes do setor. [32]

O descontentamento desses segmentos comerciais revela aspectos interessantes das contradições do sistema mercantil-escravista, no tocante à produção para o mercado interno, e para a sua própria reprodução ampliada. A questão fundamental residia no fato de os comerciantes de escravos empenharem-se na garantia das condições normais para conduzir os seus negócios e obter os seus lucros sem se envolverem em atividades complementares e secundárias a essa finalidade. Havia pouca preocupação com o problema do abastecimento interno. Queriam, sim, encontrar o suporte necessário para viabilizar os seus empreendimentos. A rigor, a produção de alimentos lhes escapava e deveria ser garantida por outros segmentos sociais. Ao que transparece, o setor tinha relativa capacidade de produção, mas não funcionava totalmente ao sabor da lógica do mercado.

A pesca constituía-se atividade alimentar de idêntica importância para o comércio local. E também nesta, mais uma vez, destacavam-se vilas do Sul da capitania: Porto Seguro e Canavieiras. Em Porto Seguro e seu termo concentravam-se as zonas pesqueiras de maior magnitude, consolidadas a partir da existência de inúmeras aldeias de pescadores. Por volta de 1716, de lá chegavam semanalmente a Salvador mais de dez embarcações trazendo garoupas e meros salgados.[33] Na segunda metade do século XVIII, esse número já era bem maior, em torno de 20 a 30 lanchas.[34] Excluindo-se essas duas grandes áreas de exportação para a capital, a pesca era uma atividade amplamente praticada, em pequena escala, por quase todos os moradores que viviam no entorno da Baía

---

30. AMS. *Atas da Câmara, 1700-1718*. fl. 22-24.

31. AMS. *Condenações do senado, 1703-1805*. fl. 100-101.

32. APEB. *Série Ordens Régias, 1723-1728*. vol. 22, Doc. 81b.

33. BNRJ. *Documentos Históricos*, vol. 54, p. 71.

34. APEB. *Registro de correspondência expedida para autoridades diversas*. Maço 155 (1774-1777). Doc. 5. fl. 10v.

de Todos os Santos e nos principais povoados litorâneos. Destinada à sobrevivência das pequenas comunidades, em geral, havia sempre um pequeno excedente comercializável nos mercados urbanos, animando o comércio local.

A grande quantidade de mantimentos que circulava cotidianamente no porto de Salvador, destinados ao abastecimento da cidade e sua *hinterlândia*, bem como o rendimento de tal exportação,[35] sobretudo no final do século XVIII, indicam que os circuitos internos de produção de alimentos das vilas do Sul da capitania da Bahia, nesse período, inserem-se num movimento muito mais dinâmico e complexo que extrapola a explicação acerca da simples inserção da economia colonial nas linhas mais gerais da economia metropolitana. Sem deixar de considerar os laços existentes entre produção local e produção para exportação, sobretudo no caso do cultivo da mandioca, cuja farinha tornara-se fundamental no tráfico negreiro, é possível inferir que naquela, a baixa inversão de capitais atuava como estímulo ao incremento da produção no sentido de atender às demandas diversas, potencializar os lucros e extrapolar as limitações do mercado local. Ou seja, não seria exagero atribuir-lhe o caráter de economia regional inserida em um ativo mercado interno.

Circuitos internos de produção: as áreas sertanejas e o sistema agropastoril

Até meados do século XVII, a colonização portuguesa na América não havia ultrapassado os limites de áreas litorâneas. Na capitania da Bahia, a ocupação estava circunscrita à Baía de Todos os Santos e ao seu Recôncavo, com avanços de cerca de 10 léguas para o interior, margeando os rios.[36] O que não significa que as zonas sertanejas há muito não despertassem a curiosidade e o interesse das autoridades coloniais e dos próprios colonos. Vários relatos de época davam conta do quão proveitoso poderia ser a incursão por territórios tão distantes e ermos. Gandavo, em 1576, mencionara o "muito ouro que havia no sertão".[37] Já Gabriel Soares de Sousa fazia referência não apenas à existência de ouro e prata, cobre e esmeraldas, mas, também a "minas de aço mais fino que o de Milão".[38] No conjunto de descrições lendárias que, ao longo dos primeiros anos de colonização, foram construídas em torno dos sertões da Bahia, inclusive aquelas fornecidas pelo castelhano Filipe Guillén, destacava-se

---

35. Baltazar da Silva Lisboa, em seu "Relatório apresentado ao príncipe regente D. João", em 1808, faz referências aos rendimentos das "vilas do Sul" correspondentes à remessa de mantimentos para a capital, rendimentos estes, em alguns casos, bastante significativos (Camamú aparece com exportações em torno de 40 contos de réis e Barra do Rio de Contas 20 contos de réis). *Apud* NEVES; MIGUEL, 2007, p. 155-198.

36. *Idem*, p. 17.

37. GANDAVO, 1980, p. 84.

38. SOUSA, 1971, p. 349-352.

o curso do rio São Francisco enquanto depositário de ouro e pedras preciosas. Estas, certamente, contribuíram para que tanto o Estado como particulares organizassem expedições, ao longo dos séculos XVI e XVII, a fim de encontrar metais preciosos oriundos de certa "serra resplandecente", supostamente situada próxima ao rio São Francisco.[39]

A ideia de um sertão aurífero cedeu lugar à concretização de um sertão destinado à criação de gado, donde alguns dos ricos homens que organizaram expedições à procura de minérios tornaram-se, ainda na primeira metade do século XVII, importantes sesmeiros, ampliando territórios já adquiridos no litoral, a exemplo dos d'Ávila.[40] Desta família, Francisco Dias d'Ávila seria o precursor da conquista e povoamento da região do rio São Francisco. Lá, passou a criar gado, estendendo àquelas paragens o rentável negócio principiado por seu pai, Garcia d'Ávila, em meados do século XVI, com a construção de currais em Itapagipe, Itapuã e Tatuapara, localidades situadas nos arredores de Salvador. A fixação de zonas criatórias no sertão do São Francisco liberava as terras costeiras para o prioritário cultivo da cana-de-açúcar, ao tempo em que atendia à crescente demanda por carne, originada pelo aumento demográfico da cidade Salvador, pela formação de povoados ao seu redor e pela incidência de vilas no Recôncavo.[41] No limiar do século XVIII, os currais do São Francisco, que se beneficiavam da "largueza de campo" e da "água sempre manante de rios ou lagoas", como bem observou Antonil, tornaram-se os principais fornecedores de gado para a capital e para Pernambuco.[42]

Segundo Toledo, a partir de 1650, imediatamente após a expulsão dos holandeses, é que as terras do sertão do São Francisco foram verdadeiramente partilhadas. Tal partilha, efetuada mediante concessão de sesmarias, concentrou-se em quatro famílias de destaque da elite política e econômica da capitania da Bahia: os Dias d' Ávila (Casa da Torre), os Guedes de Brito (Casa da Ponte), os Peixoto Viegas e os Vieira Ravasco. Juntas passaram a deter, em poucos anos, centenas e centenas de léguas nos sertões da Bahia e de Pernambuco. As alegações para a solicitação de grandes extensões de terra iam desde a participação nas guerras de "pacificação de gentios bravos" ao auxílio à coroa na luta contra os holandeses, bem como ao

---

39. TOLEDO, 2006, p. 28-41. A autora descreve as várias expedições enviadas ao sertão nas primeiras décadas da colonização, com o intuito de encontrar ouro e prata – a primeira ocorreu em 1553, organizada pelo governador-geral Tomé de Souza, sob o comando de Francisco Bruzza de Espinosa –, e que retornaram por conta dos ataques de indígenas hostis. Faz ainda referência às entradas que tiveram por objetivo explícito o apresamento de índios, sendo que muitas, com a autorização do governo-geral, voltaram do sertão trazendo aldeias inteiras de índios cativos ou escravizados.

40. *Idem*, p. 28

41. AZEVEDO, 1969, p. 321-3.

42. ANTONIL, 1976, p. 199.

CONSUMO E ABASTECIMENTO NA HISTÓRIA   147

desejo de "povoar com gado e outras criações" terras "devolutas e desaproveitadas".[43] Nesse caso, a distribuição de sesmarias no sertão, como ocorrera com a produção açucareira no Recôncavo, atuava como sustentáculo de uma nova forma de exploração econômica do território colonial: a criação de gado. Determinação deliberadamente expressa no próprio instrumento de doação que geralmente fazia referência a terras para pastos, gados e currais.[44]

Pouco a pouco, a pecuária vai transformando os sertões baianos num imenso campo de pastagem. O arrendamento de terras, prática amplamente difundida, tinha como finalidade maior a criação de gado. Quer um sítio, um lugar ou uma fazenda, essas unidades, situadas no interior das sesmarias, configuravam as verdadeiras bases do sistema agropastoril.[45] Da ocupação inicial das margens do rio São Francisco e seus afluentes, as fazendas de gado avançaram sertões adentro: os do rio Inhambupe, do Itapicuru, do rio de Contas, do rio Pardo e do Jequitinhonha.[46] Antonil é quem melhor dimensiona as terras ocupadas pela pecuária nos sertões da capitania da Bahia. Segundo o autor,

> Estende-se o sertão da Bahia até a barra do rio de São Francisco, oitenta léguas por costa; e indo para o rio acima até a barra que chamam de Água-Grande, fica distante a Bahia da dita barra cento e quinze léguas; de Santunse cento e trinta léguas; de Rodelas, por dentro, oitenta léguas; das Jacobinas, noventa, e do Tucano cinquenta [...]. Os currais da parte da Bahia estão postos nas bordas do rio de São Francisco, na do rio das Velhas, na do rio das Rãs, na do rio Verde, na do rio Paramirim, na do rio Jacuípe, na do rio Ipojuca, na do rio Inhambupe, na do rio Itapicuru, na do rio Real, na do rio Vazabarris, na do rio Sergipe e de outros rios, em os quais, por informação tomada de vários, que correram este sertão, estão atualmente mais de quinhentos currais.[47]

Comercializado na feira de Capuame, distante oito léguas da cidade, o gado que chegava regularmente a Salvador destinava-se ao atendimento das necessidades do mercado urbano e de zonas circunvizinhas.[48]

Se o gado tornou-se a principal vocação econômica dos sertões, no entorno das fazendas e currais, sobretudo nas denominadas fazendas de engorda ou invernadas,[49] outras

---

43. TOLEDO, 2006, p. 120-125.

44. SILVA, Francisco C., 1996, p. 123-124.

45. *Idem*, p. 143.

46. NEVES; MIGUEL, 2007, p. 20.

47. ANTONIL, 1976, p. 188-189.

48. AMS. *Provisões, 1787*. fl. 15.

49. Um bom exemplo deste tipo de unidade produtiva é a fazenda "Brejo do Campo Seco", situada no sertão da vila do Rio de Contas, minuciosamente estudada por SANTOS FILHO, 1956.

148   DENISE MOURA · MARGARIDA DE CARVALHO · MARIA-APARECIDA LOPES (ORGS.)

estruturas produtivas foram se desenvolvendo, ora para subsidiar as zonas criatórias e de comercialização do produto, no caso do cultivo de gêneros alimentícios, por exemplo; ora como atividade econômica à parte, vinculada à agricultura exportadora, como as plantações de fumo e de algodão, este último já no final do século XVIII.[50]

Comercialização e consumo: mercadores, mercadorias e seus caminhos

É bem verdade, como afirmou Kátia Mattoso, que o "mercado de trocas, a nível internacional, [dominava] de longe todas as atividades comerciais e financeiras da Bahia", viabilizando lá fora a aquisição de produtos primários e trazendo "para o mercado consumidor interno bens aqui não produzidos, quer sejam manufaturados ou mesmo alimentícios".[51] A cidade de Salvador constituía-se no núcleo urbano mais dinâmico, cujos resíduos de tal dinamismo comercial espraiavam-se pelas principais vilas do Recôncavo. De uma ou outra forma, a vida cotidiana dos moradores da capital girava em torno da atividade mercantil, como argumentou Maria José Rapassi Mascarenhas em estudo sobre elite e riqueza em Salvador, entre 1760 e 1808.[52] A tal constatação há muito havia chegado Vasco Fernandes César de Menezes, vice-rei do Brasil, ao afirmar, em 1723, "que eram poucos os moradores que não negociassem para umas e outras praças" dentro e fora da colônia.[53]

Esses elementos nos permitem concluir que a capitania da Bahia, sobretudo a sua capital, reunia condições favoráveis ao desenvolvimento de agentes comerciais de natureza diversa. No seu seio, forjaram-se instrumentos essenciais e identificadores do grupo mercantil e de sua reprodução ampliada. Processo que se dava para além da capital, da capitania e que se propagava por toda a América portuguesa e parte do império.

Pode-se dizer que o comércio na Bahia seguia, em linhas gerais, a dinâmica e formas de funcionamento do restante do território colonial.[54] Tal identidade pode ser verificada nos tipos de relações comerciais realizadas, na estruturação interna e externa dos mercados e das redes mercantis, na relativa homogeneidade da oferta e da procura, na designação do

---

50. SILVA, Francisco C., 1996, p. 148.

51. MATTOSO, 1978, p. 239-240.

52. Através da pesquisa em 322 inventários de residentes em Salvador no período citado, Maria José Rapassi Mascarenhas comprovou que mais de cem pessoas dentre os inventariados exercia algum tipo de atividade diretamente vinculada ao comércio. MASCARENHAS, 1998, p. 138.

53. APEB, *Provisões*, vol. 56, fl. 127.

54. Estrutura mercantil que reproduzia, guardadas as devidas proporções, a vigente na metrópole. Sobre a comunidade dos comerciantes de Lisboa veja-se o denso estudo de Jorge Miguel de Melo Viana Pedreira, 1995. Sobre comércio e comerciantes na Bahia: FLORY, 1978; LUGAR, 1980. Sobre comerciantes de Lisboa e da Bahia, ver SMITH, 1975.

vocabulário social, na codificação do estatuto dos negociantes e, sobretudo, nas características do conjunto dos agentes envolvidos na atividade comercial.[55]

OS AGENTES DO COMÉRCIO EXTERNO E SUA REPRODUÇÃO INTERNA

Talvez por suas próprias características, necessidade de maior inversão de capital e risco elevado, o comércio externo ficava restrito a um pequeno número de pessoas. Na Bahia, embora estivesse concentrada nas mãos de poucos agentes, tal atividade apresentava uma estrutura social bastante subdividida.

No topo da escala, estavam aqueles que usavam seus próprios cabedais na exportação dos produtos primários para os mercados internacionais dos quais importavam bens manufaturados, produtos de subsistência e escravos, além dos que se estabeleciam efetivamente na praça na condição de correspondentes.[56] Nesta condição, podiam chegar ao ápice da vida comercial, quando passavam a negociar a compra de açúcar, com os senhores de engenho, e a venda, no atacado, de produtos importados. Na Bahia, Frutuoso Vicente Viana, Luís Coelho Ferreira, Antônio Cardoso dos Santos, dentre outros, figuravam na lista dos que se autodenominavam gente que "na cidade da Bahia tem casas com a formalidade de homens de negócio", ou comerciantes de "grosso".[57] Balthazar Álvares de Araújo, João Gomes Batista e Francisco Gomes do Rego, residentes na Bahia, foram importantes correspondentes de Francisco Pinheiro, um dos mais ricos comerciantes do reino, na primeira metade do século XVIII.[58] No nível intermediário, ficavam os comerciantes que vinham com cargas consignadas por grandes negociantes de Lisboa, dos quais eram, em geral, caixeiros e recebiam por comissão, obtendo, por conta disso, certa segurança nas transações. Se vitoriosos na empreitada, ser-lhes-ia ampliada a responsabilidade e competência, o que lhes possibilitaria negociar em praças distantes (África, ou o Rio da Prata, em geral).[59] Na base, estavam os denominados "mercadores de loja aberta", ou seja, revendedores, no varejo, dos produtos importados do reino; os comissários volantes, que vendiam pelos termos e vilas; e os classificados como mercadores de arribação, que sobreviviam das carregações vindas de Lisboa com mercadorias para serem trocadas por gêneros

---

55. Vejam-se os trabalhos de: FURTADO, 1999; CHAVES, 1999.

56. MATTOSO, 1978, p. 248.

57. CALDAS, 1951, p. 316.

58. Junia Ferreira Furtado faz alusão à rede de correspondentes formada por Francisco Pinheiro no Brasil, da qual constam, inclusive, irmãos e sobrinhos. FURTADO, 1999, p. 60-78.

59. LISANTI FILHO, 1973, vol. I, p. 7-128.

da terra. Estes, geralmente, agiam por conta própria, "correndo o risco de perder dinheiro no negócio", caso não conseguissem vender ou trocar seus produtos.[60] Como assinalou Rae Flory, de uma ou outra forma, os comerciantes baianos estavam envolvidos na distribuição interna, alguns, mesmo na local, dos produtos oriundos do reino, constituindo-se em traço importante de seu ramo de negócio.[61]

No que dizia respeito à trajetória dos grandes comerciantes, a *escola* parecia ser mesmo a carreira como simples auxiliar – caixeiro – de alguma casa comercial importante em Lisboa,[62] ou de importante comerciante em outras partes do Império. Jorge Pedreira, discutindo os padrões de recrutamento e as trajetórias pessoais dos homens de negócio da praça de Lisboa, de 1755 a 1822, faz referências ao fato de a maioria dos comerciantes daquela cidade, cerca de 40% do total, oriundos de outras regiões de Portugal, ter passado pelo Brasil e, muitos outros, especialmente os lisboetas, também pelas Ilhas, Ásia e África. Antes de partirem para o ultramar, podiam exercer transitoriamente um ofício mecânico ou um emprego de caixeiro. Refere-se, também, a tantos outros que tiveram percursos idênticos e que aprenderam com parentes, ou com comerciantes da relação destes, a "arte de negocear". Pedreira advoga a tese de que a família constituía um dos principais suportes da formação das redes sociais que propiciavam o início de uma carreira no comércio. Na opinião deste autor,

> as solidariedades familiares forneciam uma base natural para o desenvolvimento da organização comercial, em particular numa época em que o grosso trato e os instrumentos de crédito que o sustentavam assentavam na confiança pessoal, no juízo sobre a probidade e a boa fé dos intervenientes. Os vínculos entre pais e filhos; tios e sobrinhos, e entre irmãos e primos conformavam, em parte, a tessitura de relações por intermédio das quais se processava o negócio por grosso.[63]

Na Bahia, dois exemplos, entre tantos outros, retratam bem a situação acima mencionada e indicam condições similares às do reino no concernente ao monopólio das atividades comerciais por redes familiares restritivas. Custódio Rodrigues da Rocha e Domingos da Costa Braga, importantes negociantes de grosso trato, ou "mercadores de sobrado", de

---

60. MASCARENHAS, 1998, p. 145.

61. FLORY, 1978, p. 220-221.

62. LISANTI FILHO, 1973, p. 148.

63. Jorge Pedreira cita o exemplo de Antônio Martins Pedra, que saiu do termo de Barcelos para Lisboa, onde serviu como caixeiro, e depois foi para o Rio de Janeiro, aprender o negócio em casa de um primo, que, por sua vez, já tinha ido para a companhia de um irmão. Enriqueceu e tornou a Lisboa, onde, aproveitando os conhecimentos que fizera no ultramar, manteve um tráfego volumoso, em que empregava o seu próprio navio. PEDREIRA, 1995, p. 218, 221, 235, 239, 243.

Salvador, na primeira e segunda metade do século XVIII, respectivamente, conformam a regra até então observada. Custódio, natural da Freguesia de São Salvador do Passo de Sousa, no Porto, antes de ir para a Bahia, já havia trabalhado na "loja de fazendas brancas e de cores" de um tio, na própria cidade do Porto. Seguiu para Salvador para trabalhar com um primo, conseguindo, tempos depois, montar o seu próprio negócio e ainda trazer o irmão, Inácio Rodrigues da Rocha, a quem ensinara a profissão e com quem mantivera sociedade até a sua morte, em 1759.[64] Domingos, natural de Braga, descendia de família de negociantes que fizeram fortuna na Bahia, tendo Adriano da Costa Braga, seu tio, como um dos mais conhecidos e respeitados homens de negócio desta praça. Primeiro vieram do reino, precisamente de Braga, tios e primos[65] que, uma vez estabelecidos, iniciaram no ofício seus irmãos, Miguel e José da Costa Braga, e estes, por fim, trouxeram-no quando ainda jovem. Amparado por laços de parentesco que lhe asseguraram condições favoráveis ao desenvolvimento da atividade mercantil, Domingos tornara-se um dos mais ricos comerciantes de Salvador setecentista, com negócios que iam do tráfico de escravos às carregações, vindas, sobretudo, do Porto. Possuía seus próprios navios e costumava financiar certos negociantes em suas transações comerciais, por meio de empréstimos a juros.[66] Deixara como único herdeiro o sobrinho, João de Oliveira Braga, menor, filho de um de seus irmãos, a quem já havia passado os conhecimentos elementares da profissão. Neste particular, Domingos da Costa Braga ilustra e confirma as constatações de Catherine Lugar sobre o comportamento social de negociante, indivíduos que, mesmo solteiros e sem filhos, jamais desprezavam as relações familiares, protegiam irmãos, primos e, nomeadamente, sobrinhos, aos quais, na maioria das vezes, faziam questão de ensinar a negociar, quando não os deixavam como herdeiros.[67]

Entretanto, no mundo mercantil, embora fosse mais fácil adquirir poder econômico se oriundo de núcleo familiar comercial já consolidado, é preciso compreender que a relação entre família e negócios não se dava no sentido de reprodução da parentela, como alertou Pedreira. Ao contrário, as redes comerciais estabelecidas não se configuravam em "estratégia geral da família que vinculasse todos os seus membros", não obstante os elos familiares na atividade comercial estivessem, quase sempre, na origem de sólidas firmas comerciais. Característica que se manifestava por todo o império.[68]

---

64. APEB. *Testamentos e Inventários*. Doc. 03/1022/1491/08.

65. Os tios João da Costa Braga e Domingos Rodrigues da Costa Braga, e o primo, Manoel Fernandes da Costa, em 1759, já figuravam na relação dos principais comerciantes da cidade de Salvador. Ver CALDAS, 1951, p. 316.

66. APEB. *escrituras*. l. 123, fl. 178.

67. LUGAR, 1980, p. 226-234. A tendência para o celibato parece ter sido uma constante, em todo o Brasil, entre os negociantes do fim do período colonial, como atesta SILVA, Maria B., 1996, p. 105.

68. PEDREIRA, 1995, p. 244.

Na Bahia, eram muitos os comerciantes que tinham sociedade com pelo menos um irmão no reino, além de manter representantes da sua relação familiar em vilas pelo interior da capitania. Joaquim Barbosa de Almeida tinha no reino seu irmão João Alves Couto que lhe remetia mercadorias.[69] O citado Domingos da Costa Braga, por exemplo, mantinha com o irmão, Manuel da Costa Braga, morador da freguesia de Santa Maria de Ferreiros, extramuros de Braga, intensas atividades comerciais[70] ao tempo em que, de Salvador, remetia mercadorias vindas do reino para seu primo e sócio, Jerônimo Álvares da Silva Braga, morador da vila de Cachoeira e comerciante de loja aberta.[71] Este, por sua vez, deixava a cargo do primo Matias Pereira Braga a comercialização de suas mercadorias pelos sertões da Bahia, sobretudo para a comarca de Jacobina.[72]

Esses exemplos demonstram que as sociedades mercantis de base familiar podiam ser tanto um instrumento de organização do negócio como um meio de inserção da parentela, em seu significado mais amplo,[73] situação evidenciada por Carla Maria Carvalho de Almeida ao estudar a trajetória do nobre Maximiliano de Oliveira Leite, cuja família estivera envolvida na arrematação de importantes contratos na capitania de Minas Gerais no século XVIII.[74]

O que se pode concluir é que as atividades mercantis na Bahia davam-se de diferentes formas e escalas que, de um ou outro modo (seja como correspondente, comissário, etc.), possibilitavam a inserção no mundo dos negócios. No caso do grupo abordado, era a atuação no comércio ultramarino que os punha diretamente na rota do mercado interno, através da redistribuição de produtos importados. Eram o elo entre mercado externo e interno, sobretudo quando mercado interno não significava necessariamente a comercialização dos gêneros de subsistência produzidos localmente.[75]

---

69. *Idem*, p. 245.

70. APEB. *Testamentos e Inventário*. Doc. 04/1575/2044/02.

71. APEB. *Escrituras*. L. 84, fl.106.

72. APEB, *Escrituras,* L.94, fl.49.

73. PEDREIRA,1995, p. 244.

74. ALMEIDA, 2007, p. 123-193.

75. APEB. *Autos-Cíveis*. cx. 443. Doc. 15. 1808.

CONSUMO E ABASTECIMENTO NA HISTÓRIA   153

Tabela 1 – Alguns tipos de mercadorias importadas e redistribuídas na praça da capitania da Bahia – séc. XVIII

Azeite	Aguardente do reino	Aletria	Barbante
Bolacha	Canos de espingarda	Chapéus de Braga	Cobertores em manta
Estopa	Ferragens de casa	Ferragens de agricultura	Pomadas
Barris de pólvora	Presunto	Pedras de cantaria	Maços de linha
Meias de linho	Peças de holandilhas (da França e da Holanda)	Pipas de vinho	Chapéus de tafetá
Louças	Serviço de mesa de Guimarães	Marroquins	Azulejos
Água de Quina	Côvados de baetilha	Peças de Bretanha de Hamburgo	Cambraias
Calções de seda	Ternos	Fitas	Chicotes
Fitas para cabelo	Azeitonas	Bandeiras	Cartas de jogar
Cera	Chocolate	Farinha de trigo	Velas
Grades	Ornamentos	Rapé	Vinagre
Alcatrão	Anéis	Arcos de ferro	Aço
Bacalhau	Bronze	Chumbo	Cobre
Folha de espada	Folha de Flandres	Manteiga	Panos
Queijos	Vidros	Botões	Sabão
Cetim	Chitas da Índia	Lenços	Brim
Meias de seda pintadas para homem	Abotoaduras de ouro	Fivelas	Tesouras
Cadarços	Cordões	Balanças	Miçangas
Chás da Índia	Chalés	Cravo da Índia	Drogas da Índia

Fonte: Arquivo Histórico Ultramarino. Capitania da Bahia. Série Castro e Almeida. Cx. 105. Doc. 20521-20526; Cx. 94. Doc. 18296-18315. APEB. Seção Judiciária. *Autos Cíveis 2.* Doc. 11/377/02.

Como afirma Pedreira, "as heranças sociais e as relações familiares ou profissionais ofereciam a uns ensejos que negavam a outros",[76] mas, se por um lado, a arte de negociar mantinha-se aberta a novos sujeitos, por outro, certos fazeres mercantis, o grosso trato e os monopólios e contratos, por exemplo, restringiam-se a um pequeno grupo, geralmente oriundo de um mesmo tronco familiar. O controle dos contratos do tabaco (Felix Oldenberg e filho, Martinho Velho Oldenbergd, Quintela) do pau-brasil, dos diamantes (João Fernandes de Oliveira, pai e filho homônimo) da pesca das baleias (família Quintela), constitui-se, no plano geral, exemplo significativo.[77] Entretanto, a incidência de redes familiares sobre esta modalidade de comércio também se manifestava localmente, ou seja, sobre as atividades submetidas a contratos nas próprias vilas e cidades, bem como àquelas a cargo das municipalidades. Em Salvador, tal situação manifestava-se nomeada-

76. PEDREIRA, 1995, p. 150.

77. *Idem,* p. 157; SIMONSEN, 1978, p. 63.

mente sobre os contratos municipais mais rentáveis, mas não apenas, como o monopólio da carne, as rendas das Balanças da Praia e do Peso Real e a renda do Ver.

No caso do monopólio da carne verde, por exemplo, para conquistar e manter uma fatia desse concorrido mercado, até mesmo famílias de marchantes se associavam. Os Araújo Rosa e os Ribeiro, por exemplo, tornaram-se sócios e arremataram, por longo período, os talhos de Passé, Mata de São João e Santo Amaro de Ipitanga; os Ferreira e os Couto, os talhos da Penha, dos Mares, Itapagipe e Cabula; os Aragão e os Teixeira, os talhos da Vitória, Mercês, Preguiça e Soledade.[78]

Também na arrematação da Renda do Ver[79] e das Balanças da Praia e do Peso Real[80] verificou-se idêntica situação. A concorrência nos lançamentos era praticamente inexistente e a permanência, ou pouca oscilação, dos preços em determinados períodos correspondia ao predomínio de um único rendeiro ou de um mesmo grupo disputando o direito de arren-damento. Antônio José da Silveira, Manuel Francisco Domingues e Bernardino José Pereira, por exemplo, dividiram entre eles, por quinze anos consecutivos, a Renda do Ver. De um ano para o outro, era quase insignificante a diferença de preços pela qual um deles a arrematava.[81] Ademais, os rendeiros do Ver concorriam ainda em outras rendas, sobretudo na dos talhos ou, quando não, tinham vínculos familiares com rendeiros de diversas rendas.[82]

A arrematação das rendas das Balanças do Peso Real e da Praia parecia ser igualmente ou ainda mais seletiva. Durante 33 anos uma única pessoa, Manuel José Froes, conhecido negociante de secos e molhados, monopolizou a concessão da renda do Peso Real por doze anos seguidos; João Joaquim Silva e José Gonçalves Cruz por onze. A renda da Balança da Praia em 22 anos teve seis rendeiros, numa média de 3,6 arrematações para cada um, sen-do que duas pessoas, Alexandre de Campos Lima e José Martins Sampaio, arremataram a renda por sete vezes. A justificativa para tal concentração residia na associação entre o alto capital a ser investido e o caráter elitista de ambas as rendas, diretamente relacionadas a

---

78. AMS. *Arrematação das Rendas da Câmara, 1704-1809*, sn. fl.

79. Oriunda das taxas cobradas pela municipalidade pela transgressão de posturas e almotaçarias relativas à comer-cialização de produtos.

80. Proveniente das taxas pagas por comerciantes e consumidores para a utilização das balanças públicas instaladas em pontos estratégicos da cidade.

81. Em 1773, José da Silveira arrematou o Ver por 705 mil réis, no ano seguinte o maior lanço foi o de Manuel Francisco Domingues, que a adjudicou por 720 mil réis. Em 1775, José da Silveira tornou a deter o direito de arrecadar a Renda do Ver por 650 mil réis, mas logo Bernardino de Sena cobrindo o lanço de 670 mil réis, oferecido por Silveira, a arremata por 700 mil réis. E essa disputa, sem grandes evoluções no preço da Renda do Ver, permaneceu por quinze anos. Nesse tempo a concorrência se deu praticamente entre os três negociantes. AMS, *Arrematação das Rendas da Câmara, 1767-1780, 1781-1798*.

82. João de Sousa Ribeiro, forte rendeiro do Ver era irmão de Antônio, Luciano e Teodósio, rendeiros de talhos e da Balança do Pescado.

CONSUMO E ABASTECIMENTO NA HISTÓRIA   155

atividades comerciais de grande e médio porte, como às transações mercantis com açúcar, tabaco e gêneros alimentícios vendidos a atacado.

Há ainda que se levar em conta a relação do grupo dos contratadores de rendas municipais, em Salvador, com amplos setores mercantis, por serem deles oriundos, que lhes afiançando os negócios garantiam a continuidade e reprodução do sistema de arrematação e da intervenção dos rendeiros em diferentes níveis. Vários comerciantes de "grosso trato" foram sempre fiadores de "rendeiros da Câmara", como José Lopes Ferreira que se tornou tradicional fiador de arrematantes da renda do Ver, dos Talhos e das Balanças.[83] Outros, como Manuel Dantas Barbosa, figuravam entre os principais fiadores de rendeiros dos Talhos e da Balança da Praia. Manuel, administrador das dízimas reais por anos consecutivos, afiançava marchantes de peso como Cristóvão Soares Nogueira e José Álvares de Sousa. De 1746 a 1751, apresentou-se também como um dos mais importantes abonadores de Alexandre de Campos Lima, rendeiro da Balança da Praia.[84]

A proteção de grandes comerciantes de grosso podia, seguramente, garantir aos contratadores de rendas municipais posição privilegiada, através da qual lhes era possível criar sua própria rede de influência. Esta, por seu turno, retraia o poder de intervenção da Câmara em aspectos fundamentais da vida material da população, uma vez que os rendeiros controlavam funções vitais para o abastecimento da cidade, além de limitar o potencial de arrecadação do erário público municipal, na medida em que pressionava para baixo os valores das arrematações.[85]

A par dos requisitos e condições de acesso ao exercício da atividade comercial, na Bahia, seja na metrópole, seja em suas colônias do ultramar, o que se pôde perceber foi o desenvolvimento de um expressivo grupo mercantil afinado com as práticas recomendáveis ou aceitáveis para o exercício da profissão e que se distinguia, sobretudo no plano econômico, da elite produtora local.[86]

OS AGENTES DO MERCADO LOCAL: OS QUE COMPRAVAM E VENDIAM UM POUCO DE TUDO

Os mecanismos de circulação de mercadorias necessárias à reprodução cotidiana do conjunto da população da capitania, irregularmente distribuída na capital e nas principais

---

83. AMS, *Arrematação das Rendas da Câmara, 1781-1798; Fianças, 1789-1795;* CALDAS, 1951, p. 316-321.

84. AMS. *Arrematação das Rendas da Câmara, 1738-1750.*

85. BNRJ, Seção de manuscritos. *Carta da Câmara da Bahia ao Rei,* II, 33, 24, 40.

86. SMITH, 1975, p. 276. Do ponto de vista social, os comerciantes integravam-se à sociedade estamental da época, marcada pelo símbolo da nobreza e da honra, através da posse de terras, engenhos e escravos.

vilas, impunham, necessariamente, a conformação de uma rede de pequenos e médios negócios destinados a atender consumidores de poder aquisitivo diversificado.

Os agentes envolvidos nesse ramo de atividade formavam um grupo heterogêneo e de difícil classificação e especificação de suas especialidades. Integravam-no indivíduos com denominações diversas: lancheiros, vendeiros, taberneiros, regateiras e regatões. De maneira geral, dedicavam-se ao comércio a retalho, a exceção dos lancheiros cuja função era prover as vendas e tabernas – a atacado – de farinhas e cereais oriundos dos centros produtores da capitania. Estas, por seu turno, praticavam a venda "a miúdo", como se dizia à época, desses comestíveis de primeira necessidade, mas, também, em menor proporção e mediante prévia autorização dos detentores de monopólios comerciais, de gêneros submetidos a contratos como o sal, azeite de oliva, vinho e vinagre.[87]

O comércio em tabernas e vendas, ao contrário do de rua, constituiu-se em negócio desenvolvido quase que exclusivamente por indivíduos de cor branca e mestiça. Diferentemente de outras cidades brasileiras, a exemplo de São Paulo, da Vila de Mariana e Vila Rica, onde a "administração de vendas constituiu-se em uma das ocupações que mais incorporavam os contingentes femininos pobres",[88] em Salvador, estimativas seguras dão conta de que 80% dos ocupantes dessa atividade eram compostos de homens.[89] Na capitania da Bahia, a vila de Rio de Contas parece constituir-se exceção. Nesta localidade, Albertina Lima Vasconcelos computou a existência de mulatas donas de tabernas e vendas.[90]

As atividades mercantis, desenvolvidas no interior das cidades e vilas e seu termo, eram regulamentadas pelas municipalidades.[91] A exigência de licenças anuais, de aquisição de balanças e medidas devidamente afiladas, bem como a fixação de preços de produtos e de lugares determinados para o estabelecimento de vendas e tabernas ou o comércio ambulante, fazia parte dos atos rotineiros das câmaras municipais e, geralmente, obedeciam à necessidade de racionalização e controle do espaço

---

87. AMS. *Atas da Câmara de Salvador, 1731-1750*, fls. 92. APEB. Arquivo Colonial e Provincial. *Câmaras do interior da Bahia (1766-1799)*. Maço, 199.

88. FIGUEIREDO, 1993.

89. AMS.*Condenações do Senado, 1703-1805; Licenças, 1785-1791/ 1792-1796/ 1797-1801*.

90. VASCONCELOS, 1998, p. 142. A autora citou o relatório do engenheiro Miguel Pereira que, percorrendo o território de Rio de Contas, em 1720, registrou a existência de "uma mulata [...] que só de uma vez mandou para baixo meia arroba de ouro a comprar fornecimento para a sua venda [...] e [lá] há outras de semelhante vida".

91. Conferir os estudos de Denise A. Soares de Moura para a cidade de São Paulo, nomeadamente: "Região, relações de poder e circuitos mercantis em São Paulo (1765-1822)". *Saeculum. Revista de História* [14]; João Pessoa, jan./jun. 2006.

urbano e aos fluxos conjunturais que afetavam o comércio local.[92] Se isto era válido para as vilas menores, na capital, as posturas municipais eram regularmente editadas e incisivas quanto a certos itens de controle, sobretudo quanto à arruação de vendas e tabernas: fixava

> os que vendem por atacado e de retalho [...] desde a alfândega até a igreja do Pilar [...] na Cidade Baixa. Na Cidade Alta, desde as Portas de São Bento até as Portas do Carmo [...] e do Taboão até a rua nova que se está fazendo [...].[93]

É certo que não era fácil impedir a instalação de vendas e tabernas por todos os cantos da cidade, mas a Câmara de Salvador esforçava-se para fazer valer a sua autoridade sobre o comércio local. Exemplo revelador foi a decisão dos vereadores do ano de 1723 de derrubar dois estabelecimentos localizados indevidamente, ou seja, fora do trecho previsto nas posturas, junto à Fonte do Gravatá, e de penalizar em 6 mil réis os seus proprietários.[94]

O comércio ambulante representava o último nível do processo de circulação de mercadorias indispensáveis à reprodução material e social dos habitantes dos núcleos urbanos da capitania no século XVIII. Braudel, ao estudar a dinâmica das trocas na Europa, entre os séculos XV-XVIII, já o tomava como intrínseco à macroeconomia, responsável pela manutenção e propagação da venda e consumo de produtos diversos.[95]

Na Bahia, tanto na capital como nas vilas do Recôncavo e Sertão, o grupo das regateiras e dos regatões, como era denominado, constituía-se em sua maioria por escravos e libertos e, em menor proporção, por brancos pobres. Sobrevivia mediante o comércio dos sobejos do mercado externo – a comercialização de produtos de menor valor, sobretudo em Salvador –, de certo excedente das zonas produtoras de alimentos e, nomeadamente, do fruto de roças e quintais – frutas, verduras, hortaliças – e de comidas já prontas. A indiscreta visibilidade dos "vendedores de porta" colocava-os sob constante vigilância e regulação camarária. Tentativas de fixá-los em determinados lugares, tal qual aos donos de vendas e tabernas, nunca davam certo. Se a justificativa para isso era a de que suas "andanças pelas ruas, e a vendagem de comida, dificultava o tráfego",[96] retrucavam lembrando aos vereadores que "o dever

---

92. APEB. Arquivo Colonial e Provincial. *Câmaras do interior da Bahia (1766-1799)*. Maço, 199.

93. AMS. *Posturas, 1716-1742*, 1785.

94. AMS. *Condenações do Senado, 1703-1805*. fl. 64.

95. BRAUDEL, 1998, vol. 2, p. 59.

96. AMS. *Ofícios ao Governo, 1768-1807*. fl. 7; *Condenações feitas pelos almotacés, 1777-1785*. s. fl. *Atas da Câmara, 1776-1787*. fl. 91-7.

dos camaristas é seguir o exemplo do reino, onde é usual terem os vendilhões tendas e tabuleiros pelas ruas".[97]

Embora dinâmico, esse mercado local não era alheio às tendências de fluxo e refluxo de setores tradicionalmente vinculados à agroexportação. O seu espaço de atuação ampliava-se à medida que se tornava o elo necessário entre o rural e o urbano, produtores e consumidores, canal privilegiado de circulação e distribuição de víveres e gêneros diversos. Expressava, nos níveis de troca, de compra e venda e de comercialização de excedentes, a emergência de um espaço "periférico" no interior do sistema.

A dinâmica de velhos e novos caminhos do comércio: o impacto minerador

O gradativo deslocamento das zonas criatórias do litoral para os sertões, verificada já na segunda metade do século XVII, representou, sem dúvida, a abertura de estradas e caminhos, a ocupação humana de territórios distantes e o povoamento regular. O consumo de carne, cada vez mais crescente na capital e no Recôncavo, impulsionava a expansão das fazendas de gado, a dinamização dos circuitos mercantis e punha em evidência tanto criadores como agentes comerciais vinculados à atividade.

Em Salvador, a oferta do produto era rigidamente regulamentada pelas autoridades municipais. Feiras,[98] currais, matadouros, açougues públicos e talhos sofriam a ação sistemática da Câmara na busca pelo abastecimento regular. Controle que causava desconforto ao fazendeiro, como bem dizia João Rodrigues de Brito, "vexado ao ser obrigado a conduzir o gado por uma única e mesma única estrada trilhada por muitos milhares de reses [...] até chegar à feira, onde só então podia desfazer do seu bem pelo preço determinado pela Câmara [...]".[99] Entretanto, não obstante às restrições, o comércio de gado e da carne e, posteriormente, sobretudo do couro, movimentava a capital e era o responsável por negócios volumosos e pela emergência de redes comerciais e de comerciantes poderosos.

Se o gado já impulsionava o desenvolvimento do mercado interno baiano, descoberta as minas, na região das Gerais, no final do século XVII, e na própria capitania da Bahia, em Jacobina e Rio de Contas, no início do século XVIII, tornara-se produto privilegiado no provimento das zonas mineradoras, incrementando a lista dos gêneros que transformaram a Bahia, naquele momento, no seu principal mercado abastecedor.

---

97. AMS. *Ofícios ao Governo,1712-1767*. fl. 124-5.

98. A mais importante era a de Capoame, mas há referências a outra feira de gado que ocorria na freguesia de Mata de São João. MOTT, 1976, p. 88.

99. BRITO, 1924, p. 36-7.

De acordo com Zamela, vários fatores contribuíram para alçar a capitania da Bahia a tal condição: as facilidades geográficas, tanto terrestres como fluviais, que a ligavam à região aurífera; o dinamismo do comércio externo, com a importação de produtos europeus; e a multiplicação de currais pelo sertão.[100] Esses fatores determinaram a corrida para as minas, feita pelos diversos segmentos da população baiana. A euforia aurífera era tanta que mesmo a proibição régia, constante no Regimento das Minas, de 1702, de se comercializar qualquer outro produto com as minas que não fosse gado, nunca conseguiu ser efetiva. A intenção da coroa era impedir os descaminhos do ouro, posto não se ter instrumentos de controle na Bahia – a exemplo das casas de fundição estabelecidas nas capitanias de São Paulo e Rio de Janeiro –, bem como evitar a ruína dos engenhos com a venda de escravos do Recôncavo para as áreas de mineração. O contrabando tornou-se então a regra, até 1711, quando a proibição foi derrogada e pelos caminhos do sertão continuou-se, mesmo sob o impacto da abertura do "caminho novo" – que ligou o Rio de Janeiro às Gerais –, a enviar para as minas não apenas gado, mas escravos, mercadorias importadas e víveres diversos.[101]

Eram muitos os caminhos da Bahia em direção às minas. Entretanto, a ligação da capitania com a região aurífera não principia com a descoberta do ouro. É fruto da incursão de bandeirantes paulistas que, ainda no século XVII, abriram rota interligando vilas da capitania de São Paulo ao rio São Francisco, através do que seria a área mineradora, e chegaram ao Maranhão, Pernambuco e Bahia. Por meio desta passagem, denominada "Caminho Geral do Sertão", famílias inteiras, oriundas de São Paulo, povoaram as bordas do São Francisco em diferentes direções.[102] Nesse caso, as descobertas minerais intensificam redes de caminhos, ao que parece, a partir de alguns já existentes pelos sertões, sem deixar de lembrar aqueles através dos quais se conduzia o gado dos sertões do São Francisco à cidade de Salvador e ao recôncavo.

Do recôncavo baiano partia o mais importante caminho para as minas, o "Caminho do Ouro da Boa Pinta", do rio São Francisco em diante conhecido como "Caminho dos Currais do sertão".[103] Da vila de Cachoeira, margeando o rio Paraguaçu, até as nascentes auríferas do Rio de Contas que, uma vez transposto, deixava duas opções: ou seguia-se

---

100. ZAMELA, 1990, p. 69.

101. *Idem*, p. 71-81. Assim como o comércio da capitania da Bahia para as minas, também o comércio de São Paulo foi afetado com a abertura do "caminho novo". Cf. BLAJ, 1995.

102. "Informações sobre as minas do Brasil", manuscrito anônimo da Biblioteca da Ajuda, In: *Anais da Biblioteca Nacional*, vol. LVII, p. 173, *apud* ZAMELA, 1990, p. 125.

103. NEVES; MIGUEL, 2007, p. 23.

rumo ao rio São Francisco e, por ele, até a confluência do rio das Velhas e de lá até as minas; ou pelo "caminho novo e mais breve", percorrendo o curso do rio Verde Grande.[104]

De acordo com relatos de época, os caminhos da Bahia eram mais confortáveis do que os que ligavam as capitanias de São Paulo e do Rio de Janeiro às Gerais. Mais amplos e menos íngremes contavam em seu entorno com infraestrutura suficiente para tornar a jornada às minas mais suave:

> água em abundância, farinha em quantidade, carnes de toda espécie, frutas, laticínios, cavalos para se transportarem, pastos para as cavalgaduras, e casas para se recolherem, sem risco de Tapuyas nem de outros inimigos.[105]

Dos caminhos baianos seguiam para as minas sobretudo gado e escravos. Entretanto, raramente os condutores levavam apenas estas mercadorias. Tanto do "Caminho dos Currais do Sertão", como do "Caminho da Tacambira" – ligava Rio de Contas a Minas Novas –, entravam nas minas cargas diversas: sal, gado vacum, carne seca, peixe seco, aguardente, rapadura, secos e molhados (produtos importados) e escravos. Gêneros identificados por Cláudia Maria das Graças Chaves, ao estudar detalhadamente os postos fiscais e as principais rotas de comércio das comarcas do Rio das Velhas e Serro Frio na capitania de Minas Gerais.[106]

No recôncavo, a vila de Cachoeira concentrava os circuitos mercantis direcionados às minas. Os comerciantes que os formavam, tanto da cidade de Salvador como daquela própria praça, especializaram-se, além da venda de escravos, na distribuição de gêneros alimentícios, de produção local, e de mercadorias importadas da Europa, sob intermédio de Portugal. Alguns recebiam de negociantes de grosso de Salvador as mercadorias necessárias para o seu estabelecimento, parte das quais seguia para as Gerais através de comissários. Era o caso de Jerônimo Álvares da Silva Braga e de Matias Pereira Braga, cujos caminhos percorridos até as zonas auríferas passavam por Jacobina e Rio de Contas e, de lá, para Minas Novas.[107] Outros, como João Batista Teixeira, enviavam seus próprios representantes diretamente à capitania de Minas Gerias através do "Caminho dos Currais do Sertão". Em todos os casos,

---

104. ANTONIL, 1976, p. 186.

105. "Informações sobre as minas do Brasil", manuscrito anônimo da Biblioteca da Ajuda, In. *Anais da Biblioteca Nacional,* vol. LVII, p. 173, *apud* ZAMELA, 1990, p. 128.

106. CHAVES, 1999, p. 53-54, 83-97, 102-104, 108-116, 153.

107. APEB. *Escrituras.* L. 84. fl. 106. L. 94, fl. 49.

os produtos mais transportados eram trigo, bacalhau, ferramentas, azeite, louças, chapéus, meias e tecidos diversos oriundos da Índia, da China, de Hamburgo.[108]

De localidades situadas às margens do rio São Francisco, seguia para as minas, além do gado, peixe seco (surubim e dourado), farinha de mandioca e couro de lontra.[109] Alguns víveres produzidos em Rio de Contas também encontravam mercado consumidor em Minas Novas para onde Caetano Alves da Silva, morador daquela vila, enviou em 1939, vários alqueires de farinha e sacas de arroz e feijão, recebendo pagamento em ouro.[110]

A mineração impulsionou a abertura de caminhos no interior da própria capitania da Bahia, possibilitando maior circulação de gente e produtos. Joaquim Quaresma Delgado, em relatório ao vice-rei do Brasil, conde de Sabugosa, sobre sua expedição aos sertões, entre 1731 e 1734, à procura de minérios, descreve caminhos que davam acesso às áreas mineradoras de Jacobina e Rio de Contas e ao Alto Sertão da capitania, relacionados como "Caminho do Ouro Fino", ligava Salvador a Jacobina; "Estrada Real", unia Jacobina a Rio de Contas; "Caminho da Tacambira", conectava Rio de Contas a Minas Novas; "Caminho do São Francisco", via que seguia a margem direita do rio e descambava, passando pelo rio Verde Grande, na confluência do rio Paramirim; "Caminho do Paramirim", seguindo o curso do rio até o Alto Sertão da Bahia e deste para o recôncavo, através do chamado "Caminho da Bahia"; "Caminho do Salitre", de São Félix, no recôncavo, à "serra dos Montes Altos, no Médio São Francisco.[111]

Os caminhos do sertão serviram de vias de comunicação e de intercâmbios comerciais e socioculturais entre diversas localidades no interior da capitania da Bahia e desta com outras capitanias. Dinamizaram o mercado interno colonial ao possibilitar o suprimento de zonas distantes e antes praticamente inacessíveis. Elevaram a produção e negócio local ao nível regional, dando vazão, mediante estradas alternativas e vicinais, a trânsitos comerciais lícitos e ilícitos.[112] Prolongavam-se, cruzando-se uns aos outros, e originavam, em seu curso, estruturas diversas: produção, povoamento e urbanização.

---

108. APEB. *Escrituras*. L. 90. fl. 257v.

109. CHAVES, 1999, p. 97-99.

110. APEB. *Autos Cíveis 2*. cx. 327. doc. 10.

111. "Roteiro de Joaquim Quaresma Delgado". *Apud* NEVES; MIGUEL, 2007, p. 24, 54-145.

112. NEVES; MIGUEL, 2007, p. 21-22. Os autores referem-se aos caminhos do Alto Sertão da Bahia como rota privilegiada para contrabando de ouro de Minas Gerais e de Rio de contas no século XVIII.

Referências

FONTES IMPRESSAS

ANTONIL, André João. *Cultura e opulência do Brasil*. São Paulo: Melhoramentos; Brasília: INL, 1976.

BRANDÃO, Ambrósio Fernandes. *Diálogo das grandezas do Brasil*. São Paulo: Melhoramentos; Brasília: INL, 1977.

BRITO, João Rodrigues de. *Cartas econômico-políticas: sobre a agricultura e comércio da Bahia*. Lisboa: Imprensa Nacional; Bahia: Imprensa Official do Estado, 1924.

CALDAS, José Antonio. *Notícia geral de toda esta capitania da Bahia desde o seu descobrimento até o presente ano de 1759*. Salvador: Beneditina, 1951.

GANDAVO, Pero de Magalhães. *História da Província de Santa Cruz*. Belo Horizonte: Itatiaia; São Paulo: Edusp, 1980.

LAVAL, Pyrard de. *Viagem de Pyrard de Laval*. Porto: Livraria Civilização, 1944.

LINDLEY, Thomas. *Narrativa de uma viagem ao Brasil*. São Paulo: Companhia Editora Nacional, 1969.

LISANTI FILHO, Luis. *Negócios coloniais: uma correspondência comercial do século XVIII*. Brasília: Ministério da Fazenda; São Paulo: Visão Editorial, 1973. 5 vol.

SOUSA, Gabriel Soares de. *Tratado descritivo do Brasil em 1587*. São Paulo: Companhia Editora Nacional/ Editora da USP, [1971].

VILHENA, Luís dos Santos. *A Bahia no século XVIII*. Salvador: Itapuã, 1969, 3 vol.

BIBLIOGRAFIA

AGUIAR, Pinto de (ed.). *Aspectos da economia colonial*. Autor anônimo. Salvador: Progresso, 1957.

ALMEIDA, Carla Maria Carvalho de. "Uma nobreza da terra com projeto imperial: Maximiliano de Oliveira Leite e seus aparentados". In: FRAGOSO, João Luís Ribeiro; ALMEIDA, Carla Maria Carvalho de; SAMPAIO, Antônio Carlos Jucá de. *Conquistadores e negociantes: história de elites no Antigo regime nos trópicos. América Lusa, séculos XVII a XVIII.* Rio de Janeiro: Civilização Brasileira, 2007.

ARRUDA, José Jobson de A. *O Brasil no comércio colonial.* São Paulo: Editora Ática, 1980.

AUGEL, Moema Parente. *Visitantes estrangeiros na Bahia oitocentista.* São Paulo: Cultix, 1980.

AZEVEDO, Thales de. *Povoamento da cidade do Salvador.* 3ª ed. Salvador: Itapuá, 1969.

BARICKMAN, B. J. *Um contraponto baiano: açúcar, fumo, mandioca e escravidão no Recôncavo, 1780-1860.* Trad. Maria Luiza X. de A. Borges. Rio de Janeiro: Civilização Brasileira, 2003.

BLAJ, Ilana. *A trama das tensões: o processo de mercantilização de São Paulo colonial (1681-1721).* 366 f. Tese (Doutorado) – Faculdade de Filosofia, Letras e Ciências Humanas, Universidade de São Paulo, São Paulo, 1995.

BRAUDEL, Fernand. *Civilização material, economia e capitalismo – séculos XV-XVIII.* Tradução Telma Costa. São Paulo: Martins Fontes, 1998. 3 vol.

CHAVES, Cláudia Maria das Graças. *Perfeitos negociantes: mercadores das minas setecentistas.* São Paulo: Annablume, 1999.

FERLINI, Vera Lucia Amaral. *Terra, trabalho e poder: o mundo dos engenhos no nordeste colonial.* São Paulo: Brasiliense, 1988.

FIGUEIREDO, Luciano Raposo de Almeida. *Revoltas, fiscalidade e identidade colonial na América Portuguesa: Rio de Janeiro, Bahia e Minas Gerais, 1640-1761.* 554 f. Tese (Doutorado) – Faculdade de Filosofia, Letras e Ciências Humanas, Universidade de São Paulo, São Paulo, 1996.

FIGUEIREDO, Luciano. *O avesso da memória: cotidiano e trabalho da mulher em Minas Gerais no século XVIII.* Rio de Janeiro: José Olympio; Brasília: Edunb, 1993.

FLORY, Rae Jean Dell. *Bahia Society in the Mid Colonial Period: The Sugar Planters, Tobacco Growers, Merchantes, and Artisans of Salvador and the Recôncavo, 1680-1725*. Thesis (Ph.D) – University of Texas at Austin, Texas, 1978.

FURTADO, Júnia Ferreira. *Homens de negócio: a interiorização da metrópole e do comércio nas Minas setecentistas*. São Paulo: Hucitec, 1999.

LAPA, José Roberto do Amaral. *A Bahia e a carreira da Índia*. São Paulo: Nacional, 1968.

LINHARES, Maria Yedda Leite. *O problema do abastecimento numa perspectiva histórica*. Brasília: BINAGRI, 1979.

LUGAR, Catherine. *The merchant community of Salvador, Bahia, 1780-1830*. Ann Arbor: [s.n.], 1980.

MASCARENHAS, Maria José Rapassi. *Fortunas coloniais: elite e riqueza em Salvador, 1760-1808*. 267 f. Tese (Doutorado) – Faculdade de Filosofia, Letras e Ciências Humanas, Universidade de São Paulo, São Paulo, 1998.

MATTEDI, Maria Raquel Mattoso *et al*. *Salvador: o processo de urbanização*. Salvador: Fundação de Pesquisas – CPE, 1979.

_____. *Bahia: a cidade do Salvador e seu mercado no século XIX*. São Paulo: Hucitec; Salvador: Secretaria Municipal de Educação e Cultura, 1978.

MOTT, Luís R. B. "Subsídios à história do pequeno comércio no Brasil". *Revista de História*, São Paulo, vol. 53, n. 105, jan/mar. 1976, p. 81-105.

MOURA, Denise A. Soares de. "Região, relações de poder e circuitos mercantis em São Paulo (1765-1822)". *Saeculum. Revista de História* [14], João Pessoa, jan./jun. 2006.

NASCIMENTO, Anna Amélia Vieira. *Dez freguesias da cidade do Salvador: aspectos sociais e urbanos do século XIX*. Salvador: Fundação Cultural do Estado da Bahia, 1986.

NEVES, Erivaldo Fagundes; MIGUEL, Antonieta (orgs.). *Caminhos do sertão: ocupação territorial, sistema viário e intercâmbios coloniais dos sertões da Bahia*. Salvador: Arcádia, 2007.

PEDREIRA, Jorge Miguel de Melo Viana. *Os homens de negócio da praça de Lisboa de Pombal ao vintismo (1755-1822): diferenciação, reprodução e identificação de um grupo social*. 615

f. Tese (Doutorado em Sociologia e Economia Históricas) – Universidade Nova de Lisboa, Lisboa, 1995.

RIBEIRO, Ellen Melo dos Santos. *Abastecimento de farinha da cidade de Salvador: aspectos históricos*. Dissertação (Mestrado) – Faculdade de Filosofia e Ciências Humanas, Universidade Federal da Bahia, Salvador, 1982.

RUSSEL-WOOD, Anthony John R. "A projeção da Bahia no império ultramarino português". In: Congresso de História da Bahia, IV. *Anais...* Salvador: Instituto Geográfico e Histórico da Bahia; Fundação Gregório de Matos, 2001, p. 81-122.

SANTOS FILHO, Licurgo. *Uma comunidade rural do Brasil antigo*. São Paulo: Companhia Editora Nacional, 1956.

SCHWARTZ, Stuart B. *Segredos internos: engenhos e escravos na sociedade colonial*. Tradução Laura Teixeira Mota. São Paulo: Companhia das Letras, 1988.

SILVA, Francisco Carlos Teixeira da. *A morfologia da escassez: crises de subsistência e política econômica no Brasil colônia (Salvador e Rio de Janeiro, 1680-1790)*. 411 f. Tese (Doutorado) – Universidade Federal Fluminense, Niterói, 1990.

_____. "Pecuária, agricultura de alimentos e recursos naturais no Brasil-colônia". In: SZMRECSÀNYI, Tamás (org.). *História econômica do período colonial*. São Paulo: Hucitec, 1996.

SILVA, Maria Beatriz Nizza da. *Vida privada e quotidiano no Brasil na época de D. Maria I e D. João VI*. Lisboa: Editorial Estampa, 1996.

SILVA, Sylvio C. Bandeira de Mello *et al. Urbanização e metropolização no Estado da Bahia: evolução e dinâmica*. Salvador: Centro Editorial e Didático da UFBA,1989.

SMITH, David Grant. *The mercantile class of Portugal and Brasil in the seventeenth century: a socio-economic study of the merchants of Lisboa and Bahia, 1620-1690*. 439 f. Thesis (Ph.D.) – University of Texas at Austin, Texas, 1975.

SZMRECSÀNYI, Tamás (org.). *História econômica do período colonial*. São Paulo: Hucitec, 1996.

TOLEDO, Maria de Fátima de Melo. *Desolado sertão: a colonização portuguesa nos sertões da Bahia (1654-1702)*. Tese (Doutorado) – Universidade de São Paulo, São Paulo, 2006.

VASCONCELOS, Albertina Lima. *Ouro: Conquistas, tensões, poder – mineração e escravidão na Bahia do século XVIII*. 339 f. Dissertação (Mestrado) – Instituto de Filosofia e Ciências Humanas, Universidade Estadual de Campinas, Campinas, 1998.

ZEMELA, Mafalda P. *O abastecimento da capitania das minas gerais no século XVIII*. São Paulo: Hucitec, 1990.

8. O Comércio das Carnes Secas do Ceará na Segunda Metade do Século XVIII: as Dinâmicas do Mercado Colonial

Almir Leal de Oliveira[1]

---

1. Universidade Federal do Ceará.

AS CARNES SECAS PRODUZIDAS na capitania do Ceará constituíram um importante item no abastecimento da colônia portuguesa na América ao longo do século XVIII. Entretanto, ainda está para ser esclarecida pela historiografia a complexa operação produtiva e comercial que este ramo do mercado colonial ocupou e as suas implicações sociais nas áeras produtoras. Seja pela dispersão dos dados empíricos ou pela insistência nas problematizações que focam o mercado internacional de produtos tropicais, o comércio especializado no abastecimento das populações coloniais carece de pesquisas mais sistemáticas. Para o caso das carnes secas produzidas no Ceará durante o século XVIII, a investigação coloca ainda outros desafios, pois trata-se de uma área periférica da economia agrário-exportadora, com colonização historicamente diferenciada de outras regiões e com particularidades sociais e culturais batante nítidas. A região da pecuária ainda é pensada em termos de uma área incorporada aos domínios coloniais mais pela adaptação do homem ao meio natural do que pelos seus condicionantes históricos.

Salta aos olhos do pesquisador a carência de estudos sobre as particularidades da economia da pecuária, sobre a produção e comercialização do charque no século XVIII. As explicações clássicas analisam a pecuária dentro de sínteses gerais, geralmente referenciando-se em Capistrano de Abreu e Caio Prado Júnior. As generalizações partem da caracterização da pecuária como resultante da adaptação do gado ao meio físico propício, da proibição da Coroa de instalação de currais no litoral, do caráter subsidiário da pecuária frente à lavoura canavieira e a economia mineradora, e, para a área da pecuária conhecida como sertões pernambucanos, destaca-se a facilidade na montagem da estrutura produtiva da fazenda e a caracterização das rotas de boiadas.

Foi Capistrano de Abreu que lançou em 1899 as bases dessa interpretação geral. Num artigo publicado na Revista do Instituto Histórico do Ceará, comentando um livro de Guilherme Studart, Capistrano resumiu a conquista do Ceará, a redução dos índios e a introdução do gado, a partir do encontro dos caminhos de boiadas de Pernambuco e da Bahia. Capistrano comentou que deveria haver uma interpretação própria para as colônias exploradas através da pecuária. Segundo ele, "o fato de uma colônia ser ou não pastoril trás uma série de consequências a que até hoje não se tem atendido devidamente". Ao buscar uma interpretação particular para as áreas da pecuária nos sertões, Capistrano afirmou que a principal fonte de pesquisa para o assunto era o *Roteiro do Maranhão a Goiás pela capitania do Piauí*, de autor desconhecido, que indicaria uma "filosofia do gado e dos vaqueiros".

Nesse sentido, e valendo-se principalmente desse registro, Capistrano elencou os temas que seriam predominantes nas interpretações sobre a pecuária dos sertões pernambucanos: o modo como ela contribuiu para o povoamento, a ocupação das áreas mais propícias para o gado, a ocupação pelas ribeiras, a forma de pagamento dos vaqueiros (com um quarto da produção do curral, o que facilitava a expansão da pecuária), o absenteísmo, a natureza do comércio dos sertões com o litoral, e a dependência daquele deste.[2] Em *Capítulos de História Colonial*, Capistrano retomou essas interpretações e falou de uma segunda fase da ocupação dos sertões, já com a presença dos fazendeiros, quando foram criadas as vilas nos sertões, ordenando, inclusive o recolhimento dos dízimos cobrado dos criadores. Em *Capítulos*, Capistrano fala das rotas que o gado percorria até as feiras, e, para isso, utiliza-se daquela que será uma outra forte referência empírica em trabalhos que consideraram a depreciação dos valores do gado em suas jornadas até os centros consumidores, a saber, *Cultura e Opulência do Brasil*, de Antonil. Esses elementos interpretativos da pecuária, e principalmente a análise dessas fontes, encontraram forte ressonância em outros estudos.[3]

Caio Prado Júnior chamou a atenção para o papel desempenhado pela pecuária como fonte de abastecimento do mundo colonial. Segundo ele, a pecuária poderia ser apontada como a única atividade econômica que teve alguma relevância econômica no período, além das atividades voltadas para a exportação. E mais, Caio Prado diz que é com justiça que ela é relegada ao segundo plano, uma vez que se escondia às vistas da produção canavieira e da mineração. Em 1942, em *Formação do Brasil Contemporâneo*, Caio Prado

---

2. ABREU, 1930, p. 226. Neste texto Capistrano de Abreu comenta o lançamento do livro *Dactas e Factos para a História do Ceará – Colônia*, de Guilherme Studart. O estudo também foi publicado em *Caminhos Antigos e Povoamento do Brasil*, Rio de Janeiro: Livraria Briquiet/Sociedade Capistrano de Abreu, 1930, p. 219-231.

3. ABREU, 1976, principalmente o capítulo "O Sertão", p. 98-172.

destacava o lugar da pecuária no abastecimento interno, mas também a sua importância na incorporação de territórios aos domínios coloniais. A expansão do povoamento teria ocorrido graças à expansão das fazendas de criar.

A caracterização da pecuária feita por Caio Prado não difere, em linhas gerais, do que foi apontado por Capistrano de Abreu. Ao falar da área mais antiga dedicada ao criatório, os sertões do Norte ou sertões pernambucanos, Caio Prado relaciona a ocupação dos sertões pelo gado através da adaptação desta atividade às condições do meio natural. A facilidade na montagem das fazendas e dos currais, a forma de pagamento dos vaqueiros, o absenteísmo, o aproveitamento dos recursos naturais, o sistema de trabalho dos vaqueiros, a manutenção dos rebanhos, enfim, até mesmo as jazidas naturais de sal utilizadas na alimentação do gado são citadas por ele.

Caio Prado utilizou fartamente as fontes indicadas por Capistrano de Abreu, quais sejam, o *Roteiro* anônimo e *Cultura e opulência do Brasil*, de Antonil. As linhas gerais da interpretação não são contraditórias, embora Caio Prado tenha se dedicado também a falar da extensão das propriedades, da produtividade das fazendas, do baixo nível técnico da criação do gado e da sua comercialização através das boiadas. Mas Caio Prado, para completar sua análise econômica da pecuária, adensou sua análise incluindo outras fontes de pesquisa, principalmente os relatos de cronistas e viajantes do início do século XIX, como Saint Hilaire, Henry Koster e von Martius. Segundo ele, seu objetivo não era o de "acompanhar a evolução da pecuária", mas delinear a distribuição do gado nas principais áreas de ocupação nos primórdios do século XIX. A forma cuidadosa com que Caio Prado delimitou o tema e abordou as fontes pode ser observada quando ele indicou a necessidade de estudos mais aprofundados sobre a distribuição de sesmarias e os conflitos resultantes desse sistema. Para ele o tema merecia ser mais pesquisado, o que mostra sua preocupação em compreender o sistema sesmarial de distribuição de terras como fator de geração da renda através da pecuária. Enfim, sem objetivar exaurir as fontes de pesquisa, Caio Prado objetivava encontrar o lugar da pecuária como subsidiária da agricultura comercial.

Destacando o papel do abastecimento das áreas do litoral, Caio Prado introduziu um elemento interpretativo que passou a ser recorrente para o entendimento do desenvolvimento das charqueadas: a depreciação do valor do gado com o longo caminho percorrido até as feiras, que segundo ele poderia chegar a 50%. Segundo ele, além da baixa produtividade das fazendas, o gado era entregue ao consumo muito enfraquecido pelas longas viagens de travessia dos sertões até as feiras de gado, o que reduzia mais ainda a produtividade da pecuária. A tese de Caio Prado é que a tecnologia das carnes secas revolucionou a forma de acumulação da atividade, tornando o preparo da carne seca "uma indústria local importante". Caio Prado ainda assinala que as condições naturais favoreceram o aparecimento dessa indústria. A salga das carnes era favorecida pela falta de chuvas nas regiões produtoras.[4] Aliás, esse avanço tecnológico também foi considerado por Geraldo da Silva Nobre na sua tese de livre-docência em história econômica na Universidade Federal do Ceará, e que se constitui um dos principais estudos sobre as charqueadas.[5]

Os estudos de caráter mais empírico sobre a pecuária voltaram-se para analisar a estrutura fundiária e a organização do trabalho no interior das fazendas de gado. Preocupados principalmente com a reprodução da agricultura comercial de caráter dependente do tráfico de escravos e da produção de alimentos, os estudos desenvolvidos a partir dos anos 1980, principalmente os trabalhos dedicados à compreensão da pecuária como parte de um sistema de subsistência, Luis Mott e Francisco Carlos Teixeira da Silva evidenciaram alguns questionamentos sobre a distribuição de sesmarias, as formas da propriedade da terra e o uso do trabalho escravo nas fazendas de gado do Piauí. Foram relativizados o sistema de trabalho do vaqueiro e os padrões de ocupação das terras. As principais contribuições desses trabalhos resumem-se na forma de entendimento da ocupação dos sertões a partir de um regime de terras distinto daquele baseado na apropriação individual e privada da terra, e de que a pecuária não teria se utilizado da escravidão como força de trabalho nos currais. Ao analisarem as fazendas de criação, esses autores destacaram as variadas formas de ocupação da terra, principalmente os aforamentos, e a variedade nas formas de utilização da força de trabalho, inclusive com forte presença do trabalho escravo no Piauí, e os diferentes níveis de especialização do que se entendia como vaqueiro.

Especial atenção foi dispensada ao beneficiamento da produção da pecuária através do charque. Segundo Francisco Carlos Teixeira da Silva, o principal fator da introdução das charqueadas foi a concorrência que as boiadas do Piauí e Ceará tinham com áreas mais próximas do Recife, como as dos sertões do São Francisco. Segundo ele:

> por volta de 1740, todo o sistema de comercialização sofreria uma mudança radical [...]. As salgadeiras, também chamadas de fábricas ou charqueadas, expandiram-se rapidamente na vila de Santa Cruz do Aracati. Aí, reuniam-se as condições ideais para a indústria: o sal abundante, a ligação direta com o Interior através do rio Jaguaribe, a situação portuária da vila.[6]

---

4. PRADO JÚNIOR, 1987, p. 195-196.

5. NOBRE, 1977. Em linhas gerais a historiografia cearense reproduz as interpretações de Capistrano de Abreu e Caio Prado Júnior. Destacam-se os autores Renato Braga, com um artigo sobre as charqueadas na Revista do Instituto Histórico do Ceará em 1947, Raimundo Girão, na sua síntese de história econômica, também de 1947, e Valdelice Carneiro Girão, que em dissertação de mestrado na Universidade Federal de Pernambuco analisou especificamente as charqueadas.

6. SILVA, 2002, p. 151, onde são citados outros trabalhos que analisaram a pecuária do Piauí e Bahia.

Mesmo sem indicar sua base empírica, Silva é um dos autores que colocou o charque como produto que rapidamente encontrou mercado, inclusive na Bahia, para abastecimento das tropas, das naus, enfim, do comércio atlântico.

Todos os autores até aqui citados são unânimes em considerar a seca como fator desarticulador da economia das carnes secas do Ceará a partir das secas do final do século XVIII, principalmente da Seca Grande de 1790 a 1794, que dizimou o gado, impedindo a reorganização das oficinas, e também pela concorrência, a partir daí, com o charque no Rio Grande do Sul. Notamos até aqui que os trabalhos sobre a pecuária valeram-se de relatos gerais sobre a pecuária, notadamente crônicas e relatos de viajantes. Mesmo os trabalhos da década de 1980, que tiveram uma base empírica mais alargada, analisando os registros demográficos e sesmarias das capitanias do Piauí e da Bahia, tinham por problematização o sistema da pecuária como economia de abastecimento da qual dependia a agricultura comercial. Ainda se faz necessário o alargamento da análise empírica para uma melhor compreensão das formas de inserção do charque no abastecimento da colônia e no mercado atlântico.

A dificuldade de encontrar registros mais gerais sobre a atividade da produção do charque e o seu comércio pode ser entendida a partir da tributação realizada pela Coroa na pecuária. A agricultura comercial foi privilegiada pelos administradores régios na sua tributação, sendo objeto de regulamentações específicas, alvarás, direitos, privilégios, preços de fretes, etc. O mesmo não aconteceu com a pecuária, daí a dificuldade em mensurar a tributação, mesmo quando se trata do gado fornecido para as feiras, e menos ainda para o gado que transitou dentro da capitania do Ceará para o abastecimento das oficinas de charque. Não encontramos também nenhuma indicação sobre privilégios e regulamentos que orientassem a comercialização do charque. As dificuldades de documentar a produção do charque não se encerram aí. As movimentações do charque também não foram contabilizadas pela Companhia Geral de Comércio de Pernambuco e Paraíba (1759-1780), uma vez que não foram exportados com frequência para Portugal. Se o charque foi enviado para a África, onde encontramos algumas evidências do consumo desse produto, não foi contabilizado pela mesma Companhia.

O estudo da pecuária e dos registros documentais da sua tributação ainda são bem pouco estudados para a área dos sertões pernambucanos. Para o caso do Ceará, apenas o estudo dos contratos de arrematação de dízimos ao longo do século XVIII poderia nos fornecer algum indício de sua produção e comércio. Essa carência de estudos dos fluxos econômicos da pecuária decorre em grande parte pelo fato das sínteses historiográficas se preocuparem mais com a distribuição de terras e ocupação dos sertões, como por exemplo a distribuição de sesmarias e estruturação dos currais, do que com as redes mercantis que sustentavam essa atividade econômica. Tudo isso dificulta para o pesquisador reunir as informações e observar a complexidade das operações produtivas e comerciais do charque no mercado atlântico.

A primeira indicação da produção das carnes secas no Ceará vem de Rocha Pita. Em 1730, quando foi publicado a *História da América Portuguesa*, Rocha Pita se referiu ao porto dos barcos na barra do Jaguaribe, capitania do Ceará, aonde os barcos iam "carregar carnes de que abundam naquele país".[7] Entretanto, não possuímos dados sobre o nível de comercialização do charque para o primeiro quartel do século XVIII.

A atividade da manufatura e comércio das carnes secas esteve ligada à expansão dos interesses comerciais de Pernambuco na região. Desde o final do domínio holandês, com a centralização administrativa e eclesiástica em Pernambuco, que a região subordinou-se a uma hierarquia comercial regional. Evaldo Cabral de Melo, ao estudar a ascendência da praça comercial do Recife no período *post bellum*, chamou a atenção para as estratégias de diversificação comercial dos mascates como fator que possibilitou a formação de uma área de trocas que se estendia desde o Ceará até a foz do rio São Francisco. Esta área teria se submetido comercialmente ao Recife, principalmente pela adoção do sistema de frotas em 1649, que centralizou no porto do Recife as trocas comerciais entre a Colônia e o Reino. Segundo ele, "acossado ao norte pela concorrência com São Luis, mas, sobretudo ao sul e oeste pela de Salvador, o Recife compensou-se estendendo-se pelos portos do sertão, isto é, pelas ribeiras a Oeste da baia de Touros no Rio Grande do Norte."Melo ainda nos fornece uma interpretação sobre a ascendência da praça do Recife no período *post bellum* indicando que a abertura do Caminho do Maranhão teria beneficiado tremendamente o comércio recifense. Experientes no abastecimento das propriedades do interior, dominando o comércio de grosso trato com o Reino, explorando trapiches e armazéns, investindo em propriedades urbanas e antecipando créditos aos proprietários rurais, esta passagem do mercador de loja ao mercador de sobrado, também esteve ligada à montagem de uma rede de trocas comerciais com os portos do sertão.[8]

O comércio da praça do Recife com os portos do sertão era realizado aproveitando as oportunidades comerciais das capitanias anexas de Pernambuco. A montagem do sistema produtivo das charqueadas foi viabilizada pelos fluxos mercantis dominados por esses comerciantes. A livre navegação entre as capitanias subordinadas à capitania geral de Pernambuco possibilitou essa rede de trocas. Foi o caso do sal utilizado nas oficinas. Mesmo com o estabelecimento do monopólio do sal no Estado do Brasil em 1631, para proteger os interesses

---

7.   PITA, 1976, p. 55.

8.   MELO, 2001, p. 53. Ver ainda MELO, 2003.

dos produtores do Reino, e mesmo com a carta régia de 1690, que proibia a manufatura do sal na colônia, a não ser para o consumo local, os comerciantes do Recife utilizavam o sal produzido em Itamaracá para abastecer as charqueadas na capitania do Ceará.

O comércio entre portos do Recife e as capitanias anexas à Pernambuco era considerado livre. O comércio exterior era proibido para as capitanias anexas, podendo apenas ser realizado através do porto do Recife. Assim, quando em 1740, o administrador do contrato do sal no Recife passou a usar o produto das salinas de Itamaracá (misturando o sal local ao sal vindo do Reino) para conter a escassez do produto, os comerciantes apelaram para a Câmara do Recife, uma vez que ficavam prejudicados na rede de transações que montavam com os portos do sertão. Segundo Miriam Ellis, os comerciantes dos portos do sertão tiveram prejuízos nas suas atividades comerciais depois de não mais poder usarem o sal de Itamaracá para manterem a fabricação das carnes secas nos portos do sertão:

> Prejudicados eram os moradores da capitania e os senhorios e mestres dos barcos que navegavam pelo litoral negociando pelos portos de Aracati, Camossim, Rio Grande e outros, o sal de Itamaracá, para o fabrico da carne seca e para a conservação das pescarias.[9]

Foi essa lógica mercantil, que associava diferentes atividades econômicas em diferentes áreas periféricas coloniais para sustentar um fluxo comercial, que orientou a montagem das oficinas de carnes secas e couros na capitania do Ceará. A atividade dos charqueadores não se limitava ao beneficiamento da carne abatida nas oficinas. Eles foram responsáveis pelo deslocamento das rotas de boiadas, que antes abasteciam as feiras de gado em outras capitanias, para os portos do sertão e distribuíam alimentos e produtos importados da praça do Recife pelo interior das ribeiras. Segundo Braga:

> as boiadas que se deslocavam para as feiras pernambucanas e baianas começaram a rumar em direção à foz de suas próprias ribeiras. Esse movimento revolucionou a feição da economia local. Marinha e sertão interpenetraram-se comercialmente e os laços administrativos entre as duas zonas tornaram-se mais efetivos.[10]

No caso do porto do Aracati, que abatia cerca de 20 mil reses por ano, essa intensa atividade econômica levou em 1743 o capitão-mor do Ceará, Francisco Ximenes de Aragão, a pedir ao rei de Portugal que, pela frequente presença de barcos que comercializavam charque e couro, seria conveniente que a Câmara de Aquirás despachasse para lá um juiz

---

9. ELLIS, 1956, p. 144-145. Sobre o monopólio do sal, seu comércio e o aproveitamento das salinas locais ver também SIMONSEN, 1978, MAURO, 1983 e KATINSKI, 1992.

10. BRAGA, 1947, p. 151.

ordinário e um escrivão. As iniciativas posteriores foram de indicar a necessidade de criação de uma vila no porto dos barcos. Em 1744, o ouvidor do Ceará Manuel José de Faria propôs ao Rei a criação da vila, ideia que foi levada ao Conselho Ultramarino e este foi de parecer favorável à criação da mesma em parecer de 12 de dezembro de 1745, vindo a vila ser criada em 1742 e instalada em 1748. A principal justificativa para a criação da vila era a sua importância comercial, uma vez que, além de centralizar a indústria das carnes secas, possuía um comércio atuante com o sertão da capitania.[11]

Para a segunda metade do século XVIII, aumentam significativamente os registros sobre como o charque se inseriu no mercado colonial a partir dos interesses comerciais da praça do Recife. A partir de 1757, encontramos dados referentes à inserção do charque como produto estratégico para a manutenção do tráfico atlântico de escravos, para a manutenção de tropas, para abastecimento das minas e das cidades do Recife, Bahia e Rio de Janeiro.

A força periférica do charque e as suas relações mercantis na economia do Império, constituída ao longo da primeira metade do século XVIII com a expansão das atividades ligadas à pecuária na ocupação dos sertões e ribeiras da capitania do Ceará, está claramente evidenciada em 1757 quando os homens de negócio do Recife pediram autorização para constituírem uma Companhia Geral de Comércio de Carnes Secas e Couros do Sertão. Talvez estimulados pelas políticas pombalinas de estímulo da produção colonial e pela criação da Companhia do Maranhão e Grão-Pará, os homens de negócio de Pernambuco visavam "incrementar a produção de carnes e couros e distribuí-la em Pernambuco, Bahia e Rio de Janeiro".[12] Talvez seja essa a referência mais sistemática e informativa do significado do charque no comércio colonial em meados do século XVIII. O principal motor desse incremento da produção da pecuária sertaneja era o abastecimento com o charque dos principais portos do comércio atlântico. Os mesmos comerciantes também propunham a criação de uma Companhia da Costa da África que, junto com comerciantes reinóis e baianos, monopolizariam o tráfico de escravos.

A justificativa do governador de Pernambuco, Luis Diogo Lobo da Silva, endossada pelos principais comerciantes do Recife para a criação das referidas Companhias, era o fato de que elas agiriam como financiadoras do comércio de escravos para os senhores de engenho, além de impedir a concorrência em África com comerciantes ingleses e franceses. A criação das companhias evitariam contrabando e a evasão de ouro para financiar o comércio de escravos. A criação da Companhia das Carnes Secas tinha como objetivo a

---

11. STUDART, 1896, p. 220, 222, 227, 231 e seguintes.

12. RIBEIRO JÚNIOR, 2004, p. 80.

CONSUMO E ABASTECIMENTO NA HISTÓRIA 177

expansão do mercado e o aumento dos lucros para os comerciantes e para os criadores. Na proposta, foi sugerido que a companhia tivesse 24 navios (sumacas), que poderiam facilmente transportar a produção de cerca de 28 a 30 mil cabeças de gado. O capital de 450 mil cruzados seria repartido em ações de 4 contos de réis, e viabilizariam a compra dos navios, do gado e das despesas relativas ao processamento das carnes secas e couros. Alegavam ainda que esse comércio do Recife com os portos do sertão já havia ocupado cerca de 35 barcos, mas que nos últimos anos se encontrava arruinado.[13]

O charque representava um produto estratégico no comércio de escravos. Diversas evidências indicam o consumo do charque na África, especialmente ligado ao tráfico de escravos e ao abastecimento dos navios. De acordo com Roquinaldo Ferreira, na segunda metade do século XVIII, as praças brasileiras "usufruíam larga vantagem no comércio direto com Angola", superando em muito a praça de Lisboa. Segundo ele, esse predomínio brasileiro no comércio de escravos se dava pelo financiamento do tráfico com os produtos da terra, como o fumo, as cachaças e a carne seca: "Porque não tinham acesso a estas mercadorias, os negociantes metropolitanos, apesar do farto acesso as fazendas de negro após 1772, não conseguiam competir com os brasileiros".[14] Antunes, analisando o incremento das transações comerciais luso-brasileiras em Moçambique, também documentou a presença das carnes salgadas como produto da terra que influenciou no desenvolvimento do tráfico de escravos.[15]

Na África, o charque teria ganhado notabilidade a partir de sua introdução na alimentação dos escravos que estavam sendo preparados para a travessia do Atlântico. Luis Antônio de Oliveira Mendes documentou em 1793 como teria se dado o consumo das carnes do Ceará na alimentação dos escravos. Segundo ele, foi o pernambucano Raimundo Jalamá, administrador da Companhia de Comércio de Pernambuco e Paraíba em Angola entre 1759 e 1763, que, observando as péssimas condições físicas dos escravos embarcados, o que resultava em alta mortalidade e prejuízos para a Companhia, substituiu a savelha (peixe salgado e conservado em azeite) pela carne seca na alimentação dos escravos a serem embarcados. Jalamá teria orientado as escravas a temperar as rações servidas com a carne seca:

> quando pela primeira vez a escravatura provou deste gênero de comida assim temperada, e amoldada ao seu paladar, confessa fidedignamente, que lhe bateram palmas. [...] Na prevenção da economia mandou vir por conta da mesma Companhia de Pernambuco a

---

13. *Idem, passim.*

14. FERREIRA, 2001, p. 345 e 365.

15. ANTUNES, 2005, p. 217.

carne salgada, e seca, a que lhe chamam do sertão, que é escaldada, e sem ossos, que ali custa de 6 a oitocentos réis a arroba.[16]

Jaime Rodrigues e Luis Felipe de Alencastro incluíram o charque, juntamente com o feijão, o milho e a farinha de mandioca, como um dos principais alimentos dos africanos aprisionados nos portos africanos e também na alimentação consumida durante a travessia. O charque era preferido na alimentação durante as travessias oceânicas pelas suas condições físicas. A sua forma de produção favorecia a sua conservação durante as viagens sem perder as características de sabor e valor nutritivo: "A carne salgada era secada a sombra; a vantagem desse tipo de carne estava em se conservar por mais tempo, durante a navegação no mar".[17]

O charque também foi utilizado na segunda metade do século XVIII na alimentação dos soldados. Juntamente com a farinha de mandioca, chegou a ser usado como o pagamento de soldos. Durante a Guerra dos Sete Anos entre Inglaterra e França, o charque foi enviado para Portugal para servir de alimentação das tropas. Uma primeira remessa de 70 toneladas foi enviada em 1761 e outra, com a mesma tonelagem, foi enviada no ano seguinte a pedido do Conde de Oeiras "por conta de Sua Majestade". Em 1762, o charque embarcado para o reino ficou isento de direitos nos navios da Companhia de Comércio de Pernambuco.[18]

Visando contribuir para o entendimento das atividades das charqueadas do Ceará para o período anterior a 1777, e para a discussão dos fluxos mercantis que sustentavam o mercado interno colonial na segunda metade do século XVIII, apresentamos aqui alguns dados compulsados do *Livro de Registro de Entrada dos Barcos no Porto da Vila do Aracati* entre 1767 e 1776.

As entradas dos barcos eram feitas pelo juiz ordinário do Senado da Câmara, devidamente registradas pelo seu escrivão. Geralmente eram realizados na casa de morada do juiz. Os dados indicam o dia da entrada, a carga trazida e a que seria despachada. O mestre da embarcação era o responsável pelo registro, assim sabemos sempre os seus nomes. Para alguns registros também foram apontados os proprietários das embarcações e ou de seus fretadores. Os barcos faziam o registro uma vez que pagavam a quantia de 10$000 para a Câmara. Os registros não oferecem uma homogeneidade dos dados, o que nos impede a montagem de uma série completa do decênio. Entretanto, oferecem informações preciosas sobre os charqueadores e as suas atividades econômicas. A

---

16. MENDES, 1982, p. 401.

17. HUTTER, 2005, p. 332; RODRIGUES, 2005, p. 243 e 262 e ALENCASTRO, 2000, p. 251 a 256.

18. RIBEIRO JÚNIOR, 2004, p. 104-6 e HUTTER, 2005, p. 367.

documentação nos permite saber, o que até agora se desconhecia, quantos eram os barcos que entraram no porto da vila em cada ano desde 1767. Contabilizamos 77 entradas entre 1767 e 1776, realizadas por 57 barcos.[19]

Ao que tudo indica, os barcos referidos eram as sumacas (aliás, nome que também designava o charque, ou carne do Ceará). Apenas uma entrada foi registrada como bergantim – barco a vela e a remo, de um ou dois mastros de galé e com oito ou dez bancos para remadores.

As sumacas eram barcos a vela menores que os patachos, que se tornariam ao longo do século XIX a principal embarcação nas rotas da costa Leste-Oeste. Sua mastreação era constituída de gurupés (mastro que se lança do bico da proa e que por vezes era decorado com esculturas) e dois mastros inteiriços (o de vante que cruza as duas vergas e o de ré, que enverga vela latina). Segundo Evaldo Cabral de Melo, as sumacas dominaram o transporte na costa Leste-Oeste até o aparecimento das barcaças. Segundo ele, a sumaca passou, pelas suas características, a dominar a navegação a partir do cabo de São Roque, "um monopólio que não conseguiu adquirir ao longo do litoral pernambucano e paraibano, onde devia contar com a concorrência de barcos menores, como as canoas do alto e outras". Evaldo Cabral de Melo calculou que as sumacas poderiam carregar até 237 passageiros (regulamento do tráfico de escravos), mas carregava até mais de 360. Ainda segundo ele, a média de tonelagem das sumacas era de 80 toneladas, ideal para o transporte das mercadorias dos portos do sertão, uma vez que atendia bem

> o aumento do tráfego decorrente não só do incremento físico da produção exportável, mas, sobretudo da concentração no Recife de todo o comércio exterior de Pernambuco e das chamadas capitanias anexas, era necessário de barco maior.[20]

As sumacas passaram a dominar o sempre complicado trecho de navegação a partir do cabo de São Roque por serem mais ágeis e podiam assim vencer as temíveis correntezas. Sua introdução no Brasil teria sido uma adaptação de embarcações holandesas e teria sido fundamental a sua introdução para possibilitar as transações dos portos do sertão com o porto do Recife.

---

19. Entrada de barcos por ano: 1767 – 10 entradas, 1768 – 17 entradas, 1769 – 8 entradas, 1770 – 8 entradas, 1771 – uma entrada, 1772 – Não há registro de entrada de embarcações, 1773 – 18 entradas, 1774 – uma entrada, 1775 – 14 entradas e 1776 – uma entrada. Faltam as vinte primeiras páginas do Livro. Os registros do ano de 1767 iniciam em julho. 1772 e 1776 foram anos de seca. Fonte: *Livro de Notas do Senado da Câmara da Vila de Santa Cruz dos Barcos do Aracati (1767-1801)*, número 23.

20. MELO, 2002, p. 194.

A maior parte das sumacas que chegaram ao Aracati se originava no Recife. Algumas vezes eram registrados a procedência e o destino da embarcação, e assim podemos saber que a maior parte dos barcos com origem/destino declarados eram de Pernambuco (dezesseis barcos dos dezenove registros de origem/destino). Também foi registrado um barco em 1767 que tinha como sua origem/destino o porto do Rio de Janeiro, contrariando a Carta Régia de 7 de fevereiro de 1701, que proibia o comércio direto entre as capitanias do norte com as capitanias do sul. Os outros registros indicavam escalas realizadas no porto do Assu no Rio Grande do Norte, e no porto de Camossim, no litoral norte do Ceará.

Uma das justificativas utilizadas pela historiografia para o aparecimento da atividade das oficinas de carnes secas no Ceará foi o aproveitamento das condições naturais da região: sol, vento e abundância de sal. Essas condições naturais também explicariam o aparecimento das charqueadas na ribeira do Assu, na capitania do Rio Grande.[21]

Os dados compulsados até agora sobre o movimento do porto do Aracati na segunda metade do século XVIII mostram-nos que havia uma intensa atividade de produção e comércio de sal entre as capitanias do Rio Grande e do Ceará. No que se refere às cargas declaradas que entraram no porto do Aracati entre 1767 e 1778, das 78 entradas de barcos, 33 declararam trazer sal "para a factura das carnes secas". Manteve-se assim a atividade dos charqueadores interligada com outros sistemas de exploração econômica na costa Leste-Oeste, compondo uma rede de negócios entre as capitanias do Ceará, Pernambuco e Rio Grande. Ao que tudo indica, após a impossibilidade dos comerciantes do Recife de utilizarem o sal de Itamaracá, as suas relações de interdependência com os charqueadores favoreceu o desenvolvimento e a exploração do sal marinho da capitania do Rio Grande. Certamente, os interesses da exploração do sal na região da ribeira do Assu, origem declarada das cargas de sal das embarcações, estavam associados aos interesses dos charqueadores e comerciantes recifences.

O comércio do sal entre as capitanias da costa Leste Oeste e Pernambuco foi bastante intenso na década de 1770. Se computarmos os barcos que declararam carregar apenas sal, contamos 23 carregamentos exclusivos. Considerando que a sumaca tinha capacidade para carregar cerca de 80 toneladas, o comércio entre essas capitanias teria atingido a quantidade de 184 toneladas. Isso sem contar os outros dez barcos que entraram com carga mista. Podemos razoavelmente considerar que nesses dez anos o comércio movimentou cerca de 200 toneladas do produto.

Também foram declaradas, além de passageiros, cargas de aguardente, mel, fazendas, miudezas, fretes, lastro (o que indicava vir o navio apenas para tomar cargas) e de secos e

---

21. MONTEIRO, 2000, p. 85.

molhados. A farinha de mandioca era um produto encontrado também com uma grande recorrência: 23 embarcações levaram ao Aracati o referido produto, sendo que no ano de 1770 foram importadas mais de 150 toneladas em quatro entradas declaradas. Prosperaram no período as atividades mercantis ligadas às atividades dos charqueadores. Não apenas o comércio do charque movimentava o porto. Também era significativa a entrada de produtos que vinha do porto do Recife. Apenas cinco navios declararam entrar sem mercadorias. O registro da saída de mercadorias para o período analisado com carnes secas foi de 36 barcos. Nove navios declararam entrar no Aracati para carregar de couro, sola e courama e outros dezessete barcos declararam buscar fretes. O ano de 1776 foi um ano de seca parcial. Apenas um barco foi registrado no porto. Entre 1777 e 1780 o Ceará enfrentou uma grande seca. Cessaram em 1776 os registros de barcos, que só reapareceram em 1787.

Através dos registros do movimento do porto dos barcos da vila de Santa Cruz do Aracati, entre 1767 e 1776, podemos também identificar alguns charqueadores, até agora desconhecidos, e avaliar os padrões de investimentos que realizavam. Os estudos que figuram como clássicos na análise desta atividade econômica são os trabalhos de Geraldo da Silva Nobre e Valdelice Carneiro Girão, já aqui referenciados, publicados no final dos anos de 1970 e início dos anos de 1980. Esses estudos procuram traçar um quadro geral das charqueadas no Ceará, mas, pelo limitado número de dados empíricos compulsados, não nos permitem esclarecer quais as articulações desta atividade com o mercado interno colonial.

Mesmo sendo um registro das atividades dos charqueadores após a seca de 1777-1779, o *Auto da Audiência Geral de 1781*, um dos principais registros analisados por Nobre, nos trás maiores informações sobre os charqueadores, uma vez que, diante dos incômodos causados à população pela matança do gado nas ruas da vila, resolve-se notificar os proprietários para que mudem a localização das oficinas. Sabemos assim, pela primeira vez, dos nomes dos ditos donos das oficinas, que poderiam ser charqueadores antes de 1777, qual sejam: capitão José Ribeiro Freyre, capitão João Coelho Bastos, Tomé de Melo, Manuel Francisco da Cunha e tenente coronel Manuel Rodrigues da Silva. O documento fala ainda da "oficina do Salvador", como limite para a construção de novas oficinas, uma vez que esta estava fora da área urbana da vila. Para o período que nos interessa aqui, os registros compulsados por Nobre indicam a existência apenas das oficinas do mestre de campo Jose Vaz Salgado (Carta de Aforamento de 1756) e a de Luis Pereyra Vianna (Carta de Aforamento de 1757).

Salvador de Souza Braga foi considerado um possível charqueador por Nobre, embora seu nome não constar da relação daqueles charqueadores que foram intimados pelo Senado da Câmara a trocar de lugar as suas oficinas em 1781. O mesmo documento fala de um Salvador que possuía terreno na Gamboa (local próximo do porto), possivelmente uma das oficinas localizadas junto ao rio Jaguaribe.

Sabemos que ele era natural da Ilha de São Miguel, nos Açores, e que era casado com dona Tereza Cristina. Em 1768 era piloto, mestre, do barco Senhor Bom Jesus, que entrou no Aracati com uma carga de sal e saiu carregado de carnes secas. Não podemos precisar se foi a sua primeira viagem ao Aracati e se ele era ou não o dono do referido barco ou da carga. Entretanto, em 1773, Salvador fez nova entrada no porto carregado de sal para, novamente, carregar carnes secas. A novidade foi que ele apareceu no registro como mestre e dono da referida embarcação. Os lucros aferidos com a carga de 1768 possibilitaram a ele a compra do barco? Ou os registros de 1768 não incluíram os nomes dos donos do barco? Não sabemos dizer ao certo, entretanto em 1775, Salvador de Souza Braga já havia abandonado a atividade de mestre e agora aparecia como fretador do barco N. S. Mãe dos Homens, também para trazer sal para o preparo das carnes e carregar delas. Talvez ele já fosse um dos charqueadores nesse momento, uma vez que também apareceram neste ano mais dois barcos por ele fretados para carregar de carne seca e despejar sal no Aracati. De qualquer forma, sendo ou não Salvador um charqueador, o lucro do comércio da carne seca o estimulara a fretar três navios em um mesmo ano. Charqueador nos seus terrenos na Gamboa do Aracati ou comerciante na praça do Recife, o seu negócio movimentou nesse ano o equivalente a 2.400 toneladas de carnes secas, ou 2:880$000, isso sem contar o comércio do sal. Em 1776, seu barco entrou no porto do Aracati sem carga, apenas com o lastro de pedras, para carregar de couros e solas. Além do terreno próximo das margens do rio Jaguaribe, local onde se situavam as oficinas de charque, Salvador de Souza Braga aforou um terreno na rua de Santo Antônio em 1775, ano em que deve ter obtido lucros extraordinários, e levantava ali uma casa, o que pode nos indicar a sua fixação no Aracati.[22]

O alferes José de Mattos em 1768 era comerciante na praça do Aracati. Sabemos que entrou no porto esse ano uma carga de tecidos, que o mestre da embarcação declarou ser do "do negócio do alferes Jose de Mattos". O mesmo barco trazia sal, o que, se toda a carga fosse do mesmo dono, também poderia ele ser um dos charqueadores do período anterior à seca de 1777. O barco saiu do Aracati carregado com as carnes secas com destino a Pernambuco. Em 1776, o alferes José de Mattos e Sylva era o juiz ordinário do Senado da Câmara do Aracati.

---

22. Em 1779, foi arrematante dos dízimos do Ceará (1779-1781) pela quantia de 6 contos e 700 mil réis. Seu genro, Pedro José da Costa Barros, mestre de campo, era seu sócio. Em 1780, pediram perdão da dívida e o não sequestro de seus bens, alegando perdas com a estiagem, no que foram atendidos. Arquivo Histórico Ultramarino (AHU), Ceará, caixa 9, doc. 571.

O alferes João Tavares da Fonseca certamente possuía um grande interesse comercial no Aracati, talvez sendo um charqueador, ou ligado aos interesses destes. Em 1768, no mesmo ano que registramos a primeira viagem de Salvador de Souza Braga, o barco N. S. Conceição, Sto. Antônio e Almas e S. Francisco de Paula (Pádua?) entrou no porto do Aracati pilotado por Francisco de Lima trazendo sal e carregando de carnes secas. Em 1769, Francisco de Lima fez nova entrada. O mestre declarou trazer sal e vir carregar de carnes. Dizia ainda que trazia fazendas suas para negociar. Nos registros de 1767 e 1768, não constavam os proprietários dos barcos. Não sabemos ao certo se essas mercadorias eram ou não do alferes, mas, em 1770 o mesmo mestre declarara que o proprietário do barco era Fonseca. Nesta viagem ele trazia sal e vários gêneros de fazendas e vinha carregar de carnes secas. Também não podemos afirmar que nesse ano Fonseca era ou não o dono das ditas mercadorias, mas em 1773 e 1775 também entrou no porto com cargas de sal a buscar carnes secas. Em 1775 apareceu como senhorio/proprietário do barco, o N. S. Conceição Santo Antônio e Almas (S. Francisco de Paula e Pádua). Agora já não era mais alferes, e sim capitão. Não sabemos se o fretamento de um barco ou a sua propriedade pode ser suficiente para designar a propriedade de seus carregamentos. Em alguns casos, a depender do escrivão, o registro era mais detalhado e assim podemos saber se as mercadorias pertenciam ao dono do barco ou não. De qualquer forma, sendo charqueador ou não o alferes, depois capitão João Tavares da Fonseca mantinha não apenas barcos viajando ao Aracati. Domingos Tavares da Fonseca era vereador da Câmara em 1748, quando da organização do primeiro senado da vila.[23]

Os registros da entrada dos barcos no porto da vila de Santa Cruz do Aracati entre 1767 e 1776 são excepcionais para conhecermos as estratégias de capitalização e investimentos dos charqueadores, notadamente para João Pinto Martins e João Coelho Bastos. Através dos registros, podemos acompanhar a trajetória produtiva e comercial daqueles que foram os maiores charqueadores do período em questão.[24]

Em 1765, João Pinto Martins recebeu do capitão-mor da capitania a patente de capitão de uma Companhia de Ordenanças dos Homens Forasteiros na vila de Santa Cruz do Aracati. Sabemos, através de Nobre, que em 1775 aforou quatro braças de terras no Senado da Câmara, nas quais possuía duas casas de morada na rua de Santo Antonio, a

---

23. João Tavares da Fonseca foi nomeado capitão de uma Companhia do Terço Velho de Infantaria Auxiliar do Recife por Carta Régia de 22 de março de 1766. Dizia ser nobre e de cabedais, servindo ao mesmo Terço (como soldado, alferes ligeiro e alferes granadeiro) por mais de dezessete anos. AHU, Pernambuco, cx. 123, doc. 9372.

24. João Pinto Martins era filho de João Pinto, natural da freguesia de Maxomil, termo da cidade do Porto. Em 1766 era casado com Antonia Manuela do Nascimento e habitava uma casa no Recife, na rua da Cadeia Velha, local de residência dos comerciantes estabelecidos naquele porto. Pedia na ocasião autorização para viajar ao Reino. AHU, Pernambuco, caixa 104, doc. 8046.

parte mais importante da vila, onde se localizavam as lojas de fazendas. Através de documentos da década de 1780, sabemos que seu irmão Bernardo possuía oficina de charque (marcada, ou melhor, dizendo acordada pela Câmara em 1780) e que também possuía casas de morada (dois sobrados) na rua de Santo Antonio (1781). Não encontramos outras referências documentais sobre os Pinto Martins até o ano de 1795. Neste ano, os irmãos, charqueadores, eram também comerciantes de fazendas. Mas como se tornaram grandes comerciantes em 1787? O movimento dos barcos, mais uma vez, nos esclarece sobre a trajetória da família de charqueadores.

João Pinto Martins aparece nos registros dos barcos pela primeira vez em 1773, quando em sociedade no fretamento do barco com João Coelho Bastos (um dos charqueadores de 1781) importava cerca de 6 toneladas de farinha de mandioca, além de aguardente e molhados e exportava couro e solas. Podemos deduzir dessas informações que, se não eram curtidores, pelo menos, negociavam com o couro produzido nos curtumes da vila. Pela primeira vez ficamos sabendo que esses comerciantes investiram na compra ou aluguel de embarcações, dominando além do transporte de suas produções, o comércio com o interior da capitania, e quiçá, a importação de matéria-prima para as oficinas.

A viagem do barco Santo Antônio, Almas e Nossa Senhora do Rosário, em 1773, tinha como objetivo levar carnes secas ao Recife. Trazia ao Aracati uma carga de sal, para a produção das ofcinas, e outros gêneros. O senhorio do barco era João Pinto Martins. Ainda em 1773 (10 de maio), o barco Santíssimo Sacramento e Mãe dos Homens, do qual eram proprietários em janeiro do mesmo ano João Pinto Martins e José Coelho Bastos, entrou no porto vindo de Pernambuco para carregar de carnes secas. Agora o único proprietário que figura no registro é João de Pinto Martins. Ou seja, em 1773 João Pinto Martins, que apareceu pela primeira vez nos registros como senhorio em sociedade de um barco, o Santíssimo Sacramento e Mãe dos Homens, tem registrado a propriedade de um segundo barco (Santo Antônio) e único proprietário do Santíssimo Sacramento em sua segunda viagem.

Possivelmente, com os lucros do comércio do couro, sola e charque, em um só ano, teria ele investido na compra de dois barcos. Não podemos afirmar que estas foram as suas primeiras atividades como charqueador no Aracati, uma vez que já era capitão de uma Companhia de Ordenanças em 1765, quando possivelmente já ocupava uma posição de destaque na vila. Possivelmente já era charqueador em 1770, quando o mesmo barco, Santíssimo Sacramento e Mãe dos Homens, entrou no porto trazendo molhados e carregando carnes secas. Infelizmente o registro de 1770 não indica o proprietário do barco, que poderia ser dele e de seu sócio José Coelho Bastos. Talvez João Pinto Martins não possuísse barcos antes de 1773, mas certamente os possuiu a partir de então. A sociedade com outro charqueador pode ter sido uma estratégia para a compra das embarcações, uma vez que ele investiria grande quantidade de recursos neste ano na compra do Sacramento e do Santo Antônio.

A viagem do barco Santíssimo Sacramento e Mãe dos Homens em 1767 foi curiosa. O barco havia saído do Rio de Janeiro, sem cargas, para carregar com carnes secas no Aracati. Essas viagens entre as capitanias do Norte e as capitanias do Sudeste eram proibidas e não eram comuns. Teria vindo a partir de contrato de frete com João Pinto Martins? De qualquer forma, o ano de 1773 foi um ano de extraordinários negócios para João Pinto Martins. Ele teria comercializado no Recife, origem/destino declarado em uma das viagens, dois barcos de couros e dois barcos com carnes secas. Calculando que uma sumaca carregava pouco mais de 5 mil arrobas de charque, e que este era comercializado no Recife, segundo Nobre, por 1$200, cada barco rendeu a João Pinto Martins a quantia de 6:000$000 (12:000$000 apenas nos dois barcos com charque, sem contar os dois barcos carregados com couro e solas).

Podemos considerar também que em 1773 os negócios de João Pinto Martins não se limitavam às oficinas e comércio de couros e charque: neste ano, ele importou, pelo menos, 6 toneladas de farinha de mandioca, aguardente e vários gêneros de molhados, o que poderia indicar que ele também supria seus fornecedores de reses nos sertões do Jaguaribe. Não se sabe se ele também se dedicava ao comércio de escravos. Isso sem contar que o comércio do sal na ribeira do Assu na capitania do Rio Grande poderia representar para ele uma possibilidade de investimentos, uma vez que ele dependia do produto para a salga das carnes. Todas essas informações nos levam a afirmar que, antes da seca de 1777, ele era o mais importante charqueador do Aracati, com negócios que não se limitavam à produção do couro e do charque, possivelmente tratando com gêneros alimentícios no Aracati e vale do Jaguaribe. Seus investimentos na compra dos barcos tinham relação direta com os seus interesses comerciais, que se irradiavam pelo interior das capitanias do Siará Grande e Rio Grande, assim como na praça do Recife.

Em 1775, João Pinto Martins aforou terrenos de quatro braças na rua de Santo Antônio no Aracati, onde possuía duas casas de morada. Mais uma vez, o Santíssimo Sacramento e Mãe dos Homens entrou na barra do Jaguaribe no mês de junho trazendo sal e carregado de carnes secas. Ainda em 1775, agora em dezembro, importou aguardente, farinha e molhados e exportou mais uma carga de couro e solas de seus curtumes. Dias depois, outro barco descarregou mel, farinha e outros produtos e levou mais uma carga de couro. O ano de 1776 foi um ano de seca parcial. Apenas um barco foi registrado no porto. Entre 1777 e 1780, o Ceará enfrentou uma grande seca. Cessaram em 1776 os registros de barcos, que só reapareceram em 1787.

A historiografia sobre o período colonial ainda não avançou no estudo sistemático dos fluxos do comércio de alimentos e de seus significados para a formação de uma elite senhorial.

Procuramos discutir a rede de trocas que sustentou esta complexa operação: estratégias de investimentos diversificados, relações complexas de produção e intensas trocas entre os portos do sertão e a praça do Recife. Emerge da documentação o perfil do mercador-charqueador-mercador, homem do Império, situado na confluência dos interesses metropolitanos interiorizados nas áreas coloniais. A atividade dos charqueadores do Aracati deve ser entendida a partir de uma dinâmica rede de trocas comerciais entre as capitanias do Norte do Brasil, subordinando, inclusive, o comércio de gado e gêneros para o sertão. A operação produtiva se vinculava com a atividade mercantil e se estabelecia através de uma rede de complexas relações. A atividade do mercador-charqueador, por mais que subsidiária e voltada para o mercado interno, expandiu seu mercado como produto estratégico para o tráfico atlântico de escravos. As estratégias de investimentos desses grupos mercantis, manipuladores do beneficiamento das carnes e do comércio com o sertão, seguiam os padrões dos mascates pernambucanos, investindo em diferentes atividades e regiões.

Bibliografia

ALENCASTRO, Luis Felipe de. *O trato dos viventes – formação do Brasil no Atlântico sul.* São Paulo: Companhia das Letras, 2000.

ANTONIL, André João. *Cultura e Opulência do Brasil.* 2ª ed. São Paulo: Melhoramentos/INL, 1976.

ANTUNES, Luis Frederico Dias. "Nichos e redes: interesses familiares e relaçoes comerciais luso-brasileiras na África Oriental (1750-1800)". In: BICALHO, Maria Fernanda (org.). *Modos de Governo – ideias e práticas políticas no Império Português, séculos XVI-XIX.* São Paulo: Alameda, 2005, p. 199-218.

ABREU, João Capistrano de. *Caminhos antigos e povoamento do Brasil.* Rio de Janeiro: Livraria Briquiet/Sociedade Capistrano de Abreu, 1930.

_____. *Capítulos de História Colonial: 1500-1800.* 6ª ed. Rio de Janeiro: Civilização Brasileira/INL, 1976.

Anônimo. "Roteiro do Maranhão a Goiás pela capitania do Piauí". *Revista do Istituto Histórico e Geográfico Brasileiro*: Rio de Janeiro: Imprensa Nacional, vol. LXII, 1900, p. 60-161.

BRAGA, Renato. "Um capítulo esquecido da economia pastoril do Nordeste". *Revista do Instituto do Ceará*. Fortaleza: Editora do Instituto do Ceará, vol. 61, 1947, p. 149-160.

ELLIS, Miriam. *O monopólio do sal no Estado do Brasil (1631-1801). Contribuição ao estudo do monopólio comercial português no Brasil durante o período colonial.* São Paulo: USP/FFCL, 1956.

FERREIRA, Roquinaldo. "Dinâmica do comércio intracolonial: geribitas, panos asiáticos e guerra no tráfico angolano de escravos (século XVIII)". In: FRAGOSO, João *et al. O Antigo Regime nos Trópicos – a dinâmica imperial portuguesa (séculos XVI-XVIII).* Rio de Janeiro: Civilização Brasileira, 2001, p. 339-378.

GIRAO, Raimundo. *História Econômica do Ceará.* Forteleza: Editora do Instituto do Ceará, 1947.

GIRAO, Valdelice Carneiro. *As oficinas ou charqueadas no Ceará.* Fortaleza: Secult, 1995.

HUTTER, Lucy Maiffei. *Navegação nos séculos XVII e XVIII – Rumo: Brasil.* São Paulo: Edusp, 2005.

KATINSKY, Júlio Roberto. "Notas sobre a mineração no Brasil Colonial". In: VARGAS, Milton. *História da Ciência e da Tecnologia no Brasil.* São Paulo: Unesp/CEETEPS, 1994, p. 95-106.

KOSTER, Henry. *Viagens ao Nordeste do Brasil.* Tradução e comentários de Luis da Câmara Cascudo. 12ª ed. Rio de Janeiro/São Paulo/Fortaleza: ABC Editora, 2003.

MAURO, Frederic. "Pode-se falar de uma indústria brasileira na época colonial?". *Estudos Econômicos*: São Paulo: IPE, vol. 13, 1983, p. 733-744.

MELO, Evaldo Cabral de. *A ferida de Narciso – ensaio de história regional.* São Paulo: Editora Senac, 2001.

_____. *A fronda dos mazombos – nobres contra mascates – Pernambuco, 1666-1715.* 2ª ed. São Paulo: Ed. 34, 2003.

_____. *Um imenso Portugal – História e Historiografia.* São Paulo: Ed. 34, 2002.

MENDES, Luis Antônio de Oliveira. "Discurso Acadêmico – Memórias econômicas da Academia Real de Sciências de Lisboa (1783)". In: CARREIRA, Antônio. *As Companhias*

Pombalinas de Grão-Pará e Maranhão e Pernambuco e Paraíba. 2ª ed. Lisboa: Editorial Presença, 1982, p. 364-420.

MONTEIRO, Denise Mattos. *Introdução a História do Rio Grande do Norte*. Natal: Ed. UFRN, 2000.

NOBRE, Geraldo da Silva. *As oficinas de carnes do Ceará: uma solução local para uma pecuária em crise*. Fortaleza: Gráfica Editorial Cearense, 1977.

PITA, Sebastião da Rocha. *História da América Portuguesa*. São Paulo: Itatiaia, 1976.

PRADO JÚNIOR, Caio. *Formação do Brasil Contemporâneo*. 20ª ed. São Paulo: Brasiliense, 1987.

RIBEIRO JÚNIOR, José. *Colonização e monopólio no Nordeste do Brasil – a Companhia Geral de Comércio de Pernambuco e Paraíba (1759-1780)*. 2ª ed. São Paulo: Hucitec, 2004.

RODRIGUES, Jaime. *De Costa a Costa – escravos, marinheiros e intermediários do tráfico negreiro de Angola ao Rio de Janeiro (1780-1860)*. São Paulo: Companhia das Letras, 2005.

SILVA, Francisco Carlos Teixeira da. "Pecuária, agricultura de alimentos e recursos naturais no Brasil Colônia". In: SZMRECSÁNYI, Tamás. *História Econômica do Período Colonial*. São Paulo: Edusp/Hucitec, 2002, p. 123-159.

SIMONSEN, Roberto C. *História Econômica do Brasil (1500-1820)*. 8ª ed. São Paulo: Companhia Editora Nacional, 1978.

STUDART, Guilherme. *Dactas e Factos para a História do Ceará – Colônia*. Fortaleza: Tipografia Studart, 1896.

9. O Consumo como Parte do Funcionamento Econômico da Nova Espanha: o Caso da Carne na Cidade do México

Enriqueta Quiroz[1]

Tradução de Heloísa Broggiato Matter

---

1. Instituto de Investigaciones Dr. José María Luis Mora.

NESTE ARTIGO ENTENDE-SE QUE O CONSUMO corresponde a um processo integral que envolve aspectos distintos do entorno social, cultural, econômico e inclusive político. No entanto, apenas a partir da perspectiva histórica se consegue integrar e compreender tal complexidade, porque a análise histórica consegue concatenar os fatos, relacioná-los e dar-lhes transcendência no tempo. Ou seja, estudar o consumo a partir da história, não apenas indica que se detecte o gasto realizado pelas pessoas no passado, mas que a partir do gasto familiar, vejamos que historicamente esse fato estimula a produção, o comércio e o crescimento de uma nação. Mais do que isso, contribui para que detectar no tempo, momentos de bem-estar social ou de subsistência, e a origem de profundas diferenças sociais.[2]

Esta ideia difere, de algum modo, do que propõem os economistas, que em geral consideram o consumo como a última etapa de um processo que se inicia com a produção, seguido pela oferta, a demanda, a distribuição, o intercâmbio e a última fase, seria o consumo. Particularmente, o entendem apenas como gasto individual ou familiar, e como tal pareceria ter pouca relevância.[3] Contudo, para descobrir a relevância "histórica" do problema do consumo, não se pode considerá-lo como último elo de uma corrente, e por isso, o menos relevante do processo econômico.

Pelo contrário, neste artigo se propõe entendê-lo como um processo integral de dimensão histórica que se consegue articular, em primeiro lugar, através da demanda ou necessidades das pessoas; em segundo, se manifesta no comportamento dos preços e afeta os

---

2. Ver QUIROZ, 2006.

3. RICOSSA, 1990, p. 121-126.

regimes alimentares e a distribuição das mercadorias; em terceiro lugar consegue desenhar o comportamento da oferta e da produção e inclusive estimula o intercâmbio.

Com base nessas hipóteses, pretende-se com esse artigo explicar a transcendência histórica do consumo de carne na cidade do México durante o século XVIII.[4] Processo que em primeiro lugar teria se definido pela enorme gravitação que tinha a demanda de carne na capital novo- hispânica, o que redundava nos movimentos de preços e nas condições sociais. Mais ainda, a macro importância do processo teria se refletido no âmbito vice reinal, porque o consumo contribuiu para a definição dos espaços produtivos, e a articulação de toda uma rede de abastecimento de gado no reino, que favoreceu sua integração e deu impulso a economia interna durante o século XVIII.

A importância da demanda de carne para a definição do consumo

O termo carne, nesta pesquisa, se refere essencialmente à de matadouro, quer dizer, à de vacum, caneiro e porco, o que correspondia a 60% do consumo total de carnes da capital.[5] Ou seja, o armazém do governo local era o principal meio de abastecimento de carnes para os habitantes da cidade. O que não parece estranho, pois segundo o registro dos livros do açougue até 1804, existia um consumo de novecentos carneiros e cerca de cem de gado vacum diariamente na cidade. Em termos gerais, no século XVIII ingressaram mais de 250 mil carneiros, cerca de 20 mil vacas e bois e 50 mil porcos anualmente na capital.[6]

Comparativamente com outros alimentos, a carne de matadouro teve especial importância dentro do consumo urbano. A carne ocupava o terceiro lugar depois do milho e da farinha de trigo, ainda que neste cálculo não esteja incluído o *pulque*,[7] cujo consumo superava os anteriores.[8] O alto consumo de carne contribuiu de maneira importante aos cofres fiscais, já que quando os animais entravam na cidade, pagava-se um imposto por cabeça, o que anualmente representava quase 50% da arrecadação para alimentos

---

4. Tal investigação foi amplamente desenvolvida por QUIROZ, 2005.

5. Ver o cálculo de Humboldt sobre animais e aves de curral e caça, além de contabilizar porcos, vacas e carneiros. HUMBOLDT, 1991, p. 133.

6. Ver QUIROZ, 2005, p. 109-110.

7. N.T.: bebida alcoólica fermentada produzida com o suco do agave.

8. Dentro do total de quilogramas de comestíveis informados por San Vicente em 1767, ver SAN VICENTE, 1990, p. 174-176.

perecíveis (*viento*)[9] e, por sua vez, entre 6,2% e 12,5% do total de ingressos por compra e venda (*alcabala*)[10] entre os anos 1770 e 1810.[11]

Para referendar a alta demanda de carne na capital podem-se observar consumos reais e constatar, através deles, os parâmetros alimentares da época. Com isso pode-se perceber que a carne formava parte dos alimentos habituais e era considerada como algo que assegurava a subsistência humana. A carne de vaca, e não a de carneiro, geralmente se destinava à alimentação de soldados (não oficiais), de trabalhadores de instituições, de doentes convalescentes e inclusive de presidiários. A quantidade observada em tais rações institucionais, em geral, correspondeu a uma libra de carne de vaca administrada diariamente junto a outros alimentos como pão, feijão e *atole*.[12] Ou seja, os parâmetros no consumo de carne estavam bastante distantes dos atuais.

Evidentemente no século XVII devem ter existido diferenças sociais na alimentação; no entanto, não podemos estabelecê-las com certeza, senão apenas utilizar os próprios critérios empregados na época como o do Ayutamiento (governo local). Curiosamente o governo local – encarregado de prover os produtos de primeira necessidade para os habitantes da capital – estabeleceu parâmetros econômicos para velar e favorecer o consumo dos diversos grupos sociais da cidade. Seu espectro social girava essencialmente de acordo com a capacidade aquisitiva da população e não com base em critérios de cor de pele ou costumes. Seu interesse era conseguir fixar os preços maximamente accessíveis para todos os setores sociais. Por esta razão a carne de gado vacum era a mais barata e a de carneiro a mais cara.

O parâmetro ideal de consumo era de 460 gramas diárias de carne por pessoa até pelo menos os anos 1760, o que seguramente correspondia ao grupo espanhol ou branco da cidade. Utilizando essa ração e os cálculos de Humboldt, referindo-se ao fato de que a população branca correspondia a 50% da população da capital,[13] foi estimado para esse grupo um consumo anual de carne para 1767, e como conhecemos o consumo total urbano para esse ano, se obteve a diferença entre as duas quantidades e se conseguiu como resultado um presumível consumo de carne entre a população mestiça e indígena. Assim, nesse ano o consumo deles podia alcançar apenas 163 gramas diárias por pessoa, bem diferente do grupo dos brancos que podia consumir, como dissemos, 460 gramas, quer

---

9.   N.T.: vento: tributo que o forasteiro pagava sobre os produtos que vendia.

10. N.T.: alcabala: porcentagem do valor da mercadoria paga ao fisco pelo vendedor.

11. Para uma análise detalhada das alcabalas mencionadas nesse período, ver QUIROZ, 2005, p. 31-38.

12. N.T.: atole: bebida feita com farinha de milho.

13. HUMBOLDT, 1991, p. 93.

dizer quase três vezes aquela quantidade. No entanto, este cálculo também é imperfeito, pois, seguramente, existiam brancos de baixa condição social, que não podiam custear um consumo tão alto de carne, e menos de carneiro, que era a carne mais cara do mercado.[14]

Também pode-se tentar uma diferenciação social no consumo a partir de uma observação dos próprios hábitos alimentares. A carne de gado vacum, uma das mais baratas do mercado, era como tal a carne mais comum do dia-a-dia para o cozido, a menos festiva e pouco apreciada para os paladares finos. O limite social no uso da carne de vacum não estava em cozinhá-la ou não, mas em utilizá-la como prato principal ou prato ou mais consistente do dia, com base nestes conceitos habitualmente os grupos sociais de altas esferas a consumiam em menor quantidade que a população das camadas sociais mais baixas, e de forma mais seletiva que os mesmos. Os mestiços e setores pobres da população desfrutavam simplesmente da carne de vacum, ou seja, em seus pratos já não se diferenciava se era novilho, novilha, vaca ou touro, como o caso dos espanhóis e *criollos*. Estes grupos também incluíram em sua alimentação os miúdos da carne de vacum, como o conhecido "menudo",[15] preparado à maneira espanhola. Os indígenas, por sua vez, incorporaram o gosto pelas carnes de aves, peixes, coelhos, lebres e cães nativos, e a carne de *vacum* era talvez o único e principal alimento que obtinham do matadouro urbano estabelecido pelos espanhóis.

Com respeito à carne de carneiro, na época se destacava que o consumo de carneiro tendia a estar restrito à camada mais rica da sociedade. Outros grupos de vida mais austera, mas nos quais a raiz espanhola era importante, ou seja, os religiosos, as freiras, os militares e também naquelas instituições dependentes dos mesmos, como os colégios e hospitais, se consumia carneiro duas vezes ao dia, no almoço e no jantar. Os mestiços, os índios e os pobres em geral aparentemente não se abasteciam de carneiro.

Por sua vez, o consumo de porco era muito generalizado, tanto como animal doméstico, criado em muitos quintais na parte dos fundos das casas, como parte das reservas do lar, como para sustentar uma "quase" indústria administrada pela corporação de ofício dos criadores de porco. Do mesmo modo, se utilizava frequentemente a gordura de porco para fritar e agregar sabor à comida.

O comportamento dos preços para detectar os níveis de consumo

Entretanto, não basta conhecer os padrões de consumo da época, se não se consegue determinar momentos favoráveis ou desfavoráveis para os compradores de carne

---

14. QUIROZ, 2005, p. 80.

15. N.T.: *menudo*: sopa típica espanhola feita com tripa de boi ou vaca, acompanhada por tortillas.

durante o século XVIII; particularmente não se pode pensar que o consumo foi igual durante todo o século. Neste sentido, é útil conhecer o comportamento dos preços da carne, mas sempre em relação aos volumes da demanda. Essa relação é fundamental quando se estuda o comportamento de um preço relativo ou particular, como neste caso da carne. Porque a variações nos volumes de carne consumida tendem a referendar o comportamento dos preços.

As séries de preços da carne de vaca e de carneiro se construiram com os preços que se deduzem a partir dos melhores lances ajustados e licitados perante ao *ayuntamiento*.[16] Como breve explicação, vale ressaltar que o ayuntamiento organizava a cada dois anos um leilão público no qual o melhor lançador rematava a administração e a venda de carne de gado vacum e de carneiro. Ou seja, àquela pessoa que tivesse a melhor oferta de carne e de preços. A proposta consistia em apresentar um lance quando a Prefeitura abria a convocatória para o remate do armazém. O lance era a quantidade de carne que se venderia ao público por um real, durante um tempo determinado. Ou seja, do lance se deduzia o preço da carne, já que expressava, como todo preço, um valor e uma quantidade. O valor era o real cobrado e a quantidade eram as onças de carneiro e as libras de vaca oferecidas em troca desse valor.[17] Em relação a esta maneira de fixar os preços, é possível argumentar que devido ao controle e regulação dos mesmos uma notável estabilidade teria sido registrada. Contudo, apesar do rígido sistema que imperava e estabelecia preços fixos para cumprir durante um período determinado, pode-se perceber que este sistema foi sensível às variações de preços no mercado rural e os fornecedores de gado foram o eco desses problemas na cidade.

---

16. N.T.: *ayuntamiento:* palavra usada no México para autoridade local como prefeitura. Em alguns países de língua espanhola se usa "municipalidad".

17. A partir dos lances, observou-se que no transcurso do século as quantidades de carne ofertadas ao público não eram fixas e variaram de acordo com os diferentes lances rematados. Este fato permite explicar empiricamente as variações nos preços, pois à medida que abaixava ou subia a quantidade de carne ofertada por um real, era gerada uma flutuação no custo que o público deveria assumir para comprar, por um mesmo valor, uma maior ou menor quantidade de carne. Sobre a metodologia desenvolvida no trabalho de Quiroz para derivar o comportamento dos preços da carne na cidade do México durante o século XVIII a partir de lances realizados em leilões, ver QUIROZ, 2005, p. 99-101.

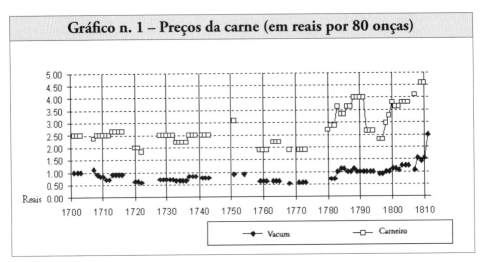

Fonte: QUIROZ, 2005, quadro número 1, p. 101-103. O gráfico de Quiroz, 2005, p. 104, tem como errata os anos 1771, 1772, 1773, a qual deve ser comparada com os dados do tabela número 1, p. 101-103 do mesmo livro.

Observando-se a curva construída (ver gráfico n. 1) os preços da carne na capital, fundamentalmente a de vacum e de carneiro, durante o século XVIII, mantiveram em termos gerais grande estabilidade e apenas vieram a subir constatemente por volta de 1798. Os preços mantiveram esse comportamento até pelo menos 1811. Nos movimentos curtos, contudo, se manifestaram oscilações de elevações por volta dos anos 80, porém interrompidas por fases de reduções ou inclusive de estabilidade. O comportamento individualizado dos preços da carne de vacum e carneiro mostra que a primeira manifesta fases curtas de elevações de preços a partir de 1783, porém seguidas por movimentos de estabilidade e onde apenas os movimentos de elevações voltam a apresentar-se outra vez em princípios de 1800. Diferentemente, os preços do carneiro apresentaram elevações desde 1780 a 1791, interrompendo tal tendência com outra, a de reduções entre 1792 e 1797 (podendo inclusive terem sido mais baixos do que foram, mas, com a intervenção do governo local, os preços não caíram como deveriam; apesar de tudo, a inflexão destes anos é notável nos preços do carneiro, como se explicará mais adiante). Portanto, por volta de 1798, as elevações se sustentam até pelo menos 1810.

Por sua vez, os preços da carne de porco, tirados das posturas fixadas pela "*Fiel Ejecutoria*", são bastante irregulares e não permitem sistematizar a informação, muito menos de maneira gráfica. De todas as maneiras, com dados de taxas alfandegárias da carne de porco, é possível observar algumas condutas dos preços da carne de porco e seus derivados. Pode-se perceber que nos anos 50 os preços do lombo e das costelas foram inferiores aos da década de 1720. De maneira distinta, em meados dos anos 80 o preço de vários produtos derivados do porco

CONSUMO E ABASTECIMENTO NA HISTÓRIA   197

subiu, coincidindo com as elevações do milho. Entretanto, por volta de década de 90, os mesmos produtos passaram por uma redução.[18]

A explicação dos movimentos de preços da carne em geral, depende do momento da nálise. Assim se perceberá neles a continuação da incidência da demanda, do clima, da política fiscal, do aumento dos custos e da guerra.

Durante o primeiro período de preços descrito para a carne de vacum, reconhecido por sua estabilidade, a demanda apresentou flutuações pouco significativas, especialmente entre os anos 20 e princípios da década de 30, período em que a cidade demandou entre 13 e 16 mil cabeças anuais. Entre esses mesmos anos, a demanda pelo carneiro flutuou entre 250 mil e 300 mil cabeças. Por sua vez, a demanda pelo porco que havia flutuado nos primeiros anos da década de 30 entre os 42.500 e os 45.500 animais, em meados da mesma década havia superado as 53 mil cabeças anuais. (Ver gráfico n. 2) Este aumento talvez estivesse relacionado com a redução do preço do milho por esses anos, devido à importância desse alimento para a engorda dos porcos; a esse respeito pode-se indicar que o preço deste cereal decresceu 33,8%, em 1735, em relação a 1730.[19]

Pelo contrário, a partir de 1737 até 1742 a demanda pela carne de vacum vaca reduziu-se uma média de 9.408 cabeças por ano. A principal causa desta queda foi provavelmente a epidemia de *matlazáhuatl*,[20] que afetou a população da cidade entre 1737 e 1740 com uma intensidade semelhante à peste de 1576. Por volta do ano de 1742 a carne de porco teve sua demanda reduzida a 28.582 animais, o que também teve relação com as elevações do preço do milho.[21]

Entre 1740 e 1750, o consumo de carne de vacum vaca chegou a 11 mil reses, o que teve relação com surtos de *matlazáhuatl* e varíola em 1747 e entre 1761-1762 que atrasaram a recuperação da demanda pela carne. Finalmente, em meados da década de 1760, a cidade recuperou seus níveis de demanda pela carne tanto da de vacum, quanto de carneiro ou porco, para alcançar números similares aos registrados antes da epidemia de matlazáhuatl em 1737. Nos anos 70 se acentuou a tendência anterior, alcançando uma demanda de entre 22 mil e 30 mil vacas e 300 mil carneiros (ver gráfico n. 2). Estes altos níveis de demanda estiveram claramente relacionados com períodos de reduções nos preços, sendo talvez os de maior importância em todo o século. A explicação pelos baixos preços talvez se deva à redução da matança de animais graças à baixa na demanda pela carne entre 1737 e 1750.

---

18. QUIROZ, 2005, p. 107.

19. Ver FLORESCANO, 1969, p. 115.

20. N.T.: *Matlazáhuatl*: doença semelhante ao tifo e à peste transmitida pela picada de piolhos e pulgas de ratos.

21. Ver FLORESCANO, 1969, p. 115.

Pela reprodução natural da população animal, esta aumentou paulatinamente, o que explica que por volta dos anos 1760-1770 foi documentado um aumento real de cabeças de gado.[22] Os excedentes do gado tiveram de influir na redução paulatina dos preços registrada notoriamente durante a década de 1760 e pelo menos até o início de 1770. A importante queda dos preços favoreceu naturalmente o aumento pela demanda de carne na capital entre esses anos e até o início da década de 1780.

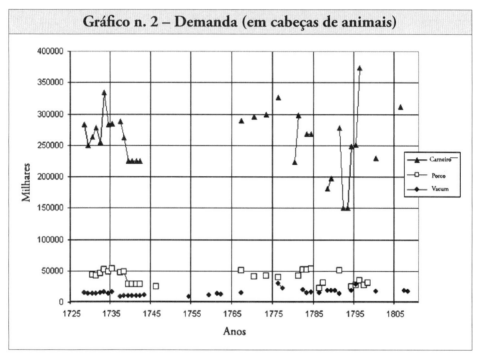

Fonte: QUIROZ, 2005, p. 109-110.

Nesta mesma década de 1770 a demanda pela carne de porco passou por uma fase de comportamento distinto do da carne de vacum vaca ou carneiro, já que seus níveis seguiram tendência de redução e apenas flutuaram entre 40 mil e 42 mil cabeças anuais. O que coincidiu com elevações pontuais do preço do milho entre 1771 e 1773.[23]

---

22. A esse respeito Jorge Silva nota um crescimento real da produção agropecuária observada através dos dízimos neste período para a província de Michoacán. SILVA, 1997.

23. Ver FLORESCANO, 1969, p. 116. Em 1771-1772 a fanega de milho chegou a 18,86 reais, representando uma elevação de 57,6% em relação ao ano anterior; em 1772-1773 seu preço foi de 17,47 reais representando uma elevação de 38,6%, em relação a 1770-1771. A média do ciclo 1765-1778 foi de 12,66 reais por fanega.

Contrariamente, entre 1780 e 1789 os preços da carne apresentam alguns movimentos de elevação, que têm relação não apenas com as condições do mercado urbano, mas também com com as do rural. A explicação central se deve a um encarecimento do gado em pé, e, por sua vez, este fenômeno obedeceu vários fatores que em conjunto incidiram na alta do preço da carne:[24] 1) um aumento na demanda do espaço rural e urbano até 1780, devido a uma notável recuperação da população depois do matlazahuatl e até 1780; em 1782, envios de carne seca por Veracruz e Havana, obrigam a abastecer Puebla, Córdoba, Orizaba, Jalapa, com gado dos arredores da capital. 2) Em 1780, 1785, 88 e 89 ocorrem secas e escassez de pastos, o gado emagrece, ou seja existe um baixa no peso do gado vacum, de 12 a 13 arrobas chegam a 10 e 11. Uma maior quantidade de cabeças é requerida para cobrir o abastecimento. O que antes era feito com apenas 12 a 13 mil cabeças chega a requerer cerca de 16 a 17 mil cabeças. 3) As políticas fiscais aplicadas nesses anos como novos sistemas de cobrança e impostos sobre o gado. A supressão da distribuição obrigatória de mercadorias incide especialmente na alta de preços dos porcos e carneiros. O novo sistema favorecerá o pagamento de impostos, ou seja, aqueles que comerciavam com o gado menor dos indígenas se verão obrigados a alcabala no momento de comprar o gado em seu local de origem. 5) Em 1786, a elevação do preço do milho incide no preço da carne de porco, porque é usado para a engorda do gado suíno.

Por volta dos anos 80 o aumento da demanda foi freado, não apenas devido aos movimentos de oscilação de altas de preços, mas também porque o crescimento demográfico urbano tendeu a atrasar-se pelo menos até meados dessa década. Entretanto, na capital as altas de preços da carne foram contidas porque a prefeitura se responsabilizou pela administração do armazém e custeou parte dos gastos. Ainda cabe assinalar que são principalmente as altas de preços de 1788 e 1789 as que reduzem a demanda pela carne.

Posteriormente, no período 92-96 ocorreu uma queda notável nos preços da carne de vaca e de carneiro. Inclusive a carne de vacum poderia haver baixado, mas o governo local não o permitiu para recuperar o dinheiro gasto em anos anteriores.[25] As razões desta queda ocorreram por excesso de oferta de gado no mercado urbano devido à produção abundante no mercado rural, além de ser uma época de grande estabilidade climática e de abundância de pastos.

---

24. As explicações assinalados no artigo estão explicadas com detalhes em QUIROZ, 2005, p. 117-137.

25. As autoridades da cidade aproveitaram a boa época para saldar dívidas que haviam contraído na década anterior e ordenaram uma redução de duas onças sobre o preço do carneiro, quer dizer, das trinta onças distribuídas pelo fornecedor, apenas 28 seriam dadas ao público, deixando que a diferença constituísse um excedente para os cofres do município. A cobrança desta taxa se manteve sobre as posturas seguintes: mesmo com a generosa oferta de 1796 decidiu-se nesse ano ampliar a redução de onças sobre a postura do carneiro, com o objetivo de destinar, dois terços do monto obtido ao fundo de abastecimento de carne e mais um terço para o depósito. Ver AHCM, Abasto de carne, vol. 6, exp. 185.

No período de 1798 a 1810 ocorrem as maiores altas dos últimos cem anos no preço da carne. A explicação geral é a alta dos animais em pé, devido às seguintes razões e que já foram expostas na investigação particular dos preços da carne.[26] 1) Ocorre uma seca de pastos em 1797 e geadas em 1808, em Guapango e Toluca, onde morre gado bovino por falta de pasto e a maioria baixa de peso a cerca de 7 arrobas. 2) Uma epidemia afeta o gado em 1797-1798. 3) Os animais baixam de peso e uma maior quantidade de animais se torna necessária para cobrir a demanda urbana. Por volta de 1800 pode-se detectar um aumento na demanda: sabe-se que a população da Cidade do México começou a crescer de maneira notável desde 1800 por causa da imigração. O crescimento da demanda pode ser constatado pelas seguintes razões: apesar do baixo peso do gado bovino, 10,5 arrobas, em média, por cabeça, em 1800 a cidade requer 165.240 arrobas de carne de vacum. Também necessita um maior número de porcos, o que se pode presumir a partir de um aumento do número de tocinerías[27] em relação à década interior e porque Alzate indica um consumo de aproximadamente 130 mil porcos. Há um problema de evasão de impostos, pois os porcos estão se reproduzindo no interior da cidade e assim não alcabala de ingresso, por esta razão as contas destas de alcabalas não servem para o período. Além disso, são necessários 300 mil carneiros para o armazém. 5) Aumentam os custos do matadouro urbano: mais animais são comprados; mais dinheiro é gasto em alcabala por ser maior o número de gado que entra na cidade que não seja o principal gasto do matadouro urbano, pois representa 17% do gasto total; mais terras são necessárias para pasto e em consequência mais dinheiro é gasto em arrendamentos. (O arrendamento de potreiros e pastos representa 27% dos gastos); uma nova política de administração do matadouro urbano foi implementada por uma comissão de vizinhos notáveis que repassam todos os gastos do matadouro ao preço da carne. 6) Em 1803 e 1804 ocorre grande mortandade de animais nos pastos e nos caminhos próximos à cidade: não há suficiente espaço para engorda e para o translado até a cidade. 7) Em 1810 o abastecimento de carne à cidade do México é muito difícil, devido à insurgência e ao bloqueio de caminhos.

O aumento constante dos preços da carne veio a ocorrer definitivamente, como já havíamos assinalado, por volta de 1798 ou mais precisamente por volta de 1800, quando os diversos problemas mencionados começam a repercutir no preço da carne. Além disso, a insurgência gerou grande desabastecimento por conta do bloqueio de caminhos e isso gerou a pior alta generalizada de preços em 1810.

---

26. Ver QUIROZ, 2005, p. 140-158.

27. N.T.: tocinerías: que comercializavam carne de porco.

CONSUMO E ABASTECIMENTO NA HISTÓRIA   201

Os preços da carne, comparados com a tendência secular de outros alimentos, indi-cam que a alta constante dos grãos paralela à da carne e provavelmente à do pulque e da aguardente ocorreu na primeira década do século XIX. As elevações de preço destes alimen-tos foram constantes desde 1798/1800 até pelo menos os anos da insurgência (Ver gráfico n. 3). A curva apresentada neste artigo tem a importância particular de indicar flutuações de preços do milho, trigo, carne de carneiro e porco, ou seja, o interessante sobre a mesma é o caráter de descrever o movimento dos preços indicados e a possibilidade de observá-los comparativamente. Certamente, para obtê-los foi necessário unificar todas as unidades: foi escolhida a carga (medida de massa) que era utilizada para os grãos, mas não para a carne, que era vendida em libras e onças. De acordo com o gráfico, os movimentos dos preços da carne em relação ao dos grãos durante o século XVIII foram mais coincidentes ou simétricos no início do século XIX. Pois, mesmo a alta brusca do milho em meados da dé-cada de 1780, seguida por elevações no trigo – ambos de curta duração –, aparentemente não haviam gerado escassez extrema na cidade do México, ao mesmo tempo que o consu-mo de carne se manteve estável e os preços continuaram sendo generosos. Além disso, a queda de preços da carne na década de 90, já argumentada anteriormente, junto com os volumes de milho entre 95 e 96, como também os ingressos de farinha mencionados pelos livros da alfândega, mostrariam um aumento no consumo urbano pelo menos entre 96 e 97. Ou seja, as assimetrias no movimento dos preços da carne e dos grãos, assim como o volume dos mesmos ingressados na cidade, não permitem generalizar um aumento dos preços desde o século XVIII. Mas sim a partir do século XIX.

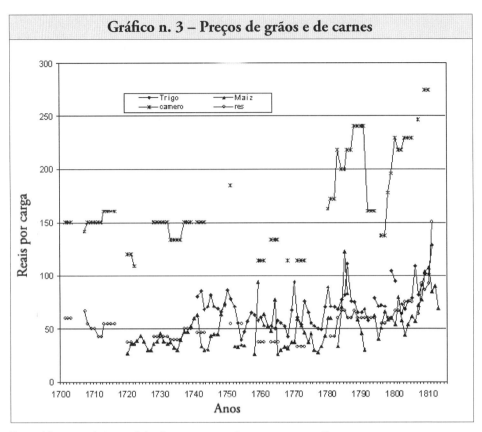

Fonte: elaboração própria com dados de FLORESCANO, 1989; GRACIA ACOSTA, 1988; QUIROZ, 2005.

A relação entre preços e salários para definir o consumo

Entretanto, cabe perguntar: o que significaram estes movimentos de preços concretamente? Do mesmo modo, para aceitar afirmações como as anteriores devemos estabelecer uma relação entre os preços e os salários da época, ou ao menos ter uma ideia do poder aquisitivo da população da cidade do México. A voz corrente é a de que na capital um mendigo podia receber meio real diário e, ao menos, comer sem problemas.[28] Mas com maior certeza, sabemos que na cidade do México existia uma importante presença de população assalariada. Calcula-se que por volta de 1794 existiam na capital umas 40 mil pessoas com trabalho;

---

28. AHDF, Rastros e Mercados, vol. 3728, exp. 13. Ver também outras referência ao meio real de esmola em AHDF, Moeda de cobre, 3284, exp. 3. Na época dizia-se que: "A experiência ensina que... ao pobre se despacha sempre com a melhor moeda". Ver AGN, AHH, vol. 1152, leg. 1.

dessa força de trabalho, cerca de 56% correspondia a artesãos.[29] Sabemos também que o salário de diarista ou peão na capital correspondia a 3 reais diários: lembremos que estamos falando de um salário mínimo que se manteve estancado durante o século.[30]

Tendo em vista esta referência salarial é possível indicar que durante o século XVIII o poder aquisitivo da população em relação à carne foi bastante estável, mais especificamente, não experimentou, de maneira constante, uma deterioração do consumo da mesma. Em 1701/1703 a carne de vacum custava as mesmas 80 onças que em 1790/1791. O carneiro, por sua vez, custava, no início do século, 32 onças e, por volta de 1796/1797, 35 onças. Certamente houve períodos mais generosos de preços para a carne como nos anos 60/70, quando com um real era possível comprar 152 onças de carne bovina e 42 de carneiro. Diferentemente nos anos 84, 85 e 88 o preço da carne de vaca era de 72 onças por um real, mas na década seguinte ocorreu uma alteração notável do poder aquisitivo. Em termos práticos, isto significava que com uma diária a três reais, em 1701/1703 se podiam comprar 6,7 quilos de carne de vacum, na década de 1780, com a mesma diária, 6 quilos, e em 1790, 7 quilos de carne de vaca. Mas ainda em 1796/1797 com a mesma diária "estancada" em três reais era possível comprar 7,5 quilos diários de carne de vacum ou três de carneiro. Ou seja, o poder aquisitivo da população não caiu constantemente ao longo do século XVIII. Ao contrário, ocorreram altas e quedas, elevações e recuperações importantes, apesar da provável existência de "salários estancados".

Pode-se pensar que apenas a carne tinha a condição particular de ser barata e por isso era vendida em quantidades importantes; porém, apenas para mencionar alguns exemplos, em 1791, com um real era possível comprar grandes quantidades de milho: 4,6 quilos (cerca de 164 *tortilhas*), pouco mais de um quilo de pão, ou mais de dois quilos de carne de vacum.

Por outro lado, se não nos satisfazem os cálculos sobre a capacidade aquisitiva destes trabalhadores, podia-se pensar que é mais próximo à realidade definir uma estrutura do gasto. O modo que aqui se empregou foi o de construir uma estrutura de gasto para os peões, mas por falta de dados sobre orçamentos de trabalhadores estimou-se uma estrutura, a partir das rações dos réus na cadeia da cidade.[31] O resultado foi que o gasto

---

29. Ver GONZÁLES ANGULO, 1983, p. 76. Ver também PÉREZ TOLEDO; KLEIN, 2002, p. 77.

30. QUIROZ, 2004, p. 219. Consultar também VAN YOUNG, 1992, p. 113-114.

31. Ver exposição de Quiroz, "Condiciones de vida y salários en Santiago e Ciudad de México: una comparación en el mundo colonial", apresentada no Simposio del Trabajo, salarios y condiciones de vida en la América Colonial por ocasião do III Congresso Internacional de Historia Económica, organizado pela Associación de Historia Económica de México em Cuernavaca, entre os dias 29 e 31 de outubro de 2007, e publicada no CD de memórias do Congresso.

esteve concentrado nos cereais, essencialmente 46% em pão e atole, 34,2% em carne, e finalmente, 19% em legumes, arroz, frutas e hortaliças. Tendo em consideração a diária de um peão a três reais, supõe-se era possível ganhar dezoito reais em uma semana, o que significaria que de acordo com a estrutura do gasto definida previamente, o peão, que seguramente se alimentava magramente como o réu da cadeia, podia gastar oito reais por semana no gênero de cereais, outros 6,1 reais em carne e três reais e meio em arroz, feijões, especiarias como o chile e algumas hortaliças.

Este esquema vem a alterar os cálculos sobre o poder aquisitivo, porque com oito reais semanais de milho significa que, por exemplo, em 1790 se dispunha de 24 quilos de milho semanais, mais 6,1 reais para a carne, comprando um total de 1,7 quilo de carne de vacum por semana, pouco menos de 250 gramas diárias. Na época que se estimava que de um "almud"[32] de milho, ou seja, 23 quilos, se obtinham 132 "tortilhas",[33] o que nos faz pensar que um jornal podia contar com cerca de vinte "tortilhas" por dia. Com relação à carne, acontecia algo similar, já que seu gasto semanal chegava próximo de 250 gramas diárias.

Estes cálculos ajudam, então, a identificar os consumos dos grupos mais pobres da cidade. Ou seja, com o que ganhava um peão dificilmente era possível alimentar uma família inteira, obrigando que mulher e filhos trabalhassem. Do mesmo modo, se ainda assim viviam com o salário do peão, significa que só podiam comprar comida, quer dizer, gastos com vestuário e moradia, por exemplo, estavam absolutamente restringidos. Ou seja, vestiam o que lhes permitia a habilidade de suas mulheres e seguramente viviam encurralados. Devo advertir que estes são os salários mínimos dentro de um mínimo social, porque também eram jornaleiros: os carpinteiros, os ferreiros, pedreiros, oficiais de marcenaria, professores, etc. que ultrapassavam o limite vital indicado. Eles não viviam para comer porque alimentar-se era bastante acessível com os preços estabelecidos para os alimentos básicos.

O consumo de carne na capital e sua incidência no espaço vice reinal

Depois de observar o comportamento dos preços da demanda pela carne e sua relação com os salários na cidade do México, é importante destacar a relevância do problema do consumo além do âmbito urbano e abri-lo para o espaço vice reinal. Neste sentido, a importância do consumo de carne não basta ser explicada por seus efeitos nos próprios consumidores da capital, mas como estes e suas necessidades

---

32. N.T.: Almud: Unidad de medida de produtos secos ou líquido, de valor variável segundo as épocas e regiões.

33. Ver *Gaceta de México*. Compendio de Notícias de Nueva España que compreendem aos anos 1786 e 1787. T. II, n. 14, p. 157, martes 25 de julio de 1786.

alimentares influíram em um espectro mais amplo que o próprio meio urbano. Então a pesquisa sobre o consumo irrompe em um problema mais global: sua contribuição à configuração da economia no reino.

O amplo raio de influência da capital pode ser percebido na localização de certos espaços produtivos que estavam diretamente relacionados com a demanda da cidade do México, com certa semelhança ao modelo pré-industrial de localização elaborado pelo geógrafo Henirich von Thünen em 1826, que estabelecia idealmente uma série de cordões produtivos em torno de um mercado urbano central.[34] É precisamente por essa razão que o esquema de von Thünen mostra-se útil porque ao tentar localizar zonas produtivas, permite também identificar a oferta em torno de um mercado. Ou seja, tal modelo pode se sobrepor e entrecruzar os anéis de acordo com os mercados identificados.

Na realidade da Nova Espanha, onde se encontrava inserida a cidade do México, existiam vários outros mercados cuja demanda influía sobre o espaço rural, principalmente de produtos agropecuários que não se pode evitar, apesar de que ainda que no caso daqueles, não ultrapassavam a população nem os volumes de mercadorias que iam em direção de tal urbe.[35] Outra das diferenças notáveis que se percebe no *hinterland* da cidade do México e o modelo de von Thünen é a de que a extensão do mesmo seria muito maior no caso da Nova Espanha que o indicado no modelo mencionado. Devido ao fato de que o limite do último cordão proposto pelo geógrafo alemão localizava-se a 50 milhas do mercado, ou seja, a 371 quilômetros, entretanto, os inícios do cordão de gado da capital podiam localizar-se ao redor de Guadalajara, situada a 500 quilômetros da capital. Assim também se percebe claramente que os pontos mais extremos do mesmo em direção ao norte chegavam até Coahuila. Quer dizer, a "espacialidade" envolvida para cobrir a demanda de carne da cidade do México era notoriamente mais ampla que a proposta no mencionado modelo teórico. Não obstante, o quinto círculo dedicado idealmente à criação de gado aplica-se de alguma forma à Cidade do México, já que como se verá, é o mais apropriado para a criação extensiva de animais economicamente falando, devido ao baixo valor da terra (por causa da distância entre

---

34. THÜNEN, 1966. Os anéis que propôs o autor do centro à periferia correspondem aos seguintes: 1º cultivos hortícolas variados e sem rotação fixa, 2º a silvicultura, quer dizer, a atividade encarregada de cuidar dos bosques com o objetivo de obter madeira, 3º cultivos intensivos com rotação, 4º campos de cultivo triplo e 5º ranchos de gado.

35. Nos referimos a Puebla, Michoacán, Guadalajara, o eixo Guanajuatitas, que por sua vez estava relacionado com a produção do norte de Durango e Coahuila. Estima-se que a população da cidade do México, no século XVIII, teve as seguintes flutuações: em 1753 existiam provavelmente umas 70 mil pessoas de acordo com os cálculos de BÁEZ MACÍAS, 1966, p. 424, e para 1779 se considera uma população de 110 mil habitantes segundo os dados proporcionados por PESCADOR, 1992, p. 101. Com respeito aos volumes de mercadorias que eram recebidos pela capital anualmente ver QUIROZ, 2004.

essa zona e o lugar central), e porque o preço da forragem é essencialmente baixo. Por outro lado, o gado pode ser transportado ao centro consumidor a um baixo custo e sem maior esforço devido à sua própria capacidade de deslocamento, o que incide em uma redução de custos da produção de gado, e, consequentemente, nos preços da carne. Tal como indica o modelo de von Thünen, a tendência no preço do gado vacum era ser mais barata quanto maior fosse a distância entre a Cidade do México e o local de origem do gado. Ao observar-se algumas das compras efetuadas pela ayuntamiento da Cidade do México é possível perceber que o gado tendeu a ser mais barato nas zonas realmente pecuárias.

Quer dizer, no quinto cordão proposto por von Thünen, que corresponderia para o *hinterland*, da Cidade do México à área pecuária da costa ocidental da Nova Galícia, incluindo a jurisdição de Guadalajara e seguindo mais em direção ao norte e ao nordeste, para entrar nos territórios de Nuevo León, Nueva Viscaya e Coahuila. Como por exemplo, em 1740 o gado vacum de Acaponeta flutuaram entre 4,7 pesos e as de Compostela em 5 pesos; entretanto, as compradas em Michoacán flutuaram em 6,3 pesos[36] (Ver tabela). Inclusive apesar do tempo e do aumento geral dos preços do gado bovino em pé, a cidade continuou comprando aos fazendeiros de Guadalajara a um preço inferior ao de Michoacán ou ao dos arredores urbanos, assim em 1750 se conseguia gado bovino de Guadalajara a um preço médio de 6,1 reais, diferentemente do comprado nos arredores da capital que custavam 6,4 reais[37] (Ver tabela 1). Entre outubro de 1787 e dezembro de 1788, nesse período o gado bovino comprado em localidades mais distantes da capital continuavam sendo mais baratos. Nessa data em particular, o gado bovino mais barato foi o trazido de Compostela (Nayarit), Ameca e também de Guachingo, flutuando entre 5,4 e 6,4 pesos. Diferentemente, o gado bovino de Michoacán comprado nessa mesma ocasião chegou ao preço máximo de 8,3 pesos[38] (Ver tabela). Aquele gado vinha de localidades como Zitácuaro, Zirándaro, Zamora, Valladolid e Tanguacícuaro, e seus preços flutuaram entre os seis pesos por cabeça de gado, proveniente do extremo oriental de Zirándano, no sudeste da província de Michoacán, e os 8,3 pesos, por cabeça de gado proveniente do extremo oriente de Zitácuaro. Em comparação, tais cabeças eram mais caras que as de Compostela (Nayarit)[39] (Ver tabela 1).

---

36. AHCM, Abasto de carne, vol.2, exp. 34.

37. AHCM, Abasto de carne, vol.2, exp. 40.

38. AHCM, Abasto de carne, vol. 5, exp. 110.

39. AHCM, Abasto de carne, vol. 5, exp. 110.

Tabela 1 – Preço do gado bovino vivo		
Anos	Local de procedência	Pesos
1740	Acaponeta	4,7
1740	Compostela	5,0
1740	Michoacán (Vila Choato)	6,3
1750	Guadalajara	6,0
1750	Acaponeta (Guadalajara)	6,0
1750	Tepic	6,1
1750	Autlan	6,2
1750	Valladolid	6,4
1750	Toluca	6,0
1750	Cidade do México	6,4
1787	Autlan	7,0
1787	Compostela	6,4
1788	Compostela	5,4
1788	Autlán	6,4
1788	Ameca	6,0
1788	Guachimango	6,4
1788	Zirándaro	6,0
1788	Zitácuaro	8,3
1788	Zirándaro	6,4
1788	Zamora	7,0
1788	Valladolid	6,0
1788	Sayula	7,0
1788	Sayula	7,4
1790	Zamora	7,2
1790	Zamora	7,0
1790	Valladolid	6,4
1790	Autlan	6,4
1790	Autlan	7,0
1790	Compostela	6,4
1790	Guachimango	6,5

Fonte: AHCM, Abasto de carne, vol. 2, exp. 34; AHCM, Abasto de carne, vol. 2, exp. 40; AHCM, Abasto de carne, vol.5, exp. 110; AHCM, Abasto de carne, vol. 4, exp. 109;

Os exemplos de preço de gado bovino em pé vivo mencionados indicariam que de algum modo a tese de von Thüten sobre a redução do preço do gado quanto maior sua distância do centro se cumpria de algum modo no *hinterland* da cidade do México. A

Nova Galícia e em especial Guadalajara eram as zonas que mais gado bovino vendiam à capital e Michoacán, mais próxima à capital, em menor proporção. Entretanto, como se verá mais adiante, no final da década de 1780 houve um incremento na compra de gado michoacano destinado à capital, para compensar o que talvez deveu-se a uma redução de partidas provenientes de Nova Galícia.

Com respeito aos carneiros, mesmo que a relação de preços exposta não seja tão evidente, pode-se mencionar como exemplo que, nos anos 80, as vacas o gado vacum compradas em Mixoaca, nos arredores da capital, custavam 21 reais, os de Guanajuato alcançavam como preço máximo os 17 reais e os de Zacatecas um mínimo de 16. Os carneiros de Coahuila esse ano flutuaram entre 16 e 18, e finalmente os mais baratos foram os de Durango a 15 reais. Os preços mencionados correspondem a compras efetuadas pelos criadores e tratadores de carneiros, mas de maneira similar ao gado bovino em pé, percebe-se a tendência de que quanto maior a distância do centro, os animais tendiam a ser mais baratos, ou seja, seu preço era mais baixo a medida que os animais procediam de lugares cada vez mais distantes da capital (Ver tabela 2). Para referendar esta hipótese, pode-se observar que inclusive já no início do século XIX essa relação continuava se mantendo. Em 1806 por exemplo, os carneiros de Zacatecas flutuavam em 23 e ½ reais, o mesmo que os vendidos em São Miguel. Não obstante, os mais baratos registrados naquela transação, foram os provenientes de Monterrey com um preço de 20 reais, seguidos pelos de Coahuila, Matehuala e Linares comprados a 22 reais[40] (tabela 2).

Tabela 2 – Preços dos carneiros vivos		
Anos	Local	reais
1780	Cidade do México	21,0
1780	Guanajuato	15,0
1780	Guanajuato	17,0
1780	Guanajuato	14,0
1780	Querétaro	17,0
1780	Querétaro	11,0
1780	Zacatecas	17,5
1780	Zacatecas	16,0
1780	Coahuila	16,0
1780	Coahuila	16,5
1780	Coahuila	18,0
1780	Durango	15,0

40. AHCM, Abasto de carne, vol. 7 exp. 224.

1806	San Miguel el Grande	22,0
1806	San Miguel el Grande	23,5
1806	Zacatecas	21,5
1806	Zacatecas	22,0
1806	Zacatecas	18,5
1806	Zacatecas	23,0
1806	Linares	22,0
1806	Matehuala	22,0
1806	Mazapil	22,0
1806	Coahuila	22,0
1806	Monterrey	20,0

Fonte: AHCM, Abasto de carne, vol. 2, exp. 34; AHCM, Abasto de carne, vol. 2, exp. 40; AHCM, Abasto de carne, vol.5, exp. 110; AHCM, Abasto de carne, vol. 4, exp. 109;

O mencionado comportamento nos preços em relação à distância do lugar central, segundo a teoria de von Thünen, não ocorre durante a época da insurgência. Nesse período conflitivo – onde se bloquearam os caminhos e as tradicionais rotas descritas não operaram realmente – duas províncias que resultaram atrativas para os requerimentos da cidade do México foram Cosamluapan e Acayuacan. Na primeira existiam cinco fazendas de gado bovino: San Nicolás, Tacapuco, Puerco, Chiltepeque e Santo Tomás de las Lomas, cujo número de gado disponível chegava a 50 mil cabeças. Em Acayucá, por sua vez, haviam sete fazendas: Nopalopa, Saquantla, Cuatolapa, Machapa, Tenoloapan, San Felipe e Calabozo, as que podiam vender anualmente até 6.400 cabeças no total, a um preço de 12 a 12,5 pesos em Orizaba. Entretanto, considerando a instabilidade da época em ambos lugares seus criadores não quiseram especificar o preço do gado até a capital, argumentando que não se tinham antecedentes de envios até estes "locais tão remotos".[41]

Por outro lado, a ideia que o cordão de gado teve de manter grande distância da cidade do México não apenas é corroborada pela relação de preços indicada, mas também pela distribuição do uso dos solos. Em primeiro lugar, pode-se observar que nos arredores urbanos existia uma intensa ocupação dos mesmos para fins fundamentalmente agrícolas. Ou seja, essas terras eram altamente procuradas para atividades agrícolas e de cultivo de produtos alimentares rapidamente perecíveis; os que, além disso, tinham de deslocar-se em carretas para chegar a capital, quer dizer, recaía sobre eles um custo adicional. De acordo com essas considerações, era recomendável ocupar as terras próximas à capital para a semeadura intensiva. Certamente, nas áreas próximas à capital era engordado o

41. AHCM, Abasto de carne, vol. 8, exp. 260.

gado comprado para o matadouro, eram mantidas vacas de ordenha e também animais de carga. Mas principalmente seus terrenos se destinavam ao cultivo de hortaliças, frutas, feijões, lentilhas, cereais como o milho e o trigo, ou a cevada, que junto a outras sementes (ervilhas e favas) se utilizavam para a forragem dos animais. Nesse mesmo espaço também se plantava *maguey*[42] para produzir pulque, uma bebida de consumo massivo.

Os indígenas cultivavam em sementeiras e pequenos terrenos especialmente na zona de Ixtalco, Xochimilco, Tláhuac e Chalco.[43] Outros hortos indígenas mais próximos localizavam-se na direção oeste da cidade, em Tlaxpana e San Antonio de las Huertas, zonas agrícolas de produção intensiva. Dos Vales do México, Chalco e Toluca, vinha o milho, sendo o grão de mais consumido na capital, dessa mesma zona vinha 48% da farinha de trigo além de 100% do pulque, bebida de maior consumo na capital.

Com o propósito de reiterar a importância agrícola produtiva da zona, cabe destacar que os níveis de rendimento de trigo na zona eram excelentes comparativamente com a Europa e assim os de milho eram tanto ou mais importantes. Com respeito ao trigo Ward comparou os rendimentos que Humboldt havia dado para o Vale de México – que iam de 18 a 20 gramas por um – e assinalou que na França o máximo rendimento seria de dez a um e na Inglaterra de doze a um. Assim também estudos contemporâneos tais como os de van Bath destacam as regiões mais produtivas da Europa como sendo França e Inglaterra, que na segunda metade do século XVIII, tinham um rendimento de um a três como mínimo e de um a doze como máximo.[44] Desse modo é fácil entender que o cordão de gado da capital se encontrava distante dos terrenos mais próximos a esta, dedicados ao trabalho agrícola tão produtivo. Quer dizer, nos vales mencionados, a utilização do solo, especialmente na semeadura de grãos, não permitiu uma atividade pecuária extensiva e a cria do gado correspondeu, especialmente, ao gado suíno e animais de curral, poucos ranchos para cria e fundamentalmente receptores de gado externo e em trânsito até a capital e outros mercados. Certamente, em Toluca se criavam cerdos que eram enviados à capital; entretanto, a pouca capacidade de deslocamento destes animais obrigava que os porcos fossem transportados de lugares próximos, assim também chegavam das proximidades de Puebla e de Tlaxcala, de lugares como Calpualapan, Apan e Tepeapulco.[45]

---

42. N.T.: Maguey: Planta vivaz, oriunda de México, de la familia de las Amarilidáceas. Produz um líquido açucarado, a partir de incisões em seu troco, com o qual se faz o pulque.

43. Ver ALZATE, 1967, p. 329; ROJAS RAVIELA, 1983, p. 194. WARD, 1995, liv. I, p. 54; HUMBOLDT, 1991, p. 257; VAN BATH, 1974, Apéndice, tabla III.

44. WARD, 1995, lib.I, p. 54; HUMBOLDT, 1991, p. 257; VAN BATH, 1974, Apéndice, tabla III.

45. Ver AGN, Alcabalas, vol. 201, exp. 1; MENEGUS, 1995, p. 146 e 151-152. AGN, Abasto y Panaderías, vol. 8, exp. 16; AGN, Alcabalas, vol.259, exp. 3. GIBSON, 1967, p. 370.

CONSUMO E ABASTECIMENTO NA HISTÓRIA   211

Sempre seguindo o modelo de von Thünen, particularmente no que corresponderia ao 3° e 4° círculo de seu modelo aplicado ao *hinterland* da cidade do México, quer dizer, mais além das fronteiras da capital e dos vales – já mencionados – de México, Chalco e Toluca, existiam zonas agropecuárias de alta produção como as de Michoacán e o Bajío, que enviavam trigo e gado de maneira importante à capital, ou seja, eram terras onde se alternava a produção agrícola e pecuária. De acordo com as manifestações que realizavam os padeiros quando chegava farinha à capital, se indicaria que de Michoacán chegava 11,7% do total de cargas de farinha remetidas à Cidade do México entre janeiro e abril de 1785 e da zona conhecida como Terra Adentro, ou seja do Bajío 15,7%.[46] Esses volumes se mostram conservadores se comparados com os cálculos de Jorge Silva, nos quais se indica que teria chegado do centro e Leste vindo da província de Michoacán 76% de um total de 115.000 cargas entregues em 1770. Assim também Gloria Artis, baseada em informes dos moinhos que enviavam farinha a capital, destacou que em 1785, 25% do consumo da capital havia sido provido por Tierra Adentro.[47]

Contudo mais ao norte – como já foi destacado anteriormente – as zonas estavam vinculadas com a cidade do México principalmente por sua produção de gado; é por esta razão que nos referimos a elas cormo o cordão de gado da capital. A área destinada á pecuária, ao norte, estava vinculada a duas grandes vertentes de circulação de gado: uma correspondia a da costa noroeste do reino que partia de Sinaloa e Sonora, passando pelos estados atuais de Nayarit e Guadalajara, prolongando-se até o sul de Bajío e atravessava Michoacán, de onde o gado avançava até a área do Valle de Toluca, para chegar aos arredores da cidade do México.

A outra vertente vinculava Coahuila, ao atual estado de Durango, a Monterrey, Mazapil, Linares, Matehuala, até baixar a Zacatecas e San Luis, para depois passar por Bajío, de onde o gado era transportado até o Vale de México para dirigir-se às fronteiras urbanas da capital. Uma vez no Vale de México o rebanho transportado encontrava com a vertente do gado proveniente de Zimapan, Tula, Pachuca, e com os porcos que vinham de Puebla e Toluca. Finalmente uma vertente de menor importância para o matadouro urbano foi o procedente que veio das terras do atual estado de Veracruz.

As principais zonas de criação de gado vinculadas diretamente à capital correspondiam, partindo do norte distante e tendo referências concretas de vendas na capital, às seguintes: entre as zonas que enviavam gado bovino pode-se assinalar partindo do norte

---

46. AHCM, Real Audiencia Fiel Ejecutoria (en adelante RAFE), vol. 3827, Cuaderno de manifestaciones de trigo que hacen los panaderos de los que compran en este juzgado de Fiel Ejecutoría, 1785.

47. Ver SILVA, 1997, p. 467; ARTIS, 1986, p. 40-41.

distante Durango, cujos envios à capital subiam em 1807 a 21% do total de compras para o matadouro urbano, quer dizer, 4 mil animais bovinos.[48]

A partir da Nova Galícia eram enviados por volta de 1750 87% do total de gado bovino que o ayuntamiento comprava para a capital, quer dizer, mais de 7 mil cabeças.[49] Entretanto, entre 1788 e 1790 essa porcentagem diminuiu para 63% e 65,4%.[50] E inclusive em 1807 as compras de animais bovinos dessa zona chegavam apenas a 8.143 animais, ou seja 42%, no momento em que a demanda da cidade havia aumentado para 19 mil cabeças.[51]

A partir da zona de Michoacán também existiu um fluxo de gado enviado para abastecer a capital. Os documentos que temos das primeiras décadas do século XVIII são realmente pouco significativos. Por volta dos anos 30 e 40 apenas entre 14% e 15% do total de bovinos comprados para a capital vieram de Michoacán (12.183 e 10.400 cabeças de gado vacum);[52] por volta dos anos 80 a porcentagem havia aumentado para 17%.[53] Entretanto, por volta dos anos 90 o fluxo de gado em direção à capital aumentou o que tornou Michoacán o segundo centro abastecedor de gado bovino da capital, contribuindo com 25,7% dos animais para o matadouro urbano, ou 2.600 cabeças.[54] Situação que se explica provavelmente pela redução de partidas enviadas de Nova Galícia.

Os envios de carneiro para a capital provinham igualmente do norte distante, especialmente de Durango, cobrindo em 1780 cerca de 6% da demanda urbana (12.810 cabeças). Esse mesmo ano, as compras de carneiros efetuadas em Coahuila representaram 25,8% dos carneiros consumidos na capital, quer dizer quase 56 mil animais.[55] Da zona de Nuevo León, especificamente de Monterrey e Linares, por volta de 1806 chegaram cerca de 3,2% do total de carneiros consumidos pela capital este ano, quer dizer, umas 20.300 cabeças. Por sua vez, Zacatecas contribuía por volta de 1780 com 27% dotal de carneiros entregues na capital. (Por volta 1803-1805, Zacatecas mantinha 1.106.341 cabeças de gado menor: era o terceiro centro produtor em todo o reino, depois de Guadalajara e Nueva Viscaya).

A denominada Tierra Adentro, que compreendia as jurisdições de Celaya, Querétaro, Guanajuato, quer dizer, o denominado Bajío e inclusive territórios mais ao norte chegando

---

48. AHCM, Abasto de carne, vol. 7, exp. 223.

49. AHCM, Abasto de Carne, vol. 2, exp. 40.

50. AHCM, Abasto de Carne, vol. 4, exp. 109.

51. AHCM, Abasto de Carne, vol. 7, exp. 223.

52. AHCM, Abasto de Carne, vol. 2 exp. 40.

53. AHCM, Abasto de Carne, vol. 5, exp. 110.

54. AHCM, Abasto de Carne, vol. 4, exp. 109.

55. AHCM, Abasto de carne, vol. 3, exp. 85.

a Nuevo León, era outra região que abastecia a capital essencialmente de carneiros. Por volta do final da década de 1780, pelo menos 50% dos carneiros consumidos na capital eram tratados e transportados de San Miguel para abastecer a capital.[56]

Sabe-se que entre Michoacán, El Bajío e Guadalajara ocorria esta transumância de gado menor pelo menos até o século XVII, o que indicaria que possivelmente existiu regime de rotação de culturas, pois a criação de gado se manteve como atividade alternada com a agricultura.[57] Ao mesmo tempo, se tem notícia de que o gado proveniente da zona do Bajío, especialmente de Pénjamo para a capital, era transportado sem inconvenientes por diversas estações através das jurisdições de León, Guanajuato, Celaya, Querétaro e apenas em suas últimas paradas, tais como Ixtlahuaca, Huichapan, até chegar ao local de engorda de Cuautitlán, nas fronteiras da cidade, enfrentavam problemas de cercas e delimitações estritas, entre o que eram as fazendas propriamente ditas e o caminho para o trânsito do gado para o matadouro da capital.[58]

Como foi destacado, o Vale de México se dedicava especialmente à atividade agrícola: por essa razão o trânsito dos animais provenientes das regiões mais ao norte estava apenas limitado aos caminhos e aos locais de engorda claramente autorizados para pastar e dar água aos animais. Não era permitido albergar o gado livremente em fazendas ou terras produtivas sem entrar em litígio com os donos. Geralmente se optou por estabelecer contratos de arrendamento com diversas fazendas do Valle e os contornos urbanos, ainda que os criadores mais importantes compraram propriedades nos arredores da capital.

Para finalizar deve-se ressaltar que os circuitos descritos apenas foram interrompidos com o movimento de insurgência de 1810. Esse ano foram enviados de Michoacán 9.200 bovinos e também se procurou abastecer a capital com a produção de gado da zona próxima ao golfo, hoje estado de Veracruz, de localidades como Cosamaluapan e Acayucan (são pedidos 10 mil touros para o matadouro da capital). Apesar disso, a situação era desesperadora para o matadouro da capital e foi impossível cobrir a demanda de muitos milhares de vacunos, touros e carneiros necessários para cobrir o consumo da população da capital.

Em síntese, podemos ressaltar que a localização da criação de gado a grandes distâncias da capital propiciou os baixos preços da carne na referida cidade. Ao contrário, se o gado bovino ou ovino consumido na capital tivesse sido criado em seus arredores os preços

---

56. Considera-se que em 1789 Antonio Bassoco e Andrés Urizar eram dois dos quatro comerciantes de carneiros, que abasteciam a capital com gado proveniente da zona do Bajío, especialmente de San Miguel. Ver AHCM, Abasto de Carne, vol. 5, exp. 114.

57. Alguns trabalhos que podem ilustrar a respeito; para Guadalajara ver VAN YOUNG, 1989, p. 233. Com respeito à Michoacán ver SILVA, 1997; com respeito ao Bajío ver BRADING, p. 197-237.

58. Ver GARCÍA MARTÍNEZ, p. 17-19.

da carne teriam sido altíssimos, especialmente por um problema de maior demanda e encarecimento dos terrenos nas fronteiras urbanas.

Conclusão

Tentou-se ao longo do artigo reconhecer a posição do consumo como problema histórico, no sentido de resgatá-lo da última posição no processo econômico. Nesse aspecto, ao analisar o caso do consumo da carne na cidade do México, é possível perceber que ao partir do consumo individual ou familiar de um produto, como um fato histórico, corresponde ver as implicações de tal sucedido no tempo; desse modo, tal como tentou-se demonstrar nessa investigação, o consumo de carne na capital se articulou a partir da demanda, se manifestou no comportamento dos preços, conseguiu definir o comportamento da oferta e da produção e incidiu na distribuição das mercadorias. Além disso estimulou o intercâmbio comercial.

O consumo entendido como problema histórico obriga a resgatar e reconhecer as ações das pessoas como responsáveis pela demanda de produtos; nesse sentido é útil prestar atenção às variações da população e sua incidência na demanda de produtos em um patamar capaz de gerar fluxos de mercadorias, especialmente em direção aos mercados urbanos, como tentou-se demonstrar no caso do consumo de carne na cidade do México. Seguindo essa linha de análise, também é possível conhecer se a dinâmica interna do mercado tem magnitude tal a ponto de refletir condições de vida favoráveis ou deprimentes. De modo que a relação entre consumo familiar e salários possa ser perfeitamente vinculada com a atividade do mercado, às variações de preço e às variações da oferta em relação com a produção. Segundo essas considerações o consumo como problema histórico, outorga um papel muito mais ativo aos consumidores – do que se tende a destacar de acordo com a mera análise econômica que carece de perspectivas no tempo – dentro da economia de um país ou região.

Referências Documentais e Bibliográficas

Fontes

AHDF, Archivo Histórico del Distrito Federal.

AGN, AHH, Archivo General de la Nación, Fondo Archivo Histórico de Hacienda.

Gaceta de México, 1786 e 1787

Livros e artigos

ALZATE, José. *Gacetas de Literatura de México*. Puebla, Manuel Buen Abad, IV vols., 1831 (1791).

ARTIS, Gloria. *Regatones y maquileros. El mercado de trigo en la ciudad de México (siglo XVIII)*. México: CIESAS, 1986.

BÁEZ MACÍAS, Eduardo. "Planos y censos de la ciudad de México, 1753". *Boletín del Archivo General de la Nación*, VII: 1-2, 1966.

BRADING, David. "La estructura de la producción agrícola en el Bajío de 1700 a 1850". *Historia mexicana*, XXIII: 2 (90).

FLORESCANO, Enrique. *Precios del maíz y crisis agrícolas en México (1708-1810)*. México: El Colegio de México, 1969.

GARCÍA MARTÍNEZ, Bernardo. "Los caminos del ganado y las cercas de las haciendas. Un caso para el estudio de la propiedad del desarrollo de la propiedad rural en México". *Historia y Grafía*, UIA, n. 5.

GIBSON, Charles. *Los aztecas bajo el dominio español*. México: Siglo XXI, 1967.

GONZÁLEZ ANGULO, Jorge. *Artesanos y ciudad a finales del siglo XVIII*. México: SEP/FCE, 1983.

HUMBOLDT, Alejandro. *Ensayo político sobre el reino de la Nueva España*. México: Porrúa, 1991.

MENEGUS, Margarita. "La participación indígena en los mercados del Valle de Toluca a fines del periodo colonial". In: SILVA, Jorge; GROSSO, Juan Carlos (comps.). *Circuitos mercantiles y Mercados en Latinoamérica, siglos XVIII-XIX*. México: Instituto Mora, 1995.

PÉREZ TOLEDO, Sonia; KLEIN, Herbert. "La población y estructura social de la ciudad de México a partir del censo de Revillagigedo". In: MIÑO, Manuel (coord.). *La población de la ciudad de México en 1790*. México: INEGI/Colmex, 2002.

PESCADOR, Juan Javier. *De bautizados a fieles difuntos. Familia y mentalidades en una parroquia urbana: Santa Catarina de México, 1568-1820*. México: El Colegio de México, 1992.

QUIROZ, Enriqueta. "Condiciones de vida y salarios en Santiago y Ciudad de México: una comparación en el mundo colonial". Exposição apresentada no *Simpósio Trabajo, salarios y condiciones de vida en la América Colonial* por ocasião do III Congreso Internacional de Historia Económica, organizado por la Asociación de Historia Económica de México, em Cuernavaca entre os dias 29 e 31 de outubro de 2007, e publicada no CD de Memórias do Congresso.

_____. *El Consumo como problema histórico. Propuestas y debates entre Europa e Hispanoamérica*. México: Instituto de Investigaciones Dr. José María Luis Mora, 2006.

_____. *Entre el lujo y la subsistencia. Mercado, abastecimiento y precios de la carne en la ciudad de México, 1750-1812*. México: El Colegio de México/Instituto de Investigaciones Dr. José María Luis Mora, 2005.

_____. "Mercado urbano y demanda alimentaria, 1790-1800". In: MIÑO, Manuel; PÉREZ TOLEDO, Sonia (coords.). *La población de la ciudad de México en 1790*. México: UAM-IZ/ El Colegio de México/ CONACYT, 2004.

RICOSSA, Sergio. *Diccionario de Economía*. México: Siglo XXI, 1990.

ROJAS RAVIELA, Teresa. *La agricultura chinampera*. Compilación histórica. México: Universidad Autónoma de Chapingo, 1983.

SAN VICENTE, Juan Manuel. "Exacta descripción de la magnífica corte mexicana, cabeza del nuevo americano mundo, significada por sus essenciales partes, para el bastante conocimiento de su grandeza". In: *La ciudad de México en el siglo XVIII (1690-1780). Tres Crónicas, Agustín de Vetancurt, Juan Manuel de San Vicente, Juan de Viera*. México: Consejo Nacional para la Cultura y las Artes, 1990.

SILVA, Jorge. *Producción agropecuaria y mercados regionales en Michoacán, siglo XVIII*. México: El Colegio de México, tesis de doctorado en Historia, 1997.

THÜNEN, Heinrich von. *Von Thünen's Isolated State*. Glasgow: Pergamon Press, 1966.

VAN BATH, Slicher. *Historia agraria de Europa Occidental, 500-1850*. Barcelona: Península, 1974.

VAN YOUNG, Eric. *La ciudad y el campo en el México del siglo XVIII. La economía rural de la región de Guadalajara, 1675-1820*. México: FCE, 1989.

_____. *La crisis del orden colonial. Estructura agraria y rebeliones populares de la Nueva España, 1750-1821.* México: Alianza Editorial, 1992.

WARD, Henry. *México en 1827.* México: Fondo de Cultura Económica, 1995.

10. Relações de Poder e Interesses no Comércio da Carne na Cidade de São Paulo (1765-1822)

Denise Aparecida Soares de Moura[1]

---

1.   Universidade Estadual Paulista, Franca.

O abastecimento: problema econômico ou político?

PRODUZIR E CONSUMIR são atividades inerentes à condição humana e social, com diferentes significados e mecanismos ao longo do tempo. Além delas existe uma outra, a da troca, que Marx deu o nome de esfera da circulação,[2] associando-a à origem do capitalismo e à economia de mercado.

A circulação, relacionada ao abastecimento e na lógica do mercado seria o campo da oferta e da procura, do recurso a outrem, da especulação, da flutuação de preços, dos riscos, do crédito, da rentabilidade, no sentido comum da palavra economia.

Fernand Braudel sistematizou as engrenagens desta economia de abastecimento, situando no seu limite inferior as feiras urbanas, que aconteciam por toda a Europa, constituindo-se no mercado elementar, onde se vendia diretamente, sem intermediários e com a predominância de mulheres.

Estes mercados elementares certamente eram os mais volumosos e suscitaram organização e vigilância das autoridades urbanas,[3] principalmente em relação ao controle rigoroso dos preços. Das cidades italianas às francesas, cobrar preços abusivos sobre os alimentos implicava em condenações às galés.[4] Com a ampliação das trocas, conforme cresceram as cidades e as populações, as feiras foram substituídas pelos mercados, permanentes e

---

2. BRAUDEL, 1998, p. 11.

3. *Idem*, p. 16.

4. *Idem*.

especializados, custeados por um rico mercador, como o mercado dos tecidos, do trigo, dos calçados ou as bancas dos açougueiros, um tipo de mercado da carne, como ocorria em Paris ou Veneza desde o século xiv.[5]

Em Londres do século xvii, para desimpedir as ruas, as autoridades construíram grandes mercados, na realidade grandes edifícios, onde os vendedores se concentravam. Leadenhall era o maior deles, que reunia, num de seus pátios, cem bancas de açougueiros que vendiam carne bovina e em outras 140 vendia-se outros tipos de carne.[6] Em várias cidades francesas, como Sceaux, Poissy, Damas, Ponte, Conflans, Paris havia um ativo comércio de carnes, organizado por uma "rede de financiadores" que adiantavam nas feiras o dinheiro das compras de gado feitas por internediários e batedores e uma "rede de açougueiros", que posteriomente chegaram a tornar-se dinastias burguesas.[7]

A expansão demográfica e o desenvolvimento das cidades europeias, nos séculos xvi e xvii, gerou aumento das trocas e levou a novos canais de circulação, mais livres e diretos. Os mercados públicos, ou mercados abertos (*open market*), rigorosamente vigiados, deram lugar aos mercados privados (*private market*)[8] e seus agentes eram os grandes mercadores ambulantes que atuavam de uma cidade a outra: associavam-se a lojistas, mascates, atacadistas, chegando mesmo a agir como atacadistas ou intermediários de todos os gêneros.

Por toda a Europa a tendência foi do mercado público se revelar insuficiente e vigiado demais, surgindo o mercado privado e as lojas (séculos xvii e xviii), inclusive de açougueiros. As autoridades, sempre ciosas em defender os consumidores consideravam mais fácil vigiar as feiras do que as lojas. De qualquer modo, o desenvolvimento geral da economia europeia tornou mais complexo e acelerado o abastecimento, ou seja, as trocas, levando ao aumento do número de lojas, a diversificação dos agentes envolvidos no comércio, a flutuação dos preços, o acesso a créditos, à renda média da loja.

No Brasil o tema do abastecimento recebeu num primeiro momento um tratamento de síntese,[9] para posteriormente ser tratado em recorte regional, a partir da região aurífera das Minas Gerais.[10] Nos anos 80 do século xx foi alçado ao estatuto de problemática teórica

---

5. *Idem*, p. 20.

6. *Idem*, p. 22.

7. *Idem*, p. 24.

8. *Idem*, p. 32.

9. PRADO JR., 1942.

10. ZEMELLA, 1990.

e empírica vinculada ao debate sobre o sentido da colonização nos domínios do Brasil e à posição do mercado interno e da agricultura de subsistência em relação à agroexportação.[11]

Deste debate surgiram inúmeras pesquisas, fundamentadas em sólida base empírica e recortes regionais que não foram capazes de por um ponto final na controvérsia entre acumulação endógena e externa de capitais, mas que conseguiram mostrar os níveis de autonomia da produção e circulação interna de mercadorias na América Portuguesa em relação à agroexportação.[12]

O avanço das investigações sobre os poderes que compunham o Império Colonial Português têm permitido perceber que o tema do abastecimento, especialmente o urbano, não se restringiu a um problema econômico, mas envolveu também questões políticas, concepções de autoridade herdadas, concorrência entre oficiais régios e municipais e enraizamento de poderes.

O abastecimento urbano como radicamento de poderes

Em partes do organismo imperial português e especialmente na América Portuguesa, este mercado elementar, como definiu Fernand Braudel ou de *abastecimento urbano,* não dizia respeito exclusivamente à economia de mercado, mas envolvia também a viabilização da autoridade, do poder e do "bom governo". Valores públicos, coletivos e contrários aos interesses particulares de outros agentes sociais que atuaram no mercado das trocas mediaram a política de abastecimento do Antigo Regime Português.[13]

Desde o século XIII novos arranjos jurídicos e administrativos em Portugal levaram a uma organização conselhia, que pretendeu viabilizar o poder real face aos poderes senhoriais: paulatinamente os reis montaram uma máquina administrativa e tanto em termos ideológicos como práticos, começou a existir separação entre cargos públicos e os da casa real e a se desenvolver cargos judiciais e da Fazenda.

Tal transformação correspondeu à influência crescente do direito e do pensamento político-moral romano. Assim, nos princípios do século XIV enfraqueceu a noção de rei proprietário de seu reino, substituída para a de defensor, administrador

---

11. LAPA, 1991; LINHARES, 1979.

12. LENHARO, 1993; FRAGOSO, 1998; CHAVES, 1999.

13. Parte-se da noção de mercado como construção social, que permite a recuperação da problemática do poder, importante para os teóricos das economia institucional. Esta questão envolve a de uma ordem legítima que refe os direitos de proriedade e as normas da ação econômica; os das instituições que representam esta ordem e seus recursos materiais e simbólicos de poder e modos de ação; a distribuição de poderes entre os diversos agentes nas trocas, no que diz respeito aos poderes de regulação, aos podres de disposição de bens e serviçose sua capacidade de mobilização de relações sociais. Cf. SANTOS, 1999, p. 64.

e acrescentador. O rei passou a ser aquele "que rege a multidão de uma cidade ou província com vista ao bem comum".[14]

O principado, a partir do exemplo dos romanos, deveria basear-se primeiro no sincero amor à pátria; em segundo lugar, na santíssima tradição das leis e, em terceiro, na benevolência dos costumes, pois assim era conservada a paz e a unidade das comunidades, ou seja, a governabilidade. Os príncipes podiam facilmente tornar-se tiranos, mas o seu poder só era justificado se cuidassem do bem-comum e da sociedade.[15] A noção-chave de "comunidade" "ou de "comum proveito" irá se contrapor ao "particular" e se estender do "concelho" ao Reino. Tal percepção começou no trezentos, consolidou-se a partir do reinado de D. João I e só foi possível com a própria evolução sociopolítica que criou o Estado com sua máquina burocrática e um grupo social novo e diferenciado: os letrados e oficiais ou funcionários.[16]

A municipalização do espaço político local português no final da Idade Média foi um dos fenômenos políticos mais importantes, levando à estruturação conselhia em câmaras municipais,[17] instituições que contribuíram para fincar a presença portuguesa em domínios de seu Império marítimo nos quais ocorreram efetiva ocupação territorial, como no Atlântico e partes do Índico.

As câmaras supervisionavam a distribuição e arrendamento das terras municipais e conselhias; lançavam e coletavam impostos municipais, fixavam preços de mercadorias e provisões, concediam licenças a vendedores ambulantes, mascates, conferiam a qualidade do que era vendido, permitiam licença para construções, garantiam manutenção de estradas, pontes e outras obras públicas.[18]

As rendas da Câmara vinham dos tributos cobrados sobre as propriedades municipais, das multas impostas aos que transgrediam os estatutos municipais e principalmente dos impostos cobrados sobre a ampla variedade de produtos alimentícios, ou seja, sobre o abastecimento da cidade.[19] Através de contratos públicos, arrematados no Conselho Municipal em leilão, obtinha-se o direito de abastecer a cidade de determinados gêneros, como aguardente, peixe, alimentos como farinha e toicinho e a carne fresca ou verde. Através dos adiantamentos de recursos financeiros proporcionados pelas arrematações

---

14. GODINHO, 1971, p. 250-51.

15. *Idem.*

16. *Idem*, p. 253.

17. MONTEIRO, 1996, p. 18-175.

18. BOXER, 2002, p. 289.

19. *Idem.*

as câmaras reuniam a renda pública necessária para cumprir suas funções, ou seja, para exercer o "bom governo econômico" da cidade.

Embora as câmaras formatassem a rede política e administrativa imperial[20] na América Portuguesa, desde o início do século XVIII, com a exploração de metais e pedras preciosas em Minas Gerais, Mato Grosso e Goiás, esta instituição tendeu a sofrer restrição nas suas atribuições governativas, principalmente com a introdução, em 1696, do cargo de juiz de fora, indicado diretamente pelo rei. Esta autoridade, contudo, não aparece no senado da câmara da cidade de São Paulo antes de 1810,[21] o que sugere a conservação de certo nível de autoridade e poder das instituições municipais mesmo diante das tendências políticas imperativas da Coroa Portuguesa na América.

O fenômeno de redução da capacidade das competências e autoridade jurisdicional da câmara na espiral de poder do organismo imperial português correspondeu, na prática, a uma crescente soma de seu poder e autoridade e em torno de algumas esferas, como a do abastecimento.

A gestão do abastecimento das cidades foi para os conselhos municipais um mecanismo assegurador de poder e autoridade em contexto de reformulação administrativa imperial. Pode-se cogitar também a hipótese de que a desintegração do complexo imperial português, a partir da segunda metade do século XVIII, com a política de fomento portuguesa à esfera das grandes trocas mercantis, tenha favorecido o fortalecimento do poder municipal no abastecimento local, tendo em vista que as autoridades régias tenderam a se voltar mais rigorosamente para o controle dos rendimentos gerados pelos grandes empreendimentos mercantis e importantes contratos públicos que proporcionavam aumento da Fazenda Real.

No organismo imperial português a permanência e concentração da autoridade camarária no abastecimento local contribuiu tanto para alimentar rivalidades conjunturais entre esta instituição e as autoridades régias, quando estas tentavam interferir nesta esfera, como para reforçar a relação hierárquica existentes, historicamente entre ambas. Quando pressionadas por determinados agentes sociais envolvidos no mercado da carne, as Câmaras buscaram apoio junto às autoridades régias.

Na problemática do abastecimento das cidades coloniais, portanto, a noção de auto-governo é insuficiente para caracterizar o poder das câmaras, pois compacta o universo das relações no organismo imperial português e desconsidera o caráter variável e conjuntural destas relações.

---

20. GOUVÊA, 2002, p. 111-155.

21. KUZNESOF, 1986, p. 24.

As conjunturas de disputa e negociação, contudo, não se restringiam ao plano institucional, mas envolveu também as câmaras e os agentes sociais com interesses mercantis num mercado consumidor em expansão, como o da cidade de São Paulo e que, em virtude disto, tendia para uma maior complexidade das trocas, baseadas no livre-mercado.

As câmaras viviam permanente estado de escassez financeira, que se por um lado comprometia a governabilidade, assinalar esta situação também era uma maneira dos "homens da governança" darem sua maior prova de "lealdade e vassalagem" para com a Coroa, pois significava que disponibilizavam seus recursos em prol dos empreendimentos do Senado e por conseguinte, do corpo coletivo (povo/súditos).[22]

Em termos de poder municipal, a preocupação maior e mais constante de todos aqueles que governam é o bom funcionamento do mercado local e assegurando o abastecimento das populações em pão, vinho, azeite, carne, hortaliças, frutas e sal.[23]

Assim, o Senado da Câmara procurou cumprir sua jurisdição sobre o pleno abastecimento da cidade, pois era também atribuição importante para o cumprimento da ordem social e para a preservação do "bem viver na cidade". A falta de um item tão importante quanto a carne, por exemplo, poderia provocar tumultos, gerando situações que comprometeriam a própria razão de ser do poder político e da autoridade administrativa daquela instituição governativa.[24]

Três instâncias permitiram ao Senado da Câmara explicitar seu poder político e firmar sua autoridade sob o gerenciamento da cidade: organização das festas públicas reais, a atuação no processo de qualificação e classificação daqueles habilitados para os cargos da governança e a gestão do abastecimento da cidade. Neste último aspecto destaca-se o fornecimento da carne ou corte do açougue público.

Tratar da venda no varejo da carne na cidade de São Paulo entre os anos 1765-1822 implica em lidar com disputas e negociações conjunturais entre autoridades municipais e os agentes cada vez mais envolvidos em fatores de mercado, em meio a uma realidade de liberalização do espaço público e econômico em tempos de reordenamento político, econômico e administrativo do organismo imperial português. Sabe-se que deste reordenamento, com conjunturas específicas, o desfecho foi a internalização do Império.[25]

A maior preocupação com a arrecadação da renda pública do que com o rendimento, ou seja, com o lucro da venda da carne, pode ter influenciado a dificuldade imposta ao pesquisador do abastecimento das cidades coloniais para dispor de números, balanços,

---

22. GOUVÊA, 2002, p. 127.

23. MAGALHÃES, 1993, p. 315-353.

24. GOUVÊA, 2002, p. 127.

25. DIAS, 1986, p. 160-186.

documentos seriais. Esta ausência de registro pode sugerir uma estratégia de burla dos tributos reais, tendo em vista que um terço das rendas da Câmara devia seguir para os cofres reais, mais também porque o que importava era satisfazer o "bem público", abastecer os súditos.

Assim, na documentação da Câmara, dispomos apenas do valor das arrematações dos contratos públicos de corte do açougue público e do preço oficial de venda. Não conseguimos saber qual o rendimento total alcançado pelo arrematador deste contrato na venda do corte da carne, o número de rezes vendidas no açougue para serem cortadas, a quantidade mensal de venda do produto, o valor pago pelos arrematadores àqueles que levavam seus gados para serem cortados no açougue público, as flutuações da procura e venda do produto.

Para este assunto pode-se tentar uma análise histórica mais baseada em dados qualitativos, o que não é incoerente com a própria concepção da economia de abastecimento do Antigo Regime Português que influenciava o circuito das trocas nas cidades coloniais na América Portuguesa. Tabelas, gráficos, cálculos precisos e seriações numéricas são incompatíveis com uma noção mais benevolente das trocas locais como ocorria com as Câmaras.

O corte do açougue público, como era chamado o contrato público de venda da carne fresca, era gerido pela Câmara e arrematado em leilão ou hasta pública. Anualmente a Câmara convidava os interessados a arremataram o direito de corte e venda do produto. Seguindo a tradição financeira portuguesa, estes contratos proporcionavam um adiantamento de recursos ao poder público, que controlava apenas o preço de venda da carne, não limitando o número de animais ou rezes que seriam cortadas no açougue.

A "situação negocial" era muito semelhante ao que acontecia nas cidades portuguesas: havia concorrência entre os supostos vendedores da carne e a Câmara – comprador do produto contratual – simbolizava juridicamente a pluralidade dos consumidores, abolindo a concorrência do lado da procura.[26] Na prática, contudo, a tendência de alta demanda da carne na cidade inviabilizou este esquema ideal, ou seja, a dinâmica do mercado levou ao esgarçamento do poder camarário no domínio do abastecimento e o corte clandestino da carne tendeu a concorrer com o do açougue público.

A tabela seguinte lança uma ideia da importância que o abastecimento tinha no conjunto total das finanças municipais:

---

26. SANTOS, 1999, p. 66.

Tabela 1 – Rendimento total da Câmara

Ano	Renda total	Renda das arrematações dos contratos públicos de abastecimento	Porcentagem da renda das arrematações em relação ao total	Outras rendas	Porcentagem das outras rendas em relação ao total
1804	2:296$137	1:859$170	80,90%	437$057	19,10%
1805	2:771$193	1:987%100	71,70%	784$093	23,30%
1807	1:662$714	1:528$880	91,90%	133$834	8,10%
1808	3:028$997	2:324$200	69,80%	213$185	30,20%
1809	2:126$620	1:204$815	56,65%	921$805	43,35%
1810	2:205$715	1:716$540	77,80%	489$175	22,20%
1812	3:277$168	2:494$330	76,11%	782$838	23,89%
1813	3:660$835	1:730$320	47,26%	1:930$515	52,74%
1814	3:660$835	3:141$133	81,80%	697$052	11,90%
1815	4:003$332	2:069$909	51,70%	1:933$423	48,30%
1821	4:917$000	2:060$046	41,89%	2:856$954	58,11%

Fonte: Papéis Avulsos, 1804-1821. Receita da câmara.

Os contratos de corte da carne eram um dos que proporcionavam maiores rendas, em comparação com os contratos de venda da aguardente e de comestíveis, no mercado público da cidade – as Casinhas –, o que explica o volume de vereanças e representações de oficiais camarários e agentes envolvidos no abastecimento deste gênero:

Tabela 2 – Renda proporcionada pelos contratos públicos do corte da carne, aguardente e casinhas

Ano	Corte do açougue público	Aguardente	Casinhas
1773	16$000	51$200	32$000, 120$000 e 91$895
1804	982$000	275$000	331$000
1808	800$000	300$000	385$000
1809	800$000	342$100	385$500
1810	702$800	320$000	400$000
1812	946$800	470$500	445$100
1814	1:004$800	660$500	511$000
1815	827$200	280$500	203$980
1821	914$880	1:110$184	730$627
1822	880$840	1:138$794	453$75

Fonte: Papéis Avulsos, 1804-1821. Renda dos contratos públicos.

O corte e venda da carne era centralizado no açougue da cidade; contudo, a intenção da Câmara em exercer rígido controle sobre o abastecimento deste produto levou a criação de outros açougues e contratos de arrematação do corte nas freguesias. As pressões de negociantes da cidade pela liberalização do comércio da carne na cidade sugere que havia uma expansão da demanda pelo produto no mercado, mas as autoridades reunidas na câmara procuraram reforçar o gerenciamento oficial.

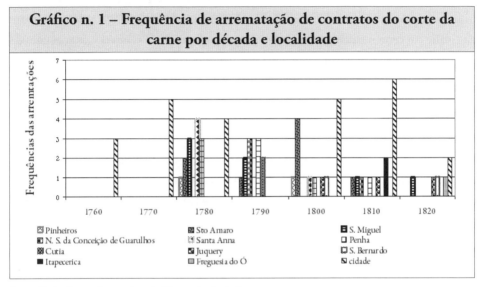

Fonte: Dados levantados nas Atas da Câmara (1765-1822).

O gráfico acima ilustra esta situação pois a partir da década de 1780 freguesias como Penha, Santo Amaro, São Miguel, dentre outras, também passaram a ter açougues, o que pode ser creditado ao aumento da população e dos trânsitos humanos pela cidade, tendo em vista a intensificação das atividades mercantis na vila e praça marítima de Santos.

Se em 1776 a população da cidade era estimada em 3.820 almas, em 1794 havia atingido a cifra de 9.359, em 1815 perfazia um total de 25.313, ou seja, tratava-se de uma população e de um mercado consumidor em expansão.[27] A capital era ainda passagem obrigatória de animais e cargueiros de alimentos que vinham de Goiás, Mato Grosso, Minas Gerais, outros pontos da própria capitania ou que subiam a serra, propiciando a formação de um mercado consumidor transitório, mas diário e que ampliava a demanda por alimentos.

Não foram propósitos de rentabilidade ou lucro que levaram a esta descentralização dos arremates do açougue, tendo em vista que seus valores foram muito baixos. Em 1804 o açougue da Penha foi arrematado por 4$000, enquanto o da cidade foi por 982$000. Em 1805 o da freguesia de Santo Amaro foi arrematado por 13$000 e o da cidade por 892$800.

---

27. QUEIROZ, 1992, p. 126.

Pelo gráfico acima nota-se que houve frequência nas arrematações dos contratos de corte da carne nas freguesias porque a câmara, anualmente, se mobilizava para convocar os interessados nos arremates, invocando sempre a importância do bem servir público. Dividir o corte público da carne, levando-o para as freguesias, era uma maneira de reafirmar sua própria autoridade na gestão do abastecimento da carne. Os valores do corte da cidade em certa medida preenchiam a demanda de renda da Câmara e os açougues da freguesia, além de atenderem à demanda de uma população em expansão que a Câmara, por questão de moral política, não devia negligenciar, também estendiam o poder desta instituição ao rocio da cidade.

Vários agentes estavam envolvidos no abastecimento da carne na cidade: negociantes-arrematadores, criadores, marchantes, traficantes, administradores e oficiais da câmara. A relação entre eles era de concorrência e associação conjunturais. No abastecimento da cidade a tendência da Câmara era de agir em nome do bem-comum, mas os agentes diretamente envolvidos na circulação da carne estavam interessados, cada vez mais, nos rendimentos que o mercado da cidade poderia proporcionar. Para tanto recorriam a artifícios próprios de uma economia cujo alvo era maximizar ganhos, agindo, portanto, como autoridades concorrentes à da câmara e com perspectiva mais econômica do que institucional.[28]

Os negociantes-arrematadores assim devem ser chamados porque nem sempre ficavam a frente do açougue, tocando o negócio de corte e venda da carne. Na documentação da Câmara, embora o arremate deste contrato fosse anual, nem sempre é possível saber o nome do arrematador, como pode ser visto na tabela abaixo.

Até o momento não foi possível localizar os inventários dos negociantes-arrematadores do açougue, o que permitiria uma noção dos seus níveis de riqueza e das suas concepções no mundo das trocas.

Os nomes abaixo, relacionados com a documentação quantitativa deixam apenas levantar algumas hipóteses de que eram negociantes com cabedais suficientes para estar comprometerem-se com negócios de longa distância, como Ignácio José César, que comprava gado em Curitiba ou mesmo envolver-se em outros contratos públicos, como Antonio Pinto da Silva, que firmou vários contratos de estanco e venda de aguardente.

Sabe-se que para compensar os riscos dos negócios de longa distância, muitos negociantes arrematavam contratos públicos de abastecimento de cidades, pois a venda no varejo para o consumidor cotidiano era, em certa medida, de retorno seguro.[29]

---

28. Inspiro-me em Nuno Gonçalo, para quem uma investigação sobre poder local que se restrinja à camara arrisca-se a produzir imagem unilateral. MONTEIRO, 1996, p. 19.

29. MATTOSO, 1978.

Pelo menos na segunda metade do século XVIII não parece ter existido uma realidade mono-polista no abastecimento da cidade de São Paulo, como aconteceu em Salvador, mas existe uma inversão no início do século XIX, quando Ignácio José César passou não só a concentrar o arrema-te do açougue, como a concorrer mais intensamente com a gestão pública sobre o produto.

Se na segunda metade do século XVIII estas concorrências não chegaram a pôr em che-que o controle municipal sobre a política de abastecimento da carne, mesmo quando na Câmara algumas vozes chegaram a propor o fim da instituição do arremate, no século XIX a conjuntura é outra, tendo existido uma relação de forças mais intensa pela liberalização do mundo das trocas na cidade.

Ignácio Rodrigues Cabral, ao buscar outros fornecedores para a carne, não se res-tringindo aos negociantes locais e ao prescindir da instituição do fiador, arcando sozinho com os riscos do negócio à retalho da carne, em certa medida antecipou as articulações de Ignácio José César, favorecido no seu tempo pela conjuntura específica do organismo imperial português, pela maior liberdade no comércio de abastecimento da carne.

Tabela 3 – Negociantes-arrematadores no contato público do açougue	
Ano	Arrematador
1765	Pedro José Tavares
1766	Ignácio Rodrigues Cabral
1767	Ignacio Rodrigues Cabral
1770	Domingos Ferreira
	Antonio Pinto da Silva
1772	Antonio Pinto da Silva
1773	João Rodrigues da Silva
1774	João Xavier do Rego
1778	Miguel Fernandes França
1780	Francisco José de Sá
1781	Francisco José de Sá
1788	Alferes José de Oliveira Bernardes
	Antonio Pereira Duarte
1789	João Rodrigues Pinto
1810	Luís Antonio de Andrade e Ignácio José César
1812	Ignácio José César e Luiz Antonio de Andrade
1816	Ignácio José César

Fonte: Atas da Câmara (1765-1822) e Papéis Avulsos (1802-1822).

Os negociantes-arrematadores podiam nomear um administrador, como indica a documentação da Câmara de 1785. Estes, por sua vez, procuravam extrair vantagens deste mercado de preços regulamentados, mas sem limites de venda.

É praticamente impossível saber qual a porcentagem de ganhos estabelecida pelo negociante-arrematador ao administrador do açougue, pois a Câmara não fiscalizava ou registrava os acordos estabelecidos entre os agentes envolvidos na venda da carne. Quando as fraudes realizadas entre eles visando maximização de ganhos contrariavam determinações oficiais, motivavam o registro da Câmara, permitindo-nos entrever como funcionava o circuito das trocas da carne com objetivos mercantis.

Em 1785 um administrador do arrematante do açougue, chamado Domingos Cardoso, misturava no açougue rezes de Curitiba às crioulas, vendendo-as pelo preço e como se fossem das criações locais.[30] A Câmara determinava que o preço de venda da carne de Curitiba deveria ser de $320 réis, alegando que a carne era mais magra e de qualidade inferior. Diferente do gado local, descansado e que seguia do cercado para o açougue, o de Curitiba chegava do percurso de uma longa viagem, o que certamente interferia no peso e nas características da carne do animal, como acontecia com o gado oriundo do Piauí, uma das zonas de criação de gado na Bahia no século XIX.[31] Em São Paulo, a carne do gado criado localmente tinha o preço estipulado em $400 réis, ou seja, $80 réis de diferença.

Se o preço determinado para a venda da carne de Curitiba era menor, o preço de aquisição do animal no açougue também era inferior. O que o administrador tentava era justamente ampliar a sua margem de ganho com o artifício de venda da carne de Curitiba pelo valor da crioula, como era chamada a carne de gado local.

O perímetro urbano da capital tendeu a ser diariamente ocupado pela passagem de animais procedentes de Curitiba, dada a intensificação deste comércio,[32] estimulado por política econômica da Coroa Portuguesa, que institui o registro de Curitiba e incentivou a implantação da feira de Sorocaba. Estes animais em viagem eram acomodados em pastos ou cercados de aluguel existentes em muitos pontos da cidade, o que alimentou inclusive a tendência de muitas terras concedidas em mercê serem utilizadas com fins especulativos, ou seja, alugadas para os condutores destes animais, transgredindo com isto a finalidade original da concessão.[33]

Quando denunciado pelo "rumor público" de que vendia carne proveniente de Curitiba e com valor da crioula, o administrador Domingos Cardoso alegou que tais bois haviam se

---

30. Atas da Câmara, vol. 18, 1785, p. 250-1, 259, 268-9.

31. *Idem*, p. 256.

32. PETRONE, 1976.

33. Este caso envolveu o Mosteiro de São Bento. Cf. *Atas da Câmara*, vol. 15, 1767, p. 265-270.

"desagragado" de uma boiada de Domingos Ignácio, que partira para o Rio de Janeiro e para onde também conduziria seus animais que invernavam em pasto da cidade.

A venda da carne de Curitiba na cidade introduz outros problemas na investigação sobre o abastecimento deste produto na cidade, como o da figura dos marchantes, a concorrência da compra proporcionada pelos traficantes de animais e carne, as disputas entre os interesses de lucro dos negociantes-arrematadores e administradores do açougue e os propósitos dos criadores locais de serem exclusivos fornecedores do produto no açougue público.

Os marchantes eram os condutores dos animais e passaram a ser uma presença constante na cidade de São Paulo, conduzindo gado para várias regiões do sudeste, mas podendo negociar no caminho parte destes animais. No interrogatório feito a Domingos Ignácio foi-lhe indagado quem era o marchante que lhe vendia o gado de Curitiba que negociava no açougue. Domingos preferiu omitir o nome.

Algumas conjunturas, contudo, de crise na oferta de animais para corte, podem ter forçado a Câmara a recorrer ao gado e carne de Curitiba, visando assegurar o "bem público", como ocorreu em 1773, quando foi permitida a venda desta carne exclusivamente aos sábados, sendo às terças e toda a quaresma para a carne da terra.[34]

Abastecimento também envolve a esfera da produção, surgindo a necessidade de se salvaguardar uma zona de abastecimento direto da cidade, de permitir também a atividade dos produtores, não só dos revendedores.

Fernando Braudel falando da França escreve sobre o quanto era comum as autoridades afastarem para além da zona de proximidade da cidade a ação livre dos mercadores profissionais. Em Châtelet (1622) a polícia regulamentava o raio do círculo além do qual os mercadores profissionais poderiam atuar.[35]

Além de interferir nos preços, a Câmara interferia nos fornecedores, inclinando-se a apoiar os criadores locais no fornecimento da carne para o açougue. Assim, criou uma rede de proteção para este segmento, estabelecendo mecanismos para enfrentar um agente cada vez mais atuante no abastecimento de uma cidade em expansão: o traficante.

Instituições como curral do conselho e as licenças de corte fizeram parte desta política de proteção municipal. O curral do conselho foi criado em 1771 e eram uma maneira de, ao evitar que o gado fosse morto nos sítios dos criadores, impedisse que houvesse qualquer tipo de venda nestes locais, pois o propósito da Câmara era o de centralizar a venda

---

34. Atas da Câmara. vol. 16, 1773, p. 204-205.

35. BRAUDEL, 1998, p. 24.

no açougue público, impedindo concorrência da compra, preservando a instituição do arremate e portanto, suas rendas e sua autoridade sobre o abastecimento da carne.

Como no curral do conselho eram tomadas as marcas e sinais dos animais pelo escrivão da Câmara havia uma relativa proteção do criador em relação ao traficante e ao mesmo tempo era uma forma de geração de receita municipal. Mesmo antes de terminar a colocação de cercas e portão no curral, já era cobrada uma taxa de um vintém de rez morta.[36]

Não parece ter existido um registro rigoroso da movimentação de rezes no açougue público da cidade, apesar dos oficiais cobrarem pela entrada do animal no curral e pela concessão das licenças aos criadores. Os poucos números existentes, contudo revelam que as possibilidades de tributos eram significativas. Em 1804 entraram no açougue 2.755 rezes, em 1805 fora 2.232 e em 1814 2.512 animais.

O traficante tanto podia introduzir o gado de Curitiba no açougue, passando-o por animal local, como furtar animais dos cercados e passar-se por criador no açougue. Por isto a Câmara criou a instituição das licenças concedidas ao criador, mas se algum intermediário oferecesse animal para ser cortado, devia apresentar "bilhete do criador".[37] Cada licença custava ao criador $20 e embora elas fossem poucas, não ultrapassando o número máximo de 15, também eram uma fonte de receita municipal.

Aos criadores interessava mais afastar o gado de Curitiba do abastecimento da cidade, pois era um concorrente de suas produções e para tanto fizeram do Senado da Câmara um veículo de defesa de seus interesses e de concorrência com os negociantes-arrematadores, que assim como seus administradores, também ludibriavam o mercado consumidor vendendo carne de valor mais baixo pelo valor mais elevado.

Em 1767, reunidos no Senado da Câmara e sob intercessão do procurador, os criadores conseguiram cancelar o contrato do arrematador Ignácio Rodrigues Cabral, alegando que o dito arrematante somente possuía 160 bois recém-chegados de Curitiba e não tinha condições de oferecer outra carne para a população, ou seja, não tinha condições de comprar os animais dos criadores locais para disponbilizar no mercado da cidade.

Na chamada de um novo leilão a Câmara anunciou que atendia ao "bem comum desta República e sossego dela" e devido requerimento do povo. Enquanto um novo contrato não era realizado os criadores se comprometeram a cortar rezes de seus currais livremente no açougue, vendendo a $400 rs. a arroba, como era determinado pela Câmara, pagando meias patacas para os bens do Conselho.

---

36. Atas da Câmara, vol. 16, 1771, p. 70-1, vol. 15, 1771, p. 27.

37. Atas da Câmara, vol. 15, 1767, p. 239.

Nesta conjuntura específica, o conflito dos criadores com o negociante-arrematador coincidiu com um interesse da Câmara relacionado ao gado da fazenda Santa Anna e de Utucatu, pertencente aos jesuítas expulsos com as reformas pombalinas. Assim, pelo novo contrato público o arrematador deveria comprar todo o gado destas duas fazendas para cortar no açougue e vender na cidade.[38]

Se os criadores, portanto, tiveram uma importante vitória sobre a política de abastecimento da Câmara, esta conjuntura deve ser levada em consideração. Os criadores, por ouro lado, eram um potencial concorrente dos talhos públicos, pois poderiam cortar e vender a carne clandestinamente em seus próprios currais,[39] ampliando a margem de concorrência do lado da procura. O caso de Pedro José de Azevedo é exemplar neste sentido porque foi notificado pela Câmara para interromper o corte de gado fora do açougue público e sem licença do *almotacé*.[40] Ações como estas eram comuns em regiões suburbanas, como N. S. da Conceição de Guarulhos e Penha,[41] o que pode ter influenciado a decisão camarária de pulverizar o arremate do talho da carne pelas freguesias, como visto no gráfico acima.

O risco constante do criador ser um concorrente da procura era de que, na lógica da política econômica de abastecimento do antigo regime português, ele eliminaria a concorrência entre os pretensos vendedores, ou seja, entre aqueles que poderiam arrematar o talho público e, portanto, proporcionar renda à Câmara. Negociantes-arrematadores como Antonio Rodrigues chegaram a representar no senado da Câmara, "para se evitar as muitas pessoas que cortam carne de vaca fora do açougue público",[42] o que prejudicava a instituição da arrematação.

Mercado consumidor para o talho concorrente ao público de fato existia e preocupava as autoridades municipais pois chegaram a impor sanções, como prisão, aos que comprassem carne fora do açougue público.[43]

As autoridades municipais, de fato, mobilizavam-se anualmente para garantir as arrematações, preocupando-se nas vereanças quando elas não aconteciam. Em vista deste potencial poder de concorrência dos criadores a Câmara procurou sempre, de uma certa forma, defender suas reivindicações.

---

38. Atas da Câmara, vol. 15, 1767, p. 229-236.

39. SANTOS, 1999, p. 70.

40. Ata da Câmara, vol. 15, 1769, p. 469.

41. Atas da Câmara, vol. 17, 1780, p. 246.

42. *Idem*, p. 238.

43. *Idem*, p. 256.

Assim, em outros momentos o "clamor" de uma política de proteção dos criadores forçou as autoridades municipais a recorrerem às autoridades régias, como ao ouvidor geral e corregedor da comarca, para que estas não apenas reforçassem a instituição das licenças aos criadores, como para pressionar os arrematadores do açougue a denunciarem os contrabandistas.[44]

Embora as autoridades municipais rivalizassem com os poderes régios, não se autonomizavam dele e até se apoiavam nesta espiral de poder do Império para legitimar sua autoridade sobre a gestão do abastecimento da cidade.

Mas os traficantes de gado ou atravessadores foram a principal concorrência dos criadores.[45] A pressão destes para que a Câmara combatesse o traficante levou a muito sequestro indevido de gado de criação local, confundido com gado roubado.[46]

A governabilidade e a legitimação da autoridade do Senado da Câmara a partir da política de abastecimento implicaram em ceder espaços de atuação aos criadores locais que interferiram em instituições fundamentais como a arrematação dos contratos públicos, pois foi por pressão deste grupo que todo arrematador passou a também comprometer-se em denunciar a ação dos traficantes, podendo submeter-se a penalidade caso não o fizesse.[47]

Pode-se crer que a expansão do mercado consumidor da carne na cidade de São Paulo aumentava a demanda da carne no açougue, o que estimulava a atuação do traficante e acuava o negociante-arrematador que imbuído da lógica do mercado necessitava da ampliação da sua margem de fornecimento da carne. O criador local, portanto, terminava por ser, assim como a Câmara, um obstaculizador da livre concorrência num mercado consumidor em expansão como o da cidade de São Paulo.

Não se deve crer que a classe dos criadores fosse homogênea na defesa de seus interesses de fornecedores exclusivos de animais para o açougue público, pois havia denúncias de que alguns deles passavam "escritos de venda a alguns traficantes, sem lhes ter vendido rezes alguma", favorecendo com isto o negócio de rezes furtadas.[48] Nas mãos de alguns criadores estas licenças podem ter sido uma moeda de troca em um meio cada vez mais frequentado por marchantes e atravessadores de animais ávidos por aproveitar a demanda da carne na cidade.

Estes agentes do mercado podem ter sido fator de pressão para a extinção das licenças. Desde a segunda metade do século XVIII assiste-se na cidade a uma relação de forças entre

---

44. Atas da Câmara, vol. 15, 1770, p. 561-563.

45. *Idem*, p. 532-34.

46. *Idem*, p. 538.

47. Atas da Câmara, vol. 18, 1783, p. 42-3.

48. Atas da Câmara, vol. 16, 1772, p. 135-36.

CONSUMO E ABASTECIMENTO NA HISTÓRIA   237

liberalização do abastecimento e autarcia municipal e de criadores. Em grandes e pequenos conselhos portugueses o ideal de autarcia econômica era principal e isto se tornava um obstáculo para o livre mercado.[49]

Em 1778 o próprio governador Martim Lopes Lobo de Saldanha, estigmatizado pela história de São Paulo, juntamente com seu filho, Antonio Lobo de Saldanha, por desentendimentos que tiveram com a Câmara, tomou a iniciativa de interferir no mercado de abastecimento da cidade, suspendendo as licenças aos criadores, sob o argumento de que atendiam apenas aos "ladrões dos continuados furtos que de gados se fazem nos subúrbios desta cidade".[50]

Esta decisão do governador não foi cumprida, o que faz pensar que a relação entre poderes locais e régios eram ambivalentes, permeadas por subordinação, hierarquização e autonomia – vide acima o caso do corregedor – e de acordo com interesses circunstanciais.

Em 1792 oficiais da Câmara se dividiram em relação à questão das licenças, dando a entender ainda que, assim como criadores e autoridades régias, o conselho não agia em bloco. Enquanto dois juízes defenderam a manutenção das licenças, o procurador, concordando com a decisão antiga do governador, propôs sua abolição, pois entendia que favoreciam apenas "uns atravessadores que viviam de traficar neste gênero". A extinção das licenças na realidade liberalizava o mercado local para todo o fornecedor de animais: marchantes, traficantes e atravessadores.

As questões levantadas na vereança que tratou desta controvérsia lembram a lógica moral do abastecimento do antigo regime português. Questionou-se se o bem público deveria preferir ao particular, se os atravessadores ou criadores poderiam adquirir posse ou domínio nos bens e regalias do conselho.

Se o açougue se tornasse franco, livre e se "por causa da inconstância do tempo ou por outro algum incidente não previsto" faltasse carne, o que seria feito para remediar esta falta "tão prejudicial ao público?"; também indagou-se sobre a possibilidade da diminuição do rendimento do conselho caso o açougue ficasse franco.[51]

Diante da possibilidade de o açougue tornar-se franco novamente os oficiais procuraram o corregedor, que não só defendeu a lógica tradicional da política de abastecimento do senado, como assegurou a continuidade das licenças concedidas e legitimou a continuidade da instituição da arrematação.[52]

---

49. MONTEIRO, 1996, p. 318.

50. Atas da Câmara, vol. 17, 1778, p. 106-108.

51. Atas da Câmara, vol. 19, 1792, p. 314-322.

52. *Idem*, p. 323-5.

Na cidade de Évora, em Portugal, havia instituições que inviabilizavam a política dos conselhos de negociar em bloco os contratos de venda da carne, ampliando a concorrência da procura, como os talhos dos corpos privilegiados: Cabido – corporação de cônegos de uma catedral –, Universidade e o Santo Ofício. Tal situação dificultava a centralização da autoridade da câmara sobre a política de abastecimento.

Em São Paulo a instituição concorrente era o quartel, que costumava estabelecer talhos próprios. A Câmara procurou coibir esta prática, condicionando a concessão do direto de arrematação do contrato público do açougue à capacidade do negociante-arrematador fornecer carne também aos quartéis.[53]

Se a Câmara contou com concorrentes que desde o século XVIII desafiavam sua lógica do "bom governo econômico", a expansão do mercado consumidor do centro-sul da América Portuguesa, o fortalecimento e diversificação dos negócios internos, externos e costeiros das elites mercantis, a internalização da metrópole em 1808 e consequente rotinização da presença de negociantes estrangeiros no Brasil levaram à definitiva liberalização do abastecimento na cidade.

O início do século XIX e a inflexão na gestão do abastecimento da cidade

Os principais problemas enfrentados pelo abastecimento da carne na cidade a partir deste momento foi em relação à regulamentação de preços imposta pela Câmara, a queda do fornecimento de gado para o açougue, a diminuição da concorrência dos vendedores da carne, que arrematavam o contrato público. Logo, na gestão do abastecimento da cidade, a Câmara tendeu a ficar sujeita às imposições de um único vendedor e mais vulnerável às pressões para a liberalização do corte e venda do produto.

Por trás destes problemas pode-se creditar a diversificação econômica atingida pela América Portuguesa na segunda metade do século XVIII, tornando-a comercialmente atrativa especialmente para os ingleses. A demanda pelo gado, a carne para consumo alimentar e o couro para enfardamento de mercadorias, aumentou e consequentemente seu preço, bem como ocorreu uma elevação da demanda em relação à oferta. O aumento da demanda por este produto pode ser vislumbrado nas cifras de exportação do couro no porto de Santos. Entre 1801 e 1807, passou de 298$400 para 52:389$480.[54]

Mesmo em meio a uma realidade de mudanças no mercado de animais e carne, o senado da Câmara manteve um comportamento preservacionista da instituição do arremate público e gestão do abastecimento do produto.

---

53. *Idem*, p. 310.

54. HOLANDA, 1995, t. 2, vol. II, p. 416-472.

Quando o procurador do conselho sugeriu aumentar o preço de venda da carne de $400 rs. para $480 rs., visando atrair arrematadores para o corte, a maioria na câmara negou-se a aceitar tal aumento.[55] Na lógica moral do "bom governo" o domínio decisivo da Câmara sempre foi o tabelamento dos preços, mantendo atuação severa neste aspecto, principalmente em relação à carne.[56]

Em cidades portuguesas, como no Porto, em 1577, carniceiros se desobrigaram de matar o gado, enquanto não fosse aumentado o preço da carne.[57] Nas cidades da América Portuguesa a reação dos arrematadores foi a de não efetuar o arremate o que atingia diretamente o coração da autoridade municipal: as finanças.

A intransigência da Câmara em relação ao tabelamento do preço da carne tendeu a enfraquecer sua margem de manobra em meio aos vendedores do produto, ou seja, os arrematadores, que desapareceram do mercado da carne da cidade. Nesta conjuntura que surgiu Ignácio José César e Luis Antonio de Andrade, dois negociantes que monopolizaram e travaram verdadeira batalha contra a Câmara pela liberalização do comércio do produto.

Documentos apontam que pelo menos Ignácio José também era negociante de gado em Curitiba,[58] provavelmente para vendê-lo em outros mercados, que não apenas o da cidade de São Paulo. Embora tendo arrematado o açougue em várias ocasiões, não vinha cumprindo seu compromisso de fornecimento da carne "para sustentação do público".[59] Para Ignácio José, arrematar o talho público da cidade poderia ser apenas uma maneira de compensar os riscos inerentes ao grande comércio de animais de longa distância.

Esta condição única de arrematador lhe deu alguma margem de vantagem para impôs suas condições no arremate, como dispensar fiador no arremate de 1810, quando alegaram que ninguém, além deles, se interessava pelo arremate e estavam oferecendo um valor superior ao do ano anterior.

A Câmara recusou-se a aceitar suas condições, o que suscitou a interferência da autoridade régia, o ouvidor da comarca, que lembrou-lhe que a experiência tem mostrado "haverem faltas irremediáveis quando os açougues públicos não [eram] rematados" e entendia que os lançadores eram capazes.[60]

---

55. Atas da Câmara, vol. 20, 1800, p. 222.

56. MONTEIRO, 1996, p. 319.

57. BRAUDEL, 1998, p. 327.

58. Atas da Câmara, vol. 22, 1816, p. 99.

59. Papéis Avulsos, vol. 13, 1816, p. 10.

60. Papéis Avulsos, vol. 9, 1810, p. 1.

O ouvidor invocava com este argumento o clássico risco dos motins do povo diante da falta de alimentos. Ignácio José e Luís Andrade deviam ser negociantes abonados, pois além de dispensarem fiador nos seus negócios buscaram apoio para seus empreendimentos diretamente na autoridade régia.

A falta de gado continuou sendo uma tendência no período e os marchantes, que até então eram condenados pela Câmara, passaram a ser aceitos como fornecedores de animais, embora nem mesmo elescomparecessem mais no açougue. O Senado da capital resolveu então recorrer às Câmaras vizinhas, para que pusessem editais chamando criadores e negociantes de gados, isentando-lhes de tributos – o cruzado por cabeça – municipais.[61]

Esta situação sugere algumas ideias como a efetiva crise no sistema tradicional de abastecimento, os criadores das freguesias da cidade ou estavam negociando seus animais em outros mercados, através dos marchantes ou estavam fazendo o corte e venda em seus próprios currais, dado o preço atingido pelo gado, a ponto de não ser vantajoso colocá-lo no açougue por um preço menor.

Em 1819 Ignácio José César, aproveitado-se desta situação, conseguiu que um funcionário da Câmara o apoiasse no seu propósito de controlar com mais liberdade o abastecimento da carne na cidade. Este funcionário não identificado pela representação agia imbuído das preocupações morais da política tradicional dos conselhos, pois agia "tendo em vista a necessidade do público sustento", devendo Ignácio José César ser atendido "em tudo o que for compatível com a razão e justiça e não obstar as leis de S. Majestade lembrando-se… quanto custa obter o fornecimento deste importante gênero".

Logo, pedia que para com este negociante não fosse usado de um "extremo rigor naqueles casos a que ele" não desse conhecida causa.[62] O campo de forças estabelecido entre a moral autárquica da Câmara e os propósitos liberalizadores do mercado de Ignácio José, numa conjuntura de expansão da demanda pelas mercadorias coloniais fez a Câmara ceder circunstancialmente em 1819, elevando o preço de venda da carne de $480 rs. a arroba para $640 réis.[63]

Por requisição do próprio negociante, este também ficou aliviado do tributo de $400 réis por cabeça cortada; contudo, quatro meses depois, a Câmara voltou atrás no acordo dos tributos, ao que negociante reagiu, alegando ser "menos ambicioso que amante do público", solicitando ou a revogação do tributo ou a elevação do preço de venda da arroba da carne a $720 rs.[64]

---

61. Atas da Câmara, vol. 22, 1817, s. p.

62. Papéis Avulsos, vol. 14, 1819, p. 267.

63. *Idem*, p. 222.

64. *Idem*, p. 224.

CONSUMO E ABASTECIMENTO NA HISTÓRIA   241

Os escritos do tempo levam a crer que a Câmara permaneceu intransigente em sua política e tentou ainda retomar as medidas policiais da segunda metade do século XVIII, passando editais para todas as freguesias da cidade para que nenhum criador cortasse carne fora do açougue público ou desse sua casa para isso. Como esta devia estar sendo uma ação difícil de conter, a própria câmara informou que caso este corte da carne fora do açougue público fosse feito, um oficial deveria ser informado para ser cobrado o tributo devido.[65]

Em 1820 o açougue público foi arrematado por Ignácio José, que neste momento já se recusava a vender a carne por menos de $960 réis a arroba; ou seja, o preço do gado havia aumentado de tal modo que as regulamentações da Câmara não davam mais conta. A Câmara tentou então trazer um arrematador de Camanducaia, que se comprometia a vender o produto por menor preço.[66]

Todos os oficiais aprovaram esta decisão, menos o procurador, que respaldava os interesses de Ignácio José, que, em 1820, após recorrer ao Governador Geral – João Carlos de Augusto D'Oyenhausen – desistiu de vez da arrematação, alegando ser pobre e não ter com que comprar gado, quando na realidade era um negociante de animais em Curitiba.[67]

O mercado consumidor da carne na cidade estava em expansão: era atraente do ponto de vista da perspectiva de lucratividade, mas a ingerência da Câmara impunha limites para a plena liberalização dos negócios na cidade.

A rotinização de negociantes ingleses na economia da capitania pode ter levado o inglês João Mark Listard a tentar burlar a gestão municipal do abastecimento da carne, até então restrita ao gado, pois ofereceu-se para abrir um açougue "exclusivamente de vitela, carneiro e porco", conforme representação do governador, que apoiava os interesses deste negociante.[68]

A ideia talvez fosse a de entrar num nicho novo e não previsto nos escritos camarários. Deve-se ressaltar, contudo, o importante papel que os governadores tiveram no apoio aos esforços liberalizadores do mercado de abastecimento da carne na cidade, agindo na contracorrente da política camarária.

As políticas autárquicas, contudo, estavam em esgarçamento, o que representava um golpe a mais no declínio da autoridade das Câmaras no Brasil-colônia.

Golpe definitivo na questão da carne foi a carta enviada em fevereiro de 1822 ao Ministro de Estado dos Negócios do Reino, pelo senado o Rio de Janeiro, para que fosse

---

65. Atas da Câmara, vol. 22, 1820, p. 347.

66. *Idem*, p. 396-7.

67. *Idem*, p. 415.

68. Papéis Avulsos, vol. 15, 1820, p. 1.

assegurado nas capitanias de Minas Gerais e São Paulo, que todos os condutores de animais que se dirigissem à cidade tivessem livre direito de entrada e saída, contando com toda a segurança, para si e seus gêneros.[69]

Se o valor de venda não era favorável na cidade de São Paulo era só enviar os animais para o Rio de Janeiro, que tinha demanda e preço. Em 1822 o corte do açougue tornou-se livre na cidade de São Paulo e a Câmara embora mantivesse a regulamentação do preço colocou-o num dos valores mais altos alcançados até então: a carne poderia ser vendia até 1$200 réis a arroba.[70]

Conclusões

Motivada pelas diretrizes morais da política de abastecimento do antigo regime português, o Senado da Câmara da cidade de São Paulo procurou assegurar sua autoridade através de algumas esferas, dentre a gestão do açougue pública. A instituição do arremate do açougue impunha uma lógica de concorrência entre vendedores do produto – negociantes-arrematadores do talho – e de não concorrência da parte do consumidor, pois a Câmara personificava este consumidor coletivo, recebendo o valor total do direito de venda da carne e ainda impondo seu preço.

Para arredar da cidade a possibilidade de concorrência da compra, restringiu o fornecimento da carne ao açougue aos criadores locais, combatendo marchantes e o gado de Curitiba. Esta era uma estratégia para minimizar o potencial concorrente do próprio criador local, que protegido pela política camarária, poderia ter menos interesse em negociar a carne em seus próprios currais nas freguesias.

Desde a segunda metade do século XVIII, contudo, a economia da capitania da América Portuguesa vivia uma realidade expansiva e diversificadora da sua produção, tornando-se um mercado produtor de produtos coloniais cada vez mais atraente, na só para os portugueses, como para os ingleses.

Desde 1763, com a transferência da capital da colônia para o Rio de Janeiro, a expansão demográfica da cidade e a internalização do Império em 1808, a demada pelo gado e seus derivados provocou uma inflação dos preços que tendeu a enfraquecer o poder de pressão da Câmara sobre o mercado de abastecimento público da carne na cidade. O século XIX foi portanto uma conjuntura de inflexão, no sentido de restringir a capacidade impositiva do conselho.

---

69. GOUVÊA, 2002, p. 152.

70. Papéis Avulsos, vol. 17, 1822, p. 41.

Assim, percebe-se um processo semelhante ao que ocorria em cidades portuguesas, como a de Évora, ou seja, uma erosão da capacidade coerciva da Câmara diante da ampliação das possibilidades abertas aos criadores, negociantes-arrematadores e marchantes em outros mercados consumidores no centro-sul da colônia e um processo de impotência da autoridade local para coibir estes novos polos atrativos, levando ao deslocamento do poder de gerenciamento do abastecimento da carne para o lado daqueles que sempre estiveram diretamente envolvidos na circulação do produto.[71]

Esta diminuição da margem de manobra da Câmara nesta esfera de mais rigorosa autoridade, como o do abastecimento da cidade, invoca o problema do desmoronamento de valores jurídico-institucionais herdados do organismo imperial português e o reordenamento do Império internalizado a partir do início do século XIX.

Bibliografia

BOXER, Charles. "Conselheiros locais e irmão de caridade". In: *O Império Marítimo Português*: 1415-1825. Trad. Anna Olga de Barros Barreto. São Paulo: Companhia das Letras, 2002, p. 286-308.

BRAUDEL, Fernand. *Civilização material, economia e capitalismo, séculos XV-XVIII*. Trad. Telma Costa. São Paulo: Martins Fontes, 1998, vol. 2.

CHAVES, Cláudia Maria das Graças. *Perfeitos negociantes: mercadores das minas setecentistas*. São Paulo/Minas Gerais: Unicentro/Newton Paiva/Annablume, 1999.

DIAS, Maria Odila Leite da Silva. "A interiorização da Metrópole (1808-1853)". In: MOTA, Carlos Guilherme. *1822: dimensões*. 2ª ed. São Paulo: Perspectiva, 1986, p. 160-186.

FRAGOSO, João Luís R. *Homens de grossa aventura: acumulação e hierarquia na praça mercantil do Rio de Janeiro (1790-1830)*. Rio de Janeiro: Civilização Brasileira, 1998.

GODINHO, V. M. "Finanças públicas e estrutura do Estado". In: SERRÃO, Joel. *Dicionário de História de Portugal*. Porto: Liv. Figueirinhas, [19--], vol. 2, p. 244-266.

GOUVÊA, Maria de Fátima Silva. "Poder, autoridade e o Senado da Câmara do Rio de Janeiro, ca. 1780-1820". *Tempo*/Universidade Federal Fluminense, Departamento de História, vol. 7, n. 13, 2002, p. 111-155.

---

71. SANTOS, 1999, p. 90.

HOLANDA, Sérgio Buarque. *São Paulo. História Geral da Civilização Brasileira*. 6ª ed. Rio de Janeiro: Bertrand Brasil, t. 2, vol. II, 1995, p. 416-472.

KUSNESOF, Elizabeth Anne. *Holsehold economy and urban development*. São Paulo, 1765 a 1836. Berkeley: University of California, 1976.

LAPA, José R. do Amaral. *O sistema colonial*. São Paulo: Ática, 1991.

LENHARO, Alcir. *As tropas da moderação. O abastecimento da Corte na formação política do Brasil: 1808-1842*. 2ª ed. Rio de Janeiro, Secretaria Municipal de Cultura, Turismo e Esporte, 1993.

LINHARES, Maria Yedda. *História do abastecimento*: *uma problemática em questão (1530-1918)*. Brasília: BINAGRI, 1979.

MAGALHÃES, Joaquim Romero. "A estrutura das trocas". In: MATTOSO, José (coord.) e HESPANHA, A. M. História de Portugal. *O Antigo Regime*. Lisboa: Editorial Estampa, 1993, p. 315-353.

MATTOSO, Kátia de Queiróz. *Bahia: a cidade do Salvador e seu mercado no século XIX*. São Paulo: Hucitec; Salvador: Secretaria Municipal de Educação e Cultura, 1978.

MONTEIRO, Nuno Gonçalo. "Os poderes locais no Antigo Regime". In: OLIVEIRA, César (Dir.). *História dos municípios e do poder local: dos finais da Idade Média à União Europeia*. Lisboa: Círculo de Leitores, 1996, p. 18-175.

PETRONE, Maria Theresa Schorer. *O Barão de Iguape: um empresário da época da independência*. São Paulo: Ed. Nacional/Brasília/INL, 1976 (Col. Brasiliana, 361).

PRADO JR., Caio. *Formação do Brasil contemporâneo*. São Paulo: Ed. Martins, 1942.

SANTOS, Rui. "Mercados, poder e preços: a marchantaria em Évora (séculos XVII a XIX)". *Penélope*, 21, 1999, p. 63-93.

QUEIROZ, Suely Robles Reis. *São Paulo*. Madri: Editorial Mapfre, 1992.

ZEMELLA, Mafalda P. *O abastecimento da capitania das Minas Gerais no século XVIII*. 2ª ed. São Paulo: Hucitec, 1990.

11. Polêmicas sobre o Desabastecimento Alimentar em Goiás no Século XIX

Sônia Maria de Magalhães[1]

---

1. Professora de História da Universidade Federal de Goiás – Campus Goiânia.

O TÍTULO DE "CELEIRO DO BRASIL" que o Estado de Goiás ostenta na contemporaneidade – responsável por 17% da produção brasileira de grãos; maior produtor de tomates; segundo lugar na lista de maiores produtores de leite, terceiro maior produtor de carne; quarto maior produtor de soja[2] – oculta um passado de privações em que a escassez, a carestia e, por vezes, a fome declarada foram constantes, sobretudo nos períodos de 1804 a 1805; 1819; 1823; 1830 a 1834; 1838; 1848; 1859 a 1860; 1865 a 1870; 1878.

O problema inerente ao desabastecimento crônico em Goiás constitui um assunto controverso que determina a necessidade de revisão historiográfica, arrolamento de novas fontes, constituição de um banco de dados e análises de profundidade sobre as tipologias das crises de subsistência ao longo do século XIX. Tópico polêmico que suscita indagações e também paradoxos relacionados a escassez e excedentes, tais como: em que momento Goiás conseguiu superar a fome e projetar nacionalmente a imagem de celeiro do Brasil? Ou ainda outro tópico que se traduz num amplo debate sobre a constituição da identidade do goiano, que tem na alimentação um dos seus pilares culturais: se atualmente a culinária farta e variada extrapola os limites regionais e projeta nacionalmente a imagem do goiano, encobre, contudo, um passado de escassez e penúria.

Este artigo, entretanto, não pretende replicar categoricamente essas questões, uma vez que as pesquisas sobre essa temática encontram-se nas suas fases mais iniciais. Almeja, entretanto, trazer à tona informações que subsidiem na compreensão da perene escassez de mantimentos em Goiás ao longo do século XIX, época considerada pela historiografia

---

2. Estas informações foram retiradas da seguinte fonte: http://www.ffatia.com.br/new/br/op_cenario.asp

como de reordenamento socioeconômico em que a mineração perde a primazia para as atividades agropecuárias. Afigura-se que, com o declínio da exploração aurífera, não houve de imediato uma nova atividade econômica capaz de dar continuidade ao processo de crescimento da província, o que teria gerado profunda crise econômica.[3]

Celeiros cavos

Com a colonização das terras interioranas no Brasil no final do século XVII, graças à descoberta do ouro, as populações de Minas Gerais, Mato Grosso e Goiás conviveram com a fome, a escassez de alimentos, o abastecimento precário agravado pelo pequeno número de plantações em razão da concentração de braços na lucrativa mineração. De tal modo, a vida em Goiás nos primórdios do povoamento – mesmo contando com o apoio dos mercados abastecedores paulista, baiano e carioca – era extremamente precária. Em certas ocasiões, deixava de contar com o provimento regular dessas redes, por causa das péssimas condições de transportes e dos caminhos, piorados pelas inundações. Nos anos de 1773 a 1778, por exemplo, durante o governo de José de Vasconcelos, os estragos provocados pelos efeitos climáticos causaram a fome, assolando toda a região.

Primeiro foi a seca, em decorrência da falta de chuvas durante quase três anos, que extinguiu as lavouras e as pastagens, causando grande mortandade no gado, paralisando as fábricas de mineração, obrigando uma grande parte da população a emigrar da capitania. A esses anos de estiagem sucedeu um de chuvas torrenciais que maiores males causaram. Os anais da província registram que durante a administração de Vasconcelos "a penúria era geral, e feia a desolação. Para gravame das misérias da fome, os atravessadores e monopolistas ousados afrontavam os clamores públicos, e os agricultores trancavam seus paióis".[4] Para se obterem uns alqueires de milho, eram necessárias seis oitavas de ouro; por um de farinha de mandioca, dez oitavas; por uma libra de açúcar, duas oitavas. Um porco custava o equivalente a oitenta oitavas, enquanto duas libras de ouro compravam uma vaca.[5] Desse modo, a escassez, carestia dos gêneros e a fome, por vezes deflagrada, constituíram traços preponderantes daquele período.

Algumas localidades continuaram passando por privações, mesmo com a regularização dos fornecimentos de víveres. A explicação para essa falta constante justificava-se, normalmente, à especulação das mercadorias feita pelos atravessadores, que compravam

---

3. FUNES, 1986.

4. ALENCASTRE, 1979, p. 207-241.

5. SAINT-HILAIRE, 1975, p. 161.

mantimentos dos tropeiros ou de agricultores para revendê-los mais tarde aos moradores das vilas e redondezas. De acordo com Chaves, esses agentes estocavam as mercadorias para forçar a alta dos preços, como forma mais comum de especulação. Costumavam, também, transportar produtos para outros mercados, procurando melhores ofertas.[6] Da mesma maneira que prevalecia em outras regiões do Brasil, durante todo o século XVIII, as autoridades administrativas tentaram coibir tais procedimentos sem conseguir sucesso algum. Desse modo, mesmo havendo um abastecimento regular, a fome continuava a amedrontar.

A experiência com os três anos de secas consecutivas e a perspectiva inevitável do esgotamento das jazidas auríferas fez com que o governador D. José Almeida Vasconcellos (1770-1778) colocasse a promoção da agricultura no território como pauta principal na sua administração. Na opinião de Vasconcellos, somente o aumento das áreas de plantio colocaria fim às constantes crises alimentícias que se abatiam naquela Capitania.[7] Não obstante, os sucessores de Vasconcelos inviabilizaram a sua política de valorização da agricultura, uma vez que estavam orientados ainda em reerguer a empresa mineradora. Destarte, na aurora do Oitocentos, a agricultura ainda se apresentava de forma extremamente rudimentar e de baixíssima produtividade.[8]

Ao assumir o governo da Capitania em 1804, D. Francisco Mascarenhas retomou o projeto de valorização da agricultura associada à ideia de estimular a navegação para o Pará, adotando como medida radical a interdição da saída de roceiros para as minas de Anicuns, a última jazida lucrativa descoberta em Goiás. Conforme o Edital de 1809, o roceiro só podia se deslocar para minerar desde que deixasse a terra preparada para o cultivo. Tal resolução invertia a situação que vigorava nos primórdios do povoamento daquele território, quando se impedia o cultivo em regiões mineradoras, agora se punia aquele que se dedicasse à mineração em detrimento da agricultura.

Em 1806, foram produzidas na capitania de Goiás duas memórias que indicavam o potencial produtivo da região. Joaquim Teotônio Segurado escreveu a *Memória econômica e política sobre o comércio da capitania de Goiás*,[9] e Francisco Barata, a *Memória em que se mostram algumas providências tendentes ao melhoramento da agricultura e comércio da capitania de Goiás*.[10] Na asserção de Ledonias Garcia, estas memórias, bem como várias outras que foram escritas sobre diversas regiões do Brasil na mesma época, respondem

---

6.   CHAVES, 1995, p. 59.

7.   ALENCASTRE, 1979, p. 193-231.

8.   FUNES, 1986.

9.   SEGURADO, 1982, p. 33-54.

10. BARATA, 1982, p. 55-94.

ao projeto reformista de D. Rodrigo de Souza Coutinho para o Império português, que refletia uma nova percepção político-administrativa a ser implantada entre a metrópole e as suas colônias. Este projeto sugeria uma relação de "parceria" e não mais dominação/subjugação entre a Metrópole e suas possessões. Esses estudos refletem as preocupações com os recursos e as maneiras mais adequadas de torná-las importantes para o Império integrado. Todas as matérias direcionam para o potencial do território brasileiro e para as possibilidades de exploração que poderiam favorecer o "Reino e o Ultramar".

Embora não proporcionassem os mesmos rendimentos oriundos da exploração aurífera, as atividades agropecuárias apontaram um novo rumo para Goiás, fazendo com que boa parte da população, estimada em 50 mil habitantes no início do século XIX, migrasse para o norte do território, buscando terras e meios de sobrevivência na pecuária extensiva e na agricultura de subsistência. Os solos férteis do distante povoado de Amaro Leite, por exemplo, localizado ao longo dos rios Maranhão e Araguaia, atraíram o interesse de lavradores e criadores, estimulados pela isenção do pagamento de dízimos e de todos os impostos provinciais por um período de vinte anos,[11] conforme ilustra o mapa 1.

---

11. A Lei Provincial nº 11 de 9 de julho de 1819 isentou os lavradores e criadores que fossem se estabelecer ou estivessem estabelecidos na margem direita do Araguaia, dentro de dez léguas para o sertão, do pagamento de dízimos e de todos os impostos provinciais pelo espaço de vinte anos. Relatório do Presidente de Província Antônio Joaquim da Silva Gomes, 1850. *Memórias Goianas* 5, 1996, p. 79.

CONSUMO E ABASTECIMENTO NA HISTÓRIA 251

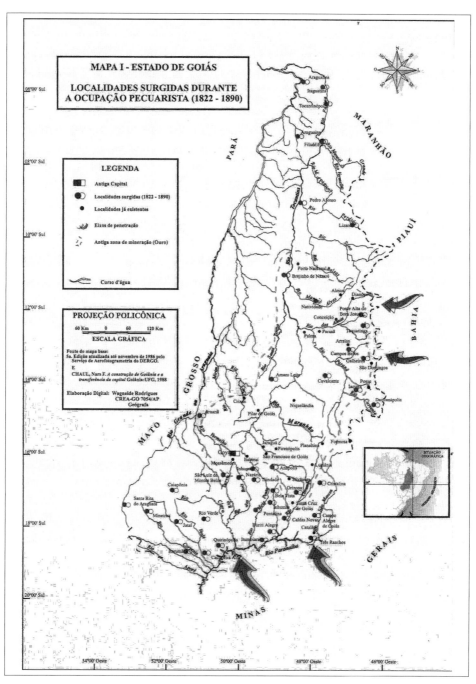

Transcrito de: CHAUL, 1999, p. 25.

Mesmo quando as práticas agropecuárias estabeleceram-se, persistiu o desprovimento de alimentos naquelas terras. Em decorrência da escassa colheita, muitas pessoas morreram de fome em Crixás em 1819.[12] Em Natividade experimentava-se geralmente falta de mantimentos, como farinha, feijão, toucinho e sal. No arraial de Arraias, predominava a fome, a peste e a miséria.[13]

> A epidemia torna-se cada vez mais geral, e aos mesmos naturais tem sido funesta. Os víveres caríssimos; a garrafa de aguardente até meia oitava se tem comprado, o feijão a duas e meia, toucinho a quatro réis a libra, galinha a doze réis e a meia oitava, e por esta pequena narração conhecerão Vossas Excelências o que temos sofrido.[14]

Este cenário lastimável foi observado pelo Padre Luiz Gonzaga Fleury por ocasião da Independência política do Brasil no ano de 1822. Neste mesmo ano, de acordo com as impressões de Cunha Matos, em Cavalcante, Arraias, Conceição, Flores e Natividade faltavam os suprimentos mais corriqueiros, sofria-se a mais cruel escassez ou, literalmente fome.[15]

Todavia, a escassez de alimentos não esteve restrita aos sertões daquela província. Avaliando a produção nos arredores da cidade de Goiás, Funes esclarece que, apesar de diversificada – maior era a do milho e em menor escala a do feijão, do arroz, da cana e da mandioca – a agricultura se mostrava limitada e pouco dinâmica, voltava-se para o auto-consumo, havendo, entretanto, um pequeno excedente comercializável. O autor observa ainda que, até 1819, a produção agrícola estava equilibrada. Ao longo da década de 1820, porém, inicia-se um período de improdutividade, gerando estados de penúria e fome, como aconteceu nos anos de 1830, em Meia Ponte, e de 1831, na capital.

O informante, que assinava sob o pseudônimo Fuzileiro da Farda Rota revela a situação de miséria em Meia Ponte.

> Falta-nos a farinha, o feijão, o arroz, o toucinho vasqueiro,[16] e por um preço que aleija. A carne aparece no sábado de aleluia, os sacos andam e desandam de rua em rua, de taverna em taverna, nada... qual farinha... qual feijão... qual toucinho... qual carne... só o que temos com fartura é o *tom tom rom-tom dos tambores, e os roncos da zabumba.*[17]

---

12. POHL, 1951.

13. BORGES, 1984.

14. *Idem*, p. 110.

15. Arquivo Histórico do Estado de Goiás (AHEG). Livro nº 119.

16. Aquilo que é raro, escasso.

17. AGEPEL.CD-ROM. *Matutina Meyapontense*, 7/05/1830, p. 87.

Na cidade de Goiás, vigorava a mesma situação:

> Continua a laborar a fome na capital de Goiás pela contínua chuva de alguns dias que não tem deixado entrar os Roceiros e, em consequência dessa necessidade tem estado estancado o comércio das lojas, que tem sofrido algumas [ratonices], que aqui eram desusadas; esta fome apresenta-se agora com diferente caráter, porque em todas as tavernas não existem mantimentos, e sacos ambulantes correm as ruas, querendo debalde comprar e pedindo.[18]

As casas comerciais da capital eram abastecidas de mercadorias básicas, além dos gêneros de produção local e regional, que atendiam à demanda dos consumidores mais pobres. Comercializavam-se nas vendas e lojas artigos sofisticados provenientes principalmente da praça do Rio de Janeiro. Desse modo, esses estabelecimentos – que vendiam mantimentos, cachaça, miudezas e variados tipos de tecidos – também proviam os mais endinheirados de produtos requintados.[19] Mesmo contando com o suporte desse mercado, a fome afligiu a todos os moradores da capital, até mesmo os mais abastados, uma vez que as águas carregaram o pequeno estoque de gêneros alimentícios das vendas, até mesmo aquela "farinha de milho azeda, fermentada pela umidade e calor da atmosfera", que se encontrava esquecida no canto da prateleira.[20]

Mattos adverte que, desde o ano de 1819, a intensidade das chuvas diminuiu consideravelmente naquela região.[21] Saint-Hilaire, viajando pelo interior da capitania na ocasião, reforça as informações de Mattos, lamentando que "fazia vários meses que não chovia, e mesmo as pessoas mais velhas do lugar não se lembravam de ter visto uma seca tão prolongada quanto a desse ano".

---

18. *Idem.*

19. Por volta de 1844, o viajante Castelnau listou na capital a existência de 24 lojas e uma centena de botequins.

20. De acordo com Funes, nessa época, a província abrigava 68.489 habitantes, e a capital, centro administrativo da província, resguardava o maior contingente populacional estimado em 14.251 habitantes, sendo 11.178 livres e 3.073 escravos. Em relação ao sexo, entre os livres os homens perfaziam um total de 5.639, e as mulheres, 5.539. Os escravos do sexo masculino somavam 1.675, e do feminino, 1398. Quanto às etnias, distribuíam-se em parda: 8.331, negra: 3.309, 2.527: branca, 84: índia. Observa-se que o número de homens suplantava o de mulheres em 0,7 % entre a população livre. A diferença, embora não muito grande, é mais significativa entre os cativos, em que o número de homens supera o de mulheres em 1,9 %. No tocante à etnia, nota-se a presença maciça de negros e pardos, ambos integrando 81,6 % do contingente populacional. A branca totalizava 17,7 %, e a índia, 0,6 %. Embora possuísse numerosa população indígena, distribuída em diversas nações, muitos viviam em suas aldeias ou abrigadas em aldeamentos.

21. MATTOS, 1979.

Mesmo com a lei de 1832 que regulamentava a questão do abastecimento visando controlar a ação dos atravessadores, sujeitos a uma multa de 30$000 e oito dias de prisão,[22] a fome voltou a assustar no ano de 1833. A gravidade da situação obrigou os moradores a recorrer às reservas frutíferas do cerrado: "todo o povo desta cidade passava a cocos, guarirobas, raízes de embiruçu e outros nada, até serem vítimas da fome".[23]

Nos frequentes períodos de escassez de alimentos, essa gente só dispunha dos suprimentos generosos do cerrado; assim, a fome cristalizou entre os goianos o gosto pelos frutos silvestres como o pequi, a guariroba, o araçá, o cajuzinho-do-campo, o araticum, já que a agricultura praticada na região, desprovida de técnicas, estava condicionada à sazonalidade climática.

Nos anos seguintes, persistia o mesmo panorama: ouvia-se por toda parte a lamúria dos famintos. A população do norte só não ficou à míngua graças à farta colheita de raízes de mandioca, à qual, consumida *in natura* ou na forma de farinhas, nenhum tempero se acrescia, pois durante três anos consecutivos persistia a carência de sal.[24]

O abastecimento irregular de sal constitui um capítulo à parte na história de Goiás. Embora existissem os "campos salinos", onde se explorava o sal-gema, na margem oriental do rio Crixás, afluente do rio Araguaia, a extração aí praticada não supria as necessidades da província, que assim o adquiria, também, por meio de trocas negociadas com o povoado de São Romão, situado à margem esquerda do rio São Francisco.[25] Obtinha-se o sal marinho dos mercados paulista, carioca e paraense. Sua aquisição tornou-se mais difícil com a falta de recursos financeiros atribuídos à crise mineradora, fazendo com que certos colonos caíssem em tal miséria a ponto de ficar meses inteiros sem poder salgar os alimentos.[26] O sal era de fundamental importância para a expansão da atividade criatória, imprescindível à nutrição dos gados vacum, suíno e cavalar, no tratamento e preparo de couros, na conservação dos produtos de origem animal, carnes e mais gêneros alimentícios que, sob as influências do clima tropical, se tornavam extremamente perecíveis.

---

22. Eram considerados atravessadores, conforme esta lei, não só os que comprarem gêneros comestíveis e objetos de abastança pública para revender ao povo, como aqueles que, por qualquer forma, intervirem na compra ou venda, sejam agentes, condutores, corretores, recebedores, contra os quais terá lugar e denúncia, e a ação competente. AHEG. *Correspondência da Assembleia Legislativa Provincial, 1832. Apud* FUNES, 1986, p. 70.

23. Cartório de Famílias da Cidade de Goiás. Inventário de José Francisco Hutim. *Apud* FUNES, 1986, p. 70.

24. Relatório que à Assembleia Legislativa de Goiás apresentou na sessão ordinária de 1835 o Exmo. Presidente da mesma província Jozé Rodrigues Jardim. *Memórias Goianas 3*, 1996., p. 33.

25. SALLES, 1992, p. 99-102.

26. PALACÍN, 1989, p. 47.

Mesmo havendo o "sal da terra" no subsolo, este havia se mostrado muitas vezes nocivo às salgas.[27]

De acordo com Hamilton de Oliveira – que analisa a formação da riqueza no sul de Goiás de 1835 a 1910 – numa amostragem de 536 inventários, o sal aparece em apenas 28 documentos, perfazendo um percentual de 5,4% do total. Os maiores estoques surgem amiúde em inventários de criadores que possuíam um número superior a cem cabeças de gado, e nos pequenos e grandes comerciantes. Seu estudo reforça o desabastecimento do produto, afirmando que: "o sal durante o século XIX e, mesmo nas primeiras décadas do século XX, era em Goiás uma especiaria rara e cara e inacessível em proporções consideráveis para a grande maioria da população goiana, não atendendo as necessidades básicas do crescente rebanho bovino da região sul".[28]

A despeito de os administradores locais lamentarem a inacessibilidade do sal por parte dos mais pobres, poucas iniciativas tomaram para solucionar essa questão. Nas raras ocasiões em que obtinham o sal a preços módicos ou gratuitamente, graças à caridade pública, o repasto dos carentes, composto, geralmente, de papa de milho, mandioca ou arroz, ganhava melhor paladar. Diante da impossibilidade de consumi-lo diariamente, maior importância adquiriam as carnes salgadas de peixe e de boi, o bacalhau e a carne-seca compensando, até certo ponto, a dieta deficiente e muitas vezes insípida por falta de tempero.[29] Além disso, equilibrava momentaneamente os efeitos negativos no organismo humano caracterizado por baixa tensão arterial, incapacidade para o esforço muscular, tendência à fadiga e inércia mental.[30]

Em meados de 1834, continuava vigorando a penúria e a carestia mais cruel noticiada na província, atingindo, inclusive, os funcionários públicos que, conforme o parecer dos membros do Conselho Provincial "por um cálculo aproximado, e reconhecido para mais de 80 indivíduos foram vítimas dessa fome espantosa".[31]

Em 1838, o presidente Luiz Gonzaga Fleury aprovava posturas observando providências em tempos de carestia, ou faltando quaisquer gêneros comestíveis, ou outros objetos, imprescindíveis para o abastecimento público da cidade de Goiás e em toda a extensão de

---

27. ELLIS, 1955.

28. OLIVEIRA, 2006, p. 99.

29. Alguns pratos peculiares da culinária goiana como o arroz com pequi e o arroz com carne-seca cozida, conhecido como *Maria Izabel* ou *Maria Zabé*, comida trivial dos garimpeiros do rio Araguaia, podem ter surgido nesse contexto de carência de sal. A incorporação do pequi e da carne-seca a esse cereal deu mais sabor à insossa papa de arroz.

30. MAGALHÃES, 2004.

31. AGEPEL. CD-ROM. *Matutina Meyapontense*, 18/03/1834.

seu município.[32] Em relação aos atravessadores, permanecia a multa de 30$000 réis e oito dias de prisões, a novidade é que, em caso de reincidência, agravaria em sessenta mil réis e vinte dias de prisão. Qualificam-se como atravessadores,

> não só os que comprarem gêneros comestíveis, e objetos de abastança pública para os revender ao povo, como aqueles, que por qualquer forma intervierem na compra, sejam agentes, corretores, condutores, recebedores, contra os quais terá lugar a denuncia, e ação competente, como Mandados de busca na forma das Leis Gerais, com apreensão dos ditos gêneros comestíveis, e exposição deles na vendagem pública.[33]

Conforme enuncia este documento, cabia à população apontar os infratores ao Juiz de Paz, o qual, uma vez confirmada a denúncia, reconhecia ao denunciante o prêmio da metade da multa pecuniária imposta ao atravessador. Competia ao fiscal vigiar e coibir a ação dos atravessadores, dobrando a vigilância. Os lavradores, condutores de víveres só podiam comercializar seus produtos mediante autorização escrita do Juiz de Paz. Esta autorização garantia a licença de comércio por um prazo de 48 horas.

Em meados de 1848, decorridos dez anos da aprovação da postura citada, o discurso dos administradores conservava-se o mesmo, além da diminuição das terras de cultivo e da ação dos atravessadores, o Vice-Presidente, Antônio de Pádua Fleury, apontou a precariedade das estradas como fator agravante para o encarecimento dos víveres.

> Estas estradas recebendo o benefício de que trato facilitará a importação dos gêneros da lavoura, de que tanta carestia temos sofrido; é verdade que o ano tem sido bastante crítico pela irregularidade das chuvas, mas é também certo que as más estradas que temos dificultam os transportes, e por consequência, aumentam os males, que o povo tem sofrido, pela falta de víveres.[34]

O desprezo do minerador pelo trabalho agrícola, a omissão das autoridades governamentais, o pequeno consumo motivado pelas dificuldades de circulação de mercadorias por causa da precariedade das estradas, a distância entre as vilas, a cobrança dos dízimos feita de maneira irregular, as técnicas agrícolas rudimentares contribuíram decisivamente para o precário desenvolvimento agrícola goiano, conforme opinião de Funes. Os dois últimos fatores, todavia, eram percebidos por muitos observadores como os mais graves.

---

32. AHEG. *Livro da Lei Goyana*, t. 4°, p. 42.

33. *Idem*, p. 43.

34. *Memórias Goianas 4*, 1996, p. 132.

CONSUMO E ABASTECIMENTO NA HISTÓRIA   257

O sistema de roças com pousio longo, geralmente de vinte a trinta anos, foi o mais viável para o tipo de agricultura que se estabeleceu na província de Goiás, uma vez que esta prática dispensava muitos braços nos trabalhos agrícolas, além de não exigir muitos equipamentos. O princípio de preparo do solo, que ia de maio a setembro, era o mesmo empregado em outras regiões brasileiras: "derrubar matas e capoeiras com machados, aproveitar troncos e galhos como lenha, depois de secos, atear fogo à área desmatada, destoucar com enxadões e picaretas troncos e raízes, couvar a terra para receber as sementes, com enxadas e, com elas, limpar ervas e matos rasteiros".[35] As lavouras eram feitas, geralmente, em "roças de toco", sobre terras de matas derrubadas e queimadas e sem uso de equipamentos.[36]

Na concepção do roceiro, quanto mais consumidas as madeiras pela ação do fogo, mais adubada ficava a área a ser cultivada. O arado e o sistema de adubação eram raros. Aproveitava-se, porém, o bagaço da cana como adubo nas propriedades do comandante Joaquim Alves de Oliveira, em Meia Ponte, e na do Vigário de Santa Luzia. Este último chegou a mandar construir uma charrua, conforme as indicações prescritas no "Tratado de cultura das terras" de Duhamel.[37] Cunha Mattos entusiasmou-se quando assistiu escravos trabalhando com dois arados no engenho do padre João Teixeira.[38] Pohl também viu esse instrumento em plena atividade na propriedade do comandante Joaquim Alves.[39]

Ao menor prenúncio das chuvas invernais, de outubro até o fim de março, iniciava-se o plantio. Semeavam-se inicialmente o arroz e o milho e, mais tarde, o feijão. Fazia-se a semeadura de maneira irregular, "sem nenhuma simetria, em simples escavações feitas à flor do chão com cavadores, espetos de pau, ou simplesmente com os dedos do pé".[40] A falta de investimentos técnicos na agricultura justificava em parte a pequena produção alimentícia, uma vez que a pobreza nutricional do solo dos cerrados exigia maior investimento por parte dos agricultores. A baixa fertilidade desses solos é conhecida desde os tempos da ocupação das terras interioranas. Os cerrados impossibilitavam as atividades agrícolas e a única forma de tirar algum proveito deles consistia na extração de lenha e na pecuária extensiva com gado mais rústico.[41]

---

35. MENESES, 1997, p. 53.

36. BRANDÃO, 1981, p. 22.

37. SAINT-HILAIRE, 1975, p. 28.

38. MATTOS, 1979, 76.

39. POHL, 1951, vol. 2, p. 225.

40. AUDRIN, 1963, p. 47.

41. Acidez elevada, baixa capacidade de troca catiônica, baixa soma de bases e alta saturação por alumínio, capacidade do húmus e das argilas permutarem íons positivos com a solução aquosa do solo. Cf: COUTINHO, 1992, p. 133.

Havia dois tipos de propriedades preponderantes em Goiás: o sítio[42] e a fazenda. A desigualdade social e econômica entre sitiantes e fazendeiros encontrava-se essencialmente na posse de escravos.[43] Os sitiantes empregavam a força de trabalho familiar, predominava a agricultura e, em menor escala, a pecuária. Normalmente, eram pequenos ou médios proprietários de escravos, podendo não possuir nenhum deles; às vezes recorria-se a empregados remunerados. Tais características implicavam unidades agrícolas de menor porte e potencial produtivo. O trabalho escravo coexistia com o livre, porém era secundário e complementar. Assim, a participação da família se tornou fundamental no processo produtivo doméstico, principalmente na época dos grandes trabalhos agrícolas, como a derrubada e a queima da mata. Os fazendeiros, ao contrário dos sitiantes, dirigiam unidades maiores, o que resultava em grande produção. Empregavam largamente o trabalho escravo e, apesar de se dedicarem à agropecuária, especializavam-se mais na criação de gado, principalmente na região do Paraná e em Formosa (antigo Arraial de Couros). De acordo com Funes, outras importantes áreas de pecuária surgiram por volta de 1830, diante da precariedade da agricultura, decorrentes da penetração de mineiros e paulistas no sul da província.

A ação predatória da coivara, que disponibilizava a terra após dois ou três anos, tantas vezes criticada pelos viajantes, dispersava cada vez mais o agricultor para áreas distantes de transporte e dos centros consumidores. O constante trânsito dos agricultores pelo território foi observado por Pohl:

> São encontradas com frequência no interior do país, essas mudanças e migrações. Quando as suas cabanas ficam muito arruinadas, ameaçando desabamento; quando o solo (que, aliás, nunca é adubado) produz pouco ou se esgota; quando a lavra de ouro não compensa mais o trabalho tão bem quanto se espera e se deseja, prepara-se a família para a partida e emigra-se para outras regiões do imenso reino e assim são abandonadas muitas cabanas. Muitas dessas famílias assim mudam de domicílio três e até quatro vezes durante a vida. Nessas mudanças, há ainda uma segunda vantagem para os emigrantes. Economizam os impostos que, com residência duradoura, teriam de pagar ao governo, pois, em um novo sítio que cultivem e cujo solo devem desbravar, podem viver dez anos com isenção de impostos. Esgotado esse prazo, ordinariamente emigram e recomeçam as coisas. Assim passam toda a vida isentos de impostos e o Estado perde essa renda, sem o benefício do arroteamento de novas terras.[44]

---

42. Em 1820 havia grande número de pequenos e médios sítios de lavouras, na região conhecida por "Mato Grosso" de Goiás. Nessa época, Meia Ponte despontava como o centro agrícola. Cf. SALLES, 1992, p. 225.

43. Funes nos informa que entre os inventários consultados os maiores proprietários de escravos de Catalão possuía 23, o de Luziania 37, o de Formosa 11 e, em Goiás, apenas três inventariados detinham cinquenta escravos.

44. POHL, 1951, vol. 2, p. 80-81.

Tal realidade fazia com que o agricultor produzisse apenas o necessário para a subsistência. A cobrança dos dízimos, elaborada de maneira irregular, cujo cálculo feito sobre a área cultivada e não pelo resultado da produção, era o mal-maior, conforme a opinião de D. José de Vasconcelos: "o quinto empobreceu Goiás, e o dízimo acabou de matá-lo".[45]

Na segunda metade do século XIX persistiu a carência de gêneros repercutindo também, no aumento dos salários dos operários, no encarecimento e no atraso das obras públicas[46] e na redução do número de leitos disponíveis aos enfermos do Hospital de Caridade São Pedro de Alcântara,[47] único nosocômio da província.

Embora existissem lojas bem-sortidas na capital, não havia mercado público, pelo menos até o ano de 1824.[48] Posteriormente, a administração provincial alugou um edifício para suprir essa ausência, porém carecia de cômodos para armazenamento, mediante as necessidades dos importadores.[49] Somente em 1859 o governo autorizou a despender a quantia necessária para aquisição ou edificação de uma casa de mercado na capital,[50] com dimensões maiores que as do anterior para aumentar a oferta de sortimento à população. A casa que abarcaria o novo mercado custou aos cofres públicos 3:000$000 réis. Nela, foi construído um puxado com uma varanda e seis quartos ao custo de 1:620$000 réis. Alugou-se também uma casa pertencente à Capela de São Francisco de Paula, pela quantia de 10$000 réis mensais, para locar os cômodos aos que quisessem estabelecer comércio.[51] O presidente João Bonifácio Gomes de Siqueira mandou, ainda, observar algumas questões relacionadas à salubridade pública, como aquela de "providenciar-se para que não continue a prática atualmente seguida de se descarregarem os carros e animais na frente do mercado, o que, além de incômodo e perigoso, pode até ser prejudicial à salubridade pública no tempo das chuvas por causa da lama e resto de matérias alimentícias em putrefação que ali se aglomeram".[52]

---

45. ALENCASTRE, 1978, p. 93.

46. *Memórias Goianas 8*, 1997, p. 67-8.

47. *Memórias Goianas 9*, 1998, p. 40.

48. MATTOS, 1979, p. 72.

49. *Memórias Goianas 9*, 1998, p. 42.

50. *Memórias Goianas 8*, 1997, p. 102.

51. *Memórias Goianas 10*, 1998, p. 19-20.

52. *Idem*, p. 55.

Conforme a lei de organização municipal de 1828, cabia à Câmara resolver os problemas de abastecimento do município;[53] porém, a falta permanente de recursos financeiros fez com que o governo provincial de Goiás tomasse para si esse encargo. Refletindo sobre esta realidade, o presidente Dr. Joaquim de Almeida Leite Moraes constatou com estranheza que a Municipalidade não administrava o mercado público porque não possuía renda: "A província absorveu o município; chamou a si o matadouro, e o mercado, passando para os seus cofres o respectivo rendimento. E como única compensação, de quando em quando, após muitos anos, o governo abre uma rua, um esgoto, constrói um cais, e faz uma calçada".[54]

Além do matadouro e do mercado, o único hospital da província, que também devia estar a cargo da administração municipal, permanecia sob a responsabilidade do governo provincial. Na opinião do presidente Joaquim Almeida Moraes, o mercado devia ser gerenciado pela municipalidade com todos os seus rendimentos e, para tanto, a autonomia das câmaras devia ser restituída. Com a perda da autonomia municipal, a partir do Regimento das Câmaras de 1828 e durante todo o Império, as questões relativas à infraestrutura do município competentes às Assembleias ficaram subordinadas às deliberações de órgãos ligados à administração provincial.

No período em que governou a província, José Pereira Martins Alencastre elaborou uma estatística geral da economia goiana. De acordo com o seu parecer, a produção agromanufatureira em geral atendia às necessidades básicas de consumo, o restrito excedente era comercializado localmente, na capital e no Triângulo Mineiro. Dentre os produtos listados, selecionamos dois gêneros básicos da alimentação, o açúcar e as farinhas (milho e mandioca), para verificar aspectos da produção, consumo e comércio.

---

53. As funções administrativas das câmaras eram bastante amplas e vinham enumeradas com minúcia. Cabia-lhes cuidar do centro urbano, estradas, pontes, prisões, matadouros, abastecimento, iluminação, água, esgotos, saneamento, proteção contra loucos, ébrios e animais ferozes, defesa sanitária animal e vegetal, inspeção de escolas primárias, assistência a menores, hospitais, cemitérios, sossego público, polícia de costumes etc. Resumindo a lista, declarava o art. 71 que as câmaras deliberariam em geral sobre os meios de promover e manter a tranquilidade, segurança, saúde e comodidade dos habitantes, asseio, segurança, elegância e regularidade externa dos edifícios e das ruas das povoações. Cf. LEAL, 1975, p. 75.

54. *Memórias Goianas 13*, 2001, p. 281.

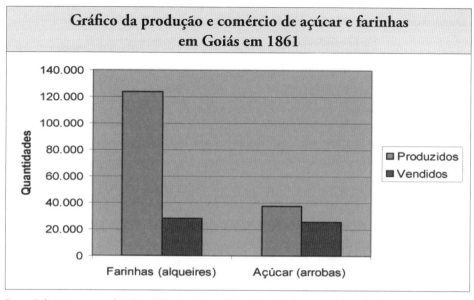

Fonte: Relatório apresentado à Assembleia Legislativa da Província de Goyaz em 1º de junho de 1862 pelo Presidente da Província José Martins de Pereira Alencastre. In: *Memórias Goianas 9*, 1998, p. 166-72.

Este gráfico possibilita considerar aspectos da realidade da agricultura goiana na segunda metade do século XIX, caracterizada por uma produção limitada com um acanhado excedente comercializável. O caso do açúcar é bastante revelador. Por ser um produto rentável e de boa aceitação no mercado, as localidades que o produziam – Meia Ponte, Corumbá, Bonfim, Santa Luzia, Vila de Formosa, Cataslão, Pilar, São José do Tocantins, Cavalcante, Conceição, Palma, Arraias, São José de Mossâmedes, Freguesia de Rio Verde, Freguesia de Santa Rita – vendiam 68,17% dessa produção, reduzindo seu consumo a níveis bastante reduzidos. Neste sentido, apenas 31,83% destinavam-se ao suprimento interno da província. O quadro a seguir ilustra a situação vigente no período:

Quadro da produção e comércio de farinhas e açúcar em Goiás no ano de 1861

Localidades	Produção anual de farinhas em alqueires	Quantidade vendida em alqueires	Produção anual de açúcar em arrobas	Quantidade vendida em alqueires
Meia Ponte	6.896	3.770	810	430
Corumbá	7.660	1000	810	430
Bonfim	10.526	4.028	0	0
Santa Luzia	12.060	0	3.000	1000
Vila de Formosa	2.400	800	1.000	700
Catalão	10.824	0	3000	0
Pilar	840	520	1.000	600
São José do Tocantins	6.900	0	400	280
Conceição	3.000	1.000	700	600
Palma	250	100	100	50
Cavalcante	2.100	1.050	300	200
Arraias	670	231	510	301
Freguesia de Anicuns	3000	1.500	0	0
Freguesia de Ouro Fino	5.000	2.490	0	0
São José de Mossâmedes	2.100	1.250	1.260	859
Freguesia de Rio Verde	6.000	0	100	0
Freguesia de Santa Rita	15.930	1.100	320	200
Freguesia de Curralinho	27.820	9.200	0	0

Fonte: Relatório apresentado à Assembleia Legislativa da Província de Goiás em 1º de junho de 1862 pelo Presidente da Província José Martins de Pereira Alencastre. In: *Memórias Goianas 9*, 1998, p. 166-72.

O quadro evidencia com nitidez as limitações desse o mercado. As localidades de São José de Tocantins, Cavalcante e Conceição revelam exemplos extremos da economia de subsistência, uma vez que o produtor não vendia apenas o excedente, mas até o que lhe era necessário ao sustento. Outras povoações, a exemplo de Catalão e da Freguesia de Rio Verde, utilizavam tudo que produziam, impossibilitando a geração de excedentes negociáveis, pelo menos nos casos dos suprimentos aqui considerados. Gêneros como açúcar mascavo e rapadura que podiam substituir o açúcar branco também eram vendidos, de acordo com as informações presentes nesse relatório. Das 1.460 arrobas de açúcar mascavo produzidas por Meia Ponte, Bonfim e pela Freguesia de Rio Verde, 860 arrobas foram comercializadas. O número de rapadura produzido na província superou as 18.041 arrobas, deste total, 11.636 foram negociadas.[55]

---

55. Nos totais referentes à rapadura, não foram incorporadas as medidas especificadas em unidades oriundas das localidades de São José do Tocantins e da Freguesia de São José de Mossâmedes que produziram conjuntamente 9.500 unidades do produto e venderam 5.500.

A produção de farinhas de milho e mandioca, gêneros básicos do passadio habitual, por sua vez, direcionava-se ao autoconsumo com pouquíssimo excedente negociável, apenas 22.61% era vendido. Percebe-se, de uma forma geral, a estreiteza da economia goiana. O lavrador ou pequeno proprietário goiano, cultivando em terras de baixa produtividade, carente de recursos técnicos e desprovidos de um mercado regular, dificilmente conseguia produzir um excedente comerciável que lhe assegurasse um rendimento suficiente para atender a suas necessidades mínimas, até mesmo a aquisição de sal. Situação que não lhe permitia, também, fazer estoques para enfrentar as intempéries climáticas.

Na opinião de Funes, a insuficiência justifica-se na produção típica para o autoconsumo, havendo por vezes um pequeno excedente comercializável. Paulo Bertran, por sua vez, qualifica a economia regional como de "abastância", "de bastante", diferente de abundante. Plantava-se o que se ia comer, beber e vestir. Se algo sobrasse era para gastar em festas e coisas suntuárias".[56] Em raros momentos a produção ultrapassava as barreiras extrarregionais pelo proibitivo da relação preço/custo.[57]

Se a crise alimentícia apresentava-se grave em tempos normais, esta piorou com a eclosão da Guerra do Paraguai (1865-70), momento em que o governo Imperial encarregou à província de Goiás a responsabilidade de alimentar as numerosas forças existentes ao sul de Mato Grosso.[58]

Dada a característica da economia de subsistência, resultando na precariedade do comércio local, faltavam estoques de alimentos na província. Diante dessa realidade,

> foi criado um grande corpo de agentes que foram incumbidos de remeter gêneros alimentícios quer para o depósito criado em Bahús ou diretamente para as forças militares. Para atender a uma demanda de consumo imenso, foi necessário expedir carros e tropas de carga da Capital, uns após outros, que eram gradativamente carregados pelo caminho nos municípios de Bonfim, Catalão, Jaraguá, Meia Ponte, e comarcas de Anicuns, do rio Maranhão, Alemão e outros lugares.[59]

Esses anos beligerantes coincidiram com as secas de 1865 a 1869, que provocaram má colheita e mortandade dos rebanhos.[60] Em 1867, o presidente Dr. Augusto Ferreira França lamentava que, em decorrência da seca, a província estava impossibilitada de acudir aos

---

56. CHAUL, 1997, p. 13.

57. BERTRAN, 1978.

58. *Memórias Goianas 10*, 1998, p. 90.

59. MARTINS, 1983, p. 78-81.

60. AHEG. *Correio Oficial*, 10 de Maio de 1865, n. 53, p. 3.

soldados enquanto durasse a guerra. Esse conflito colocou a região de Rio Verde, localizada no sudoeste goiano, de ocupação recente e ralamente povoada, como fornecedora de mantimentos aos combatentes.[61]

Nesse contexto de carência, seca, carestia e luta armada, a ação dos atravessadores mantinha-se implacável, como nos informa novamente o presidente França:

> Logo que vi que os lavradores tinham dilatado as suas plantações, que muitos especuladores transportavam gêneros para vendê-los por sua conta ou no depósito ou no acampamento; que destarte se havia estabelecido por assim dizer, uma corrente regular de fornecimentos para aqueles lugares, reconheci que a multiplicidade de agentes podia ser prejudicial aos interesses da fazenda, por ser muito difícil a fiscalização exercida sobre tantos, e que sem risco algum podiam ser dispensados quase todos.[62]

Conservar um único agente em Rio Verde e outro em Rio Claro consistiu na melhor solução encontrada por França para continuar remetendo os gêneros acumulados.

Durante o período em que se processaram os envios de suprimentos a Mato Grosso, houve diminuição do volume de gêneros para consumo local e um aumento descontrolado dos preços. Esta situação agravou-se com a quebra da produção agrícola verificada no ano de 1869. Portanto, "ao final da década de 60, apresentavam-se em crise todos os setores básicos da vida da província".[63]

A crise alimentícia estava na pauta do dia dos administradores, estimular o cultivo se apresentava como a melhor atitude para controlar a carestia. Acreditando que esta seria a melhor solução, o presidente França convoca o civismo dos lavradores:

> É tempo de se fazerem as plantações em toda província, delas depende a abundância no ano próximo futuro. Abundância que compensa a carência do presente ano e troque em abastança os vexames que a população mais desvalida tem sofrido; abundância que dê para conservarem-se bem fornecidos os celeiros da província, e, para suprir-se Mato Grosso, onde a penúria vai manifestando-se... pois bem, releva que V.S anime-se as plantações fazendo ver aos lavradores pequenos e grandes, que não devem poupar trabalho para dilata-las o mais possível.[64]

---

61. ALENCAR, 1993, p. 56.

62. *Memórias Goianas 10*, 1998, p. 118.

63. DOLES, 1973, p. 74.

64. *Memórias Goianas 10*, 1998, p. 128.

Incentivar o plantio se apresentava como a melhor maneira para superar aquela situação,[65] pelo menos na opinião dos administradores. Complicado, naquele contexto, seria mudar a mentalidade do agricultor goiano que produzia o mínimo necessário, uma vez que não havia condições satisfatórias para exportar seus víveres. De acordo com a opinião dos próprios agricultores, plantava-se pouco com temor de se perderem os mantimentos.

A carne alcançou preços descomedidos em decorrência da carência e da carestia que dominavam a capital. Em meados da década de 1860, o presidente França apresentou medidas tentando conter o aumento de preço dos alimentos, garantindo à população da capital carne a preços módicos e de melhor qualidade. Em relação à carne, determinou reformas no matadouro público e medidas que facilitassem a concorrência dos marchantes e carniceiros, "convindo para isso que a câmara tenha um açougue com três ou quatro talhos, provido dos necessários utensílios".[66]

Apesar de a pecuária constituir a base de sustentação da economia goiana nessa época, poucas pessoas tinham acesso à carne bovina, uma vez que os rebanhos direcionavam-se cada vez mais aos mercados mineiro, paulista e baiano. A pouca carne negociada localmente ficava nas mãos dos monopolistas e alcançava cifras exorbitantes. Mesmo nas áreas das grandes fazendas de gado, localizadas principalmente no norte da província, somente os fazendeiros a consumiam habitualmente. O grosso daquela gente, quando dispunha de algumas reses, reservava-nas para ocasiões festivas, como casamentos, batizados, festas de santos, passagens de folias, etc.[67] Por vezes, quando o proprietário de alguma fazenda matava um boi, após suprir sua família, distribuía ou vendia o restante aos seus vizinhos.[68]

Quanto aos demais mantimentos, França determinou à diretoria das rendas da província que enviasse no início de cada semana tabelas demonstrativas dos gêneros nelas importados na semana anterior, com a designação de suas qualidades e quantidades, procedência e preço máximo e mínimo vendido. Além do mercado público existente na capital, foram criados mais quatro para atender às necessidades dos moradores de Meia Ponte, Bonfim, Santa Luzia e Catalão, de acordo com a resolução nº 419 de nove de novembro de 1868. Esta mesma resolução conferia, ainda, novas disposições sobre a cobrança de taxas das mercadorias vendidas nos mercados públicos:

> Os que importarem gêneros para qualquer dos mercados da província pagarão a simples locação de quartos pelas primeiras – quarenta e oito horas de estada, e mais um direito

---

65. AHEG. *Correio Oficial*, 1873, p. 3.

66. *Memórias Goianas 10*, 1998, p. 131.

67. AUDRIN, 1963, p. 56.

68. ANZAI, 1985, p. 122.

de armazenagem progressiva, que será no primeiro dia de excesso, o duplo valor da respectiva locação e em cada um dos mais dias que se forem seguindo, o mesmo que na véspera houver pago, o mais 50% se acumulando de 24 em 24 horas.[69]

Os efeitos dessa resolução foram os piores possíveis. Já às portas da capital, muitos comerciantes portados de suas mercadorias deram meia volta e foram vender seus produtos em outras paragens. Outros negociantes que pretendiam vir deixaram de o fazer. Nesse contexto, os víveres inflacionaram e a arrecadação do mercado diminuiu drasticamente.

A inópia prosseguia na capital em 1878. Nos primeiros meses do corrente ano, o toucinho chegou a ser vendido à razão de 1$000 por 500 gramas, e o arroz a 250 réis por litro. Diante dessa realidade, o presidente Antonio Cícero de Assis mandou adquirir gêneros fora da capital para serem comercializados à população por preços mais em conta. Providência frustrada, uma vez que havia escassez em todas as áreas recorridas. Não obstante às dificuldades encontradas, adquiriu-se algum toucinho do fazendeiro Sr. Manoel Vieira de Resende, insuficiente para atenuar parcialmente tão grave crise.[70]

Nesse mesmo ano foi entregue ao Vice-Presidente em exercício, o médico Theodoro Rodrigues de Moraes, um relatório elaborado pela comissão encarregada de investigar as causas da carestia na capital – "afetando a todos e, sobretudo a pobreza e a classe dos funcionários públicos, cujos ordenados, por sua natureza, não podem acompanhar as variações de alta e baixa dos preços porque se vendem os gêneros".[71] Entre os fatores que concorriam para a alta dos preços, destacavam-se a diminuição dos braços empregados na lavoura, as péssimas condições das estradas e os efeitos de algumas disposições presentes no regulamento do mercado público da capital, a exemplo daquela que impunha aos lavradores ou importadores a obrigação de permanecerem no mesmo mercado 24 horas nos tempos normais ou 48 horas ou mais em tempos de carestia. Inconformados com esta resolução, os produtores preferiam vender suas mercadorias com menos lucro aos especuladores.

Na opinião dessa comissão, em relação ao comércio da capital, algumas medidas deviam ser tomadas para amortecer a carestia. O direito de propriedade e liberdade de comércio deveriam ser mantidos e respeitados na sua plenitude: "permita-se que cada um disponha de seus gêneros quando e como lhes convier, e a corrente de importadores se estabelecerá naturalmente, trazendo a concorrência e com ela a barateza dos gêneros".[72] Havia ainda, presente na norma, o item que obrigava os lavradores a se servir exclusivamente dos

---

69. *Memórias Goianas 10*, 1998, p. 308.

70. *Memórias Goianas 12*, 1999, p. 54-5.

71. *Idem*, p. 206.

72. *Idem*.

pesos e medidas do mercado, pagando o respectivo aluguel. A comissão não vislumbrava inconveniente algum se o lavrador usasse os instrumentos de sua propriedade, uma vez que estivessem aferidos pelo padrão da Câmara Municipal. Sugestões pertinentes e aceitas pela administração provincial, que naquele mesmo ano fazia alterações no regulamento do mercado da capital, vislumbrando que "a escassez de gêneros deixará também de ser um mal crônico, somente em proveito de meia dúzia de especuladores".[73]

Ainda que surtissem algum efeito, as ações administrativas, apenas paliativas, se mostraram ineficazes no combate às crises alimentícias em Goiás ao longo do século XIX. Por meio da documentação apresentada neste artigo, percebe-se que a escassez, a carestia e, por vezes, a fome declarada afligiram cronicamente aquela sociedade. A ação dos atravessadores, os infortúnios climáticos, a falta de estímulo à agricultura, a ausência de técnicas, a falta de braços, os altos impostos, as dificuldades de comércio e transporte são fatores que se cruzam e entrecruzam para justificar aquela realidade. Nota-se também, que o título de "celeiro do Brasil" conferido ao Estado de Goiás, bem como a construção da identidade da regional por intermédio de uma cozinha farta e variada faz parte de uma construção historicamente recente, já que o Oitocentos foi notadamente marcado pela escassez de suprimentos. Somente pesquisas de profundidade possibilitarão uma melhor compreensão dessa matéria, considerando que questões sociais, econômicas, políticas e culturais, mantinham uma relação direta e distinta com os problemas da alimentação, seja nos períodos de fome e escassez, seja nos períodos – raros – de abundância.

Bibliografia

ALENCAR, Maria Amélia de. *Estrutura fundiária em Goiás. Consolidação e mudança (1850-1910)*. Goiânia: UCG, 1993.

ALENCASTRE, José M. P. *Anais da província de Goiás*. Goiânia: Sudeco, 1979.

ANZAI, Leni C. *Vida cotidiana na zona rural do município de Goiás 1888-1930*. Dissertação (Mestrado) – Faculdade de Ciências Humanas e Filosofia, Universidade Federal de Goiás, Goiânia, 1985.

AUDRIN, Frei José M. *Os sertanejos que eu conheci*. Rio de Janeiro: José Olympio, 1963.

BERTRAN, Paulo. *Formação econômica de Goiás*. Goiânia: Oriente, 1978.

---

73. *Idem*, p. 229.

BORGES, H. C. *O pacificador do norte*. Goiânia: Cerne, 1984.

BRANDÃO, Carlos Rodrigues. *Plantar, colher, comer. Um estudo sobre o campesinato goiano.* Rio de Janeiro: Graal, 1981.

CHAVES, Cláudia. *Perfeitos negociantes: mercadores das Minas setecentista.* 198f. Dissertação (Mestrado em História) – Faculdade de Filosofia e Ciências Humanas, Universidade Federal de Minas Gerais, Belo Horizonte, 1995.

CHAUL, Nars Fayad. *Caminhos de Goiás. Da construção da decadência aos limites da modernidade.* Goiânia: Editora UFG, 1997.

COUTINHO, Leopoldo M. "O cerrado. Ecologia do fogo". *Ciência Hoje.* Especial Eco-Brasil, 1992.

DOLES, Dalísia E. M. "A expansão da indústria agro-pastoril e a navegação". In: *As comunicações fluviais pelo Tocantins e Araguaia no século XIX.* Goiânia: Oriente, 1973.

ELLIS, M. *O monopólio do sal no estado do Brasil (1631-1801).* São Paulo: Universidade de São Paulo, 1955.

FUNES, Eurípedes. A. *Goiás 1800-1850: Um período de transição da mineração à agropecuária.* Goiânia: Editora UFG, 1986.

GARCIA, Ledonias. F. *Goyaz: uma província do sertão. Entre o signo da unidade nacional e a força do isolacionismo.* Tese (Doutorado) – Faculdade de Filosofia, Letras e Ciências Humanas, Universidade de São Paulo, São Paulo, 1999.

LEAL, Vitor Nunes. *Coronelismo, enxada e voto. O município e o regime representativo no Brasil.* São Paulo: Alfa-Ômega, 1975.

MAGALHÃES, Sônia Maria de. *Alimentação, saúde e doenças em Goiás no século XIX.* Tese (Doutorado) – Faculdade de História, Direito e Serviço Social, Universidade Estadual Paulista, Franca, 2004.

MARTINS, Zildete Inácio de Oliveira. *A participação de Goiás na Guerra do Paraguai, 1864-1870.* Coleção Teses Universitárias. Goiânia: Editora UFG, 1983.

MENESES, José Newton. *O Continente rústico: abastecimento alimentar na comarca do Serro Frio (1750-1810).* 228f. Dissertação (Mestrado em História) – Faculdade de Filosofia e Ciências Humanas, Universidade Federal de Minas Gerais, Belo Horizonte, 1997.

OLIVEIRA, Hamilton Afonso. *A construção da riqueza no sul de Goiás, 1835-1910*. Tese (Doutorado) – Faculdade de História, Direito e Serviço Social, Universidade Estadual Paulista, Franca, 2006.

PALACÍN, Luiz; MORAES, Maria Augusta S. *História de Goiás*. Goiânia: UCG, 1989.

SALLES, Gilka V. F. *Economia e escravidão na capitania de Goiás*. Goiânia: Cegraf/UFG, 1992, p. 99-102.

FONTES IMPRESSAS

ALENCASTRE, José Martins Pereira de. *Anais da província de Goiás*. Brasília: Convênio Sudeco/ Governo de Goiás, 1978.

Livro da Lei Goyana, t. 4°.

Memórias Goianas 1. Goiânia: UCG, 1982.

Memórias Goianas 3. Relatórios políticos, administrativos, econômicos, sociais, etc., dos governos da província de Goiás (1835-1843). Goiânia: UCG, 1986.

Memórias Goianas 4. Relatórios políticos, administrativos, econômicos, sociais, etc., dos governos da província de Goiás (1845-1849). *Goiânia*: UCG, 1996.

Memórias Goianas 5. Relatórios políticos, administrativos, econômicos, sociais, etc. dos governos da província de Goiás (1850-1852). Goiânia: UCG, 1996.

Memórias Goianas 8. Relatórios políticos, administrativos, econômicos, sociais, etc., dos governos da província de Goiás (1859-1863). Goiânia: UCG, 1997.

Memórias Goianas 9. Relatórios políticos, administrativos, econômicos, sociais, etc., dos governos da província de Goiás (1861-1863). Goiânia UCG, 1998.

Memórias Goianas 10. Relatórios políticos, administrativos, econômicos, sociais, etc., dos governos da província de Goiás (1864-1869). Goiânia: UCG, 1998.

Memórias Goianas 12. Relatórios políticos, administrativos, econômicos, sociais, etc., dos governos da província de Goiás (1875-1879). Goiânia: UCG, 1999.

Memórias Goianas 13. Relatórios políticos, administrativos, econômicos, sociais, etc., dos governos da província de Goiás (1880-1881). Goiânia: UCG, 2001.

MATTOS, Raymundo José da Cunha. *Corografia histórica da província de Goiás.* Goiânia: Sudeco, 1979.

POHL, Johann Emmanuel. *Viagem ao interior do Brasil.* 2v. Rio de Janeiro: INL, 1951.

SAINT-HILAIRE, Auguste. *Viagens às nascentes do rio São Francisco.* Belo Horizonte/São Paulo: Itatiaia/Edusp, 1975.

SAINT-HILAIRE, Auguste de. *Viagem à província de Goiás.* Belo Horizonte/São Paulo: Itatiaia/Edusp, 1975.

_____. *Viagem às nascentes do Rio São Francisco e pela província de Goiás.* Belo Horizonte/São Paulo: Itatiaia/Edusp, 1978.

MANUSCRITAS

AHEG. Livro n. 119. *Correspondência do e para o comandante das Armas em Goiás Raimundo da Cunha Mattos, 1823-1825.*

AHEG. *Correio Oficial,* 10 de Maio de 1865, n. 53.

AHEG. *Correio Oficial,* 1873.

DIGITALIZADAS

AGEPEL. CD-ROM. *Matutina Meyapontense,* 7/05/1830.

AGEPEL. CD-ROM. *Matutina Meyapontense,* 19/03/1831.

12. Hábitos Alimentares na Cidade do México e no Rio de Janeiro: o Consumo da Carne nas Primeiras Décadas do Século xx

Maria-Aparecida Lopes[1]

---

1. California State University, Fresno.

NESTE ARTIGO, QUE É PARTE INTEGRANTE de uma pesquisa sobre os vínculos comerciais entre os pecuaristas do Norte do México e o mercado estadunidense, discutem-se algumas hipóteses acerca do consumo de carne na Cidade do México às vésperas da revolução mexicana. A ideia central está relacionada com o fato de que a historiografia mais recente sobre o tema continua repetindo antigas asseverações – que necessitam ser revistas –, a saber: 1) o consumo da carne bovina no México, e em especial na Cidade do México (a maior consumidora do país), era extremamente baixo; 2) este limitado consumo estava vinculado com os altos preços; 3) estes últimos estavam determinados pelas exportações mexicanas e pela existência de um sistema de produção e distribuição de subprodutos animais antiquados.

Os analistas que se dedicam ao tema insistem em dois aspectos: primeiro vinculam o que denominam ser os "precários níveis de consumo da carne" na Cidade do México, na virada do século XIX para o XX, com as exportações de gado em pé que os pecuaristas nortistas realizavam para os Estados Unidos. Segundo, para medir os padrões de consumo da carne, geralmente ignoram as matanças familiares (clandestinas) como um componente básico da dieta dos citadinos. Neste artigo, a partir dos casos da Cidade do México e do Rio de Janeiro, apresenta-se algumas hipóteses de trabalho para estudar os hábitos alimentares em sociedades nas quais a produção da carne obedecia a uma lógica agrícola e não industrial, tal como ocorre em ambas capitais nacionais nas primeiras décadas do século XX. O trabalho está dividido em duas partes: na primeira se descreve, em linhas gerais, o processo estadunidense de industrialização da carne, e na segunda se discutem as características do abastecimento e do consumo da carne nas cidades mencionadas.

O Processo de Industrialização da Carne nos Estados Unidos

Na segunda metade do século XIX assiste-se uma mudança no se refere aos padrões demográficos e de concentração da população em certas regiões da Europa, em especial na Inglaterra, mudança que de fato teve início a raiz da revolução industrial. Em termos de hábitos alimentares, a vida urbana passou a exigir maior dependência de padeiros, açougueiros e vendedores de mercearias em geral. Ao mesmo tempo, aqueles alimentos que podiam ser preparados no menor tempo possível e que conservavam bom sabor se popularizaram, tais como o pão, o toucinho e o chá, que se converteram, ao longo do século XIX, na base da dieta dos britânicos assentados nos centros urbanos. Por outro lado, à medida que que avançou o século, o consumo de carnes, produtos lácteos e oleaginosos aumentou. Ademais, outros dois fatores acompanharam estas inovações: um incremento relativo dos salários e uma queda nos preços de certos produtos.

Entre 1850 e o início da Primeira Guerra Mundial se verifica uma melhora relativa no padrão de vida dos operários urbanos: analistas otimistas consideram que "with the enormous increase of wealth in the United Kingdom, the position of the working classes has likewise greatly improved".[2] Muito embora parte considerável do salário dos trabalhadores ainda fosse destinada à compra de provisões, na segunda metade do século XIX e, mais especificamente a partir de 1880, à medida que os jornais se incrementaram, os gastos com comida diminuíram quase que proporcionalmente. Paralelamente, o consumo de certos alimentos, como o da carne, aumentou em média um terço, enquanto o de batatas, por exemplo, declinou em proporções semelhantes. Ao lado da carne, a dieta básica dos operários também passou a incorporar quantidades maiores de chá e trigo; estas alterações estavam relacionadas, em parte, com uma queda nos preços, assim como com uma redução gradual dos impostos sobre estes produtos.[3]

No que se refere exclusivamente à carne, o aumento da demanda inglesa coincidiu com uma série de desastres naturais – secas e doenças – que provocaram a dizimação do gado do país, a tal ponto que as manadas locais já não tiveram condição de atender ao mercado interno.[4] E, se a estas alterações adiciona-se o fato de que entre 1850 e 1911 a população praticamente

---

2. BURNETT, 1966, p. 110: "com o incremento notável da riqueza no Reino Unido, a posição da classe trabalhadora, de forma semelhante, melhorou consideravelmente". Todas as traduções são da autora.

3. *Idem*, p. 90-100.

4. CARLSON, 2001, p. 123; BREEN, 1983, p. 23.

dobrou, é possível entender a dependência britânica do gado e subprodutos estrangeiros. As importações inglesas provinham, sobretudo, de países europeus, e, à medida que declinaram estas compras, mais ou menos a partir de 1864, cresceram na mesma proporção as exportações estadunidenses e canadenses de gado em pé e de carcaças. A década de 1880 marcou uma mudança radical na relação entre Estados Unidos e Inglaterra, tanto no que diz respeito aos envios de gado em pé, como aos de carne conservada. Em 1874, por exemplo, o principal exportador de carne fresca ao mercado britânico foi a Alemanha, cujas vendas ultrapassaram 90% do total; dez anos depois esse lugar foi ocupado pelos Estados Unidos; de fato, em 1884 os analistas deste país afirmaram: "we virtually monopolize the trade of the United Kingdom in foreign fresh beef".[5] Na década de 1890, dois terços do gado em pé que chegavam aos mercados britânicos saíam de Chicago.[6] Nestes anos e nos subsequentes, a indústria de carnes estadunidense experimentou um auge sem precedentes em sua história moderna, de tal forma que, pelo menos até 1914, manteve o controle do mercado transatlântico de gado, e de carne resfriada e congelada.[7]

Quais são os principais fatores que explicam esta transformação na indústria da carne estadunidense? O primeiro período que corresponde à bonança da pecuária neste país, basicamente entre as décadas de 1870 e 1880, fundamentou-se na utilização de antigas formas de produção, utilizadas tanto no México como no sul dos Estados Unidos.[8] A constante demanda derivada dos centros urbanos, a possibilidade de expansão dos pastos às terras públicas e a necessidade mínima de mão-de-obra – estima-se que nos ranchos pequenos um ou mais vaqueiros cuidavam de aproximadamente cem a trezentos animais, nos maiores este número poderia chegar a mil cabeças – permitiram que os pecuaristas aumentassem seus lucros basicamente a partir do incremento de unidades, especialmente no caso dos grandes criadores que podiam enfrentar, mais facilmente, eventuais crises climáticas. A partir da segunda metade da década de 1880, contudo, a competição pela terra aumentou, tanto entre os próprios criadores como com os agricultores, assim como seus valores; ao lado desses fatores, o cercamento de terras, especialmente no sul dos Estados Unidos e regiões vizinhas, praticamente pôs fim à era do pastoreio livre e incentivou a busca de formas alternativas para a criação de animais.[9]

---

5. Governo dos Estados Unidos, *Cattle and Dairy Farming*, 1888, por T. F. Bayard, p. 7-8, parte I: "nós praticamente monopolizamos o comércio externo de carne fresca do Reino Unido."

6. PLATT, 1973, p. 260-261; SKAGGS, 1985, p. 59.

7. PERREN, 1978, p. 159.

8. BREEN, 1983, p. 25.

9. *Idem*, p. 25 e ss.

Os Estados Unidos converteram-se no primeiro produtor de carne mundial "debido fundamentalmente, a que revolucionaron el sistema productivo".[10] Interessados em expandir seu mercado consumidor, tanto interno como externo, os estadunidenses começaram a desenvolver uma série de técnicas no sentido de alcançar um controle maior sobre o sistema produtivo de animais. *Grosso modo*, estes avanços consistiram no estabelecimento de currais para que o gado confinado adquirisse peso no menor tempo possível, pois com isso se reduziam os custos da produção e o tempo de engorda. De forma que a alteração do ciclo cria-engorda se reflete no aumento do peso do animal e não somente no número de unidades. Finalmente, um passo decisivo na otimização do processo produtivo de animais e subprodutos foi alcançado a partir da introdução da refrigeração para conservação da carne.[11]

As primeiras notícias sobre experiências de industrialização da carne nos Estados Unidos datam de 1818. Neste ano, entrou em operações uma empacotadora em Cincinnati, cuja carne, sobretudo suína, era conservada com sal. Na segunda metade do século, a introdução do "ice packing" permitiu estender o intercâmbio da carne tanto geográfica como cronologicamente. Nestas tentativas de congelamento, levadas a cabo, sobretudo em Chicago, o gelo natural era armazenado e junto a ele. Assim, a carne chegava aos mercados locais em boas condições para consumo, inclusive durante o verão, ou até quando o gelo armazenado assim o permitisse. Em 1850 os matadores e os empacotadores, que operavam individualmente, combinaram ambas atividades, o que favoreceu a organização de plantas maiores. Por outro lado, a própria natureza do negócio de conservação da carne, que demandava grandes investimentos, levou à concentração de capitais.[12] Ao final de 1880, "Armour, Swift, Morris, and Hammond were supplying approximately 85% of the nation's supply of dressed beef", e no que diz respeito ao mercado britânico, uma década depois "two-thirds of the cattle and three-fourths of the chilled beef exported to England had been bought in Chicago and exported by Armour, Morris, Swift, Hammond, and S&S".[13]

O desenvolvimento da indústria frigorífica relacionou-se com a otimização e especialização da criação de animais, com a implementação dos carros refrigerados nos barcos

---

10. CHÁVEZ ORTIZ, 1991, p. 183: "devido fundalmentalmente, a que revolucionaram o sistema produtivo".

11. Governo dos Estados Unidos, *Cattle and Dairy Farming*, 1888, por T. F. Bayard, p. 13-14, parte I; SKAGGS, 1985, p. 93-95; CHÁVEZ ORTIZ, 1991, p. 182-183.

12. WILLIAMS e STOUT, 1964, p. 12-21.

13. YEAGER, 1981, p. 112 e 158: "Armour, Swift, Morris e Hammond estavam fornecendo cerca de 85% da oferta nacional de carne bovina"; "dois terços do gado e três quartos da carne refrigerada enviada para a Inglaterra foram comprados em Chicago e exportados por Armour, Morris, Swift, Hammond e S&S."

CONSUMO E ABASTECIMENTO NA HISTÓRIA   277

e trens, com a especialização geográfica da produção e do processamento de carnes e, finalmente, com a "popularização" da modalidade resfriada ou congelada. Estes paulatinos avanços tecnológicos revolucionaram os padrões de consumo. Em primeiro lugar porque a carne era tratada e vendida onde estava conglomerada a maior parte dos consumidores – os grandes centros urbanos da costa leste estadunidense; em seguida, estes elementos facilitaram a queda dos preços do produto, significativamente mais baratos quando comparados com os da carne obtida a partir do gado transportado em pé, e permitiram a superação de problemas relativos à decomposição do produto, já que rapidamente estava à venda nos açougues locais. Ao final da década de 1880 o destino da carne empacotada era os grandes centros urbanos, mas no início da Primeira Guerra Mundial se estima que 16 mil pequenos povoados também eram abastecidos por carros refrigerados.

O consumo da carne bovina propagou-se de tal forma que era porção obrigatória na dieta dos estadunidenses, e de acordo com um livro de receitas indicado para a *middle-class American*: "this Bible and chemically sanctioned food purposely designed for man, is very satisfying to the stomach and possesses great strengthening powers. To replenish the animal spirits there is no food like beef…". Ao mesmo tempo, outros receituários aconselhavam que a carne de porco era de difícil digestão, motivo pelo qual nunca deveria ser servida aos convidados, por exemplo, num jantar. Os hábitos alimentícios da grande maioria dos estadunidenses não seguiam estas restrições acerca da carne suína, que continuou sendo a variedade mais consumida entre a heterogênea classe trabalhadora; contudo, estudos realizados, por volta de 1880, com aproximadamente 8 mil trabalhadores em 24 estados confirmaram: "American workers not only loved meat by revered beef most of all".[14] Esta preferência estava vinculada com outros elementos de suma importância que podem ser ilustrados a partir do caso de Nova York. Nesta cidade, logo depois da instalação da planta de Swift, os preços da carne declinaram a tal ponto que chegaram aos níveis de duas décadas antes, o que coincidiu com um incremento nos salários dos trabalhadores.[15]

Entre as últimas décadas do século XIX e o final da Primeira Guerra Mundial, os Estados Unidos foram o maior exportador de carne do mundo.[16] Neste lapso, quando os produtores estadunidenses necessitaram importar gado em pé, o fizeram quase que

---

14. LEVENSTEIN, 1988, p. 21-26: "este alimento bíblica e quimicamente sancionado, propositadamente concebido para o homem, é muito gratificante para o estômago e possui grandes poderes de fortalecimento. Para reabastecer o espírito animal não há comida como a carne…"; "Trabalhadores estadunidenses não somente amam carne bovina, mas reverenciam-na acima de tudo".

15. HOROWITZ, PILCHER e WATTS, 2004, p. 1076.

16. Veja Governo dos Estados Unidos, *Annual Reports of the Department of Agriculture for the Fiscal Years Ending June 30, 1915, 1917 e 1922, 1916, 1917 e 1923.*

exclusivamente de seus vizinhos fronteiriços: México e Canadá. No caso mexicano, os estados do norte do país foram os principais responsáveis por estes envios.[17] Contudo, devido a este intenso intercâmbio os pecuaristas nortistas foram acusados, em diversas ocasiões, de incrementar suas remessas internacionais em detrimento do mercado nacional, motivo pelo qual o consumo da carne era tão baixo no México, inclusive na maior consumidora do país, a capital da república.[18] Na próxima seção se discutem essas asseverações a partir da comparação entre os casos mexicano e carioca.

O consumo da Carne na Cidade do México e no Rio de Janeiro

Antes de entrar na apresentação, propriamente dita, acerca dos padrões de consumo da carne na Cidade do México e no Rio de Janeiro, é necessário elucidar alguns lineamentos sobre os quais estão assentadas as ideias centrais deste artigo. Em primeiro lugar, a eleição dessas duas cidades está relacionada com o fato de que, em geral, a "geografia do consumo" da carne, em diferentes países no mesmo contexto histórico, revela um predomínio dos centros urbanos por sobre as regiões rurais. O que deve ser atribuído, entre outros fatores, às variações dos preços, às condições de abastecimento e aos hábitos alimentares, motivos pelos quais se relacionam diretamente com o nível de vida dos citadinos e com o desenvolvimento técnico-agrícola da produção da carne. Este último tema é crucial para o debate aqui proposto.[19] Em segundo lugar, os dados citados neste artigo dizem respeito às quantidades de carne disponíveis por individuo (*per capita*) nos matadouros de ambas cidades, ou seja, aqui não se pretende coligir o consumo real por grupo social, o que requer um trabalho que excede os limites deste estudo.[20]

Em 1900, as estatísticas oficiais mexicanas registraram uma média de quase dez quilos de carne de vacum por habitante; nove anos depois no Brasil foram contabilizados aproximadamente 15 quilos *per capita*.[21] Não há dúvida de que estes dados, quando os comparamos com as informações de países como Argentina e Estados Unidos, mais ou menos no mesmo período, mostram um enorme desequilíbrio. Ao início do século XX, no primeiro registrou-se um consumo anual de carne bovina de aproximadamente 85 quilos *per ca-*

---

17. SKAGGS, 1985, p. 132.

18. "No debe gravarse la exportación de ganado", 29/julio/1911, in *Boletín de la Sociedad Agrícola Mexicana*, p. 583.

19. MORALES e GONZÁLEZ, 1978, p. 621-624.

20. Para uma discussão detalhada sobre o tema ver QUIROZ, 2006.

21. PEÑAFIEL, 1893-1907; Ministério da Agricultura, Indústria e Comércio, *Annuario Estatístico do Brazil*, 1917.

CONSUMO E ABASTECIMENTO NA HISTÓRIA   279

pita, enquanto nos Estados Unidos foi superior a 55.[22] Porém, enquanto ambos países já contavam com frigoríficos desde a década de 1880, o Brasil somente instalou indústria a frio ao final da década de 1910 e o México somente o fez depois da revolução. Em 1917 o Ministro da Agricultura brasileiro relatou que além dos frigoríficos recentemente instalados em São Paulo e no Rio de Janeiro, outros estavam em construção em Minas Gerais e no Rio Grande do Sul.[23] No México, as tentativas de implementação de empacotadoras na década de 1900 fracassaram, tanto pelas resistências dos abastecedores, como dos consumidores. A Mexican National Packing Company[24] foi alvo de boicotes por parte dos introdutores de gado, dos açougueiros e, inclusive, dos trabalhadores dos matadouros, que acusaram a companhia de práticas monopolistas; já os consumidores mostraram-se reticentes ao produto da Mexican National, posto que ainda não se haviam acostumado aos cortes estadunidenses e menos ainda à sua modalidade resfriada e/ou congelada. Em 1914, em plena revolução a companhia foi nacionalizada, o que marcou um regresso às práticas de abastecimento existentes antes de 1908.[25]

Devido às variações regionais de consumo, aqui já mencionadas, uma análise dos padrões dos sacrifícios em ambas capitais nacionais faz-se imperativa. Na segunda década do século XX na Cidade do México e no Rio de Janeiro foram contabilizados nos matadouros, aproximadamente, quarenta e cinquenta quilos de carne de vacum *per capita*. Entre 1878 e 1907 os sacrifícios de bovinos na Cidade do México apresentaram um crescimento anual de 3.3%, acima do incremento populacional. De fato, as quantidades disponíveis, deste tipo de carne, superaram as demais registradas nos matadouros da capital da república nestas décadas. A longo do período mencionado observa-se um crescimento contínuo nos abatimentos das reses e suínos, com exceção de 1893 e 1895, anos nos quais o México enfrentou uma seca que comprometeu a produção agropecuária em diversas regiões do país; de fato os estados do norte do país enviaram, de forma excepcional, gado para complementar a demanda do centro da república. Neste contexto, os abates, tanto de bovino como de suíno, apresentaram quedas conjunturais e logo se recuperaram nos anos seguintes.[26]

Comportamento similar se observa no Rio de Janeiro: entre 1893 e 1912 a produção da carne verde de bovino para o consumo local cresceu quase 3% ao ano, ainda que com

---

22. HENNESSY, 1978, p. 84-85.

23. Governo do Brasil, Relatórios Ministeriais, *Relatório do Ministro da Agricultura do ano de 1918*, João Gonçalves Pereira Lima, 1918, p. 182.

24. Empresa de capital estadunidense estabelecida em 1908 no estado de Michoacán, e que abasteceu por um período curto a Cidade do México.

25. GUZMÁN A., 1982, p. 137-170; PILCHER, 2006, p. 143-185.

26. PEÑAFIEL, 1893-1907.

quedas significativas, especialmente entre 1898 e 1902, e em 1908, sendo esta última não tão pronunciada com a anterior. Contudo, a partir de 1908 se registra um aumento importante nos sacrifícios, a tal ponto que em 1912 ultrapassaram os 50 milhões de quilos. No tocante aos tipos de carne, os abatimentos da espécie bovina superaram diversas vezes os de carneiros e porcos registrados nos matadouros locais.[27]

A despeito de serem estes dados uma pálida representação do que efetivamente chegava às mesas de mexicanos e cariocas, eles ilustram o seguinte panorama acerca da indústria da carne nas duas cidades: a modalidade bovina disponível nos abatedouros, ainda que em quantidades baixas se comparadas com as de outros países, superava a dos demais tipos de carne. Em ambos casos, quando se trata de carne fresca (verde) é também a mais barata, de acordo com os dados de venda por atacado. Além desses aspectos o que há de comum entre o Rio de Janeiro e a Cidade do México? Devido a que o processo de industrialização da carne foi mais tardio que noutros países, em ambas as capitais nacionais sobreviviam costumes tradicionais no que diz respeito aos hábitos alimentares de sua população. Ou seja, os números tímidos contabilizados nos matadouros revelam que as matanças clandestinas, provavelmente, não só complementavam, mas constituíam a forma mais comum de acesso às proteínas de origem animal de grande parte da população brasileira e mexicana, inclusive aquela assentada nos centros urbanos. O charque, a *cecina*[28] e as vísceras ainda constituíam a base de uma ampla variedade de pratos dos comensais mexicanos e cariocas, e o abatimento destes animais, seguramente, ocorria longe dos matadouros oficiais.[29] No México, ao final do século XIX, encontram-se fotos ilustrando vendedores ambulantes de vísceras e *chicharrones* (torresmo) nas ruas. Francisco Ferreira da Rosa relata, em 1905, que para o abastecimento do Rio de Janeiro havia um matadouro, o de Santa Cruz, além de outros clandestinos espalhados pela cidade.[30]

Em 1912 entraram na praça do Rio de Janeiro pouco mais de 27 milhões de quilos de charque proveniente do Rio Grande do Sul, e de uma região classificada nas fontes como Rio da Prata, muito provavelmente de Argentina ou Uruguai.[31] O consumo do charque estava bastante disseminado entre a população pobre brasileira, sendo um dos produtos mais comercializados, ao longo do século XIX, em especial desde o estado do Rio Grande do Sul. Neste último, de acordo com Joseph Love, foi somente em 1940 quando "o gado

---

27. Governo do Brasil, *Anuário Estatístico do Brasil*, 1917, p. 138.

28. Variação de carne salgada mexicana.

29. Para uma visão geral sobre a dieta alimentar no interior de São Paulo ver OLIVEIRA, 2006a.

30. VILLALOBOS GUZMÁN, 2006, p. 103; ROSA, 1905, p. 69.

31. Governo do Brasil, *Annuario Estatístico do Brazil*, 1917, p. 137

abatido para congelamento e enlatamento da carne superou, em número, o abatido para a produção de charque".[32] As estatísticas mexicanas também registram a introdução de quantidades consideráveis de carne fresca de vacum e suína, assim como de *cecina* na Cidade do México. O regime alimentar dos mexicanos era complementado com carne salgada: 68 toneladas no ano 1888-1889, pouco mais do dobro em 1892-1893, e também com carne suína, um dos ingredientes básicos da dieta nacional.[33] Já no século XX, Jeffrey Pilcher observa na capital da república mexicana a persistência de costumes rurais no que diz respeito ao consumo da carne. O autor fundamenta esta afirmação a partir da constatação da frequência dos abatimentos clandestinos, do hábito caseiro de preparar linguiças e *chicharrones* e do costume de comprar comida preparada nas ruas. Os açougues e mercados permanentes – mais de dez em toda a cidade – eram somente alguns dos centros de venda da carne e miúdos, que também eram negociados nas feiras livres abastecidas "por medio de carros repartidores y en algunos casos a lomo de mulas".[34]

Como se observam nos dois casos, apesar do crescimento dos centros urbanos os padrões de consumo das proteínas de origem animal respeitavam os costumes e as variações cíclicas de sociedades agrícolas, nas quais persistia um sistema de abastecimento antiquado. O detalhe é que, tanto no Brasil como no México, este panorama não enquadra com o dinamismo das exportações – *grosso modo:* de café e algodão do primeiro; e de produtos mineiros e *henequén* (sisal) do segundo – nas últimas décadas do século XIX. Assim, diante deste quadro, a explicação aceita até pouco tempo era que o avanço do setor exportador havia limitado a economia de subsistência; como resultado, a produção de gêneros destinados ao mercado interno, entre eles a carne, declinava e seus preços refletiam esta perversão.

O tema sem dúvida merece atenção mais detalhada; entretanto, uma apreciação preliminar revela que, em ambos exemplos, os estudos sobre o assunto parecem estar relacionados a dois aspectos: de um lado com uma projeção de um período sobre outro, ou seja, devido à inexistência de trabalhos sistemáticos sobre o comportamento alimentar de mexicanos e brasileiros, nas últimas décadas do século XIX e as primeiras do XX, ao elaborar sínteses cronológicas, os historiadores geralmente estenderam as conclusões de estudos existentes sobre os contextos de crises – os que produzem mais documentação governamental e jornalística – para um período mais amplo. E, de outro, o debate historiográfico, tanto no México como no Brasil, sobre este contexto específico, ainda está determinado pela convicção de que a pressão do mercado externo, sobre as áreas cultiváveis, obrou em

---

32. LOVE, 1975, p. 102-104.

33. Veja GARCÍA CUBAS, 1884, p. 86; LÓPEZ ROSADO, 1988, p. 157-163.

34. LÓPEZ ROSADO, 1988, p. 226; PILCHER, 2006, p. 23-25: "por meio de carros repartidores e em alguns casos em mulas".

detrimento do mercado interno. Um dos escassos livros sobre o tema no Brasil argumenta que "ao reservar áreas para a produção de gêneros exportáveis [...] e de matérias-primas para a indústria nacional (algodão, cana-de-açúcar, juta, malva) tornou insuficiente a sua produção de alimentos".[35] Deve-se, contudo, salientar que esta afirmação está baseada no panorama brasileiro a partir de 1917, momento a partir do qual o país enfrentou carestias consideráveis, a tal ponto que em 1918 o governo federal criou o Comissariado de Alimentação Pública com o objetivo de atender o problema do abastecimento interno. Se esta proposição é correta para o período que coincide com o advento da Primeira Guerra Mundial, falta averiguar se ela pode ser aplicada em outros momentos históricos. Estudos contemporâneos têm questionado, convincentemente, os paradigmas – baseados nos prognósticos pessimistas da teoria da dependência e/ou do subdesenvolvimento – acerca da fragilidade do mercado interno brasileiro em alguns momentos dos séculos XIX e XX.[36]

No caso do México, a profusão de documentos de natureza qualitativa – jornais, diários de viagens, relatórios de autoridades locais, entre outros registros contemporâneos – que denunciavam, sobretudo em momentos de crise, os altos preços da carne, fez com que os estudiosos afirmassem que seu consumo, ao longo do porfiriato (1876-1911), foi extremamente baixo.[37] Essa conclusão também estava vinculada com o fato de que as autoridades mexicanas, tais quais as inglesas e estadunidenses, começaram a procurar soluções para alimentar a população assentada nas cidades. Trabalhadores mal-alimentados, argumentavam, poderiam prejudicar a eficiência da produção e, o que é pior, estariam expostos à vadiagem e à criminalidade. Neste aspecto, a modernização no sistema de abastecimento da carne era considerada a panaceia para oferecer o produto a preços mais acessíveis e de melhor qualidade.[38] O discurso dos administradores combinava uma série de elementos para justificar estas mudanças, tais como preços mais módicos e melhoria na higiene pública, tal como afirma o ministro de agricultura brasileiro "esse problema delicado, [a falta de higiene] que há tantos anos vem desafiando solução da parte do administrador e do higienista, [...] parece-me pode

---

35. LINHARES e TEIXEIRA DA SILVA, 1979, p. 20.

36. Sobre o tema ver LENHARO, 1979; FRANK, 2001; OLIVEIRA, 2006b; COSTA, 2008.

37. Esta visão coincide com o que se observa no Brasil, mais ou menos, no mesmo período; contudo, o tema, sem dúvida, requer novas e detalhadas análises baseadas em fontes documentais, e não somente nos discursos das autoridades e/ou nas impressões deixadas por viajantes, entre outros contemporâneos. Ver LINHARES e TEIXEIRA DA SILVA, 2000.

38. *El Economista Mexicano*, 14/mayo/1904, T. 38:7.

ser eficientemente resolvido pela instalação de câmaras frigoríficas nos matadouros, nos veículos de transporte e nos entrepostos e açougues".[39]

Ao elaborar explicações e soluções para enfrentar as crises periódicas que acometiam o sistema de abastecimento da carne na Cidade do México, algumas autoridades afirmavam que os altos preços do produto estavam relacionados com as exportações que os pecuaristas do norte do México realizavam para os Estados Unidos.[40] Contudo, esta é uma hipótese a ser verificada. Primeiro porque ainda não se conhece exatamente o lugar que o gado, criado no Norte do México, ocupava no mercado regional/internacional e interno. Em linhas gerais tratava-se de um animal magro, ou em certas ocasiões bezerros, que seriam engordados nos prados estadunidenses; ou seja, tratava-se de um bem agrícola sem insumos. De fato, o valor do gado mexicano era, em média, duas ou três vezes menor que o canadense. A proximidade fronteiriça e a introdução das estradas de ferro – em 1884 as estadunidenses e as mexicanas se conectaram – garantiram baixos custos de transporte, o que favorecia as remessas mexicanas. Porém, o mesmo não pode ser dito sobre os intercâmbios internos, mais caros e mais demorados do que os que se faziam para os Estados Unidos. Além disso, estes pecuaristas, caso enviassem animais para o centro do país, deveriam competir com os produtores do Bajío, em especial dos estados de Michoacán y Jalisco que, regularmente, desde os tempos coloniais, abasteciam o entorno urbano da Cidade do México.

Este comportamento mostra quão integrados estavam certos estados do Norte do México com o mercado estadunidense, e isso não era um fator novo: pode ser rastreado aos meados do século XIX, logo depois da guerra de 1848.[41] Diante deste quadro, os envios do Norte do México para o centro do país só seriam vantajosos se fossem feitos em moldes industriais, posto que, neste caso, os gastos com transporte seriam compensados com a venda de um produto com valor agregado – o gado para o corte – ou, em seu lugar de carcaças; estima-se que nos carros refrigerados por cada animal vivo podiam enviar-se até três carcaças. Mas, este não era o caso da Cidade do México, como foi mencionado: no início do século passado, os projetos de instalação de frigoríficos tinham apenas começado e enfrentaram a oposição de diversos setores. Esta asseveração correlata com outro elemento, os pecuaristas do Norte não ignoraram o mercado de carnes da Cidade do México; pelo contrário, a questão é que quando o fizeram, pretenderam participar no negócio da carne resfriada e congelada, e não do gado em pé, já que para este produto contavam com o mercado, ainda que com altos e baixos, estadunidense.

---

39. Governo do Brasil, *Relatório do Ministro da Agricultura dos anos de 1910 e 1911*, Pedro de Toledo, 1911, p. 108. Para uma excelente análise sobre o estado da questão dos estudos dietéticos no Brasil ver VASCONCELOS, 2007.

40. "No debe gravarse la exportación de ganado", 29/julio/1911, in *Boletín de la Sociedad Agrícola Mexicana*, p. 583.

41. CERUTTI, 1999, p. 15.

Ressalta-se ainda que o sucesso das indústrias a frio, em todos os lugares em que foram instaladas, dependeu dos preços, ou seja, em geral as formas processadas da carne, resfriada ou congelada, quando recentemente introduzidas ao mercado, eram consideradas pela população de qualidade inferior. Assim, o aumento da demanda pelo produto esteve diretamente vinculado com a possibilidade de que, em sua variação congelada, a carne, ainda que não totalmente atrativa para os consumidores, fosse mais acessível para a população de recursos limitados.[42] Na Cidade do México, durante o período que a Mexican National a abasteceu, muito embora os preços estivessem mais acessíveis, em especial a partir de 1910, não houve tempo suficiente para que essa mudança de costumes operasse,[43] por diversos motivos: além do fato de que os donos dos frigoríficos deveriam enfrentar-se a um modelo de abastecimento cujas origens remontavam-se aos tempos coloniais, e que se manteve, com poucas alterações ao longo do século XIX, a própria população manifestou resistências quanto à qualidade do produto resfriado ou congelado.

Isso não foi específico do México, o mesmo ocorreu na Inglaterra e também nos Estados Unidos. Naquele país, a carne congelada era pouco apreciada, pois se considerava que perdia suas propriedades nutritivas. Na passagem do século XIX para o XX, especialistas no tema, produtores e médicos se dedicaram a escrever "tratados" nos quais defendiam teorias acerca do valor nutritivo da carne na variação resfriada. Em 1896 o jornal *The Hospital* publicou uma série de artigos com resultados de experiências culinárias com carne tratada, em suas conclusões Samual Ridial afirmou: "I can confidently assert that both with regard to digestibility and for the preparation of soups or beef tea the hard frozen meat is of intrinsically the same value as that which has been chilled or freshly killed".[44] Efetivamente ao final do século a propaganda favorável a carne congelada começava a apresentar resultados positivos, e o consumo anual *per capita* incrementou de "108 lb in 1880 to over 130 lb in 1900-4".[45] Poucos anos mais tarde James T. Critchell y Joseph Raymond confirmavam que o consumo da carne estava disseminado entre...

> all classes in Great Britain, [pois, além de ser] digestible, nutritious, palatable [é também] economical, [e sobretudo] the lower price does not imply any inferiority whatever (the idea – if anyone holds it – that refrigeration has brought about any deterioration in the

---

42. CROSSLEY, 1976, p. 62.

43. HOROWITZ, PILCHER e WATTS, p. 51.

44. Citado em CRITCHELL e RAYMOND, 1912, p. 293.

45. *Idem*, p. 2-4 e 314-315; YEAGER, 1981, p. 55.

quality of meat consumed in this country must be dismissed); it simply indicates low cost of production in the country of origin.[46]

* * *

Avaliando o caso mexicano à luz de outro relativamente similar no que diz respeito às quantidades disponíveis de carne nos matadouros, tanto da Cidade do México como no Rio de Janeiro, não se observam mudanças significativas na dieta alimentar de seus habitantes. Em princípios do século xx estes ainda compravam carne fresca, miúdos, banha, entre outros subprodutos, nos açougues e *carnicerías* – clandestinos ou não – do espaço urbano, ou os recebiam nas portas de suas casas. Consumidor e açougueiro geralmente se conheciam, e este último oferecia crédito ao primeiro em nome dessa relação pessoal.[47] Em ambas cidades, o aumento dos sacrifícios nos últimos anos do século xix cresceu acompanhando, mais ou menos, o incremento da população. Está por averiguar, neste conjunto, o consumo real por grupo social e o peso da compra de alimentos no orçamento familiar.

No México, ao longo deste processo, os produtores do Norte do país integraram sua produção ao comércio regional/internacional, sujeito a uma série de altos e baixos binacionais, sem ignorar as demandas internas, em especial do principal consumidor de carne de vacum no país, a capital da república. E o melhor exemplo do anterior se observam nas tentativas da família Terrazas – conhecidos pecuaristas do estado de Chihuahua – de estabelecer um frigorífico na Cidade do México. Mas, nesta última o sistema de abastecimento existente apenas começava a dar sinais de inoperância, ao mesmo tempo os consumidores urbanos, tal qual seus pares londrinos – lembremos as campanhas desenhadas para convencer a população da capital inglesa acerca das vantagens sanitárias, digestivas e palatáveis da carne na modalidade resfriada ou congelada – desconfiavam das mudanças que os frigoríficos promoviam.

Finalmente, apesar das semelhanças sinalizadas, ao longo deste artigo, entre os sistemas de abastecimento da carne no Rio de Janeiro e na Cidade do México, há uma diferença de suma importância que faz a comparação dos dois casos ainda mais pertinente. Os principais fornecedores de gado em pé para o mercado urbano do Rio de Janeiro, desde os tempos coloniais, eram, no sul o Rio Grande do Sul, mais ao norte São Paulo e Minas

---

46. CRITCHELL e RAYMOND, 1912, p. 316-317: "todas as classes na Grã-Bretanha, [pois além de ser] digestível, nutritiva, saborosa [a carne também é] econômica, [mas acima de tudo] o preço baixo não implica, de forma alguma, qualquer inferioridade (a ideia – se alguém a mantém – que a refrigeração é responsável por qualquer deterioro na qualidade da carne consumida neste país deve ser repudiada); pois preço baixo simplesmente indica baixo custo de produção no país de origem.

47. Desde os últimos anos do século xix os pecuaristas do Rio Grande do Sul demonstraram preocupação com a concorrência dos vizinhos do Rio da Prata; anos nos quais o Uruguai e a Argentina já exportavam regularmente carne à Europa, mas o primeiro frigorífico só foi introduzido no estado em 1917. ZARTH, 2002, p. 259-267.

Gerais. Nenhum dos três estados encontrava-se conectado com mercados estrangeiros para os quais pudessem "desviar" a produção nacional, tal como se argumenta, ocorreu com os pecuaristas do Norte do México.[48] Pelo contrário, o principal produtor de gado bovino do Brasil, o Rio Grande do Sul, competia com seus pares da região do Prata pelo mercado interno brasileiro. Contudo, tanto no Rio de Janeiro, como na Cidade do México, os registros acerca das quantidades de carne de bovino disponíveis nos matadouros apresentam uma curiosa similitude, além de um comportamento similar da população no que diz respeito à ingestão das proteínas de origem animal. Estes elementos parecem indicar que as explicações para os problemas do abastecimento e, consequentemente do consumo da carne no México devem ir além de culpar o suspeito usual: o mercado externo.

Referências Documentais e Bibliográficas

FONTES

Boletín de la Sociedad Agrícola Mexicana, 1911.

El Economista Mexicano, 1904.

Governo do Brasil, Ministério da Agricultura, Indústria e Comércio, *Anuário Estatístico do Brasil, 1º Ano (1908-1912)*, vol. II, Economia e Finanças, Rio de Janeiro: Typographia da Estatística, 1917.

Governo do Brasil, Relatórios Ministeriais, *Relatórios do Ministro da Agricultura, 1911 e 1918*, consultados em Center for Research Libraries, Brazilian Government Document Digitization Project, http://www.crl.edu/.

Governo dos Estados Unidos, United States Consular Reports, *Cattle and Dairy Farming*, Partes I e II, Washington: Government Printing Office, 1888.

Governo dos Estados Unidos, *Annual Reports of the Department of Agriculture for the Fiscal Years Ending June 30, 1915, 1917 and 1922*, Report of the Secretary of Agriculture. Reports of Chiefs, Washington: Government Printing Office, 1916, 1917 e 1923.

PEÑAFIEL, Antonio. *Anuarios Estadísticos de la república mexicana 1893-1907*. México: Dirección General de Estadística, 1893-1907.

---

48. MARCONDES, 2001.

Livros e artigos

BREEN, David H. *The Canadian Prairie West and the Ranching Frontier. 1974-1924,* Toronto: University of Toronto Press, 1983.

BURNETT, John. *Plenty and Want: A Social History of Food In England From 1815 to the Present Day.* Edinburgh: Thomas Nelson, 1966

CARLSON, Laurie W. *Cattle: An Informal Social History,* Chicago: Ivan R. Dee, 2001.

CERUTTI, Mario. "Comercio, guerras y capitales en torno al río Bravo". In: _____; QUIROGA, Miguel A. González (coord.), *El norte de México y Texas (1848-1880).* México: Instituto de Investigaciones Dr. José María Luis Mora, 1999, p. 13-111.

CHÁVEZ ORTIZ, José Trinidad. "Ganaderos, vegas y forrajes: modernización y cambio en el Río Sonora", In: HEALY, Ernesto Camou (coord.). *Potreros, vegas y mahuechis. Sociedad y ganadería en la sierra sonorense.* Hermosillo: Talleres de Imparcolor, Gobierno del estado de Sonora, Secretaría de Fomento Educativo y Cultura, Instituto Sonorense de Cultura, 1991, p. 177-235.

COSTA, Dora Isabel Paiva da. "Fronteira, mercado interno e crescimento da riqueza no Brasil, século XIX". *Anuario del IEHS* (em prensa), 2008.

CRITCHELL, James Troubridge; RAYMOND, Joseph. *History of the Frozen Meat Tread. An Account of the Development and Present Day Methods of Preparation, Transport, and Marketing of Frozen and Chilled Meats.* Londres: Constable & Company, 1912.

CROSSLEY, J. C. "The Location of Beef Processing". *Annals of the Association of American Geographers,* vol. 66: 1, 1976, p. 60-75.

FRANK, Zephyr L. "Exports and Inequality: Evidence from the Brazilian Frontier, 1870-1937", *The Journal of Economic History,* vol. 61: 1, 2001, p. 37-58.

GARCÍA CUBAS, Antonio. *Cuadro geográfico, estadístico, descriptivo e histórico de los Estados Unidos Mexicanos.* México: Oficina tipográfica de la Secretaría de Fomentom, 1884.

GUZMÁN A., José Napoleón. *Michoacán y la inversión extranjera, 1880-1911.* Morelia: Universidad Michoacana de San Nicolás de Hidalgo, 1982.

HENNESSY, C. A. M. *The Frontier in Latin American History.* Albuquerque: University of New Mexico Press, 1978.

HOROWITZ, Roger; PILCHER, Jeffrey M.; WATTS, Sydney. "Meat for the Multitudes: Market Culture in Paris, New York City, and Mexico City over the Long Nineteenth Century". *The American Historical Review*, vol. 109: 4, 2004, p. 1054-1083.

LENHARO, Alcir. *As tropas da moderação: o abastecimento da Corte na formação política do Brasil, 1808-1842.* São Paulo: Edições Símbolo, 1979.

LEVENSTEIN, Harvey A. *Revolution at the Table: the Transformation of the American Diet.* Nova York: Oxford University Press, 1988.

LINHARES, Maria Yedda Leite; TEIXEIRA DA SILVA, Francisco Carlos. *História política do abastecimento (1918-1974).* Brasília: BINAGRI, 1979.

LINHARES, Maria Yedda Leite. *Terra e alimento: panorama dos 500 anos de agricultura no Brasil.* Brasília: Embrapa, 2000.

LÓPEZ ROSADO, Diego G. *Historia del abasto de productos alimenticios en la Ciudad de México.* México: FCE, 1988.

LOVE, Joseph. "O Rio Grande do Sul como fator de instabilidade na República Velha". In: HOLANDA, Sérgio Buarque de Holanda (org.). *História geral da civilização brasileira. Estrutura de poder e economia (1889-1930).* São Paulo: Difel, 1975, t. 3, vol. 1, p. 99-122.

MARCONDES, Renato Leite. "Formação da rede regional de abastecimento do Rio de Janeiro: a presença dos negociantes de gado (1801-1811)". *Topói. Revista de História*, 2001, n. 2, p. 41-71.

MORALES, Enríquez; GONZÁLEZ, Gelabert. "Un aspecto del consumo alimenticio en la España de la segunda mitad del siglo XIX". *Hispania. Revista Española de Historia*, t. 38: 140, 1978, p. 621-624.

OLIVEIRA, Flávia Arlanch Martins de. "Padrões alimentares em mudança: a cozinha italiana no interior paulista". *Revista Brasileira de História*, vol. 26: 51, 2006a, p. 47-62.

OLIVEIRA, Lélio Luiz de. *Heranças guardadas e transições ponderadas. História econômica do interior paulista, 1890-1920.* Franca: UNIFACEP, Unesp, 2006b.

PERREN, Richard. *The Meat Trade in Britain, 1840-1914*. London e Boston: Routledge & Kegan Paul, 1978.

PILCHER, Jeffrey M. *The Sausage Rebellion. Public Health, Private Enterprise and Meat in Mexico City, 1890-1917*. Albuquerque: University of New Mexico Press, 2006.

PLATT, D. C. M. *Latin America and British Trade 1806-1914*. Nova York: Barnes & Noble Books, 1973.

QUIROZ, Enriqueta. *El consumo como problema histórico. Propuestas y debates entre Europa e Hispanoamérica*. México: Instituto de Investigaciones Dr. José María Luis Mora, 2006.

ROSA, Francisco Ferreira da. *Rio de Janeiro*. Rio de Janeiro: Edição Oficial da Prefeitura, 1905.

SKAGGS, Jimmy M. *Prime Cut. Livestock Raising and Meatpacking in the United States. 1607-1983*. College Station: Texas A&M University Press, 1985.

VASCONCELOS, Francisco de A. G. de. "Tendências históricas dos estudos dietéticos no Brasil". *História, Ciências, Saúde – Manguinhos*, vol. 14: 1, 2007, p. 197-219.

VILLALOBOS GUZMÁN, José Eugenio. *El abasto de carne en Valladolid-Morelia. Siglo XIX*. Morelia: H. Ayuntamiento de Morelia, 2006.

WILLIAMS, Willard F.; STOUT, Thomas T. *Economics of the Livestock-Meat Industry*. Nova York e Londres: The Macmillan Company, Collier-Macmillan Limited, 1964.

YEAGER, Mary. *Competition and Regulation: The Development of Oligopoly In The Meat Packing Industry*. Greenwich: Jai Press Inc, 1981.

ZARTH, Paulo Afonso *Do arcaico ao moderno: o Rio Grande do Sul agrário do século XIX*. Ijuí (RS): Editora Unijuí, 2002.

PARTE III: CIRCULAÇÃO E CONSUMO DE BENS CULTURAIS: ARTE, LETRAS E VIAGENS

13. O Produto Turístico e Cultural: entre o Passado e o Futuro

Cláudia Henriques[1]
Maria Cristina Moreira[2]

---

1. Universidade do Algarve.

2. Universidade do Minho.

Turismo é um símbolo bem como um motor de consumo.
(BERGHOFF, 2002, p. 168)

Travel is in our blood.
(Lonely planets, 2007)[3]

Introdução

A EVOLUÇÃO DESDE A ANTIGUIDADE até à atualidade dos conceitos de cultura e viagem, indissociável da análise do produto turístico-cultural, bem como do consumo turístico, constituem o cerne deste capítulo.

Um incontável e diversificado conjunto de motivos impulsionou desde sempre o ser humano à descoberta de novos espaços que marcaram o encontro de diferentes culturas.

Acompanhando a evolução histórica das motivações para a viagem, verifica-se a indissociabilidade entre turismo e cultura, culminando nos anos 1970 com a emergência do turismo cultural que, a partir dos anos 1990, sendo uma das áreas econômicas que regista maior crescimento na Europa, se assume como actividade de massas e reconhece nos turistas um dos mais relevantes mercados para a cultura.

Assiste-se assim, consequentemente, a uma culturalização da vida econômica e à mercantilização da cultura, processos que conduzem a uma turisficação da cultura: o turismo

---

3. Representa a resposta de 73% de 24.500 indivíduos integrada no *Lonely Planets 2007 – Travellers' pulse survey*.

apropria-se da cultura, torna-a um produto consumível com um papel relevante no desenvolvimento econômico, dado que compreende o consumo de bens turísticos e não turísticos.

Viagem, turismo e história

A viagem enquanto "ato de partir de um lugar para outro, relativamente distante, e o resultado desse ato",[4] sempre foi tema recorrente do imaginário europeu e consequentemente do imaginário ocidental, não podendo ser dissociada da(s) sociedade(s) que a gera(m), bem como de estar intrinsecamente referenciada temporal e espacialmente.

A viagem é partida, percurso entre o espaço de origem e o de destino, mas também é chegada e, regra geral, retorno. É simultaneamente "afastamento" e "encontro/(re)encontro", onde a dimensão cultural é crucial. Na viagem, estabelece-se uma permanente interconexão entre o "eu" (ou aquilo que me é familiar), e o "outro" (ou aquilo que me é estranho); essa interconexão permanentemente reflecte e modifica a ordem momentânea que o "eu" criou para si próprio. Burke nos diz:

> A viagem implica conhecer diferentes horizontes da experiência e culturas diferentes. Esse encontro de culturas e o discurso sobre esse encontro é sempre pré-estruturado pelos conceitos e experiências da cultura de cada um, que influencia não só o que se vê mas também como nós estruturamos a nossa imagem do "outro".[5]

A viagem sendo transversal ao tempo dos homens, assume-se como trans-histórica e transtemporal, revestindo-se de características várias que, como referimos, se vão configurando em função das sociedades que as produzem. Assim sendo, muitas das viagens desenvolvidas ao longo da história apresentam características que se pode afirmar estarem na origem do fenômeno turístico, associando-se ao que se poderá designar como proto-turismo.

No entanto, só na modernidade o turismo pode emergir. De fato, só no século xx estão reunidas condições sociais, econômicas, culturais, políticas, tecnológicas, entre outras, que permitem o desenvolvimento de uma atividade que envolve práticas fora do local habitual de residência[6] (dimensão espacial) fundamentalmente no quadro dos tempos livres[7]

---

4. Dicionário Houaiss da Lingua Portuguesa, Instituto António Houaiss de Lexicografia, Portugal, Temas e Debates, 2005, Lisboa.

5. BURKE, 1979, p. 19.

6. A OMT (1968), na linha avançada por HUNZIKER e KRAPF (1942), define turista como "um visitante temporário que permanece pelo menos 24 horas no lugar que visita, por motivos de lazer ou de negócios". Para aprofundamento da definição ver HENRIQUES, 2003, p. 21-28.

7. "O tempo de lazer, incluído no tempo livre, corresponde, segundo DUMAZEDIER, 1962, à vivência da fração de tempo efetivamente liberta das necessidades imediatas e das obrigações em geral. Outras definições de lazer

(dimensão temporal), constituindo-se no caso como um lazer não próximo, de exterior, activo ou passivo. Como refere Henriques:

> As práticas de lazer constituem um dado societal fundamental, refletindo as sociedades e modos de vida bem como a sua evolução. Neste contexto, cabe afirmar que a cada época histórica corresponde(m) determinada(s) forma(s) de lazer.[8]

A partir do século XX, a viagem torna-se um dos mais importantes fatores de desenvolvimento da sociedade moderna ocidental, à medida que o turismo se constitui como um dos mais importantes setores de actividade econômica, colocando procura, oferta e produto turísticos como elementos alvo de atenção privilegiada na delimitação de políticas de planeamento e gestão, quer espaciais quer econômicos mas também culturais. Segundo dados da WTO (2007), de 25,3 milhões de turistas (chegadas internacionais) no ano de 1950, atingem-se os 656,9 milhões no ano de 1999 e 846 milhões em 2006, verificando-se 6,5% de crescimento ao ano entre 1950 e 2006. Para o futuro, estima-se 1,6 bilhão de turistas em 2020, atestando-se um crescimento exponencial, levando a WTTC (2007) a afirmar que "do ponto de vista do consumidor, a indústria das viagens e turismo está na sua época dourada. Nunca antes os viajantes usufruíram de um número tão elevado de destinos a preços tão baixos" (vide estimativas avançadas pela Conta Satélite das Viagens e Turismo [V&T]).[9]

Breve história da viagem num contexto cultural

Quando o que está em causa é a viagem por motivação cultural, e, como tal, associada "a processos diretos e indiretos de aprendizagem",[10] há que ter presente que, toda a cultura, enquanto construção e artefato histórico, constitui "uma resposta ao enigma da vida, procurando dar-lhe sentido e apreendê-la numa imagem coerente",[11] esta imagem quer-se de totalidade,

---

posteriores, como a de BONIFACE e COOPER (1993) enquadram-se genericamente nesta perspectiva, considerando que ao lazer corresponde o "tempo disponível para um indivíduo depois de trabalhar, dormir e desenvolver outras necessidades básicas". Neste tempo, desenvolvem-se práticas recreativas, turísticas e outras, prefiguradas em torno de motivações de prazer, repouso, valorização individual, evasão e dispersão" (In HENRIQUES, 2003, p. 24).

8. HENRIQUES, 2003, p. 24.

9. Segundo a WTTC, para 2007, a Indústria das V&T contribui com 3,6% para o PIB mundial e a economia das V&T contribui com 10,4%, criando 231.2 milhões de empregos, e com expectativas de crescimento da actividade a 4,3% ao ano, em termos reais entre 2008 e 2017 (WTTC, 2007, p. 6).

10. CEF, 1989.

11. DILTHEY, 1992, in MIRANDA, 2002.

imago mundi ou "alma do mundo", pelo que a motivação cultural será entendida e terá representações díspares ao longo dos tempos.

Na Antiguidade, se distinguirmos a Grécia e o Império Romano como pilares da atual civilização ocidental, verificamos que a existência de fluxos relevantes e periódicos das suas populações era uma realidade. No respeitante à Grécia Antiga, distinguem-se fundamentalmente os relatos de fluxos associados a peregrinações bem como de fluxos dirigidos para a cidade Olímpica. No Império Romano, destacam-se os relatos de fluxos associados a festejos nos coliseus e teatros, e de tratamentos em estâncias termais.

Quanto à viagem na Idade Média (xii- xv), os seus protagonistas, pertencentes a todos os estratos sociais, eram maioritariamente peregrinos[12] que esperavam redimir a sua alma, deixando a sua casa em substituição de um lugar sagrado.

Este tipo de viagem associava-se a ganhos subjetivos não materiais ou ao que se pode designar como objectivos não utilitaristas, fato entendível à luz dos primeiros séculos da Idade Média, onde "as principais personagens na cena do mundo eram Deus e a alma".[13] Como referem Berghoff e Korte,

> Os peregrinos nos finais da Idade Média podem ter sido curiosos sobre o mundo estrangeiro (embora raramente o admitissem), mas sem dúvida a sua viagem estava associada a ganhos de bem-estar espiritual.[14]

O tipo de viagem em referência caracterizava-se por um nível de organização significativo, e por ser feita tendencialmente em grupo e não individualmente, o que se compreendia por questões de protecção e entreajuda, evidenciando muitos traços do que viria a ser conhecido uns séculos mais tarde como *package tour*. De notar que cada local de peregrinação se associava a um emblema e os peregrinos usavam símbolos de fé (cabaças, conchas de vieira, palma) que mais tarde guardavam como recordações para mostrar a parentes e amigos. A preocupação com os testemunhos da viagem tem hoje a sua "tradução", por exemplo, nos célebres "*souvenirs* turísticos". De salientar que as peregrinações de maior notoriedade na época estão na origem da fundação de itinerários culturais e religiosos modernos.[15]

---

12. Para além das Peregrinações, destacam-se também as Cruzadas, as quais se constituíam não só por exércitos mas também por homens, mulheres e crianças, de todas as categorias sociais, que partiam com o intuito primeiro de se aproximarem mais de Deus.

13. NAVARRO, 2005, p. 293.

14. BERGHOFF e KORTE, 2002, p. 9.

15. Destacam-se Roma (Basílica de S. Pedro construída no século XVI perto do local onde o apóstolo foi martirizado em 67 d.C., data a partir da qual muitos peregrinos vão afluir ao seu túmulo), Cantuária (Túmulo de

Estas viagens a terras longínquas durante a Idade Média europeia levaram a que fosse prenhe em narrações de gestas de heróis que vagavam pelo mundo, até então conhecido, e alcançavam terras míticas e distantes.[16]

No que respeita, especificamente à Europa, os dois oceanos que a banham, o Atlântico[17] e o Mediterrâneo, destacavam-se enquanto vias de comunicação e consequentemente grande fonte propulsora de viagens, que embora fundamentalmente de natureza comercial, também propiciavam o intercâmbio cultural.

À data, o Atlântico possibilitava predominantemente viagens entre países europeus, nomeadamente os do norte. Quanto ao Mediterrâneo, possibilitava a comunicação por excelência entre o Ocidente e o Oriente,[18] e consequentemente não só entre cidades da Europa Mediterrânica de países como Portugal, Espanha, França, Itália, Grécia, mas também entre cidades de vários países do Norte de África e Ásia. Os relatos das viagens do veneziano Marco Polo (1254-1324)[19] e a sua obra *O livro das Maravilhas do Mundo*, bem como outros textos como o do frei Oderico de Pordenone, são do fato reveladores.

> O Mediterrâneo dos séculos XIII ao XV foi um espaço onde a aceleração dos intercâmbios e das influências mútuas conduziram a uma sucessão de mudanças que, de forma fluida, modificaram o mundo medieval e abriram portas à grande transformação que se denomina por Renascimento.[20]

S. Tomás de Cantuária), Caminho de Santiago, Meca, Jerusalém (Cúpula do Rochedo), bem como as que se constituíam como autênticas expedições, por exemplo, de Veneza à Terra Santa.

16. Existem relatos de trovadores medievais que vagavam de aldeia em aldeia, cantando a inglória viagem de D. Sebastião pelo norte de África. Também se destacam narrativas de alguns elementos de ordens religiosas mendicantes (principalmente franciscanos) que se ofereciam como voluntários para as missões cristãs. Estes últimos apoiavam-se nos exemplos de São Domingo, que pregou aos infiéis da Península Ibérica, e de São Francisco, que se deslocou pessoalmente ao Egito como missionário. De salientar que os missionários eram seguidos por mercadores e letrados que iam a países longínquos em negócios ou por pura curiosidade científica.

17. O Atlântico e as viagens a ele associadas ocupavam o imaginário ocidental. Por exemplo, num parágrafo de uma crônica dinamarquesa de 1520 a propósito da Gronelândia, pode ler-se o seguinte: "Uns vão à Gronelândia pela fama que conseguem expondo-se aos perigos da viagem, outros para satisfazer a sua curiosidade e outros para fazer negócio" (NAVARRO, 2005, p. II, t. 13).

18. Se analisarmos o mapa das rotas comerciais da Coroa de Aragão verificamos que para além de cidades no sul de Portugal, Espanha, França e Itália, comerciavam com o Norte de África, mas também com cidades mais distantes como Ragusa, Modón, Constantinopla, Candia, Quios, Rodas, Famagusta, Laiazzo, Alexandria, Beirut, Damasco, Tiro (MALLOL, 2004, p. 151), conduzindo à sua prosperidade.

19. O relato das suas viagens contribui para o reconhecimento histórico da Ásia do século XIII.

20. ALEMANY, ALTET e BIOSCA, 2004, p. 22.

Estas duas regiões remotas, o Oriente com as suas sedas e especiarias, e a África com as suas terras de tesouros e os seus rios de ouro, foram sem dúvida estímulos para as grandes viagens do século XV e XVI,[21] que desembocam nos descobrimentos, que se constituem como o fenômeno de planetária expansão da Europa/Cristandade.

De um mundo fechado nos finais do século XIV e inícios do século XV vai surgindo um mundo aberto ao longo do século XVI, à medida que a corrente humanista se desenvolve e acentua a confiança no homem. O humanismo e a redescoberta dos clássicos deram à Itália e à Grécia um lugar de destaque, como lugares admirados nos textos antigos.

Paralelamente, as universidades florescentes da Itália e França prometiam estímulo intelectual e um avanço educacional face a outros países, nomeadamente em temas "modernos" tal como a medicina ou a ciência. "A viagem passou a considerar-se como um possível meio de aquisição de civilidade de pensamento e maneiras de um cavalheiro da sociedade civil".[22] Neste contexto, a viagem constituiu-se como um complemento educacional; embarcando numa viagem, em vez de imergir nos livros de veneráveis autores, estes viajantes protagonizaram a vanguarda de um novo paradigma epistemológico – o empiricismo, e o privilegiar da experiência direta sobre a aprendizagem através dos livros.[23]

Neste contexto, na segunda metade do séc. XVI,[24] dá-se um aumento das viagens para o continente europeu, com a proeminência da Itália, França e Alemanha. Razões educacionais associadas à melhoria de *curriculum* educacional eram então protagonizadas fundamentalmente por homens jovens.

GRAND TOUR

A origem da palavra turismo está geralmente associada ao *Grand Tour* que teve origem na Grã-Bretanha, no século XVII.[25] O *Grand Tour*, como referência a uma prática específica

---

21. Em Portugal, uma multiplicidade de relatos de viagens, como "Peregrinação" de Fernão Mendes Pinto, os "Lusíadas" de Camões, as viagens de Pêro da Covilhã e Bartolomeu Dias, entre muitas outras atestam a riqueza neste domínio.

22. QUADFLIEG, 2002, p. 23.

23. "Para assegurar que nenhuma das especificidades dos países estrangeiros escapava à atenção dos viajantes, a maioria destes livros e cartas de aconselhamento continham uma lista de variáveis e de coisas às quais se deveria dar particular atenção: descrição da geografia do país visitado, as suas mercadorias/produtos, infraestruturas e condições climáticas, a estrutura social e o papel e condição social de grupos particulares, o sistema político, a organização da jurisdição e legislação, religião, universidades, sistemas de defesa militar, hábitos de alimentação, beber e vestir" (QUADFLIEG, 2002, p. 25).

24. Ver BATES, 1987 (1911); STOYE, 1989.

25. HIBBERT, 1969; FEIFER, 1985.

de viagem na Europa, pode ser definido como "um tour por certas cidades, capitais e outras atrações culturais e locais na Europa ocidental levado a cabo primeiramente, mas não
exclusivamente, por educação e prazer".[26]

Inicialmente, a maioria dos *Grand Tourists* era jovem e de origem aristocrata, para quem
a viagem à Europa Continental se constituía como parte integrante da sua educação clássica.
Após terem terminado os seus estudos empreendiam este tipo de viagens, com a duração
média de dois a três anos, geralmente na companhia de um tutor, que consistia em visitar as
cidades mais cosmopolitas e culturalmente importantes (destacam-se as cidades de Itália,[27]
mas também as de França, Alemanha, Suiça, Holanda). Assim, através do conhecimento da
cultura de outros países e mesmo continentes, complementavam a sua formação intelectual
de uma forma mais prática. Berghoff e Korte salientam que o *Grand Tour*

> tinha como objetivo terminar a educação do viajante – não só com a intenção de
> acumular conhecimento útil e na "moda" sobre a época clássica (passado) e o pre-
> sente sociopolítico dessas partes da Europa percepcionada como civilizada pelos
> *standards* do Conhecimento. Ir no *tour* era também considerado essencial para o
> desenvolvimento da personalidade do viajante.[28]

> O *Grand Tour* incorpora igualmente a assumpção de que a viagem está estruturada
> como uma progressão através de um itinerário de sinais, símbolos e desejos. Os viajan-
> tes registam o desejo de visitar lugares ou objectos que outros antes deles consideraram
> ser dignos de ser vistos.[29]

Daí que estas viagens a lugares de significado cultural tenham vindo a criar um câno-
ne de atrações e um conjunto de infraestruturas que gerações subsequentes de turistas têm
por sua vez vindo a desenvolver e expandir.

Pelo referido fica patente que estas viagens não podem ser consideradas turísticas de acordo com a concepção atual de turismo como uma atividade de lazer: nos séculos XVI e XVII o
prazer hedonístico e o *frisson* do exótico ainda não se tinham transformado em motivação de
viagem. Pelo menos, no discurso oficial, a viagem tinha que ser legitimada pelo fato de estar
associada a intenções sérias, úteis e práticas, acima de tudo como uma compilação de conhecimento, quer ao serviço da expansão colonial ou associada ao grande projeto de aprendizagem

---

26. TOWNER, 1985.

27. "A busca de raízes clássicas favorecia a Itália como destino deste turismo cultural de elite, também graças à
impratibilidade da Grécia, naquela época debaixo do jugo Otomano" (TRIMARCHI, 2000, p. 141).

28. BERGHOFF e KORTE, 2002, p. 4-5.

29. CHARD, 2002, p. 47.

humanista.[30] Porém, e como Berghoff e Korte referenciam, assumindo implicitamente a expansão do *Grand Tour* como a indubitável forma percursora de turismo cultural,

> (…) pelo menos ocasionalmente, viajantes da altura tal como Fynes Moryson e Thomas Coryate transmitem a adopção de uma atitude proto-turística admitindo a sua curiosidade, e obtenção de prazer na comida e costumes exóticos.[31]

Esta expansão é tanto mais percursora do turismo cultural quanto viajar pela Europa, no século XVIII, tende a ser sinónimo de status (progressivamente ao alcance de escalas sociais mais baixas),[32] mas também ao mesmo tempo que se verifica um afastamento de concepções de produção cultural do pré-capitalismo (onde as influências externas à cultura dominante não eram consideradas) e se passa para a noção burguesa de uma estética universal das manifestações culturais.

Reportando-se já a finais do século XVIII, as viagens tendem a aproximar-se cada vez mais das noções contemporâneas de turismo, uma vez que se abre um novo capítulo na delimitação de fronteiras entre a viagem e o prazer. Ao fato, não são alheios determinantes como a revolução industrial, a multiplicação das trocas, o desenvolvimento dos transportes (em particular o comboio), a transmissão de ideias com a generalização da publicação de jornais. Estes determinantes dão novo impulso às viagens que começam a identificar-se enquanto meio das pessoas se interessarem pelas características de cada povo, pelas tradições, pelo exotismo, outros modos de vida e novas culturas.

Também nos finais do século, em oposição ao crescente utilitarismo e ao início da industrialização, surge um novo tipo de viagem: a viagem romântica. Para Feifer (1985), este tipo de viagem foi promovido por aristocratas que "já estavam tão elevadamente posicionados na cultura que procuravam algo para além da *high culture*", geralmente na forma de "prazeres exóticos" e na "experimentação imaginativa".

Este tipo de viagem está impregnado de temáticas vigentes no período do romantismo, as quais se reportam "ao tempo que passa irrevogavelmente", "ao gosto pelas ruínas" (Hubert Robert e Diderot), "ao sentido da história e da lenda" (o culto a Shakespeare),

---

30. Ver por exemplo o ensaio sobre a Viagem de Francis Bacon (1625). In: SCOTT, 1908, p. 79-82.

31. BERGOFF e KORTE, 2002, p. 10.

32. TOWNER, 1985, salienta: "Por volta de 1780 a natureza do *Grand Tour* começou a ser transformada pelo crescimento da classe média inglesa, e resultou no aumento dos *Grand Tourists*, passando de donos de terras para a classe média profissional". Chloe Chard assinala igualmente um número significativo de mulheres a viajar (In: BERGHOFF e KORTE, 2002, p. 10).

"ao sonho" (Fussli, Goya Rousseau, Novalis),[33] bem como ao usufruto da natureza e da paisagem. Neste contexto, a viagem romântica delimita-se não só como uma oportunidade para ordenar/organizar o conhecimento do mundo, mas também como uma aventura do eu. Através dela, pretende-se (re)ganhar o bem estar espiritual (em alguns casos saúde física) e deter uma oportunidade de escape e existência alternativa,[34] onde as motivações subjectivas são as determinantes.

Do tour, com ênfase em aspectos educacionais da cultura, passa-se agora para cultura como fonte de prazer e diversão. A redução do aspecto educacional associado ao tour conduz então a um menor número de universitários e de tutores a acompanhar os seus pupilos. Paralelamente, leva a que o padrão espacial do "Grand Tour Clássico" (concentrado na cultura do mundo clássico e na Renascença) seja substituído pelo do "Grand Tour Romântico", dando projeção a visões românticas do cenário urbano e rural.

Retrospectivamente, parece que a moderna noção de turismo, com o seu elemento de escapismo do dia a dia, tem as suas raízes mais imediatas na viagem do romantismo, embora esta viagem, com a sua ênfase na experiência autêntica e individual estivesse bastante distanciada da experiência massificada à qual a moderna noção de turismo geralmente se associa. Assim, Trimarchi, referenciando-se ao Grand Tour, diz-nos que "a única verdadeira diferença entre o passado e agora é a dimensão".[35]

Esta evolução na viagem vai levar a que no século sequente, século XIX, surja o "pacote turístico" (o package tour"), muitas vezes percepcionado como inscrito numa cultura do consumo (*consumerist culture*) facilmente satisfeita com impressões superficiais.[36] Daí que não seja de estranhar que atraia críticas na altura do seu surgimento.

A Viagem e o Turismo Cultural na atualidade

A reflexão sobre a evolução da viagem leva a que se tenha presente que o turismo moderno se constituiu como o resultado da democratização de práticas elitistas a par da ascensão da sociedade industrial. No que respeita o turismo cultural, enquanto segmento

---

33. CLAUDON, 1986, p. 15.

34. Numerosos Grand Tourist no final do século XVIII incluem os Alpes como "obrigatório" no seu itinerário (vide a título exemplo como lord Byron designa os Alpes "palácios da natureza" (*palaces of nature*) (in Childe Harolds's Pilgrimage, Canto III, stanza LXII. John Ruskin, *Modern Painters*, ed. E.T. Cook and A. Wedderburn, VI, 425) e muitos seguem expressamente as rotas onde os poetas fizeram ou recitaram os seus poemas.

35. TRIMARCHI, 2000, p. 141.

36. Estas críticas põem em evidência "turista" e "viajante" como conceitos distintos. Viajante poderia supor um grau mais aprofundado de apreciação da cultura e da sociedade (ver MACCANNELL, 1976).

turístico, ele só pode ser entendido cabalmente quando se compreende turismo e cultura como conceitos em interconexão.

Assim sendo, há que ter presente que "a cultura importa não só porque representa a imagem antropológica da vida material, espiritual e social das pessoas, mas também porque é um recurso básico para o crescimento econômico sustentável".[37] Ora, a cultura enquanto recurso, enquanto ativo de capital[38] acumulado por uma comunidade cujos membros se reportam a ele para conotarem a sua identidade não pode ser vista como um fato residual ou neutro relativamente à economia. Ela é uma parte integrante da economia e pode mesmo constituir-se como um dos seus grandes motores de desenvolvimento.

No entanto, e porque qualquer relação que apenas estabeleça benefícios num sentido tende a revestir-se de aspectos parasitários e ser perniciosa, economia e cultura devem desenvolver-se enquanto domínios simbióticos um ao outro.

A inseparabilidade entre turismo e cultura deve ser contextualizada no âmbito das relações interativas[39] que os domínios em questão estabelecem entre si e da importância que conjuntamente têm no desenvolvimento local, regional e nacional. Como nos diz De Villiers,

> a relação entre turismo e cultura é mutuamente benéfica e vital para o desenvolvimento sustentável da cultura e do turismo […] esta coabitação do turismo e da cultura é crucial para o desenvolvimento, e pode também acontecer para a sobrevivência de ambos.[40]

Neste contexto, o turismo e a cultura têm no tempo e espaço duas profundas raízes antropológicas, pelo que a sua produção é indissociável de um lugar, ou de um ponto de vista social de uma comunidade e sua história.

Turismo cultural: definição e evolução

"Turismo cultural pode ser definido como a arte de participar noutra cultura, de nos relacionarmos com outros povos e lugares o que demonstra um forte sentido da sua própria identidade. Relaciona-se com os modos de vida de um lugar."[41]

---

37. SANTAGATA, 2004, p. 2.

38. SCOTT, 2000; SANTAGATA, 2004; THROSBY, 2000.

39. Relações não só no destino, mas também entre a região de origem e o destino. JAFARI, 1982 e THIEM, 1992 refletem sobre esta interacção que conduz a que entre a "cultura da região de origem" e a "cultura do destino" se assuma como um laboratório cultural, ao mesmo tempo que emerge a "cultura de férias" (*holiday culture*) e a "cultura de serviços".

40. DE VILLIERS, 2006.

41. WOOD, 1993.

Apesar da multiplicidade de definições que podemos encontrar, para Richards turismo cultural é "o modo como os turistas consomem a cultura".[42] Esta concepção tende a "abarcar não só o consumo de produtos culturais do passado como também da cultura contemporânea ou modo de vida de um povo ou região".[43] Assim, pode incluir tanto turismo de património (relacionado com artefatos do passado), como turismo artístico (relacionado com a produção cultural contemporânea), como ainda turismo étnico.

No turismo cultural, a viagem tende a associar-se a uma experiência que se quer cultural, educacional ou de patrimônio,[44] a qual poderá compreender visitas a "museus e galerias", "artes literárias, visuais e de performance", "festivais e eventos", "locais históricos e atrações de patrimônio", "costumes locais e gastronomia".[45]

No referente à experiência cultural que o turismo quer criar, Richards (2001) salienta que ela deverá envolver uma participação dos turistas num processo criativo, devendo falar-se de "turismo criativo" em alternativa ao "turismo cultural convencional".[46] Criativo também porque pressupõe uma seleção[47] de elementos culturais vários que se articulam numa rede ou redes de significados e simbolismos.

Este tipo de turismo integra-se na procura por aprender e na estruturação de "novas experiências" que enfatizem simultaneamente as dimensões "educativa", "entretenimento", "estética" e de "evasão" e que sejam "memoráveis".[48] De salientar que as experiências em consideração podem ser estruturadas quer pelos produtores culturais quer pelos próprios

---

42. RICHARDS, 2000.

43. *Idem*. No âmbito do projeto de investigação cultural pela Atlas (*Association for Tourism and Leisure Education*), RICHARDS (1996) avança com uma definição conceitual e uma definição técnica de turismo cultural. Definição conceitual: "o movimento de pessoas para atrações culturais fora do seu local normal de residência, com a intenção de compilar novas informações e experiências para satisfazer as suas necessidades culturais". Definição técnica: "o movimento de pessoas para atrações culturais específicas, tais como lugares de patrimônio, manifestações culturais e artísticas de arte e drama para fora do seu local normal de residência".

44. A intensidade da experiência pode variar se pensarmos nas tipologias que confrontam diferentes tipos de turistas culturais: verdadeiros vs casuais (HALL e ZEPEEL, 1990); gerais vs específicos (RICHARDS, 1996); desde o "determinado/motivado" ao "acidental" (MCKERCHER e CROS, 2002).

45. CANADIAN TOURISM COMMISSION, 2003.

46. RICHARDS e WILSON, 2004.

47. A selecção está associada a dois tipos de criatividade: a "estrutural" e a "derivada" (ANDERSON, 1998; in RICHARDS, 2001). A primeira associada ao desenvolvimento das infraestruturas ou de novos usos para as infraestruturas existentes; a segunda associada à estruturação de uma miscelânea, uma composição, articulação entre os vários fatores inter-relacionados.

48. PINE II e GILMORE, 1999.

consumidores até ao ponto de se "falar de 'prosumer' ou consumidor(es) envolvido(s)/comprometido(s) na produção de experiências".[49] Produção e consumo justapõem-se.

O turismo cultural emerge em meados dos anos 1970 e assume-se como "atividade de elevada performance" (*high profile, mass market activity*).[50] A partir dos anos 1990, com o reconhecimento de que os turistas representam um dos mais importantes mercados para a cultura.

> Um estudo conduzido pela Comissão Europeia avançou que 20% das visitas turísticas eram feitas fundamentalmente por motivos de ordem cultural, e que para 60% dos visitantes a cultura era uma preocupação prioritária.[51]

A importância da cultura e patrimônio está também confirmada pelo fato de 37% de todos os visitantes internacionais fazerem pelo menos uma visita a atrações patrimoniais/culturais durante a sua viagem.[52] Outros estudos apontam para valores que oscilam entre 35% a 70% do peso da cultura no turismo.

Não será então de estranhar que, durante os anos 1990, o turismo cultural tenha sido identificado como uma das maiores áreas de crescimento da Europa e no início do século XXI essa perspectiva continue a vigorar.[53]

À medida que cada vez mais e mais atrações estão a ser definidas como culturais e os destinos competem entre si, assiste-se paralelamente a um número crescente de visitantes nas atrações culturais. O acréscimo de visitas culturais está relacionado com o aumento do número de atrações culturais a visitar, e tende a alargar-se ao mesmo tempo que o conceito de cultura, de produção cultural e de consumo cultural em constante redefinição pelo mercado e os agentes produtores também se tem vindo a alargar.

Mercantilização e turistificação da cultura

À medida que, segundo Rojek e Urry (1997), a "culturalização da sociedade" e o processo "pós-moderno" associado à diferenciação da economia cultural[54] se vão

---

49. RICHARDS, 1998.

50. MCKERCHER e CROS, 2002.

51. FRANGIALLI, 1999, p. 12.

52. WTO, 1997; MACNULTY, 1999, p. 51.

53. Ver previsões da WTO: taxa de crescimento anual médio de 15% no tangente às visitas às atrações culturais/históricas contra apenas 4% de crescimento nas visitas a países.

54. URRY, 1990.

desenvolvendo, a distinção entre cultura "elevada" e "baixa" esbate-se e vai-se generalizando a assumpção de que "toda a cultura é criadora de uso e os mesmos recursos são utilizados para produzir diferentes produtos para mercados diferentes".

Esta realidade não pode ser dissociada da sociedade pós-fordista, pós-modernista e globalizada bem como dos seus processos, nomeadamente o da culturalização crescente da vida econômica e o da mercantilização da cultura, este último preocupado em transformar a cultura em bens e serviços e/ou experiências, ou seja preocupado em transformar a cultura em produto a ser consumido. A cultura passa a ser utilizada como meio, e consequentemente criadora de uso. Os mesmos recursos culturais podem então ser utilizados para produzir diferentes produtos para mercados diferentes.

A *mercantilização* da cultura e dos seus ícones altera a natureza do turismo. Por sua vez, a natureza do turismo também altera a natureza da cultura, constituindo-se enquanto conceitos em interação e transformação. Como referem Evans e Robinson, "aspectos de mudança social que emergem de forma independentemente do turismo acabam por o reconfigurar".[55]

Concebendo turismo como cultura, subentende-se que a cultura tende a *mercantilizar-se*. Ou seja, segundo Whitt,[56] tende a identificar-se como produto de atividades individuais ou de grupo, em que recursos culturais se "transformam" em produtos. Temos então cultura enquanto produto turístico.

O processo de *mercantilização* da cultura coincide com um outro, que é o de *turistificação* da cultura. Ou seja, a utilização crescente da cultura por parte do turismo para a transformar num "produto" consumível como qualquer outro. "A irreversibilidade dos processos de *mercantilização*[57] e *turistificação* da cultura compatibiliza-se com a importância crescente do produto cultural, o que nos remete para a necessidade de relacionar produto, cultura e turismo com o desenvolvimento econômico".[58]

Neste contexto, o turismo no pós-modernismo associa-se a um conjunto de características que tendem a reforçar-se no futuro. São elas: consumidores crescentemente exigentes e voláteis nas suas preferências; mercados crescentemente segmentados; produtores mais orientados para o consumidor; desenvolvimento de muitos produtos novos cada um com um menor ciclo de vida; preferências crescentes expressas sem ser em formas massificadas

---

55. EVANS e ROBINSON, 1996.

56. WHITT, 1987.

57. Para ASHWORTH (1995), no primeiro momento do processo de mercantilização os recursos são selecionados. No segundo, avança-se para a transformação dos recursos selecionados em produtos através da interpretação e apresentação. No terceiro, processa-se a comercialização de cada atração destinada a motivar a procura turística.

58. In HENRIQUES, 2003.

de produção e consumo; consumo cada vez menos funcional e cada vez mais esteticizado; indústria turística cada vez mais especializada e flexível.

Devido a uma tecnologia mais adaptável, especialmente no processamento de informação, estabelece-se uma simbiose entre a produção de massa e requisitos individuais que podem emergir. Os turistas, cada vez mais experientes a viajar, longe de serem manipulados, reagem ativamente e participam no desenvolvimento do produto turístico. A indústria tende a responder a este desafio oferecendo e alargando as opções, embora muitas delas sejam padronizadas. Porém, há que não esquecer que a experiência de turismo cultural pode ser uma experiência ilusória. Keller nos diz:

> o turismo é como uma fábrica de sonhos, que simplifica a realidade. Os visitantes potenciais são atraídos por sonhos inspirados que não são mais do que estereótipos da realidade. Estes são as matérias-primas que a economia usa para o desenvolvimento e marketing dos produtos finais e estimular a procura. Os agentes da oferta de produtos turísticos popularizam o conteúdo cultural apelando às emoções. Tornam a cultura popular de modo a que estão longe do ideal do ponto de vista restrito da educação. Eles criam um sonho estereotipado com base nos recursos culturais existentes.[59]

O fato conduz, na acepção de Hughes, a que cada artefato uma vez deslocado da sua história original se torne num objeto distinto. "Neste processo as complexidades da vida social são retiradas e substituídas por gestos promocionais, noutras palavras, estabelece-se uma realidade diferente".[60] Para o autor, este processo provém da esfera criativa (atores culturais) mas para ter valências turísticas deverá ser integrado no domínio institucional.

A complexidade e genuinidade da cultura tradicional e identidades são reduzidas e cria-se qualquer coisa que está próxima de estereótipos partilhados pelos visitantes. Isto envolve o desenvolvimento de uma nova linguagem simbólica e, em última instância, resulta na invenção de uma nova cultura turística, onde o turismo se torna um importante condutor para organizar o significado, quiçá da obra e do espaço.

Ao fato não é alheio o turismo se delimitar enquanto processo semiótico,[61] uma vez que os turistas são conduzidos a "integrar" cidades, paisagens e culturas como sistemas de sinais, símbolos e imagens, tornando-se agentes de semiótica que participam ativamente na produção do significado. O encontro do turista com o seu local de destino está sempre mediado semioticamente. No pós-modernismo, a problematização da relação entre as

---

59. KELLER, 2001.

60. HUGHES, 2001, p. 21.

61. CULLER, 1988.

representações e a realidade leva ao pressuposto de que não existe uma realidade "simples" separada dos seus modos de representação. Pelo que o que é consumido no turismo são sinais visuais e muitas vezes simulacros.[62]

Uma vez que as atrações turísticas são construídas em qualquer lugar e sobre qualquer coisa, críticos queixam-se sobre a inautenticidade da experiência decorrente do consumo turístico e do seu segmento turismo cultural. Assim, se desde os seus dias iniciais o turismo cultural assentou na percepção de destinos construída através de noções definidas culturalmente repletas de significado, na atualidade real ou irreal, autêntico ou inautêntico são termos vagos e normativos que obscurecem as características deste fenômeno. O pós-modernismo celebra o usufruto irônico das atrações que sabemos serem fabricadas, satisfazendo-se os turistas com uma autenticidade superficial. "Lazer e turismo são agora equivalentes a uma mera atividade de consumo. A procura da modernidade pela autenticidade e autorrealização chegaram ao seu término."[63]

Consumo turístico

Na breve apresentação feita da história da viagem num contexto cultural, apercebemo-nos que o consumo está sempre implícito em qualquer deslocação e que a sua estrutura vai variando consoante as épocas históricas. Estudos históricos relativos ao consumo têm-se preocupado com o que é consumido ao longo dos tempos, muito embora, no que tange ao consumo associado a viagens, o apuramento da sua dimensão e estrutura seja difícil de estabelecer com rigor.[64] No entanto, através de alguns relatos de viagens podemos vislumbrar alguns dos bens consumidos pelos protagonistas das viagens. O fato é compreensível, se pensarmos que a viagem não era um fenômeno massificado.

Retrocedendo ao *Grand Tour*, quando a viagem começa a configurar-se como prenúncio do fenômeno turístico, a participação marcante dos britânicos (ao que não é alheio o pioneirismo da empresa Tomas Cook) associada às suas viagens pelo Império Colonial Inglês, conduz a alguns estudos sobre o consumo e sua estrutura, os quais associam o consumo dos *grand tourists* fundamentalmente a bens como especiarias, vinho, roupas, joias, tabaco e chá.[65] Pertencendo estes viajantes maioritariamente a classes abastadas e educadas, muitos destes bens eram de luxo e de gosto refinado.

---

62. Vide BAUDRILLARD, 1994.

63. ROJECK, 1995, p. 133.

64. Por exemplo, devido à carência de estatística, informação, etc.

65. BERGHOFF, 2001, p. 169.

Na atualidade, com a emergência e grande desenvolvimento do turismo, reconhece-se a existência de uma "relação histórica dinâmica entre o turismo e o aumento de consumo numa sociedade moderna",[66] ao mesmo tempo que se reconhece essencial o esforço para compreender as actividades turísticas devido à centralidade destas últimas nas sociedades modernas.

Neste contexto, desenvolvem-se e aperfeiçoam-se estudos e estatísticas no domínio do turismo. Porém, pela própria definição e complexidade de consumo turístico,[67] e, consequentemente, devido ao "caráter pouco claro do que está a ser consumido",[68] são identificados vários problemas de estimação.

Para além do mais, e como nos diz Urry, "é crucial reconhecer o caráter visual do turismo" a par do reconhecimento de que o consumo para além da sua vertente económica é também social, daí que "o consumo dos serviços turísticos não possa ser separado das relações sociais onde está integrado".[69]

O consumo é determinado em larga escala pelo país de origem dos turistas. Uma vez que os países desenvolvidos são em larga medida emissores de turistas e os menos desenvolvidos receptores, os primeiros tendem a introduzir nos últimos o seu modelo de consumo.[70] Este modelo é primeiramente incorporado pelas elites e pelas pessoas que trabalham no turismo dos países menos desenvolvidos, os quais tendem a imitar estilos de vida ocidentais e criar uma procura e importações do mundo industrial. Por exemplo, as comunidades locais tendem a adotar marcas como rádios, óculos de sol, comidas e bebidas importadas.

Paralelamente, à medida que o modelo de consumo tende cada vez mais a incorporar, quer de forma explícita quer implícita, a importância do turismo, estabelece-se

---

66. BERGHOFF e KORTE, 2002, p. 9.

67. "Consumo turístico é um agregado, expresso em termos monetários, resultante das despesas derivadas de bens e serviços turísticos, podendo ser definido como o valor do conjunto dos bens e serviços consumidos durante o seu deslocamento, bem como os serviços prestados pelos organismos que concorrem diretamente para o desenvolvimento turístico (Le Compte du Tourisme, Ministére du Tourisme de France). Nesta acepção, são consideradas despesas de consumo turístico não só as efectuadas durante o deslocamento (transportes, por exemplo) e no destino (alojamento e outros), mas também as que ocorrem antes do deslocamento, bem como as despesas efetuadas pela administração pública com vista ao desenvolvimento turístico" (In: CUNHA, 1997, p. 129).

68. URRY, 1995, p. 129.

69. *Idem.*

70. Por exemplo, associado ao Grand Tour do século XIX (antecedente do turismo), "a percepção dos britânicos de outras culturas, mediadas através de relações de domínio económico e percepções de superioridade, promoveram uma forma orientalista de pensar e sentir e um sentido de controle através de classificações associavam-se a considerarem uma superioridade de entendimento que foi incorporada nos itinerários turísticos, propaganda e guias de viagem" (WALTON, 2002, p. 103).

uma interação no consumo entre bens e serviços turísticos e não turísticos. No séc. xx, o cinema, rádio, TV participaram de forma poderosa na organização do *tourist gaze*,[71] nomeadamente a partir dos anos 1970, muito embora desde os anos 1950 que o turismo tenda a ser visto como forma de popularização de novas formas de viver e gastar. Lugares onde decorrem séries de TV, filmes, novelas tornam-se atrações turísticas porque os visitantes esperam imergir eles próprios na atmosfera única do lugar.[72]

Paralelamente, assiste-se à utilização, por parte de várias indústrias, de imagens turísticas na publicidade dos seus produtos (*outdoors* publicitários e comerciais televisivos). É o caso das indústrias de moda e cosméticos bem como da indústria automóvel.[73] "A mensagem subliminar é: compre este artigo e a sua sensação de férias torna-se parte da sua vida no dia a dia".[74]

Muitos novos itens de consumo, entre os quais se destacam cosméticos, máquinas fotográficas e de filmar, encontraram o seu caminho para o mercado de massas através do turismo. De salientar que muitos destes produtos têm fraca utilidade embora um elevado valor simbólico. Recordações e fotos são basicamente troféus para demonstrar que o viajante esteve lá, constituindo-se enquanto fetiches de distinção.

Os grandes armazéns, também referenciados como as catedrais de consumo, rapidamente se tornaram atrações e partes integrantes de muitos itinerários turísticos (turismo de compras) associando-se de forma complementar a outros produtos turísticos (negócios, cultura...).

Em qualquer dos casos, o turismo tende a ser uma forma paradigmática de consumo enquadrada na atual dialética entre a novidade e a insaciabilidade. À medida que, a uma velocidade surpreendente, novos objetos turísticos vão sendo criados e se assiste à proliferação de museus, itinerários de patrimônio, parques temáticos, o pressuposto é de que tudo e todas as partes do mundo estão abertas à indústria turística. O mundo está a tornar-se um gigantesco destino turístico.

O referido leva à constatação de que ao longo do tempo, a dimensão do consumo associado à viagem é maior, bem como é maior a dimensão da sua indução noutros tipos de consumo, como atestam os multiplicadores de consumo.

O turismo atua como um agente global de consumo e ocidentalização, não só gerando consumo de bens e serviços turísticos mas também bens e serviços não turísticos. Keller diz-

---

71. URRY, 1995.

72. Por exemplo: "and God Created Woman" (Saint Tropez), "Missão" (Foz Iguaçu), "Out of Africa" (Africa), entre muitos outros.

73. É comum ver-se anúncios na TV que colocam os automóveis a percorrer estradas vazias em paisagens pitorescas, praias, entre outros locais apelativos.

74. BERGHOFF, 2002, p. 167.

nos: "a popularização do turismo resultou no desenvolvimento de um estilo de vida turístico, o qual inclui todas as atividades essenciais para preparar e fazer a viagem".[75]

Isto deu lugar, segundo o autor referido no parágrafo anterior, a um tipo de cultura de férias (*culture holiday*) que é basicamente determinada pela sociedade de lazer do país de origem. Os residentes locais no destino da viagem, como uma "minoria que providencia serviços" desenvolveu ao longo de um período de tempo uma cultura de serviços (*service culture*) no qual o seu próprio estilo de vida é modificado de acordo com as necessidades dos visitantes e os seus interesses. Por fim, as trocas culturais também são influenciadas pela cultura tradicional e original de dada região. Isto atrai visitantes e também providencia a base para a identidade dos residentes locais.

Uma vez que os turistas consomem bens e serviços de natureza turística[76] e não turística, o mesmo acontece com o turista cultural. No entanto, como assinala Henriques, "comparado com outras formas de turismo, o turismo cultural está associado a gastos diários relativamente elevados",[77] pressupondo-se um nível de consumo superior à média. Ao fato não é alheio ser praticado por grupos socioeconômicos elevados como se se tratasse de um "serviço de classe" consumido por indivíduos de cultura elevada, tendencialmente com idade mais avançada.

No respeitante à prática de turismo cultural enquanto atividade massificada, ela está associada ao consumo do espaço e da cultura. No que tange ao espaço, turismo envolve espaço de origem, de destino e em trânsito, pelo que acarreta consumo nestes diferentes espaços, com diferentes estruturas.[78] No respeitante ao espaço de destino, a cultura torna-se um recurso básico a desenvolver, pois ganha expressão territorial uma vez que, entre outros aspectos, tende a ser um elemento de heterogeneização do produto turístico e a gerar procuras inelásticas. O *genius loci* advém da identidade associada ao lugar e à cultura que, nas suas diferentes formas, contribui para a consolidar.

---

75. KELLER, 2001.

76. A estrutura dos gastos turísticos de não residentes tende a revelar-se do seguinte modo por ordem decrescente de importância: " 'alojamento', 'restaurantes e similares', 'alimentação, bebidas e tabaco', 'transportes internos', 'recreio e cultura', 'artigos domésticos e decoração', 'vestuário e calçado', 'bens e serviços diversos' " (ver INSTITUTO NACIONAL DE ESTATÍSTICA, *Os Gastos dos turistas*, Portugal).

77. HENRIQUES, 2003, p. 111.

78. Também existem espaços endotrópicos (espaço que se dirige para a utilização turística de elementos internos ao seu tecido construído (monumentos, museus, atividades culturais…) e exotrópicos (orienta-se para os elementos atrativos exteriores ao seu espaço construído e geralmente pré-existentes e independentes dele (mar, praia, floresta,…) que também configuram estruturas de consumo distintas. "Assim, não será de estranhar que o processo de afirmação do fenômeno turístico tivesse sido acompanhado pelo reforço da sua expressão territorial" (HENRIQUES, 2003, p. 27).

Em consequência, nas últimas décadas, verifica-se então um esforço internacional, nacional, regional e em menor escala, local, meritório, no sentido de definir e promover o conhecimento da oferta de produtos turísticos culturais.

O consumo do turista cultural advém de motivações de ordem cultural, a qual está fundamentalmente associada ao espaço urbano (cidades), e nomeadamente aos de maior dimensão. Os bens e serviços consumidos nas cidades dependem das suas infraestruturas. Por exemplo, há cidades que possuem e zelam da sua monumentalidade (Paris, Edimburgo...), outras que se reconverteram na sequência de terem sido cidades europeias da cultura (Glasgow, 1990), outras que apostaram na criação e investimento em infraestruturas culturais de grande envergadura (Bilbau e o Guggenheim), outras que revitalizam o seu centro histórico e apostam em itinerários culturais,[79] outras que são polos geradores de desenvolvimento para outras cidades,[80] outras que são Cidades de Arte (Veneza), etc.

Alguns dos exemplos da conquista do espaço urbano pelo turismo associado à cultura estão na respectiva dotação em infraestruturas culturais de grande envergadura (museus,[81] teatros, galerias de arte...), na reconversão das frentes ribeirinhas com a reintegração das estruturas industriais pré-existentes,[82] na revitalização/reabilitação dos centros históricos,[83] no estabelecimento de itinerários intercidades e dentro de cada cidade, entre outras.

É também frequente nas cidades que o patrimônio e a história[84] encontram maior expressão, sendo os dois elementos referidos determinantes no âmbito do turismo cultural.

---

79. Por exemplo, o centro histórico de Madrid recebeu o prêmio Europa Nostra, tendo sido alvo de várias intervenções de reabilitação. Os setenta museus da cidade estão a dar lugar ao "passeio da Arte".

80. Por exemplo, Madrid fica a uma distância relativamente reduzida do Escorial, Aranjuez, Toledo, Segóvia ou Ávila, o que pode conduzir à estruturação de um complemento a todo o produto turístico conjunto de Madrid.

81. Os grandes museus da Europa são um importante fator de mobilização, sobretudo através das exposições; eles estão implicados na política da própria cidade. No caso holandês, as decisões sobre as grandes exposições não são provenientes de um diretor de um museu nem de um grupo de conservadores mas sim do departamento de marketing da cidade e da decisão colectiva de um grupo de gestores em impulsionar as visitas. Este inovador fenômeno começou nos anos 1990 na Holanda com as exposições de Van Gogh, seguiu-se no Reino Unido e também se encontra na França desde 1995. Para levar os consumidores a empreender estas viagens, há que adaptar estas estruturas de museus ao novo consumidor. Na Espanha, tentaram-se operações desta natureza com as comemorações do ano Goya, ou o Ano Velasquez, mas não foram grandes sucessos fundamentalmente porque se conceberam como simples exposições, sem pensar num aspecto tão importante como é a comercialização.

82. Por exemplo: Boston, Baltimore, S. Francisco, Londres, Glasgow, Roterdam, Gênova, Berlim, Hamburgo, Barcelona, Bilbao, Lisboa.

83. Por exemplo: Manchester, Lisboa, Glasgow, Havana, Bath, Salamanca.

84. Consumir história pode ficar patente nas múltiplas visitas ao patrimônio físico. Por exemplo, o amador da história da Idade Média pode visitar vários testemunhos físicos que captam milhares de visitantes, tais como o Mont-Saint-

Michael[85] diz-nos que para os visitantes consumidores de patrimônio a sua descoberta é um momento de cultura. As razões subjacentes a essa visita são fundamentalmente aprender (50%). No âmbito de uma abordagem mais aprofundada, destacam-se os que gostam de história (41%), os que gostam de arte e arqueologia (31%) e os que consideram a visita como um meio de evasão. Também um estudo de Craik (1997), referente a 1991, sobre as preferências dos norte-americanos na sua viagem cultural à Europa, evidencia que as visitas/preferências se orientam, por ordem decrescente de importância para: castelos e fortes antigos (86%); museus (80%); igrejas antigas (65%); ruínas romanas (64%); parques/jardins (63%); teatro/drama (63%); galerias de arte (62%); visitas guiadas às cidades (61%); costumes (44%); indústria/empresas locais (42%); óperas/sinfonias (37%); festivais de Jazz (17%).

Este consumo de patrimônio associa-se igualmente a algumas das iniciativas, tais como: Classificações como a de Património Mundial da Humanidade, Patrimônio Natural, Sete Maravilhas do Mundo, ou ainda a estruturação de itinerários culturais (destacam-se os desenvolvidos no âmbito da União Europeia[86]) ou percursos temáticos relacionados com a história da região, ou ainda revitalização das tradições locais e recriações históricas didáticas, entre outras.

No âmbito das recriações referenciadas, está presente a espetacularização da história de cada local criando produtos culturais histórico-mediáticos. Vivemos numa sociedade mediatizada onde a própria história se torna muitas vezes atrativa para o exibicionismo televisivo. Iniciativas recentes estão associadas a temáticas tais como feiras medievais, batalhas, transmigração de D. João VI e sua corte para o Brasil, e

---

Michel, Baux-de-Provence, Fontevrault, Abadia de Senaque. Também locais ou monumentos associados a figuras históricas medievais como Carlos Magno, Joana d'Arc, a Inquisição, os Templários, o Graal.

85. 1991; In HENRIQUES, 2003, p. 109.

86. Sob o pressuposto da existência de uma identidade europeia multicultural, diferentes instituições internacionais, tais como o conselho da Europa, deram nascimento ao programa de itinerários culturais em 1987. O primeiro grande tema foi uma rota de peregrinação "Os caminhos de Santiago de Compostela", seguem-se as "Vias históricas da Suiça", as "Províncias de Namur e de Liège, os países Baixos e a Bélgica, os "Caminhos de Saint-Michel". Ainda em 1987, o habitat rural constituiu o segundo tema de redescoberta e releitura da Europa. Quatro circuitos de interpretação foram postos em marcha entre "o Grão Ducado do Luxemburgo, a Wallonie na Bélgica, a Lorraine na França e em particular o Vale de Moselle e dois Landers alemães, a Sarre e a Rhénanie-Palatinat. Depois destes primeiros temas foram eleitos sucessivamente outros. A sua escolha foi guiada quer pela preocupação de se dirigir a todos os espaços geográficos da Europa, a coletividades de todas as dimensões e de cobrir o conjunto da história europeia, encontrando domínios de aplicação que correspondem às necessidades dos europeus de hoje (destaca-se por exemplo as seguintes temáticas: Vikings, Patrimônio Andaluz, Festas e Rituais populares, influencia monástica). Destaca-se também o "itinerário dos parques e jardins".

constituem espaços vivos propícios à aquisição de conhecimento da história junto de número alargado de cidadãos.

Há no entanto que ter presente que a eficácia deste tipo de eventos implica a detenção pelo público de chaves de interpretação que lhe permitam descodificar os conteúdos que se pretendem transmitir. Só assim, assistir pode ser sinônimo de aprender, ou seja, adquirir conhecimento. Neste contexto, o patrimônio torna-se mais do que a simples representação do passado, mas torna-se um espaço de encontro entre culturas. Estes espaços culturais estão a permitir às pessoas experimentar a cultura viva, e também lidar criativamente com a relação entre o presente e o passado.

As recriações históricas articuladas em redes integradoras do Patrimônio podem apontar caminhos válidos para a sua valorização, estruturação, divulgação e interpretação no que, muito positivamente, se deveria transformar em projetos transdisciplinares de turismo cultural. Com objetivo de colmatar algumas das lacunas sentidas nesta área destaca-se a importância em desenvolver projetos multidisciplinares que recuperem as memórias e revitalizem a herança cultural, indicando a título ilustrativo o caso do projecto "Impacto histórico-econômico-urbanístico da estatuária em espaço público de Portugal dos séculos XIX e XX", da responsabilidade de Moreira.[87] Trata-se de uma investigação que mediante a aplicação de inquéritos às Câmaras Municipais de todos os Concelhos do Norte de Portugal (68 conselhos) e capitais de distrito do Centro e Sul de Portugal, permitiu alertar as autarquias para a tomada de consciência da necessidade de inventariação, investigação e divulgação de um patrimônio escultórico estatuário em espaço público, em muitos casos desconhecido pela edilidade.

O levantamento e análise pioneiros de fontes primárias referentes a parte desse património, nomeadamente autos de inauguração e atas institucionais, elementos essenciais para a criação de conteúdos culturais, constituem chaves de interpretação da memória representada nos monumentos escultóricos estudados. A criação desses conteúdos, aliada a uma educação para o seu consumo turístico, permitirão colmatar o elevado grau de desconhecimento desse patrimônio pelos cidadãos. Consequentemente, para a promoção deste produto turístico cultural é decisivo aliar o seu conhecimento à criação de pacotes de produtos pelos agentes turísticos que o incluam em rotas temáticas culturais.

---

87. Projeto POCI/HEC/59348/2004 *Impacto Histórico-Económico-Urbanístico da Estatuária em Espaço Público. Estudos de Caso em Portugal nos séculos XIX e XX.* O financiamento para este projecto foi concedido pela Fundação para a Ciência e Tecnologia, FEDER, POCI 2010. Ver MOREIRA e HENRIQUES, 2007, p. 134-145 e MOREIRA *et al* (no prelo). Estatuária das guerras napoleónicas e turismo cultural em Portugal. *Avanços em Economia e Gestão do Turismo* (Organização de Álvaro Matias e Raul Sardinha), Editora Piaget, vol. I.

Conclusão

A procura do produto turístico-cultural tem por finalidade o consumo para satisfação de uma ou mais necessidades. Cientes de que as necessidades culturais são criadas, cada sociedade gera as suas, as quais por sua vez tendem a ser consumidas segundo os respectivos modelos econômicos vigentes.

Se antes do surgimento do turismo, tal como hoje o concebemos, a viagem com motivações culturais era protagonizada por classes altas e identificada com privilégio, na atualidade, à medida que o conceito de cultura se generaliza, multiplicam-se os elementos e locais culturais passíveis de ser visitados, e viagem e cultura tendem a transformar-se numa "mercadoria".

De fato, a breve retrospectiva histórica da viagem num contexto cultural, conduziu à verificação de que a dimensão educacional/aprendizagem embora sempre determinante ao longo dos tempos tem vindo, na atual sociedade pós-moderna, pós-fordista e globalizada, a ser integrada no âmbito do consumo em que cultural se torna um produto a ser consumido como qualquer outro, associado não só à educação/aprendizagem mas a outras dimensões, como a de fruição e lazer.

Neste contexto, a evolução do turismo configura-se no âmbito da transformação de um privilégio em mercadoria, à medida a que se assiste à progressiva mercantilização e turistificação dos espaços e da cultura; ou seja, à medida que cada vez mais objetos, infraestruturas e locais vão captando visitantes. Torna-se então, de crucial importância o desenvolvimento de redes de conhecimento sobre destinos e propostas de turismo que fomentem o interesse dos cidadãos pela herança cultural. O estabelecimento destas redes pressupõe a existência prévia e consolidada de uma forte dinâmica cultural societal, indutora de criatividade, a qual deve ser integrada pelos poderes públicos, sob o pressuposto de que a cultura não é um fato residual ou neutro relativamente à economia, mas, ao invés, constitui-se como um dos seus motores de desenvolvimento.

Estabelecer formas de turismo passíveis de perdurar no tempo, respeitando os locais visitados e inseridos nas rotas turísticas, que congreguem o envolvimento das populações locais e assegurem formas sustentadas de desenvolvimento, deverá ser o rumo de uma estratégia global de turismo cultural.

A concepção predominante de que "tudo é cultura" conduz a uma possibilidade infinita na estruturação de produtos turísticos culturais. No entanto, a existência de uma procura definida para um determinado produto de turismo cultural implica a percepção prévia do benefício que pode ser obtido mediante o consumo desse produto. Assim, é essencial promover a educação dos cidadãos para a percepção, de forma mais imediata, do valor da aquisição de bens culturais, nomeadamente do conhecimento obtido pela visita a locais históricos ou a participação em percursos ou representações históricas que o enriqueçam e alarguem a sua percepção do mundo e do seu papel nele enquanto "cidadão universal". Neste sentido, a globalização surge como uma oportunidade, permitindo alargar o universo dos que podem aceder a determinado bem cultural.

Para tal, condição *sine qua non* é a adequação da oferta cultural ao público-alvo. Trata-se de dotar o consumidor de produtos turísticos culturais de um leque de ferramentas que inicialmente o motivem para a procura desses produtos, resultado de uma sensibilização para as temáticas oferecidas, assegurem a compreensão do seu conteúdo, garantam um grau elevado de satisfação e predisponham não só repetir a experiência como também a procurar vivências complementares.

Bibliografia

ALEMANY, Joan; ALTET, Xaxier-Barral; BIOSCA, Joan. "Introducción". In: GUEDEA, E. (coord.). *Mediterraneum – El esplendor del Mediterráneo medieval s. XIII-XV* (coordinación científica ALEMANY, J. *et al.*). Edición Instituto Europeu del Mediterraneo (Temed), Museu Marítim de Barcelona, Forum Universal de las Culturas Barcelona 2004. Barcelona: Lunwerg Editores, 2004, p. 17-25.

BATES, E. S. *Touring in 1600: A Study in the Development of Travel as a Means of Education.* Londres: Centuary Hutchinson, 1987 (1911).

BAUDRILLARD, J. *Simulacra and Simulation.* Ann Arbor: University of Michigan Press, 1994.

BERGHOFF, Hartmut. "From Privilege to Commodity?". In: _____; KORTE, B.; SCHNEIDER, R.; HARVIE, C. (eds). *The Making of Modern Tourism: The Cultural History of the British Experience, 1600-2000.* Nova York: Palgrave Publishers Ltd., 2002, p. 159-179.

_____; KORTE, Barbara. "Britain and the Making of Modern Tourism: An Interdisciplinary Approach". In: _____; _____; SCHNEIDER, R.; HARVIE, C. (eds.). *The Making of Modern Tourism: The Cultural History of the British Experience, 1600-2000.* Nova York: Palgrave Publishers Ltd., 2002, p. 1-20.

BURKE, Peter. "Representations of the self from Petrarca to Descartes". In: PORTER R. (ed.). *Retrieving the self. Histories from the Renaissance to the Present.* Londres: Routledge, 1979, p. 17-28.

Canadian Tourism Commission. *Langley – Cultural Tourism Economic Impact.* Langley: Grant Thorton, 2003.

CEF. *Culture pour les citoyens européens de l'an 2000*: Rapport final du 15.11.1989. Documento da Comissão dos Conselheiros Culturais da CEF, 1989.

CHARD, Chloe. "From the Sublime to the Ridiculous: The Anxieties of Sightseeing". In: BERGHOFF, H. *et al.* (ed.). *The Making of Modern Tourism*: *The Cultural History of the British Experience, 1600-2000*. Nova York: Palgrave Publishers Ltd., 2002, p. 47-68.

CLAUDON, Francis. *Enciclopédia do Romantismo.* Verbo Editora, 1986.

CRAIK, Jennifer. *The Culture of Tourism.* In: ROJEK, C.; URRY, J. *Touring Cultures: Transformation of Travel Theory.* Londres: Routledge, 1997, p. 113-136.

CULLER, Jonathan. "The Semiotics of Tourism". In: *Framing the Sign. Criticism and Its institutions.* Oxford: Blackwell, 1988, p. 153-167.

CUNHA, Licínio. *Economia e política do turismo.* Portugal: McGrawHill, 1997.

DE VILLIERS, David. Deputy Secretary General, WTO, Sustainable Europe's Cultural Heritage: From Research to Policy. In: *Conference Proceedings*, 2006 (online). Disponível em http://www.ucl.ac.uk/sustainableheritage/conference-proceedings/session-summaries. Acesso em 10-02-2006.

EVANS, N.; ROBINSON, Mike. "Introduction". In: _____; _____; CALLAGHAN, P. (eds). *Tourism and Cultural Change, Tourism and Culture*: *Towards the 21ˢᵗ Century.* Conference Proceedings, supported by united Nations Educational, Scientific and Cultural Organization, Newcastle: University of Northumbria, 1996.

FEIFER, Maxine. *Going Places. The Ways of the tourist from imperial Tome to the Present Day.* Londres: Macmillan, 1985.

FRANGIALLI, Francesco (Secretary-General of the World Tourism Organization). "Address to the opening session". In: WTO/Unesco *Seminar on Tourism and Culture.* Samarkand/Khiva, Republic of Uzbekistan, 20-21 April, 1999.

HENRIQUES, Cláudia. *Turismo, Cidade e Cultura*: Planeamento e Gestão Sustentável. Lisboa: Edições Sílabo, 2003.

HIBBERT, Cristopher. *The Grand Tour*. Nova York: Putnam, 1969.

HUGHES, George. "Tourism and the semiological realization of space". In: RINGER, G. *Destinations. Cultural landscapes of tourism*. Routledge, 2001, p. 17-32.

KELLER, Peter. *Management of Cultural Change in Tourism Regions and Communities*, 2001, s.r.

MACCANNELL, D. *The Tourist: a New Theory of the Leisure Class*. Nova York: Schocken Books 1976.

MALLOL, María-Teresa Ferrer. "El Mediterráneo de los siglos XIII al XV: La Expansión Catalana". In: GUEDEA, E. (coord.). *Mediterraneum – El esplendor del Mediterráneo medieval s. XIII-XV* (coordinación científica ALEMANY, J. *et al.*). Edición Instituto Europeu del Mediterraneo (Temed), Museu Marítim de Barcelona, Forum Universal de las Culturas Barcelona 2004. Barcelona: Lunwerg Editores, 2004, p. 143-158.

MCKERCHER, Bob; CROS, Hilary du. *Cultural Tourism: The Partnership between tourism and cultural management*. The Harworth Hospitality Press, 2002.

MCNULTY, M. "The place of cultural products in the marketing and promotion of tourism to central Asia". In: WTO/Unesco *Seminar on Tourism and Culture*. Samarkand/Khiva, Republic of Uzbekistan, 20-21 April, 1999.

MIRANDA, José. *Teoria da Cultura*. Colecções Biblioteca do Pensamento Humano. Lisboa: Edições Século XXI, 2002.

MOREIRA, Maria Cristina; HENRIQUES, Cláudia. "Percursos Turístico-Culturais e Criatividade – Que futuro para a relação entre turismo-cultura-estatuária?" *Revista Encontros Científicos,* n. 3, Universidade do Algarve – ESGHT, 2007, p. 134-145.

NAVARRO, Francesc (ed.). *História Universal.* Editorial Salvat, Mediasat Group, S.A., 2005.

PINE II, Joseph; GILMORE, James. *The Experience Economy*. Boston, Massachusetts: Harvard Business School Press, 1999.

QUADFLIEG, Helga. "Approved Civilities and the Fruits of Peregrination". In: BERGHOFF, H. *et al* (ed.). *The Making of Modern Tourism: The Cultural History of the British Experience, 1600-2000*. Nova York: Palgrave Publishers Ltd, 2002, p. 21-45.

RICHARDS, Greg. "Cultural tourists or a culture of tourism? Developments in the European cultural tourism market". In: BUTCHNER, J. (ed.). *Innovations in cultural tourism*, Proceedings of the 5th ATLAS International Conference Innovatory approaches to culture and tourism. Rethymnon, Crete, Greece, 1998(a).

_____. "Cultural tourists or a culture of tourism? The European cultural tourism market". In: BUTCHNER, J. (ed) *Innovations in cultural tourism*. Proceedings of the 5th ATLAS International Conference Innovatory approaches to culture and tourism. Rethymnon, Crete, Greece, 1998(b).

_____. "Politicas y Actuaciones en el campo del turismo cultural europeo". In: PRIETO, L. (ed). *Turismo Cultural: El Patrimonio Histórico como Fuente de riqueza*. Fundación de Patrimonio Historico de Castilla y León, Valladolid, 2000, p. 69-98.

_____ (ed.) *Cultural Attractions and European Tourism*. Wallingford: CAB International, 2001.

_____; WILSON, Julie. *The Global Nomad: Backpacker Travel and Practice*. Channel View Publications, 2004.

ROJECK, Chris. *Decentring Leisure: Rethinking Leisure Theory*. Londres: Sage, 1995.

SANTAGATA, Walter. *Cultural Districts and Economic Development*. Department of Economics S. Cognetti de Martiis – Working Papers Series, International Centre For Research on the Economics of Culture, Institutions and Creativity (EBLA), Working paper n. 1/ 2004, Universitá di Torino, Torino, 2004.

SCOTT, Mary A. (ed.). *The Essays of Francis Bacon*. Nova York: Scribner´s, 1908.

STOYE, J. *English Travellers abroad: 1604-1667*. rev. ed. New Haven: Yale University Press, 1989.

TOWNER, John. "The grand tour: a key phase in the history of tourism". *Annals of Tourism Research*, 12, 2,1985, p. 297-333.

TRIMARCHI, Michele. El turismo cultural en Italia: Oportunidades y Amenazas. In: Prieto, L., ed. *Turismo Cultural: El Patrimonio Histórico como Fuente de riqueza*. Fundación de Patrimonio Historico de Castilla y León, Valladolid, 2000, p. 141-154.

URRY, John. *The Tourist Gaze: leisure and Travel in Contemporary Societies*. Londres: Sage, 1990.

_____. *Consuming places*. International Library of sociology, Lancaster University, Londres: Routledge, 1995.

WALTON, John K. "British Tourism Between Industrialization and Globalization". In: BERGHOFF, H. *et al.* (ed.). *The Making of Modern Tourism: The Cultural History of the British Experience, 1600-2000*. Nova York: Palgrave Publishers Ltd, 2002, p. 109-131.

WOOD, C. "A sense of Place". *New Traveller*, n. 5, 1993, p. 8-9.

WTO. *Facts and Figures*, 1997, online. Disponível em http://www.unwto.org/index.php. Acesso em janeiro de 2008.

WTTC (World Travel & Tourism Council), 2007. Tourism Satellite Accounting. Disponível em www.wttc.travel/eng/Researcg/Tourism_Satellite_ Accounting/.

14. Universidade Medieval: um Lócus de Produção e Conservação de Bens Culturais

Terezinha Oliveira[1]

---

1. Departamento de Fundamentos da Educação, Universidade Estadual de Maringá – CNPq PQ – II.

NA SEGUNDA METADE do século XIII, as cidades e as universidades que nelas surgiram constituíram-se em um novo e decisivo espaço de produção da vida e de bens culturais. Os mestres universitários, expoentes desses novos espaços de convívio, somente poderiam existir no interior dessas novas condições. Estes dois elementos, as cidades e a Universidade, fazem parte de um mesmo processo de transformação social pelo qual a Europa ocidental atravessava desde, pelo menos, o século XII. Entretanto, para bem compreendê-lo, é necessário fazer a distinção do processo de constituição desses dois elementos. Em função disso, analisaremos a emergência das cidades para, em seguida, examinarmos o surgimento, em seu interior, da Universidade e dos mestres universitários.

Evidentemente, existe uma vasta bibliografia acerca das cidades e das suas origens na Idade Média. Entretanto, independentemente da sua origem, o fato é que, cada vez mais, cada uma a seu modo, elas se tornam o espaço onde se verificam as novas formas de existência social. Aliás, em muitos casos, o surgimento das cidades coincide com a expansão dessas novas formas. Todavia, independentemente disso, é no seu interior que as novas atividades econômicas surgem e se expandem, como o comércio e as novas profissões, geralmente organizadas sob a forma de corporações. Com isso, temos o estabelecimento de novas relações, de novos conflitos, de novos embates políticos e de novos saberes. Dentre as novas profissões, encontramos as exercidas na Universidade, ela própria organizada sob a forma de corporação, modelo de organização de existência dos homens.

A bibliografia relativa às cidades medievais, além de extensa, abarca diferentes áreas do conhecimento, particularmente a História, História da Educação, Geografia, Filosofia e Arquitetura. Não faremos uma análise dessa bibliografia ou mesmo a levaremos em consideração para alcançar nosso propósito. Iremos nos deter apenas nas correntes e historiadores necessários para indicarmos a importância de se considerar o significado histórico das cidades e da Universidade para a compreensão dos debates que se verificam nesta última instituição.

Assim, cabe registrar a existência, na França, na primeira metade do século XIX, de uma corrente da historiografia que julgamos especialmente importante. Ela busca, entre outros temas, investigar as origens das cidades medievais com o intuito de legitimar as conquistas políticas da Revolução Francesa. Seus representantes mais salientes são Guizot e Thierry.

Também ao longo do século XX, encontramos muitas publicações dedicadas ao estudo das cidades medievais, desde a clássica obra do medievalista belga Henri Pirenne, *As Cidades na Idade Média*, até as consagradas obras do historiador francês Jacques Le Goff, como *O apogeu da cidade medieval, Por amor às cidades, Mercadores e banqueiros*. Em outras obras, mesmo que as cidades não constituam o tema central, Le Goff dedica capítulos inteiros ao seu estudo, como em *Os intelectuais na Idade Média, O homem medieval*, ou ainda, nos textos que iniciam a obra *Para um novo conceito de Idade Média*. Isso apenas para mencionar as obras já consagradas pela e na História.

A Geografia também se dedica amplamente ao estudo dos espaços urbanos e, em muitas obras, verifica-se a retomada dos espaços das cidades medievais para analisar ou justificar determinadas ocupações de espaço. No campo dessa ciência encontramos, também, a preocupação em explicar a ocupação dos espaços medievais como manifestação e conservação de tradições sagradas.

Todavia, se as cidades ocupam grandes espaços nas pesquisas em ciências sociais, essa mesma preocupação não se verifica, ao menos em termos de Brasil, no que diz respeito às universidades. Mesmo o interesse pelo assunto é diminuto, se considerarmos as poucas traduções de estudos sobre as universidades medievais para a língua portuguesa. Podemos citar aqui as obras de Jacques Verger, *As Universidades na Idade Média*, traduzida no início da década de 1990, e de outras duas obras do mesmo autor que tratam das instituições dos saberes na Idade Média, traduzidas e publicadas em fins desta mesma década.[2] A imensa produção francesa, inglesa e alemã, entre outras, continua praticamente desconhecida entre nós e autores fundamentais, com grandes contribuições para o estudo desse tema, como Henricus Denifle, Stephen D'Irsay, Charles Homer Haskins, são pouco conhecidos dos brasileiros.

Não chega a surpreender, por conseguinte, que sejam poucas as pesquisas realizadas no Brasil acerca da temática. Podemos contar nos dedos de uma mão aqueles que se

---

2. VERGER, 1999.

aventuraram por este caminho: o livro do professor Aldo Janoti, *As origens da Universidade em Portugal,* a obra de professor Reinholdo Aloysio Ullmann, as *Universidades na Idade Média,* uma outra publicação nossa sobre *As Universidades na Idade Média* e pesquisas do professor Ruy Afonso da Costa Nunes que tratam de temas relacionados à história do ensino e da educação na Idade Média. Por este registro, notamos que a temática continua, se não desconhecida, ao menos de pouco interesse junto aos estudiosos da história e da história da educação no Brasil.

Talvez o pouco interesse decorra da não percepção da importância desse estudo para a atualidade, inclusive para o Brasil. Muitas vezes, em decorrência de não possuirmos um passado medieval e, além disso, os séculos XII e XIII estarem distantes de nós, supõe-se que estudos desta natureza sejam diversionistas, que nos afastariam dos nossos reais problemas, constituindo, por isso, em simples adornos. Assim, o imediatismo ditado por uma visão política estreita leva alguns estudiosos a se preocuparem com o aqui e o agora, como se isso fosse suficiente para dar uma contribuição efetiva às mudanças nas condições sociais e políticas vigentes. Essa atitude conduz a uma supervalorização dos estudos relativos ao Brasil contemporâneo e à ideia equivocada que o tema justifica por si só o estudo, sem considerações outras acerca do modo como a história é concebida.

Evidentemente, não estamos criticando aqueles que se dedicam ao estudo do Brasil contemporâneo. Do nosso ponto de vista, uma compreensão histórica das instituições que formam a sociedade contemporânea, ainda que para tanto tenhamos que nos afastar séculos do presente, é fundamental para um equacionamento dos caminhos que efetivamente podemos e queremos trilhar. Em função disso, entre um estudo do Brasil contemporâneo e outro acerca do passado medieval, por exemplo, devemos ficar com os dois.

A questão não é debater em que medida um estudo sobre as universidades e as cidades medievais constitui-se em uma questão importante na atualidade. Para nós, a questão é outra: saber se podemos efetivamente compreender historicamente o mundo em que vivemos prescindindo de conhecimentos como os acerca das cidades e das universidades medievais. O simples enunciado do problema já nos leva a perceber tratar-se de uma falsa questão. Isso posto, vejamos o tema a que nos propomos desenvolver.

A história das cidades na Idade Média e a história da Universidade se entrelaçam e, por conseguinte, não podem ser compreendidas separadamente. O *locus* que se caracteriza como espaço da cidade é o da Universidade, ou seja, essa instituição surge exatamente por que também fora criado o espaço citadino. Em última instância, o espaço do público, do circulante, do diverso, do confuso, do mercado, que é a *urbis* medieva. É, pois, nesta instituição e neste espaço particularmente urbano e universal[3] que verificamos a presença dos mestres e, especialmente, dos mestres mendicantes. Uns produzindo e concebendo bens culturais[4] novos, outros conservando os saberes diversos e ainda outros cuja atividade era manter a linha de pensamento e de cultura vinculada aos primeiros séculos do medievo, questão que trataremos mais adiante.

Além dessas características existe, a nosso ver, um outro motivo não menos importante a ser considerado no que diz respeito às cidades medievais e às universidades como centros de saberes de bens culturais. Trata-se da maneira como concebemos os homens e, por conseguinte, suas relações sociais. Do nosso ponto de vista, este estudo permite que compreendamos um pouco mais como construímos nosso conhecimento, nossas instituições, nossa legislação e nossas identidades. O conhecimento da história constitui condição primária para se compreender que as verdades do passado eram, de fato, verdades para aqueles homens que nela acreditavam, independentemente do que possamos hoje pensar a respeito. A "aceitação do passado" é um passo decisivo para se construir o conhecimento do presente.

As sábias palavras de Tomás de Aquino, citadas por Grabmann, indicam em que medida os autores e os acontecimentos do passado são fundamentais para a compreensão de nossas verdades do presente.

> Neste amor à verdade Tomás é grato a todos aqueles que no tempo passado trabalharam na investigação da verdade. Nos seus comentários aristotélicos encontram-se belos trechos sobre isto, dos quais eu desejaria citar um: *"Na procura da verdade, de dois modos somos ajudados pelos demais. Um auxílio direto recebemo-lo daqueles que já se encontram a verdade. Quando todos os pensadores anteriores encontraram um aspecto da verdade, tais achados ficam sintetizados na sua unidade e totalidade para os investigadores posteriores, como poderoso recurso para um conhecimento integral da verdade. Indiretamente os pensadores seguintes são ajudados pelos anteriores, nisso que os erros dos primeiros dão aos últimos ensejo para esclarecer a verdade num sério trabalho intelectual. Equitativo é, por conseguinte, sejamos agradecidos a todos aqueles que nos hão ajudado no esforço pelo bem da verdade"*. Esta concepção, de ressaibo aristotélico, mostra a estima de Tomás para com os representantes das ciências profanas, tanto na antiguidade como na filosofia árabe e judaica, e a utilização dos seus resultados para a investigação da verdade. O conhecimento da história da filosofia não é para ele um fim em si mesmo, mas apenas o

---

3. O conceito de universal vincula-se ao fato de que nas universidades medievais, especialmente a parisiense, assiste-se à circulação de pessoas de diferentes regiões do Ocidente que se agrupam como "nações", e este é um fenômeno novo no cenário do medievo ocidental.

4. Destacamos que o conceito bens culturais, neste texto, está relacionado diretamente às obras produzidas pelos mestres universitários do século XIII que se dedicam a elaborar saberes.

mantém no conhecimento da verdade: *"O estudo da filosofia não tem por fim saber o que os outros pensaram senão conhecer como é a verdade das coisas."* [5]

Nos textos de Santo Tomás, os autores do passado são tratados como aqueles que fundam um alicerce de conhecimentos que possibilita aos homens do presente (no caso de Santo Tomás, o século XIII; no nosso, o século XXI) igualmente construírem suas verdades e suas raízes. Da passagem acima, podemos destacar a necessidade de se conhecer os autores do passado não para pensarmos como eles ou reproduzirmos suas experiências, mas para sabermos como os homens produziram seus saberes e suas relações, que Santo Tomás chama de verdade.[6] Muitos autores, anteriores a Santo Tomás, já haviam alertado para a importância de se conhecer a história. Hugo de Saint-Victor, um século antes de Santo Tomás, destaca que:

> Sem dúvida é mister, no estudo, que você aprenda, antes de tudo, a história e a verdade dos fatos, retomando do começo ao fim: 1) o que foi feito, 2) quando foi feito, 3) onde foi feito, 4) por quais pessoas foi feito. Na história devem ser procurados, sobretudo, estes quatro dados: as pessoas, o fato, o tempo e o lugar.
> Eu não posso considerar que você tornou-se perfeitamente sutil na alegoria, se antes não estiver consolidado na história. Não queira desprezar estes detalhes. Aquele que despreza as coisas mínimas aos poucos definha. Se você tivesse desdenhado de aprender como primeira coisa o alfabeto, agora não teria o nome nem entre os estudiosos de gramática. Sei que há alguns que querem logo fazer teorias filosóficas. Dizem que as fábulas devem ser deixadas com os pseudoapóstolos. O saber deles é parecido com a figura de um burro. Não imite este tipo de gente: *"Imbuído de pequenas coisas tentarás, firme, grandes feitos"*.[7]

O conhecimento da história é condição, de acordo com os dois autores, para que possamos saber quem somos, como fomos produzidos e como as instituições foram criadas. As palavras de Saint-Victor e de Santo Tomás são fundamentais a esse respeito, na medida em que elas explicitam que precisamos conhecer os autores do passado, o período em

---

5. Tomás de Aquino *apud* GRABMANN, 1946, p. 113-114.

6. O sentido ou conceito de Verdade é extremamente importante na concepção tomasiana, haja vista o autor apresentar todo um pensamento explicitado nas Questões Quolibetais sobre a Verdade. Todavia, o que é importante destacar ao leitor, neste texto, é o entendimento de Santo Tomás no século XIII. Para ele, existem duas naturezas de Verdade: as verdades eternas produzidas pela luz divina e as verdades humanas realizadas por meio do agir humano, portanto, acidentais e mutáveis. É importante destacar isso, posto que, embora a palavra permaneça a mesma, o seu sentido é bem outro. Para nós, verdade está ligada à ideia de dogma, para Santo Tomas, é a ação humana cotidiana.

7. SAINT-VICTOR, 2001, livro VI, cap. 3. Destaque do autor.

que escreveram e com quem dialogavam para que possamos tirar lições da história. Além disso, ressalte-se o fato de ambos apresentarem a história sob dois aspectos que precisam ser considerados nos dias atuais. Em primeiro lugar, precisamos conhecer cada uma das partes de um acontecimento. Em segundo lugar, essas partes singulares ou particulares somente ganham sentido se entendidas em sua totalidade, ou seja, se formarem um todo. Aceitemos, então, a sugestão do mestre Vitorino de que somente aprendemos a ler e a escrever após aprendermos o alfabeto; só entendemos a história quando compreendemos o seu caminhar, sempre composto de partes constitutivas do todo.

François Guizot,[8] um dos mais significativos representantes da Historiografia Romântica Francesa do século XIX, apresenta uma compreensão da história parecida às de Hugo de Saint-Victor e Santo Tomás. Ao analisar a eclosão da Revolução, em um de seus *Essais sur la Histoire de France*, ele destaca o fato de que ninguém pode entender a história da Revolução Francesa se estudá-la apenas a partir do momento da sua eclosão, ou mesmo ao longo do século XVIII. Ao contrário, em sua opinião, é preciso retornar aos séculos de nascimento do Terceiro Estado, séculos XII e XIII, para compreender a luta que principiara a ser travada entre o antigo e o novo regime.[9] É com esse mesmo olhar que ele se refere ao nascimento e derrocada das instituições humanas. Para ele, não se compreende a história de uma instituição se a consideramos somente no momento de sua fundação ou de sua ruína. Para compreendê-la, precisamos retomar o momento em que os homens principiaram a travar relações que deram origem ou cabo da referida instituição.

Evidentemente, não estamos comparando Guizot a Hugo de Saint-Victor ou a Santo Tomás. Isso seria absolutamente anacrônico, pois o autor do século XIX vive, escreve e enfrenta questões absolutamente distintas das vivenciadas pelos homens dos séculos XII e XIII. Além disso, os autores medievos eram lídimos representantes da Igreja católica, enquanto Guizot era um pensador protestante. A nosso ver, o que os une é o fato de entenderem a história e nos ensinarem a partir dela.

Embora Hugo de Saint-Victor, Santo Tomás e Guizot nos ensinem a partir da história, o último autor, em virtude de sua época histórica e do seu posicionamento teórico, concebe a história de uma maneira nova, não apenas em relação aos autores medievais, mas também aos autores do seu tempo. O ponto de partida de Guizot para se entender

---

8. Destacamos o fato de que consideramos Guizot como o historiador e professor de História Moderna da Sorbonne a partir de 1812, especialmente na década de 1820 (entre 1822 e 1828 quando ministrou aulas). Portanto, não estamos preocupados com o político e ministro Guizot.

9. Quando mencionamos antigo regime referimo-nos à Igreja e à nobreza feudais; por novo regime, entendemos a sociedade burguesa.

a história é que ela é construída a partir das relações sociais, das ações humanas e, por conseguinte, de seus embates.[10]

É a partir deste caminho apontado por esses autores, o da História como grande mestra dos homens, portanto, do entendimento que são as relações humanas, os seus embates, que produzem tudo e o todo na sociedade, que analisaremos as cidades medievas no Ocidente e a atuação dos mestres universitários, os intelectuais de seu tempo, como produtores de bens culturais na Universidade.

***

Principiemos pela questão das cidades para, em seguida, examinarmos os saberes/ bens culturais produzidos pelos mestres universitários da segunda metade do século XIII, especialmente na Universidade de Paris.

Do ponto de vista dos autores da Escola de historiadores românticos franceses da primeira metade do século XIX, especialmente Guizot e Thierry, existem diferentes explicações para as origens das cidades na Idade Média ocidental em fins do século XI e ao longo dos séculos XII e XIII. Umas afirmam que as cidades ressurgiram em virtude da permanência do clero em determinados espaços que antes eram cidades romanas,[11] fato que possibilitou que estes locais ganhassem forças, se desenvolvessem e se tornassem centros administrativos, assim que se estabeleceu certa paz na sociedade, oriunda da implantação e organização do sistema feudal. Outras afirmam que as cidades surgiram em locais de fácil acesso ao comércio, como nas confluências de rios e encruzilhadas de estradas.[12]

No entanto, para Guizot e Thierry, essas explicações sobre as origens das cidades não contemplam, de fato, o processo histórico, na medida em que as mesmas não captam o momento específico e as condições sob as quais essas cidades ressurgem ou, na concepção deles, surgem. Por princípio, esses autores consideram o aspecto histórico da cidade

---

10. Marx, em uma carta escrita em 1852, destaca o fato de que os autores burgueses do início do século já haviam trazido para o debate a importância da história das classes: "Enfim, se eu fosse você, eu observaria aos senhores democratas em geral que eles fariam melhor se primeiro se familiarizassem com a literatura burguesa antes de se permitir ladras contra aquilo que é o seu oposto. Estes senhores deveriam estudar, por exemplo, as obras de Thierry, Guizot, John Wade, etc., e adquirir algumas luzes sobre a 'história das classes' no passado [...]." (MARX; ENGELS apud MENDES & OLIVEIRA, 2005, p. 17).

11. Vale lembrar uma passagem muito importante de Montesquieu em *História da Grandeza e Decadência dos Romanos*, na qual ele observa que em virtude da decadência interna do Império Romano, quando os gauleses entram em Roma só encontram casebres, tudo o mais fora destruído. "A tomada de Roma pelos gauleses nada tirou de suas forças: o exército, mais dispersado que vencido, retirou-se quase intacto para Veios; o povo refugiou-se nas cidades vizinhas; e o incêndio da Cidade não passou da combustão de algumas cabanas de pastores" (Montesquieu, Cap. Primeiro). Ver capítulo de MENDES & OLIVEIRA, do livro *Pesquisas em Antiguidade e Idade Média*.

12. Esta tese continuou sendo defendida por Henri Pirenne, no século XX, na obra *As cidades na Idade Média*.

seguindo a proposta do mestre Vitorino: "1) o que foi feito, 2) quando foi feito, 3) onde foi feito, 4) por quais pessoas foi feito".[13] Consideram, portanto, as cidades ou comunas, como as designam, como um acontecimento eminentemente do seu tempo, fruto das relações feudais e do ressurgimento do comércio. Logo, não poderiam pensar suas origens senão pelo seu presente, rechaçando, assim, como tendência dominante, a ideia de permanência das cidades romanas ou em virtude do acaso das incipientes relações comerciais.[14]

Para Guizot e Thierry, as comunas surgiram em virtude da luta pela libertação dos domínios senhoriais. Foram estas, portanto, as cidades que nasceram no medievo ocidental, encravadas no sistema feudal, filhas desse sistema[15] e que, para conseguir romper com suas origens, tiveram que travar ásperas batalhas contra os seus senhores.

> É difícil assinalar uma data precisa para o acontecimento. Diz-se em geral que a libertação das comunas começou no século XI; mas em todos os grandes acontecimentos, quantos esforços ignorados e infelizes existiram anteriores àquele que alcançou êxito! Em todas as coisas, para cumprir seus desígnios, a Providência prodigaliza a coragem, as virtudes, os sacrifícios, o homem, enfim, e é somente após um número desconhecido de trabalhos ignorados ou perdidos aparentemente, depois que um grande número de nobres corações sucumbe ao desânimo, convencidos de que a sua causa está perdida, é somente então que a causa triunfa.[16]

Ao examinar os primórdios dos embates travados entre os habitantes das comunas e os seus senhores, Guizot observa o quão difícil é precisar o início de um processo histórico. As dificuldades são inúmeras para o historiador, seja por falta de registros históricos, seja em virtude das lacunas existentes entre um acontecimento menor, distante, e o grande feito do qual um episódio distante fora o seu primeiro passo.

Todavia, segundo Guizot, a partir do século XI é possível vislumbrar com clareza o processo insurrecional das comunas medievas:

---

13. Esta frase já foi citada anteriormente. Destacamos que não é nosso intuito averiguar se os historiadores românticos leram ou não Hugo de Saint-Victor, posto que é o princípio do estudo que estamos considerando.

14. Não queremos aqui negar que também cidades se ressurgiram e se fortaleceram por causa da permanência de estruturas romanas ou por conta das condições favoráveis do comércio. Todavia, nenhuma destas origens teve papel tão importante no cenário medievo ocidental quanto às comunas.

15. Acerca desta questão recomenda-se a leitura da terceira e quarta lições da obra de GUIZOT, 1838.

16. GUIZOT, 2005, p. 37.

Chamo de insurreição, Senhores, e o faço de propósito. A libertação das comunas no século XI foi fruto de uma verdadeira insurreição, de uma verdadeira guerra, guerra declarada pela população das cidades aos seus senhores.[17]

De acordo com o autor, essas lutas foram travadas ao longo de todo o século XI e principiam a arrefecer no século XII, quando a maioria das cidades já havia conseguido, junto aos seus senhores, suas cartas de liberdade.

Apesar de todas estas vicissitudes, apesar da contínua violação das cartas, no século XII, a emancipação das comunas foi consumada. A Europa, e particularmente a França, que havia estado coberta de insurreições durante um século, ficou coberta de cartas. Elas lhes eram mais ou menos favoráveis. As comunas desfrutavam delas, com certa segurança, mas, enfim, desfrutavam. O fato prevalecia e o direito era reconhecido.[18]

A obtenção dessas cartas fora fundamental para o estabelecimento e fortalecimento das cidades, já que adquiriram autonomia, ao menos no espaço intramuros da comuna. Essa liberdade possibilitou o desenvolvimento do comércio e da produção artesanal, uma vez que os comerciantes e artesãos tiveram mais autonomia para decidir sobre seus negócios, suas relações. Segundo Guizot, este processo de libertação das comunas do jugo de seus senhores, por meio de Cartas de Liberdade, ocorreu no Ocidente medievo como um todo, mas marcou de forma peculiar as comunas do território francês.[19] Esse processo criou, indubitavelmente, as condições para o estabelecimento da grande divisão do trabalho entre as atividades urbanas e as do campo. Gradativamente, possibilitou também mudanças no campo das relações civis e políticas. Os habitantes das cidades, os burgueses, passaram, timidamente, a influenciar as decisões políticas, posto que, ora os reis, ora o papado, aproximavam-se deles para se fortalecerem em suas lutas feudais.

Além disso, a própria existência de um espaço público, como o da comuna, exigia da sociedade, portanto, de seus magistrados, a criação de leis destinadas a regular os direitos civis. Os tribunais senhoriais não respondiam mais às complexas relações que doravante eram travadas nas cidades. Os habitantes das cidades, por sua vez, precisaram criar instrumentos para estabelecer o governo das comunas. O governante não era mais aquele que cuidava dos interesses de seu feudo, mas o que passa a cuidar do bem comum da cidade. Com isso, a par das leis, era necessário que o governante cuidasse da sua aplicação e ele

---

17. *Idem.*

18. *Idem*, p. 40.

19. Não é gratuito, pois, que uma das primeiras e principais universidades medievais a serem criadas foi a de Paris em 1215 e nela que brilhou, segundo Pieper, [...] o principal foco de luz dos saberes do século XIII.

próprio se submetesse a elas. Assim, não poderia governar ao seu talante, mas, sobretudo, deveria reger e zelar pela vontade da comunidade.

Essa nova realidade foi tão intensa que temos, neste século de consolidação da liberdade das comunas, o *Polycatricus*, de Jean de Salisbury, obra que trata do papel do governante e de como ele deve se submeter às leis.

> Mas como falar da vontade do príncipe nos negócios públicos, se neste âmbito nada lhe é permitido querer, se não o que a lei e a equidade aconselham, ou o que é indicado pelo cálculo da utilidade comum? [...] O príncipe é, pois, ministro da utilidade pública e servo da equidade; ele gere a pessoa pública no punir com imparcialidade todas as injúrias e danos e todos os crimes. [...] Não é, pois, sem motivo que o príncipe leva a espada, pela qual inocentemente derrama o sangue; e mesmo se vier a frequentemente matar os homens, não é considerado como sanguinário, e nem incorre – de nome ou de fato – no homicídio. [...] A espada do príncipe é a espada de uma pomba, que combate sem cólera, fere sem ira, e na luta não carrega nenhum rancor. De fato, assim como a lei persegue as culpas sem ódio das pessoas, assim também o príncipe pune corretamente os delinquentes movidos não pela ira, mas somente pelo juízo calmo de uma lei.[20]

O governante não pode mais ser parcial e defender seus interesses e de seus pares. Ao contrário, a sua vontade privada nem deve entrar na ordem do dia, já que os interesses daqueles que governam devem ser os interesses dos seus governados. É com esse perfil que Salisbury propõe que seja o governo dos príncipes sob os territórios e, especialmente o governo das cidades: o governante deve submeter-se às leis, deve pensar somente na utilidade pública e, especialmente, deve seguir e promover a lei. Portanto, esse espaço comum e público não pode ser regido pela força, o poder não se encontra na força pessoal do senhor, mas na lei das cidades e, ao menos no âmbito da comuna, deve reger a todos da mesma forma.

Concomitante à consolidação da liberdade, conquistada pelas comunas, e à criação das leis, o cenário citadino do século XII assiste a uma mudança significativa na própria forma de ser do comerciante. Esse personagem social sofre uma mudança expressiva na sua própria essência. Suas atividades já não estão limitadas às imediações do feudo e às comunas circunvizinhas, elas adquirem um âmbito mais extenso. O comerciante adentra outras regiões, negocia com o Oriente, etc., e, em decorrência, esse novo universo de relações exige um novo sujeito ou, ao menos, um sujeito com um perfil distinto daquele que vivia das trocas entre o campo e a sua cidade.

---

20. SALISBURY, 2005, p. 139-140.

Pirenne, em texto do início do século xx, observa que, dada às novas circunstâncias, o comerciante precisa aprender línguas, inclusive o próprio latim, na medida em que era ainda a língua dominante.

> Dans le milieu monastique l'enfant avait tellement pris goût à l'étude des lettres qu'il s'étaient consacré à elles, avait renoncé au négoce et s'était fait moine. L'anecdote est singulièrement instructive. Elle nous fournit un exemple de la manière, sans doute la plus ancienne, à laquelle les marchands recourrurent pour se procurer la partie, pour eux la plus utile, des connaissances dont l'Église se réservait le monopole. Ce n'était pas seulement de savoir lire et écrire qu'il s'agissait. Il importait tout autant de s'initier à la pratique du latin, puisqu'aussi bien c'est exclusivement en latin que se dressaient les chartes, que se tenaient les comptes, que se rédigeaient les correspondances. Lire et écrire ne signifiait autre chose que lire et écrire le latin dut être et fut en réalité la langue du commerce à ses debuts, puisque c'est l'Église qui dota tout d'abord les marchands de l'instruction qu'ils ne pouvaient acquérir que grâce à elle.[21]

O latim constitui, portanto, a forma da linguagem escrita do período. De acordo com Pirenne, os acordos comerciais eram feitos e redigidos nessa língua. Há que se ressaltar o fato de que o mercador, como qualquer outro homem medievo, recorria em primeira instância à Igreja para obter sua instrução. Com efeito, era ela que detinha esse saber e o ensinava em seus espaços, especialmente nos mosteiros. Contudo, à medida que as cidades se desenvolvem e o comércio passa, cada vez mais, a ser uma atividade universal, os mercadores procuram outras formas de obtenção da instrução,[22] seja criando escolas laicas, seja contratando professores particulares para seus filhos.

> L'éducation à domicile, mieux adptée très certainement que l'était l'éducation monastique aux besoins et aux aspirations de la bourgeoisie marchande du xII siècle, n'était accessible

---

21. PIRENNE, 1951, p. 560: "No meio monástico a criança tomava tal gosto pelo estudo das letras que se consagrando a elas renunciava ao negócio e se fazia monge. A anedota é singularmente instrutiva. Ela nos fornece um exemplo da maneira, sem dúvida a mais antiga, à qual os mercadores recorriam para obter a parte, para eles a mais útil, dos conhecimentos que a Igreja tinha o monopólio. Não se tratava apenas de ler e escrever. Importava, outro tanto, de iniciar-se na prática do latim, já que era em latim que se redigiam as correspondências. Ler e escrever não significava outra coisa que ler e escrever o latim, devido ser – e foi –, em realidade, a língua do comércio em seus primórdios, já que era a Igreja que dotava, de início, os mercadores da instrução que eles somente poderiam adquirir graças a ela."

22. Jacques Le Goff, em meados de 1980, ao publicar a obra *Mercadores e Banqueiros* dedica um capítulo inteiro à instrução dos mercadores, no qual ele discute questões muito próximas às feitas por Pirenne décadas atrás. Trata-se do capítulo IV, intitulado O papel cultural. Em *Os Intelectuais na Idade Média*, Le Goff, também discorre sobre a importância e dimensão que as escolas ganham nas cidades e na vida dos mercadores: "As escolas são oficinas de onde se exportam as ideias, como se fossem mercadorias." (LE GOFF, 1984, p. 66).

qu'à ce petit nombre de privilégiés de la fortune que les textes du temps appellent majores, divites, otiosi, homines hereditarii, et auxquels les historiens donnent assez inexactement le nom de patriciens. Mais il va de soi que plus croissait le nombre de ceux qui vivaient du commerce et de l'industrie, plus aussi se gééralisait la nécessité de l'instruction. Les pouvoirs municipaux ne pouvaient se désintéresser d'une question aussi urgente. Et il est naturel qu'ils s'en soient occupés tout d'abord dans les régions qui se distinguent par la rapidité de leur développement économique. De même que la Flandre a pris l'avance à cet égard sur le reste de l'Europe au Nord des Alpes, de même c'est dans ses villes que l'on voit se poser pour la première fois, à ma connaissance, ce que l'on pourrait appeler la question des écoles.[23]

A passagem de Pirenne explicita que os mercadores estavam adquirindo cada vez mais importância no cenário citadino, a ponto de os governantes das cidades terem que se preocupar com a instrução de seus filhos e com a criação de escolas para eles.

É nesse ambiente especial, criado em virtude dos embates travados entre os senhores e os habitantes das cidades, artesãos e mercadores, desde o século XI, que surge e se consolida a principal instituição de saberes do Ocidente medieval e, por que não dizer, até dos dias atuais, a Universidade.[24] É neste *locus* que assistimos, na segunda metade do século XIII, uma intensa produção cultural que, certamente, foi tão decisiva para o nascimento das relações sociais da modernidade quanto o foi o comércio.

Inúmeras questões e proposições surgiram e foram debatidas na Universidade de Paris neste século. Contudo, uma delas marcou indelevelmente a história e a história do conhecimento. Trata-se da discussão travada, desde fins da década de 1260 até meados de 1270, acerca do intelecto humano. Três grandes mestres participam desse debate: Santo Tomás de Aquino, Santo Boaventura e Siger de Brabant. Esses autores questionaram e expuseram tendências diferenciadas acerca do intelecto humano.

---

23. PIRENNE, 1951, p. 561-562: "A educação domiciliar, melhor adaptada, muito certamente, do que o era a educação monástica, às necessidades e às aspirações da burguesia mercantil do século XII, somente era acessível a esse pequeno número de privilegiados da fortuna que os textos da época chamavam de os mais consideráveis, os ricos, os ociosos, homens hereditários, e aos quais os historiadores dão muito inexatamente o nome de patrícios. Mas é claro que quanto mais crescia o número daqueles que viviam do comércio e da indústria, mais também se generalizava a necessidade da instrução. Os poderes municipais não podiam deixar de se interessar por uma questão tão urgente. E é natural que eles estivessem ocupados com isso em primeiro lugar nas regiões que se distinguiam pela rapidez de seu desenvolvimento econômico. Do mesmo modo que a Flandres tomou a dianteira a esse respeito sobre o resto da Europa no Norte dos Alpes, igualmente é em suas cidades que se vê colocar-se pela primeira vez, que eu tenho conhecimento, aquilo que se poderia denominar a questão das escolas."

24. Não trataremos, aqui, acerca da origem das universidades na Idade Média; todavia, recomendamos dois outros textos nossos nos quais nos dedicamos a esta temática: o livro intitulado *As Universidades na Idade Média* e o artigo *Origem e memória das Universidades na Idade Média*.

CONSUMO E ABASTECIMENTO NA HISTÓRIA   337

Le plus grand événement philosophique du moyen âge occidental: telle est l'appréciation portée por M. Gilson sur la discussion et le disaccord qui apparaissent vers 1270 entre s. Bonaventure et s. Thomas d'Aquin. On voudrait élucider les rapports intellectuels qu'ont nourris ces deux grandes figures du XIII siècle et rechercher la cause fondamentale de leur divergence fameuse.

Il ne s'agit nullement de comparer des doctrines notoirement originales, ce serait tout à fait stérile. Mais d'examiner sur nouveaux frais un moment que l'histoire sait, pour des raisons plus presenties qu'évidentes, avoir été decisif pour la pensée philosophique et théologique.[25]

Ao iniciar sua obra sobre as dissensões ocorridas entre Santo Tomás e Santo Boaventura, Wéber destaca que esse debate foi o "grande acontecimento filosófico" da Idade Média. Devemos concordar com o autor no que diz respeito à importância dessa questão na medida em que ela influenciou as discussões posteriores sobre o ensino e o conhecimento. Os três intelectuais, em cena, produziram em seus escritos e por meio deles uma cizânia no seio da comunidade universitária parisiense. Ao discutirem acerca do intelecto humano e as formas como se processava o conhecimento, apontaram para três caminhos diversos. Para Santo Boaventura, o conhecimento é derivado da infusão divina no intelecto humano. Para Siger, o conhecimento é fruto somente do intelecto humano. E, finalmente, para Santo Tomás, existem duas naturezas de conhecimento: o das ciências racionais produzido pelo intelecto humano e o conhecimento produzido pela sabedoria superior/divina. Foram exatamente essas diferentes maneiras de conceber o conhecimento que produziram as divergências na Universidade parisiense, por volta de 1270.

Ainda segundo o autor, para Santo Boaventura, o intelecto humano, por não ser perfeito, é limitado para apreender sem a ajuda da luz divina, ou seja, o homem só aprende e ensina se contar com a luz divina.

Second et principal índice de l'insuffisance intellective de l'homme: l'impossibilité, pour l'intellect humain, d'accéder par ses seules ressources positif: l'origine supra-humaine de la certitude noétique. Cette appréciation négative comporte un sens positif: l'origine supra-humaine de la certitude. Les Q. sur la connaissance chez le Christ manifestent le présupposé fondamental de toute intellection: l'illumination par les Idées divines,

---

25. WÉBER, 1974, p. 13: "O maior acontecimento filosófico da Idade Média ocidental: esta é a apreciação trazida pelo Sr. Gilson sobre a discussão e o desacordo que apareceram por volta de 1270 entre Santo Boaventura e São Tomás de Aquino. Desejar-se-ia elucidar as relações intelectuais que alimentaram essas duas grandes figuras do século XIII e pesquisar a causa fundamental da sua famosa divergência. Não se trata absolutamente de comparar doutrinas notoriamente originais, isso seria totalmente estéril. Mas examinar novamente um momento que a história sabe, por motivos mais pressentidos do que evidentes, ter sido decisivo para o pensamento filosófico e teológico."

unique cause possible de la certitude dont les caracteres de nécessité et d'infaillibilité ne peuvent s'expliquer au niveau empirique.

L'itenárium demontre que la force d'une conclusión nécessaire, même en matière contingente, ne dérive pas la chose *in materia*, ni son plus de sa présence dans la pensée humaine instable et changeant. Elle proviene de l'influx intellectif de l'idée divine: *venit igitur ab exemplaritate in arte aeterna.*[26]

Ao examinar o texto de Santo Boaventura, Wéber destaca que, para o mestre franciscano, somente a luz divina age sobre o intelecto. Assim, retira do intelecto humano sua capacidade individual de aprender. O homem permanece dependente de Deus no seu pensar e agir.

A posição de Santo Tomás em relação à capacidade intelectiva de aprender, própria do homem, é bastante distinta. Wéber assinala que o mestre dominicano não se coloca de forma radical na questão: "L'acception surtout dionysienne de lumière noétique participée joué dans la pensée thomiste le rôle de *médium* entre le problématique lacuneuse de l'intellect agent aristotélicien et la doctrine augustinienne de la lumière divine éclairant directament l'âme".[27] Para Santo Tomás, diferentemente de Santo Boaventura, o intelecto humano pode aprender por suas próprias faculdades. Independe, portanto, da infusão da luz divina. No entanto, não abandona a ideia, e nem poderia ser diferente em um frade dominicano, de que esse intelecto foi criado por Deus.

La lumière intellective par laquelle ces principes évidents par soi nous sont connus est infusée par Dieu. Elle est une certaine ressemblance dela vérité incrée qui brille en nous. Tout enseignement livré par un home n'a vertu de cette lumière. Comme la nature est seule cause intrinsèque, Dieu seul, c'est évident, reste le maître intérieur et principal. Néanmois, un homme peut, au sens qu'on vient de préciser, causer la guérison et ensigner un savoir.

La prise de position est claire: là où la noétique augustinienne recourt directament au thème de lumière divine, ne serait-ce, comme chez Bonaventure, qu'en faveur de la seule valeur

---

26. *Idem*, p. 82-83: "Segundo e principal indício de insuficiência intelectiva do homem: a impossibilidade para o intelecto humano alcançar por seus únicos recursos positivos a origem supra-humana da certeza noética. Esta apreciação negativa comporta um sentido positivo: a origem supra-humana da certeza. *Les Q. sobre o conhecimento em Cristo* manifestam o pressuposto fundamental de toda intelecção: a iluminação pelas Ideias divinas, única causa possível da certeza, cujas características de necessidade e de infabilidade não podem se explicar no nível empírico. *O itinerário* demonstra que a força de uma conclusão necessária, mesmo em matéria contingente, não deriva da coisa *in materia*, nem tampouco de sua presença no pensamento humano instável e cambiante. Ela provém do influxo intelectivo da ideia divina: *venit igitur ab exemplaritate in arte aeterna.*"

27. *Idem*, p. 159-160: "A acepção sobretudo dionisiana de luz noética participada desempenha no pensamento tomista o papel de médium entre a problemática imperfeita/lacunar do intelecto agente aristotélico e a doutrina augustiniana da luz divina iluminando/instruindo diretamente a alma."

supraempirique de la certitude et sans aucunement faire l'economie d'un principe intellectif créé, Thomas s'attache à discerner la cause prochaine de l'opération intellective et la montre dans la lumière de l'intellect agent progre à l'homme. Il en affirme l'efficace suffisante pour d'emblée rendre les premiers principes évidents par soi.[28]

Assim, uma vez criado por Deus, o intelecto pertence exclusivamente ao homem e o indivíduo torna-se agente e causador de seu próprio conhecimento. O intelecto do sujeito, portanto, tem a liberdade para construir e agir sobre as coisas da natureza. Exatamente por isso, para Santo Tomás, o homem é um ser superior aos demais animais. Por conseguinte, é capaz de criar coisas a partir da natureza e infundir conhecimento sobre outros homens.[29]

Au moment où Siger de Brabant tient ses Questions sur le troisième livre de l'âme, il y a presque dix ans que Bonaventure a quitté la scène universitaire. Informé des débats secouant la faculté des arts de Paris, Bonaventure, qui est alors ministre général de l'ordre des Frères mineurs, intervient vigoureusement en 1267 puis en 1268. Il prend une première fois la parole en l'église franciscaine dans des conférences de carême adressées à la communauté universitaire, des collationes dont nous possédons les reportations. Il y dénonce deux erreurs philosophiques particulièrement graves. Premièrement, dire que le monde est éternel, c'est nier toute l'Écriture sainte, c'est refuser l'incarnation du Fils de Dieu. Deuxièmement, prétendre qu'il n'existe qu'un seul intellect revient à 'affirmer qu'il n'y a nivérité de foi, ni salut des âmes, ni observance des commandements; ce serait dire que le piredes hommes sera sauvé, et le meilleur, damné' (10 Precep, II, 25 ; V 514 ; trad. française 72).[30]

---

28. *Idem*, p. 160-161: "A luz intelectiva pela qual esses princípios evidentes nos são por si só conhecidos é infundida por Deus. Ela tem certa aparência da verdade não criada que brilha em nós. Todo ensinamento descoberto por um homem não tem a virtude desta luz. Como a natureza é apenas causa intrínseca, somente Deus é evidente, permanece o mestre interior e principal. Todavia, um homem pode, no sentido que se acabou de precisar, causar a cura e ensinar um saber. A tomada de posição é clara: onde a noética augustiniana recorre diretamente ao tema da luz divina, seria, como em Boaventura, apenas em favor do único valor supraempírico da certeza e sem de forma alguma fazer a economia de um princípio intelectivo criado, Tomás dedica-se em discernir a causa próxima da operação intelectiva e a mostra à luz do intelecto, agente próprio do homem. Ele afirma a eficácia suficiente para o conjunto tornar os primeiros princípios evidentes por si."

29. Questão 11 das Questões Disputadas sobre a Verdade apresenta esta discussão. Indica-se o excelente livro de Jean Lauand, *De Magistro e Os Sete Pecados Capitais,* no qual faz a tradução e a introdução destas questões.

30. PUTALLAZ, 1997, p. 41: "No momento em que Siger de Brabant examina suas Questões sobre o terceiro livro da alma, há quase dez anos que Boaventura abandonou a cena universitária. Informado dos debates agitados na faculdade das artes de Paris, Boaventura, que era então ministro geral da Ordem dos Irmãos Menores, intervém vigorosamente em 1267, depois em 1268. Ele toma pela primeira vez a palavra na igreja franciscana nas conferências da quaresma dirigidas à comunidade universitária, conferências que possuímos os relatos. Ele denuncia aí dois erros filosóficos particularmente graves. Primeiramente, dizer que o mundo é eterno, é negar toda a Santa Escritura, é recusar a encarnação do Filho de Deus. Secundariamente, pretender que existe apenas

Para tornar o quadro ainda mais complexo, Siger, apoiando-se em Aristóteles, considera que só há um intelecto humano. Em consequência, todos os homens possuem intelecto similar. Com isso, não existiriam os bons ou os maus por vontade divina, mas os homens seriam responsáveis por todos os seus atos. Mais um grande perigo para a mentalidade cristã defendida pela Igreja: Deus não interfiriria diretamente na vida dos homens. Eram os próprios homens seus autores e atores. Se todos possuem o mesmo intelecto, Cristo e Judas seriam iguais e cada um teria, pela sua liberdade de escolha, definido seu caminho.[31] Eis, portanto, em linhas gerais, as grandes ameaças apresentadas por Siger. Não se trata de ensinar ou não, de modo novo Aristóteles, mas, a partir de suas ideias, colocar em xeque as ideias consagradas pela Igreja e pelo cristianismo. Diante destas formulações novas e de seus seguidores, Santo Boaventura e Santo Tomás se posicionam em suas aulas e escrevem textos discorrendo e debatendo acerca do intelecto. Para estudarmos esta questão, utilizaremos, especialmente, duas obras: *A Unidade do Intelecto* de Santo Tomás e o *Itinerário da Mente para Deus* de Santo Boaventura.

Principiemos por considerar algumas das formulações de Santo Boaventura.[32] O mestre franciscano parte da premissa de que todo conhecimento existente nos homens provém da vontade divina. Todavia, não nega ao homem o uso da inteligência.

> Finalmente, a inteligência, prosseguindo suas indagações com o raciocínio, repara que alguns seres não possuem senão a existência, outros possuem a existência e a vida, e outros têm a existência, a vida e o discernimento. Os primeiros são seres inferiores, os segundos intermédios e os terceiros os mais perfeitos. Vê também entre esses três que alguns são puramente corporais. Outros, ao invés, são em parte corporais, em parte espirituais. E de tudo isso deduz a existência de seres totalmente espirituais, mais perfeitos

---

um único intelecto reduz-se a 'afirmar que não há nem verdade de fé, nem salvação das almas, nem observância dos mandamentos; seria dizer que o pior dos homens será salvo e o melhor danado.' "

31. Há de se destacar um aspecto desta liberdade bastante peculiar. Santo Agostinho, no início da Idade Média, escreve uma obra, *O Livre-Arbítrio*. Especialmente na Primeira Parte, capítulos 3 e 4, afirma que o homem, pelo uso de sua razão, é capaz de discernir o que é certo ou errado na sociedade. Assim, caminharia para a cidade celeste ou para a condenação eterna, submeter-se-ia às leis agindo justamente ou cometendo crimes, sempre de acordo com o seu livre-arbítrio. Contudo, a razão agostiniana deita sobre a ideia de que Deus é o responsável por este intelecto. Para Siger, não. Ao seguir os passos de Aristóteles, afirma que ao intelecto humano e a sua liberdade de agir está vinculada existência corpórea do homem, não sendo assim, divina.

32. Ao analisar os franciscanos na obra *Os Espirituais Franciscanos*, professor Falbel destaca que este mestre franciscano entendia e justificava a permanência dos frades nas cidades, pois nestas existia mais segurança e contato com as pessoas: "Tal atitude, que enquadra São Boaventura entre os moderados da Ordem, pode ser comprovada pelas respostas às questões levantadas no opúsculo Determinationes Quaestionum, no qual justifica a permanência dos frades nos centros urbanos por três razões: a) pelos próprios edifícios que, estando próximos, facilitam o acesso dos frades a quem os queira procurar, seja para penitência, conselho ou outra razão qualquer; b) pela facilidade de viver bem maior do que em lugares ermos; c) pela segurança dos objetos, livros, cálices, vestes e os demais, que ficam ameaçados em lugares mais afastados" (FALBEL, 1995, p. 100).

e mais dignos do que os precedentes. – Vê-se, ainda, que certos seres estão sujeitos à mudança e à corrupção, como os corpos celestes. Compreende, então, que existem outros seres que são imutáveis e incorruptíveis como aqueles que habitam acima do céu visível. É assim que o mundo visível leva o intelecto a considerar o poder, a sabedoria e a bondade de Deus e fá-lo reconhecer que Deus possui o ser, a vida, a inteligência, uma natureza espiritual, incorruptível e imutável.[33]

Santo Boaventura divide os seres existentes por categorias, mostrando que os homens são os mais próximos da perfeição por possuírem o intelecto. Entretanto, essa quase perfeição faz com que os homens possuam verdades mutáveis porque elas não são perfeitas como as dos seres superiores como os anjos, santos e Deus.

O homem que é um "pequeno mundo", tem cinco sentidos que são como as portas por meio das quais o conhecimento das realidades sensíveis entra em sua alma. Com efeito, pela vista entram os corpos celestes e luminosos e os corpos coloridos. Pelo tato entram os corpos sólidos e terrestres. Pelos outros três sentidos entram os corpos intermediários. Assim, pelo gosto entram os corpos líquidos; pelo ouvido, os aeriformes; pelo olfato, os vaporáveis (os quais participam da natureza da água, do ar e do fogo, como se pode ver no perfume que se exala dos aromas). Em resumo, os corpos simples e os corpos compostos entram em nossa alma por meio dos sentidos.

[…] Descobrimos igualmente que "tudo o que se move é movido por outrem" e que certos seres – os animais, por exemplo – têm em si mesmos a causa de seu movimento e de seu repouso. Daí segue-se que, quando nós percebemos por meio dos sentidos o movimento dos corpos, somos induzidos ao conhecimento das substâncias espirituais que os movem, assim como o efeito nos conduz ao conhecimento de sua causa.[34]

Essa quase pefeição dos homens, observada acima, provém de uma capacidade humana de perceber os elementos da natureza pelos sentidos e estes fazem com que os homens aprendam. Os sentidos corpóreos são, pois, responsáveis pela apreensão das coisas que nos cercam. Assim, eles produzem em nós conhecimento, mas Boaventura não se refere ao conhecimento gerado no intelecto cognitivo, mas às experiências humanas sensitivas.

No que tange ao sentido sensível, Santo Boaventura concede grande destaque à memória, elegendo-a como instrumento essencial da preservação dos sentimentos e do conhecimento que o ser tem de si mesmo. Ele ressalta ser a memória a responsável pela preservação da quase perfeição humana.

---

33. BOAVENTURA DE BAGNOREGIO, 1999, cap. I. § 13.

34. *Idem*, cap. II. § 3.

A atividade da memória consiste em reter e representar, não só as coisas presentes, corpóreas e temporais, mas também as contingentes, simples e eternas. Retém as coisas passadas com a lembrança, as presentes com a visão, as futuras com a previsão. Retém as coisas simples, tais como os princípios das quantidades contínuas e numéricas – o ponto, o instante, a unidade –, sem o que seria impossível recordar ou pensar aquelas coisas que delas decorrem. Retém também os princípios e os axiomas das ciências como eternos e para sempre. Porque, enquanto tiverem uso da razão, jamais pode esquecê-los e, dar-lhes o seu assentimento […].

Retendo atualmente todas as coisas temporais – passadas, presentes e futuras – a memória nos oferece a imagem da eternidade, cujo presente indivisível estende-se a todos os tempos. Retendo as coisas simples, mostra que essas ideias não lhe vêm somente das imagens exteriores, mas também de um princípio superior e que ela tem em si mesmo noções que não podem derivar dos sentidos ou das imagens sensíveis. Retendo os princípios e os axiomas das ciências, faz-nos ver que a memória traz em si mesma uma luz imutável, sempre presente, na qual conserva a lembrança das verdades que nunca mudam. As atividades da memória provam, portanto, que a alma é a imagem e semelhança de Deus. Pela sua memória, a alma está de tal modo presente a si mesma e Deus lhe está igualmente tão presente, que em ato o conhece e é potencialmente "capaz de possuí-lo e de fruir dele".[35]

A memória gera em nós a possibilidade de lembrarmos de todas as coisas conhecidas e de pensar, a partir da lembrança, possibilidades para o futuro. É a memória que faz com que os homens, segundo Santo Boaventura, se lembrem que são semelhantes ao filho de Deus. Mais ainda, que a própria verdade divina é eterna, pois é a memória que faz com que lembremos sempre que ela é imutável.

Em primeiro lugar, a inteligência entende o significado dum termo, quando, por meio duma definição, compreende o que esta coisa é. Toda definição, porém, faz-se por meio de termos gerais, os quais, por sua vez, se definem por meios gerais, até chegarmos às noções supremas e totalmente gerais, sem cujo conhecimento não podemos dar a definição dum termo inferior. […] Em segundo lugar, a nossa inteligência compreende realmente uma proposição, quando sabe com certeza que ela é verdadeira. Com efeito, a inteligência sabe que uma proposição é verdadeira, quando não pode ser de outra maneira e que, por conseguinte, é uma verdade imutável. Mas, como o nosso espírito está sujeito à mutação, não poderia ser a verdade de maneira imutável sem o socorro duma luz invariável – a qual não pode ser uma criatura mutável. […] A conclusão evidente do que se disse é que a nossa inteligência está unida à Verdade eterna, porque sem o socorro de sua luz nada podemos conhecer com certeza. Tu, então, podes, contemplar

---

35. *Idem*, cap. III. § 2.

por ti mesmo essa Verdade que te ensina, se as paixões e as imagens terrestres não te impediram, interpondo-se como uma nuvem entre si e o raio da verdade.[36]

Do ponto de vista de Santo Boaventura, é a inteligência que faz com que os homens compreendam a finalidade das coisas; comprendam, assim, a razão do princípio de algo e as suas conclusões. A inteligência é a parte do ser que assegura a própria existência do sujeito porque possibilita que o mesmo apreenda tudo do todo. Essa inteligência, contudo, somente desempenha o seu papel se estiver unida à sabedoria divina; se buscar, na verdade eterna imutável (Deus) a razão da existência das coisas. Em última instância, segundo Santo Boaventura, é a vontade e a verdade eterna de Deus que fazem com que o intelecto compreenda as demais coisas. A inteligência dos homens, sem o intermédio de Deus, não vê e não compreende nada, a não ser imagens. É a vontade divina que transforma no intelecto essas imagens em sabedoria.

Com efeito, as questões relacionadas ao conhecimento e à sabedoria são elementos essenciais para o intelecto humano. Elas são recorrentes nas reflexões de Santo Boaventura. O mestre franciscano não nega, nesse sentido, a existência e importância da filosofia como elemento do e no processo do conhecimento dos homens medievos do século XIII. O mestre franciscano não só conhece e valoriza a filosofia como campo do conhecimento, como também conhece e reconhece o pensamento aristotélico.

> Toda Filosofia, com efeito, é natural, racional ou moral. A primeira trata da causa do ser – e nos conduz ao poder do Pai. A segunda se ocupa das leis do conhecimento – e nos leva à sabedoria do verbo. A terceira fornece as normas duma vida honesta – e nos conduz à bondade do Espírito Santo.
> A Filosofia natural, por sua vez, divide-se em metafísica, matemática e física. A metafísica ocupa-se das essências das coisas; a matemática, dos números; a física, das substâncias, forças e energias. Dessarte, a primeira nos conduz ao primeiro Princípio – o Pai; a segunda, à sua Imagem – o Filho; a terceira, ao Dom do Pai e do Filho – o Espírito Santo.
> A Filosofia racional, ao invés, se divide em gramática – que nos torna capazes de transmitir ideias; lógica – que nos torna perspicazes para a argumentação; e retórica – que nos ensina a persuadir e a comover. Essas três ramificações da Filosofia racional também insinuam o mistério da Santíssima Trindade.
> A Filosofia moral, finalmente, se divide em individual, familiar e política. A primeira insinua a inascibilidade do primeiro Princípio – o Pai; – a segunda, a relação familiar do Filho; a terceira, a liberalidade do Espírito Santo.[37]

---

36. *Idem*, cap. III. § 3.

37. *Idem*, cap. III. § 6.

A filosofia, para Santo Boaventura, abrange todas as facetas por meio das quais os homens se relacionam uns com os outros, dividindo-a em três: a natural, a racional e a moral. Ao mostrar que a primeira trata do ser, indubitavelmente, está se referindo à constituição física do ser humano, à matéria que compõe o homem. Logo, para isso, deveria conhecer os princípios básicos dos pré-socráticos da constituição corpórea de todas as coisas e os quatro elementos da natureza, mas também as ideias aristotélicas de homem. Ao retomar, na filosofia racional, a gramática, a lógica e a retórica, mantém-se vinculadas as artes do Trivium, forma de ensino presente ao longo de toda a Idade Média. Essa forma, brilhantemente exposta por s. Agostinho na *Doutrina Cristã*, é também uma herança do saber antigo. Todavia, acima de tudo, o que se conserva no *Trivium* de Santo Boaventura é a capacidade que os homens têm de desenvolver determinados saberes que possibilitam a difusão e a preservação do conhecimento. Quando define a filosofia moral, fica explicitada a necessidade que os homens têm de possuir determinados comportamentos que os possibilitem o convívio social. A moral deve preparar o ser no âmbito do indivíduo, da família e da sociedade. Trata-se de uma filosofia moral muito próxima da *Política* de Aristóteles.[38]

Todavia, o *Trivium* filosófico de Santo Boaventura conduz os homens não somente para o viver em sociedade, mas para o caminhar em direção à Santíssima Trindade. O autor ressalta que, além da filosofia ser definida a partir de três partes ou três conhecimentos específicos, o que está vinculado diretamente à Trindade – Pai, Filho e Espírito Santo – todos os conhecimentos oriundos das três partes da filosofia convergem o indivíduo para Deus.

Coloca-se, desse modo, à luz do debate, a especificidade do pensamento de Santo Boaventura no que diz respeito ao intelecto e ao conhecimento humano: somente Deus pode ensinar e somente ele conduz à sabedoria. Em função disso, o saber dos homens deve convergir para Deus.

> A luz do intelecto criado não é, pois, suficiente para a compreensão com certeza de qualquer realidade, sem a luz do Verbo eterno. Por isso, diz Agostinho, no primeiro livro dos *Solilóquios*: "Como no Sol é possível observar três coisas: que existe, que refulge

---

38. Segundo Alain de Libera, Santo Boaventura condena ideias aristotélicas e, especialmente a relacionada à questão da eternidade do mundo, contudo, isso não o impede de ter uma concepção de filosofia. "Se pelo 'averroísmo', o franciscano denuncia erros que constituirão a matriz das condenações de 1270-1277, se ele participa, a esse título, do movimento de resistência ao peripatetismo, é necessário constatar que, apesar de tudo, ele possui uma filosofia: a filosofia de Cristo. O tema agostiniano do 'Cristo mestre', a tese várias vezes reafirmada por Agostinho de que 'o verdadeiro filósofo é o amante de Deus' impregna profundamente o pensamento boaventuriano: sua condenação do aristotelismo, da eternidade do mundo até a unicidade do intelecto, é antes cristológica: todos esses erros escondem a realidade cristocêntrica. O pensamento de Boaventura não deixa de veicular uma filosofia precisa" (LIBERA, 1998, p. 403).

e que ilumina, assim, também, na essência mesma de Deus há três propriedades: que existe, que intelige e que torna todas as demais coisas inteligíveis". Pouco antes havia ele anotado que "assim como a terra não pode ser vista, se não for iluminada, *assim também o que se ensina nas ciências, embora se admita sem sombra de dúvida que se pode compreender que é de todo verdadeiro, é preciso crer que não pode ser compreendido, se não for iluminado por Deus como por um Sol*". [...] Isso tudo é dito também no *De vera religione*, em VIII *De Trinitate* e no *De Magistro*, no qual, por toda a obra, procura demonstrar esta conclusão: "Um só é o nosso mestre, Cristo".[39]

Para Santo Boaventura, o intelecto humano, se não for iluminado por Deus, não alcança a luz, ou seja, não atinge o conhecimento. Assim, o mestre franciscano não nega que o homem possa ter um conhecimento verdadeiro, oriundo das ciências. Mas essa ciência, antes de tudo, deve contar com a percepção divina. É Deus, em última instância, o grande mestre. Exatamente por pensar que o homem pode, pelo seu intelecto iluminado por Deus, aprender, que Boaventura estabelece um método para o estudo e o mesmo não pode abrir mão da Trindade:

> O método consiste em que se comece pela certeza da fé, continue-se pela clareza da razão, para chegar-se à suavidade da contemplação. Isso é o que Cristo deu a entender, quando disse: "Eu sou o caminho, a verdade e a vida".[40]

Do ponto de vista do pensamento boaventuriano, o grande erro dos filósofos do seu tempo foi terem se enganado quanto ao método de estudo. Ao se enganarem, foram conduzidos ao erro. São, portanto, passíveis de condenação, porque não chegam nem à sabedoria, nem alcançam a luz divina.

> Esse método foi ignorado pelos filósofos que, descurando a fé, fundando-se totalmente na razão, não conseguiram de modo algum chegar à contemplação [...] "o débil olhar da mente humana não se fixa em luz tão excelsa, se não for purificado pela justiça da fé".[41]

Trata-se, portanto, de uma crítica incisiva aos seguidores do pensamento aristotélico e averroísta, entre eles, o mestre Siger.

Em suma, para combater os princípios aristotélicos que estavam invadindo Paris e apontando um caminho novo para o saber humano, que apresenta o homem como um

---

39. BOAVENTURA DE BAGNOREGIO, 1999(b), § 10. Grifo nosso.

40. *Idem*, § 15.

41. *Idem*.

ser que possui intelecto próprio e agente, Santo Boaventura se coloca como um seguidor da "filosofia cristológica" agostiniana e conserva Deus como o grande provedor de toda a sabedoria. A filosofia é, portanto, iluminada não pelo intelecto agente do homem, mas pela luz divina. A nosso ver, esse é, entre outros, o principal ponto de divergência entre Santo Boaventura e Santo Tomás de Aquino.

O mestre dominicano inicia a *Suma de Teologia* com uma discussão sobre o conhecimento e as diferenças existentes entre o conhecimento teológico e o filosófico. Ao responder o artigo primeiro da Questão 1: *A Doutrina Sagrada* destaca que há diferença entre o conhecimento das "disciplinas" voltadas para o conhecimento e aquelas voltadas para a salvação do homem. Distingue, portanto, claramente um conhecimento do outro.

> Era necessário existir para a salvação do homem além das disciplinas filosóficas, que são pesquisadas pela razão humana, uma doutrina fundada na revelação divina. Primeiro, porque o homem está ordenado para Deus, como para um fim que ultrapassa a compreensão da razão [...] Ora, é preciso que o homem, que dirige suas intenções e suas ações para um fim, antes conheça este fim. Era, pois, necessário para a salvação do homem que estas coisas que ultrapassam sua razão lhe fossem comunicadas por revelação divina. Portanto, além das disciplinas filosóficas, que são pesquisadas pela razão, era necessária uma doutrina sagrada, tida pela revelação.[42]

Santo Tomás demonstra que o homem possui, em si, um intelecto agente que define o caminho a seguir. Há, no homem, uma razão perceptível que faz com que ele decida sobre seus atos e essa razão não advém de outro *locus* senão de seu intelecto. Todavia, para o homem caminhar para a salvação eterna, ele precisa de um conhecimento superior que é dado pela revelação divina. Existem, para Santo Tomás, dois conhecimentos distintos: o da razão intelectiva e o da revelação. O primeiro conduz o caminho terreno dos indivíduos e o segundo o da salvação eterna.

De acordo com o mestre dominicano, a existência dessa diferença quanto ao conhecimento humano é "natural", pois ocorre com as duas naturezas do conhecimento o mesmo que com as ciências provenientes da razão humana, seguem por caminhos distintos mas chegam ao mesmo fim: a sabedoria.

> A doutrina sagrada é ciência. Mas existem dois tipos de ciência. Algumas procedem de princípios que são conhecidos à luz natural do intelecto, como a aritmética, a geometria etc. Outras procedem de princípios conhecidos à luz de uma ciência superior: tais como a perspectiva se apoia nos princípios tomados à geometria; e a música, nos princípios

---

42. TOMÁS DE AQUINO, 2001. p. I, q. I, a. I.

elucidados pela aritmética. É desse modo que a doutrina sagrada é ciência, ela procede de princípios conhecidos à luz de uma ciência superior, a saber, da ciência de Deus e dos bem-aventurados. E como a música aceita os princípios que lhe são passados pelo aritmético, assim também a doutrina sagrada aceita os princípios revelados por Deus.[43]

As duas ciências são importantes para os homens. Entretanto, no pensamento tomasiano, a teologia é a doutrina sagrada e é superior às ciências racionais por ser oriunda de Deus. Do seu ponto de vista, enquanto nas ciências provenientes do intelecto humano existem estreitas relações e elas sofrem influências uma das outras, a teologia é influenciada diretamente pelos princípios revelados.

A doutrina sagrada supera as outras ciências especulativas. É a mais certa, porque as outras recebem sua certeza da luz natural da razão humana, que pode errar; ao passo que ela recebe a sua da luz da ciência divina, que não pode enganar-se. E ela também possui o mais elevado objeto, pois se refere principalmente ao que, por sua sublimidade, ultapassa a razão, ao passo que as outras disciplinas consideram apenas o que está sujeito à razão. Entre as ciências práticas, a mais excelente é a que está ordenada a um fim mais alto como acontece com a política em relação à arte militar, pois o bem do exército está ordenado ao bem da cidade. Ora, o fim desta doutrina, como prática, é a bem aventurança eterna, à qual se ordenam todos os outros fins das ciências práticas. Sob qualquer dos ângulos, a ciência sagrada é a mais excelente.[44]

Na passagem acima, Santo Tomás tece uma comparação muito importante para diferenciar as ciências racionais do conhecimento sagrado. Do seu ponto de vista, como as primeiras são provenientes do intelecto humano e os homens não são seres perfeitos, não produzem verdades eternas, mas mutáveis, o conhecimento produzido pelas ciências racionais podem equivocar-se muitas vezes, podem sofrer alterações com as mudanças, no entanto, como a doutrina sagrada recebe sua luz direta da "ciência sagrada" e não sofre as influências da razão humana, ela produz um conhecimento perfeito.

Ainda há que se considerar no excerto tomasiano uma questão especial ao século XIII e que aparece na sua discussão. Como grande parte dos homens passam a viver nas cidades,[45]

---

43. *Idem.* p. I, q. I, a. 2.

44. *Idem.* p. I, q. I, a. 5.

45. Em *Do Reino ou do Governo dos Príncipes ao Rei de Chipre*, Santo Tomás discorre sobre a importância do bom governo, retoma, fundamentalmente a *Política* de Aristóteles e destaca que a cidade é, de seu ponto de vista o *locus* da comunidade perfeita. "Competindo ao homem viver em multidão, por não se bastar para as necessidades da vida, permanecendo solitário, tanto mais perfeita será a sociedade da multidão, quanto mais autossuficiente for para as necessidades da vida. Tem a família, no seu lar, algo do suficiente para a vida, quanto

como já discutimos anteriormente, a política se torna um aspecto muito importante da vida, pois dela depende o bem-comum da sociedade. Exatamente por isso Santo Tomás destaca que a arte militar deve sempre convergir para um fim quase perfeito e mirar-se no exemplo da doutrina sagrada que sempre se dirige para o bem, pois na cidade os homens precisam ter uma vida próxima à perfeição.

Se na *Suma Teológica* aparece explicitada a divisão que Santo Tomás estabelece entre as ciências racionais e a divina, dando ao intelecto humano a capacidade de agir e produzir conhecimento, na obra *A unidade do intelecto...*, resposta às formulações de Averroes sobre o intelecto, o mestre dominicano deixa mais evidente ainda o papel que o intelecto desempenha na vida do homem, transforma-o na parte fundante da pessoa.

> É de fato evidente que este homem em concreto pensa, pois nunca chegaríamos a procurar saber o que é o intelecto se não pensássemos; nem quando procuramos saber o que o intelecto é de nenhum princípio mais procuramos saber senão daquele pelo qual pensamos. Daí que Aristóteles diga: "Chamo intelecto àquilo pelo qual a alma pensa". Portanto, Aristóteles conclui que se há um princípio primeiro pelo qual pensamos ele deve ser a forma do corpo, pois já tinha demonstrado antes que a forma é aquilo pelo qual em primeiro lugar alguma coisa age. E também se prova por um argumento: as coisas agem enquanto estão em ato; ora, é mediante uma forma que as coisas estão em ato; logo, aquilo pelo qual em primeiro lugar as coisas agem é a sua forma.[46]

O princípio da discussão na passagem acima é em si mesmo essencial: só podemos discutir o intelecto porque pensamos. O pensar faz o homem concreto existir e agir. Não há homem se não existir pensamento, portanto, intelecto. O pensamento dá ao homem sua quase perfeição e o torna superior aos demais animais, pois somente ele é capaz de escolher seus caminhos e definir seus atos.

> Ora, a operação própria do homem, enquanto é homem, consiste em pensar, pois é nisto que difere dos animais, e por isso é que Aristóteles deposita a última e a felicidade nessa operação. O princípio pelo qual pensamos é o intelecto, tal como Aristóteles diz. Deve, portanto, unir-se ao corpo como uma forma, não de maneira a que a própria potência intelectiva seja o ato de algum órgão, mas por ser uma faculdade da alma que é o acto de um corpo natural organizado.[47]

---

aos atos naturais de nutrição, geração da prole e coisas semelhantes; o mesmo numa aldeia, no pertinente a uma profissão; na cidade, porém, que é a comunidade perfeita, quanto a todo o necessário à vida; [...]" (TOMÁS DE AQUINO, 1997, Liv. I, cap. II, § 7).

46. TOMÁS DE AQUINO, 1999, cap. III, § 61.

47. *Idem*, cap. III, § 77.

É próprio do homem, portanto, pensar. Assim, embora o intelecto exista em todos os homens, o seu pensar particular torna o intelecto de cada indivíduo singular. Assim, esse intelecto não é único para todos os homens como pretende Averroes. Segundo Santo Tomás, todos os homens possuem intelecto, mas cada um faz uso pessoal dele. Não seria possível uma única forma de pensar para todos os intelectos humanos.

> Além dos mais, se todos os homens pensam por um único intelecto, qualquer que seja como forma seja como motor, segue-se, necessariamente, que em todos os homens será um só em número o pensamento que em conjunto for relativo a um único inteligível; se por exemplo: se eu pensar numa pedra e se tu fizeres o mesmo, a minha operação intelectual e a tua operação intelectual devem ser uma só e a mesma. Com efeito, de um mesmo princípio ativo, seja uma forma seja um motor, relativamente a um mesmo objeto, apenas pode vir uma operação numericamente idêntica da mesma espécie e ao mesmo tempo; é o que torna evidente pelo que Aristóteles declara no livro V da *Física*. De onde, se houvesse muitos homens com um só olho, a sua visão só seria uma relativamente a um mesmo objeto e ao mesmo tempo. Portanto, da mesma maneira, se fosse um só intelecto de todos os homens que pensassem a mesma coisa ao mesmo tempo; e, principalmente, porque nada daquilo que se distingue os homens uns dos outros teria a ver com a operação intelectual.[48]

Esta formulação do mestre dominicano concede ao homem uma individualidade extremamente importante. Recorre a Aristóteles para demonstrar que, embora todos os homens possuam a capacidade intelectiva de compreender as coisas, cada um vê, cada uma das coisas existentes, de forma particular, em virtude, inclusive do seu pensar.

Ao refutar a tese de que o intelecto é único para todos os homens, Santo Tomás considera que a discussão de Averroes retira do homem sua capacidade intelectiva de interagir e responsabilizar-se por seus atos.

> A ser assim, este homem não será senhor de seus atos nem nenhum dos seus atos será digno de louvor ou de condenação, o que equivale a despedaçar os princípios da filosofia moral. Uma vez que isto é absurdo e é contrário à vida humana (nesse caso não seria preciso aconselhar nem legislar), segue-se que o intelecto está unido a nós de maneira a que a sua união conosco forme algo verdadeiramente uno. Mas isto só pode realmente suceder tal como dissemos, a saber: sendo o intelecto uma potência da alma que se une a nós como forma. Só nos resta, pois, fora de qualquer dúvida, sustentar esta tese, não por causa de uma revelação da fé como eles dizem, mas porque nega-la seria ir contra toda a evidência.[49]

---

48. *Idem*, cap. IV, § 88.

49. *Idem*, cap. III, § 78.

O mestre dominicano também mostra que a tese de Averroes de que o intelecto é único conduz a um pensamento equivocado do que seja homem. Com efeito, se o intelecto é único, não faz parte de um homem em particular, embora exista em todos, mas é uma parte separada do homem, que pode existir independentemente dele.

> Alguns autores trataram de a explicar de diversos modos. Um deles é Averróis, que sustenta que esse princípio do pensamento a que damos o nome de intelecto possível não é nem uma alma nem uma parte da alma, a não ser equivocadamente, mas que é, isso sim, uma dada substância separada. Diz que o pensar dessa substância separada se torna no meu ou no teu pensar quando o intelecto possível comunica comigo ou contigo mediante as imagens que se encontram em mim e em ti. E de acordo com ele, isso acontece da seguinte maneira: a espécie inteligível que faz um com o intelecto possível, porque é a sua forma e o seu ato, tem dois sujeitos, sendo um as próprias imagens e o outro o intelecto possível. Deste modo, o intelecto possível entra em contato conosco pela sua forma por intermédio das imagens; é desta maneira que, quando o intelecto possível pensa, é um homem individual que pensa.[50]

Do ponto de vista tomasiano, a posição de Averroes é contrária à natureza do homem por não se poder separar no homem a parte material da intelectual, sob pena de destruir o sujeito. O homem, com efeito, existe enquanto uma totalidade que envolve o intelecto e o concreto. Santo Tomás afiança que o intelecto é o grande motor do homem por ser o que comanda o agir. Logo, é impossível o intelecto ser único para todos os homens.

> É portanto único o que é pensado por mim e por ti, mas é pensado por mim de um modo diferente de ti, a saber, por meio de uma outra espécie inteligível; e o meu pensar é diferente do teu pensar; e o meu intelecto é distinto do teu intelecto. Por isso, Aristóteles diz, nas *Categorias*, que uma dada ciência é singular no sujeito "como certa ciência gramatical que está no sujeito que é alma, embora não seja dita de nenhum sujeito". De onde, quando o meu intelecto se pensa a pensar pensa um certo acto singular; já quando pensa no pensar puro e simples, pensa algo de universal.[51]

Por considerar o intelecto algo particular de cada homem, Santo Tomás afirma que cada homem tem o seu pensar. Aliás, vários homens podem pensar sobre uma mesma coisa, mas esse pensar é singular em cada um dos intelectos, ainda que o pensado seja geral. Decorre daí a consideração no texto acima: o ato de pensar é universal, mas o pensar

---

50. *Idem*, cap. III, § 62.

51. *Idem*, cap. V, § 108.

de cada um é singular. Esta singularidade deriva do intelecto agente de cada indivíduo, a parte essencial do ser.

> É claro, portanto, que o intelecto é aquilo que há de principal no homem e se serve de todas as potências da alma e dos membros do corpo à maneira de instrumentos; é por causa disto que Aristóteles diz subtilmente que o homem é intelecto "ou é sobretudo isso". Portanto, se o intelecto de todos é único, segue se necessariamente que só há um a pensar e, consequentemente, um só a querer e um só a utilizar, pelo arbítrio da sua vontade, todas aquelas coisas em que os homens se distinguem uns dos outros. Além disso, daqui resultaria que, se o intelecto, no qual apenas reside o principado e o domínio na utilização de tudo o mais, fosse único e indiviso em todos os homens, não haveria diferença entre eles no que toca à livre escolha da vontade, mas seria a mesma em todos. Mas isto é evidentemente falso e impossível; com efeito, é incompatível com o que parece aos nossos olhos e destrói toda a ciência moral e tudo aquilo que diz respeito à sociedade civil, natural aos homens, conforme diz Aristóteles.[52]

A passagem acima é extremamente importante e sintetiza, a nosso ver, as formulações do pensamento tomasiano quanto à importância e ação do intelecto no homem. Partindo das formulações de Aristóteles, Santo Tomás afirma que o intelecto é aquilo que há de mais importante no ser. Logo, o homem não existe sem ele. O intelecto define a vontade singular e as atitudes particulares de cada homem. Logo, é inviável, para Santo Tomás, a existência de um intelecto único para todos, como supõe Averroes. Somente seria possível o intelecto único se o homem não fosse homem, ou seja, não tivesse capacidade de discernir sobre seus atos e, mais grave, não fosse capaz de usufruir do seu intelecto como agente singular, provedor das diferenças entre cada ser. A última frase da passagem é importante por mostrar que o mestre dominicano pensa o homem como um ser civil que possui vontade singular e que é essa vontade que permite a convivência entre os homens. Seria impossível, pois, de acordo com Santo Tomás, a existência da sociedade se todos os homens pensassem uma mesma coisa, tivessem um mesmo e único desejo, se todos vissem tudo com o mesmo olhar. Assim, o intelecto, em si, existe como algo universal por existir em todos os homens, mas é singular em cada um dos seres quando cada indivíduo comanda seus atos e suas vontades particulares intelectivas.

Por considerar a partir desta perspectiva a capacidade intelectiva autônoma e singular do homem, afirma o mestre dominicano, diferentemente de Santo Boaventura, que o homem também pode ensinar e aprender pelo seu próprio intelecto agente.

---

52. *Idem*, cap. VI, § 87.

Na Questão 11 das disputadas sobre a *Verdade*, Santo Tomás faz considerações sobre a capacidade que o homem tem de ensinar e aprender.

> 9. É legítimo afirmar que um homem é verdadeiro professor, que ensina a verdade e que ilumina a mente, não porque infunda a luz da razão em outro, mas como que ajudando essa luz da razão para a perfeição do conhecimento, por meio daquilo que propõe exteriormente, tal como o diz São Paulo (Ef 3,8): "A mim, que sou o ínfimo entre os santos, foi dada esta graça: a de iluminar a todos etc."[53]

O homem pode ser mestre por possuir um conhecimento em ato, em seu intelecto, que pode ser transmitido aos seus alunos que, por sua vez, por possuírem capacidade cognitiva de aprender, podem transformar em ato o que está potencialmente sendo ensinado pelo mestre. Contudo, o aluno em si, para aprender, precisa ter em seu intelecto um pré-conhecimento, vamos dizer assim, do que está sendo ensinado, o que lhe possibilita aprender. De acordo com mestre dominicano, o homem ensina e aprende por meio do seu intelecto.

Ao considerar essa capacidade do homem de ensinar e aprender no debate com Averroes, Santo Tomás retoma a ideia do intelecto como agente singular em oposição à ideia do intelecto único para todos e afiança que a ciência pode ser única, mas a forma de sua apreensão se diferencia no mestre e no aluno.

> Por aqui se vê claramente como a ciência num aluno pode ser a mesma da de quem ensina. É a mesma naquilo que se sabe, mas não quanto às espécies inteligíveis pelas quais cada um deles pensa; é de fato aqui que a ciência se individualiza em mim e em ti. Não é preciso que a ciência que existe no aluno seja causada pela ciência que o mestre tem [...] Assim como no doente se encontra o princípio natural da saúde, ao qual o médico administra os meios auxiliares com vista ao aperfeiçoamento da saúde, assim também no aluno se encontra o princípio natural da ciência, ou seja, o intelecto agente e os princípios conhecidos por si mesmos; aquele que ensina administra algumas pequenas ajudas deduzindo conclusões dos princípios conhecidos por si mesmos. [...] o mestre conduz até a ciência de modo a que quem investiga adquira a ciência por si mesmo, ou seja, começando pelo o que se conhece até se chegar ao que desconhece. E tal como no doente a saúde não acontece por causa da potência do médico, mas da capacidade da natureza, assim também a ciência é causada no aluno não por causa do mérito do mestre mas da capacidade do aprendiz.[54]

---

53. Tomás de Aquino, a. 1, Respostas às objeções, *apud* LAUAND, 2005, p. 36.

54. TOMÁS DE AQUINO, 1999, cap. V, § 109.

CONSUMO E ABASTECIMENTO NA HISTÓRIA   353

O mestre pode ter o conhecimento pleno de uma ciência mas, nem por isso seu aluno tem essa mesma plenitude do conhecimento porque o aluno apreende aquilo que o seu intelecto tem, naturalmente, capacidade para incorporar como ato conhecido. Desse modo, o professor ensina, mas o mérito da aprendizagem encontra-se no aluno ou, como coloca o mestre dominicano, na "capacidade do aprendiz".

Após expormos as considerações tomasianas sobre as ciências racionais, sobre o intelecto humano, a capacidade de os homens ensinarem e aprenderem e ao compararmos com algumas das formulações de Santo Boaventura, chegamos à conclusão de que ambos se colocam efetivamente no debate contra a introdução radical das ideias averroistas e aristotélicas na Universidade. Ambos mostram-se conhecedores do pensamento novo (Aristóteles). A diferença incide na tomada de posição diante dessas formulações. Para Santo Boaventura, o intelecto humano, o conhecimento, as ciências, exemplificamos inclusive a sua definição para a filosofia, permance estreitamente vinculado e dependente da infusão divina e o único mestre de todos é Deus. Para Santo Tomás, a teologia é também o conhecimento superior, uma vez que sua origem é perfeita, infundida pela doutrina sagrada. Entretanto, o intelecto humano possui uma autonomia própria, dependente de seu intelecto singular. Cada homem é responsável pelo seu agir. O conhecimento provém de duas origens distintas: das ciências racionais e da doutrina sagrada/encarnação. Logo, o homem também pode ensinar e aprender. Com isso, o mestre dominicano dá ao homem uma autonomia própria em relação ao seu intelecto, diferentemente de Santo Boaventura. Os dois mestres se posicionam no cenário universitário parisiense e colocam, na ordem do dia, caminhos distintos para os indivíduos. Cada um desses caminhos possui verdades mutáveis, pois são apresentadas por homens que possuem intelectos singulares humanos.

Por fim, para concluírmos nossa análise acerca das cidades e da Universidade como *locus* de produção de bens culturais, queremos afirmar que o ambiente citadino e os nossos mestres Boaventura e Tomás de Aquino trazem para o cenário um bem cultural absolutamente novo: a ideia de autonomia e de liberdade.

Autonomia e liberdade que as cidades conquistam no momento em que adquirem suas cartas de liberdade em relação aos seus senhores e, com isso, principiam a construir uma ideia de público, de coletivo, de governo para o bem comum que até então não existia no seio do medievo. Os intelectuais universitários, ao trazerem para o debate a ideia do intelecto singular, do intelecto agente, iniciam um movimento revolucionário no que diz respeito à liberdade do indivíduo e, nesse sentido, Santo Tomás é fundamental. Eles dão ao homem a responsabilidade pelo seu agir. Ora, a ideia que se torna latente a partir do XIII é: o homem é homem porque pensa.

Assim, a autonomia das cidades e a liberdade do intelecto do sujeito são bens culturais que acompanham a trajetória dos indivíduos e das sociedades e não podem deixar de existir nas relações sociais.

Bibliografia

AGOSTINHO. *Livre-arbítrio*. São Paulo: Paulus, 1995.

_____. *A doutrina cristã*. São Paulo: Paulus, 2002.

ARISTÓTELES. *A política*. Brasília: UnB, 1995.

BOAVENTURA DE BAGNOREGIO. "Itinerário da mente para Deus". In: *Escritos filosóficos*. Porto Alegre: Edipucrs, 1999.

_____. "Cristo, único mestre de todos". In: *Escritos filosóficos*. Porto Alegre: Edipucrs, 1999(b).

DENIFLE, H. *Chartularium Universitas Parisiensis*. Bruxelles: Culture et Civilisation, 1964.

D'IRSAY, S. *Histoire des Universités Françaises et Étrangères des origines a nos jours*. Paris: Éditions Auguste Picard, 1933.

FALBEL, N. *Os espirituais franciscanos*. São Paulo: USP, 1995.

GRABMANN, M. *A filosofia da cultura em Tomás de Aquino*. Petrópolis: Vozes, 1946.

GUIZOT, F. *Essai sur l'histoire de France*. Paris: Didier, 1857.

_____. *Histoire génerale de la civilisation en Europe*. Bruxelles: Langlet, 1838.

_____. "Sétima Lição". In: MENDES, C. M.; OLIVEIRA, T. (trad. e org.). *Formação do Terceiro Estado. Comuna: coletânea de textos de François Guizot, Augustin Thierry e Prosper Barante*. Maringá: Eduem, 2005, p. 27-48.

HASKINS, C. H. *Studies in Medieval Culture*. Nova York: Frederick Ungar Publishing CO, 1965.

JANOTI, A. *As origens da Universidade*. São Paulo: Edusp, 1992.

LAUAND, L. J. *De magistro e os sete pecados capitais*. São Paulo: Martins Fontes, 2005.

LE GOFF, J. *Mercadores e banqueiros da Idade Média*. São Paulo: Martins Fontes, 1991.

_____. *Os intelectuais na Idade Média*. Lisboa: Gradiva, 1984.

LIBERA, A. *A filosofia medieval*. São Paulo: Loyola, 1998.

MENDES, C. M.; OLIVEIRA, T. (trad. e org.). *Formação do Terceiro Estado. Comuna: coletânea de textos de François Guizot, Augustin Thierry e Prosper Barante*. Maringá: Eduem, 2005.

_____. "Montesquieu: uma análise histórica de Roma". In: *Pesquisas em Antiguidade e Idade Média: Olhares Interdisciplinares*. São Luis: Ed. da UEMA, 2007.

MONTESQUIEU. *Grandeza e decadência dos romanos*. São Paulo: Paumape, 1995.

NUNES, R. A. C. *História da Educação na Idade Média*. São Paulo: Edusp, 1979.

OLIVEIRA, T. *As universidades na Idade Média (séc. XIII)*. São Paulo: CEMOROC; Porto: Universidade do Porto, 2005.

_____. "Origem e memória das universidades medievais – a preservação de uma instituição educacional". *Varia História*, Belo Horizonte, vol. 23, n. 37, p. 113-129, jan./jun. 2007.

PIRENNE, H. *Les villes et les institutions urbaines*. Paris: Librairie Félix Alcan, 1939.

_____. "L'Instruction des marchants au Moyen Âge". In: *Histoire économique de L'Occident Médiéval*. Paris: Desclée de Brouwer, 1951, p. 551-570.

PUTALLAZ, F. X. *Profession: philosophie Siger de Brabant*. Paris: Éditions du Cerf, 1997.

SALISBURY, J. "Polycatricus". In: DE BONI, L. A. *Filosofia medieval. Textos*. Porto Alegre: Edipucrs, 2005, p. 132-140.

SAINT-VICTOR, Hugo de. *Didascálicon. Da arte de Ler*. Petrópolis: Vozes, 2001.

TOMÁS DE AQUINO. "Do reino ou do governo dos príncipes ao rei de Chipre". In: *Escritos políticos*. Petrópolis: Vozes, 1997, p. 126-172.

_____. *A unidade do intelecto. Contra os Averroístas.* Lisboa: Edições 70, 1999.

_____. *Suma teológica.* São Paulo: Paulus, 2001.

ULLMANN, R. A. *A Universidade Medieval.* Porto Alegre: Edipucrs, 2000.

VERGER, J. *Homens e Saber na Idade Média.* Bauru: Edusc, 1999.

_____. *Cultura, ensino e sociedade no Ocidente nos séculos XII e XIII.* Bauru: Edusc, 2001.

_____. *Les Universtiés au Moyen Age.* Paris: Quadrige/PUF, 1999.

WÉBER, E. H. *Dialogue et dissensions entre Saint Bonaventure et Saint Thomas de Aquin a Paris. Dialogue et dissensions entre Saint Bonaventure et Saint Thomas d'Aquin a Paris (1225-1273).* Paris: J. Vrin, 1974.

15. Circulação e Fixidez de Ideias sobre o Oriente no Final da Idade Média

Susani Silveira Lemos França[1]

---

1. Professora de História Medieval da Universidade Estadual Paulista, Franca.

NO INVENTÁRIO MEDIEVAL dos povos e lugares da Ásia, dois traços à partida se destacam: a fixidez das imagens e a mescla da experiência direta e de doutrinas que circulavam desde a Antiguidade.[2] A produção escrita medieval é toda ela alimentada pela ideia de que o passado é o parâmetro por excelência do presente e do futuro, ideia essa que contribuiu para a consolidação e preservação das verdades com as quais os homens do período se pensaram e se definiram. Reproduzir passagens inteiras de livros respeitáveis não era, pois, condenável; ao contrário, era antes recomendável que assim fosse. No caso dos relatos medievais de viagem, um conjunto substantivo de tópicos,[3] de lugares comuns, denuncia o quanto a percepção dos viajantes acerca dos povos encontrados e de si próprios era construída a partir da observação e de reminiscências literárias e iconográficas relativas às maravilhas orientais.[4]

A expectativa dos poucos leitores por descrições do Oriente recheadas de elementos fabulosos, exóticos e até mesmo com padrões morais invertidos dos cristãos não recomendava que os narradores se aventurassem por um realismo cruamente sincero, que afrontasse a mirabolante imaginação dos seus leitores e ouvintes acerca da realidade

---

2. Como diz Danielle Régnier-Bohler, "a descoberta de um mundo diferente, de homens aspectos novos se faz pela percepção do que se apresenta ao olho e ao ouvido dos viajantes. O imaginário dita frequentemente as leis". RÉGNIER-BOHLER, 1997, p. XLIII.

3. O *Dicionário enciclopédico das Ciências da Linguagem* define *topos* como vários motivos que conformam uma configuração estável na Literatura e retornam amiúde, sem necessariamente ocuparem um espaço importante dentro do texto. Certos *topoi* caracterizam inclusive toda a literatura ocidental e um conjunto deles caracteriza os relatos de viagem. Cf. DUCROT; TODOROV, 2007, p. 207.

4. Cf. D'INTIMO, 1989, p. XVI.

oriental. Com pequenas variações, por exemplo, podemos encontrar tanto na narrativa dos viajantes Marco Polo, do século XIII, e Odorico de Pordenone, da primeira metade do século XIV, quanto na do viajante imaginário Jean de Mandeville,[5] de meados deste século, histórias como a de um ardiloso senhor que simulara o Paraíso em seus domínios, com a promessa de que o passaporte para tal lugar estava sob seu controle. Os jovens que o visitavam, encantados pelas fontes que emanavam leite, mel e vinho, pelas belas virgens de menos de 15 anos que estariam à sua disposição e, entre outros prazeres, pelo encanto das flores e o odor sublime que exalavam, dispunham-se a eliminar todo e qualquer desafeto desse senhor do "jardim mais belo que se poderia ver".[6] Podemos encontrar também nos relatos de Polo e Mandeville, com sutis diferenças, descrições deslumbradas do reino cataio do Grande Cã, cuja magnificência ofuscava qualquer reino ocidental e cuja abundância material concretizava os anseios de fartura de homens provenientes de sociedades familiarizadas com a pobreza.[7] Polo diz, por exemplo, que "se todos os senhores do mundo, cristãos e sarracenos, estivessem juntos, não poderiam fazer tanto quanto ele"; e Mandeville o apresenta como "o mais poderoso imperador que existe sob o firmamento, tanto desta parte do mar como do ultramar",[8] um senhor que vive em um "palácio de mármore e de outras ricas pedras; com as salas e os quartos todos dourados",[9] o palácio, pois, "mais bonito e rico que alguém possa imaginar" e com um salão "ricamente adornado e maravilhosamente aparelhado de todas as coisas que se possa imaginar".[10]

---

5. Convém recordar que o debate sobre a realidade das viagens de Mandeville foi intenso desde o século XIX, dada a forma como se apropria de autores do passado e ao uso da primeira pessoa para narrar uma viagem que não fez por mar ou terra, mas pelas leituras. Muitos pesquisadores, tendo em conta essa simulação, empenharem-se em desmentir a natureza testemunhal do relato, várias vezes reafirmada por Mandeville no decorrer da obra. Sobre a questão ver: FRANÇA, 2007, p. 13-18.

6. POLO, 1854, p. 73-76 ou CONY, 2001, p. 49-51; FRANÇA, 2007, p. 233-234; *Crônicas de viagem*: Franciscanos no extremo oriente antes de Marco Polo (1245-1330), 2005, p. 332-333.

7. Michel Mollat chama atenção para como a pobreza ganha visibilidade nos séculos XII e XIII, graças, entre outros fatores, ao destaque alcançado por pregadores como Pedro, o Eremita (1050- 1115) ou Francisco de Assis (1181/2-1226): o primeiro porque chamou atenção sobre os pobres ao arrastar uma multidão deles para uma cruzada; o segundo porque alterou o conceito de santidade e devoção na virada do século XII para o XIII, ao se ter consagrado, em tempo de progresso da economia monetária e da ascensão dos leigos, à pobreza e a uma liderança alternada entre a solidão e a inserção social. Mas graças, especialmente, ao aumento dos pobres nas cidades e o seu consequente anonimato. Cf. MOLLAT, 1989.

8. POLO, 1854, p. 125-126; CONY, 2001, p. 75 e FRANÇA, 2007, p. 176.

9. POLO, 1854, p. 150-151 e CONY, 2001, p. 87.

10. FRANÇA, 2007, p. 191-192.

Tais imagens confundem-se de um texto a outro e são igualmente recorrentes em muitos outros relatos sobre Catai e sobre as terras orientais, como os de João de Pian del Carpine (Giovanni di Pian del Carpini, 1245-47) ou Guilherme de Rubruc (Guillaume de Rubrouck, 1253-55), entre outros. E não só em relatos. O próprio Mandeville, no seu prólogo, por exemplo, justifica sua vontade de escrever, alegando que "muito tempo" havia se passado "sem nenhuma travessia para além-mar" e que havia certo gosto das gentes em "ouvir falar da Terra Santa", extraindo dessas histórias "prazer e consolo".[11] Quem seriam esses supostos interessados, não ficamos a saber através desse relato, mas estudiosos que se dedicaram a pensar o lugar das viagens, dos viajantes e dos seus escritos na Idade Média, referem, por exemplo, que o testemunho do missionário franciscano, João de Pian del Carpine, no qual se nota a intenção religiosa de conhecer outras religiões e ritos e de converter alguns infiéis, era dirigido ao papa ou ao rei, representando um "discurso de elite, discurso universitário, aparentemente distante do imaginário popular da época".[12] Se, contudo, este viajante contemplou uma recepção tão restrita e direcionada, Polo e Mandeville, fiéis mas não comprometidos com uma missão doutrinária, alargaram o quadro da recepção dos seus textos para além dos religiosos, ou seja, atingiram também um indistinto público laico, que poderia ser definido pelo rótulo generalizado de cristandade – nessa altura seduzida pelos "impiedosos" tártaros que viviam no ultramar.[13]

Os referidos diálogos e lugares comuns que circularam por epopeias, crônicas e relatos de viagem,[14] todavia, ainda que tenham se disseminado entre a gente comum, então alerta para as estranhezas do oriente, estavam em grande parte restritos aos próprios viajantes, aos reis, aos nobres e aos religiosos, tendo sido apenas de forma difusa e oral absorvidos pela massa de iletrados que formava a sociedade medieval. Dada essa restrita circulação apenas entre escritores e um público seleto, não podem os registros escritos sobre viagens, nem quaisquer outros, serem pensados, nesse período em que não temos um instrumento como a imprensa para facilitar o acesso a eles, como bens de consumo, mesmo porque a redução dos custos de reprodução, a diminuição dos prazos para realizá-la e a possibilidade de reprodução idêntica dos textos eram completamente impensadas na era dos manuscritos.[15]

---

11. *Idem*, p. 35.

12. WOLFZETTEL, 1996, p. 24, tradução nossa.

13. Cf. MOLLAT, 1992.

14. Cf. RÉGNIER-BOHLER, 1997, p. XVI.

15. CAVALLO, 2004, p. 45.

O acesso aos livros era limitado e a possibilidade de posse era para poucos. Para se ter uma ideia, diversos são os testamentos dos séculos XIV e XV em que consta o destino dos poucos livros de que dispunham um rei, um nobre ou um eclesiástico. Em um reino periférico como Portugal, por exemplo, encontram-se notícias dessa natureza. Na disposição dos bens que o infante D. Fernando (1402-1443), filho de D. João I (1357-1433), determinou no seu testamento, feito em 1437, antes da sua partida para Tânger – de onde nunca retornaria –, o destino dos seus livros não foi esquecido. Em uma das partes do testamento, ocupa-se da ordenação dos "ornamentos e livros" da sua Capela e Câmara.[16] A seguir, nomeia os livros e os beneficiários pretendidos, entre os quais contam sobretudo as congregações religiosas, sem que fossem esquecidos, contudo, alguns destinatários individuais, como o cronista Fernão Lopes, por exemplo. Mas no rol das doações, uma delas é ainda mais sugestiva do valor material, para não falar do afetivo, dos livros. Determina o Infante Santo, D. Fernando, que Gonçalo Vasquez, que foi seu capelão, tivesse seu "livro dos morais de São Gregório em toda sua vida", e depois o entregasse ao rei.[17] Tal cuidado em garantir não apenas o beneficiário imediato mas também o subsequente, juntamente com a própria menção em testamento, ilustra o quanto era circunscrita e cuidada a circulação dos livros.

Até mesmo no centro e norte da Europa, onde a produção de manuscritos era mais intensa, graças ao avanço universitário e dos ateliês laicos,[18] as dificuldades para aquisição do livro manuscrito, como lembra Pascale Bourgain, eram muitas. Apenas escritores prestigiados, como Rábano Mauro, São Bernardo ou Petrarca tinham assegurado um público para suas obras quando eram editadas, enquanto autores menores precisavam recorrer às formas disponíveis de divulgação dos seus livros.[19] Nesse sentido, mesmo que nos últimos séculos medievais se possa falar em uma evolução na fabricação do livro[20] e numa ampliação do contato da sociedade urbana com o escrito, esta ainda continuava a circular em meios muito restritos, qual o dos nobres ou o dos clérigos.[21] Do mesmo modo, conquanto

---

16. Cf. ÁLVARES, 1911, p. 138-143.

17. *Idem*, p. 143.

18. VEZAN, 1989, p. 48.

19. BOURGAIN, 1989, p. 78.

20. Cf. VEZAN, 1989, p. 48. Acerca do desenvolvimento da produção de papel entre os séculos XIV e XVII, ver FEBVRE; MARTIN, 2000, p. 37-44.

21. Frédéric Barbier chama atenção que "a aquisição ou o encargo de exemplares suntuosos e a coleção de livros se converteram em elementos fundamentais da distinção cultural e por conseguinte política". BARBIER, 2005, p. 74.

se fale do final do século XIV e do século XV como um século em que as bibliotecas laicas[22] se tornam mais avolumadas e em que há uma evolução no acesso ao livro, não se pode dizer que o aumento do número de leitores, especialmente dos quadros universitários, se confunda com uma popularização desse artigo já no século XV.

Eram muito poucos os que podiam adquirir livros ou mesmo ter acesso a eles na forma de empréstimo. Os empréstimos de livros, objetos de valor,[23] eram temidos e se restringiam a poucos. Os livros da biblioteca de um dos maiores mecenas medievais, Carlos V da França (1338-1380), circularam apenas entre seus parentes, amigos e cortesãos, mas ainda assim com significativas perdas. As bibliotecas das ordens mendicantes reduziram os empréstimos em razão dos prejuízos e as bibliotecas de empréstimo optaram pelos livros acorrentados.[24] Consta, em uma carta régia de 1426, que D. João I de Portugal enviou dois volumes das *Conclusões* de Bártolo à Câmara de Lisboa, recomendando que fossem mantidos "presos por uma cadeia bem grande e longa".[25] Nesse caso, tratava-se de consulta aberta e não propriamente de empréstimo, mas há notícias sobre esses empréstimos em diversos lugares da Europa,[26] embora fossem trocas entre pessoas próximas ou iguais, entre ricos, como diz Bourgain.[27] Os privilegiados continuavam a ser as instituições religiosas e alguns eclesiásticos poderosos.[28] No mundo laico, os apreciadores das páginas escritas, em condições de possuí-las ou usufruir delas, eram ainda reis, príncipes ou nobres ricos, ainda que, no século XV, haja já notícias de um certo comércio de livros, graças aos grandes livreiros que acumulavam "as atividades complementares de bibliófilo, autor, editor, de maquetista de suas próprias edições e de vendedor de livros".[29]

Se era, pois, por mãos selecionadas que passavam os livros, essas não eram apenas as dos letrados célebres que, nos séculos XIV e XV, se tornaram figuras com significativo peso social,

---

22. Frédéric Barbier recorda que as bibliotecas cirtensienses já a partir do século XII chegaram a ser muito ricas. *Idem*, p. 61.

23. Frédéric Barbier aponta que os formatos monumentais caracterizaram as Sagradas escrituras, os livros de serviços divinos e os principais tratados (dos padres da Igreja, comentários das Escrituras, tratados litúrgicos, etc.) até o século XVI, e adita que os formatos se tornaram um pouco mais flexíveis no século XIII, quando com o apareciemnto dos manuscritos em língua vulgar. Cf. *Idem*, p. 67.

24. Cf. BOURGAIN, 1989, p. 73.

25. BARROS, 1885-1934, p. 123-124.

26. Paul Saenger. "La lectura en los últimos siglos de la Edad Media". In: CAVALLO; CHARTIER, 2004, p. 232.

27. BOURGAIN, 1989, p. 72-73.

28. Um bom exemplo é o de D. Mem Perez de Oliveira, Deão da Sé de Évora, cujo testamento, provavelmente do final do século XIV, inclui um legado de 39 livros. Testamento transcrito por PEREIRA, 1964-1965; 1967-1969, p. 81-96.

29. BOURGAIN,1989, p. 78, tradução nossa.

como Jean Gerson (1363-1429), Alain Chartier (1385-1440), Christine de Pisan (1365-1430), ou cronistas como Jean de Froissart (1333-1404) e Pero Lopes Ayala de Castela (1332-1407), entre tantos outros que ajudaram gradativamente o escrito a se inscrever na vida cotidiana e, sobretudo, na vida política.[30] Pelas mãos de escribas, copistas, iluminadores, miniaturistas, decoradores, editores, além de alguns escolares, também passavam os livros. Ler e escrever eram atividades ainda indissoluvelmente ligadas.[31] Os que liam, grosso modo, faziam-no pensando no que aproveitariam em seus próprios textos em elaboração ou a serem elaborados. E os relatos de viagem não fugiram à regra. Como foi adiantado anteriormente, passagens coincidentes de um relato a outro são abundantes. E tão comuns eram essas formas de apropriação que, no final do século XIV, foi possível a elaboração de um relato de viagem por um provável não viajante, o referido Jean de Mandeville.

A singularidade desse relato está justamente em o autor ter feito o que poderíamos chamar, anacronicamente, de uso ficcional de um gênero que se constitui na narração e descrição de uma verdade fundada explicitamente na empiria. O eu, nos relatos de viagem, desempenha papel decisivo na autenticação das realidades geográfica, social, política ou sagrada descritas.[32] Mesmo que os relatos dos citados Carpine, Rubruc, Polo, etc., sejam alimentados pelos referentes culturais dos seus antecessores e sejam, em grande parte, também eles construídos sobre escritos do passado, à base da compilação, é o testemunho direto,[33] a afirmação da busca da realidade sem intermediações que caracteriza tais relatos, como se vê nos usos da primeira pessoa ou em recursos como, por exemplo, o de Carpine que, no final do seu relato, acrescenta que ninguém deve duvidar que tudo que ele escreveu foi o que viu e o que lhe aconteceu na viagem à Tartária, tanto que ele faz menção de todos os nomes daqueles que achou ou reencontrou lá, ou pelos caminhos.[34] Mandeville leva ao extremo o uso da compilação, entrelaçando contextos, textos

---

30. Segundo Joël Blanchard e Jean-Claude Mühlethaler, no final da Idade Média, a escrita se organiza "em gêneros antigos, novos e renovados, através dos quais se exprimem, como na ordem política, continuidades e inovações. E como a escrita [...] não se exime quase nada do político, ou melhor, das referências ao político, ela procura integrar, na sua própria evolução bem como nas suas formas mais "conservadoras", os imobilismos e os movimentos que definem então esse político". BLANCHARD; MÜHLETHALER, 2002, p. 2.

31. Guglielmo Cavallo e Roger Chartier destacam que, nos séculos XI e XII, escrita e leitura se sustentam mutuamente, lia-se para compilar. Cf. CAVALLO; CHARTIER, 2004, p. 39.

32. O papel autenticativo do "eu" nas crônicas do final da Idade Média é explorado em: MARCHELLO-NIZIA, 1982, p. 13-25.

33. Literatura do testemunho, como define Nicole Chareyron. CHAREYRON, 2000, p. 9.

34. Cf. CARPINE, 1735, p. 65-66 ou a versão portuguesa: CARPINE, 2005, p. 95.

e autores diversos, sem dá-los a conhecer[35] e sem redefinir a função do eu na afirmação da verdade, ou seja, dosa técnica literária – a técnica corrente e aceita da compilação – e referências orais e escritas consideradas verdadeiras no seu tempo, mas alcança o efeito que conseguiu, em grande parte, pelas diversas afirmações de que viu pessoalmente – "a metade do firmamento se acha entre essas duas estrelas, metade que eu vi inteiramente"; "eu, Jean de Mandeville, [...] atravessei o mar no ano de 1322, [...] e a partir dessa data fiquei durante muito tempo no além-mar, vendo e visitando diversos lugares"[36] –, e pela sua própria opção por um gênero cujo estatuto é fundamentado no testemunho.[37] Com esses recursos, ele ajuda-nos a pensar sobre a circulação de ideias acerca de lugares e povos orientais por um duplo viés. Primeiramente, porque ele próprio teve acesso a tantos textos e, apesar de ter contado viagens que não fez, alimentando-se de leituras que fez de autores que viajaram, seu testemunho simulado não foi descoberto ou não causou incômodo, provavelmente em razão de poucos conhecerem naquele tempo os textos que conheceu. Em segundo lugar, porque o emaranhado de passagens alheias que reuniu e apresentou em um relato bem amarrado pareceu tão familiar aos homens do medievo.

No que diz respeito aos livros que nutriram sua composição imaginária do mundo de lá, ou seja, das terras do oriente – a Terra Santa e arredores, mas também a Ásia Menor, a Ásia Central, a Índia, a China, as ilhas do oceano Índico e um bosquejo sobre a África –, a lista das fontes estudadas, apropriadas direta ou indiretamente,[38] compiladas ou recordadas pelo narrador é extensa, Guilherme Boldensele e Odorico de Pordenone destacam-se como os mais essenciais, mas relatos de viagem célebres, como os de João de Pian del Carpine, de Guilherme Rubruc e de Marco Polo[39] também marcam sua presença, juntamente com obras históricas, como as de Alberto de Aix e Haiton de Armênia; obras enciclopédicas, como as de Vincente de Beauvais (através do qual teria tomado contato com Plínio, Solino, Isidoro de Sevilha e outros) e Brunetto Latini; fontes como a Bíblia, manuais de peregrinos, novelas de cavalaria, o tratado de Sacrobosco; e ainda referências

---

35. Para contar sua suposta viagem, Mandeville, como mapearam Warner e Bovenschen no séc. XIX, recolheu relatos, roteiros, crônicas e tratados que circulavam pela Europa no século XIV. Cf. WARNER, 1889 e BOVENSCHEN, 1888. vol. 23.

36. FRANÇA, 2007, p. 171 e 35.

37. WOLFZETTEL, 1996, p. 5.

38. Em muitos casos, Mandeville extrai de textos recentes – Beauvais, Boldensele, Pordenone – informação procedente de autores antigos ou mesmo medievais.

39. LETTS, 1953, p. XXXIII.

como as obras de Jacobo de Varazze, de Jacques de Vitry, de Rábano Mauro, de Flávio Josefo, de Pedro Comestor, de Guilherme de Trípoli, de Cesário de Heisterbach, etc.[40]

Como teve acesso a tudo isso e qual o seu nível de cultura é o mais difícil de saber, dado que sua própria existência é envolta em mistério, tendo sido inclusive posta em dúvida por alguns dos seus editores dos séculos XIX e XX, que julgaram o nome Jean de Mandeville um pseudônimo e o identificaram como Jean de Bourgogne, um médico, ou Jean d'Outremeuse, notário de Liège.[41] Entretanto, os estudiosos que rastrearam suas fontes consideram que teve acesso direto a apenas alguns desses autores. M. C. Seymour e Christiane Deluz, por exemplo, lembrando que o epitáfio na igreja de Liège reporta a um laico, um cavaleiro errante que acabou seus dias em Liège, propuseram que esse suposto ou verdadeiro cavaleiro teria conduzido sua obra de 1356 ou 1357 a partir sobretudo de textos recentes, como os referidos relato de peregrinação de Boldensele, *Liber de quibusdam ultramarinis partibus*, de 1336, e o relato de Pordenone, *Itinerarium*, de 1330, mas também o *Flor des Estoires de la terra d'Orient*, de Haiton da Armênia, anterior a 1308. A esses textos recentes, que se encontravam disponíveis em francês, acrescentou outros mais remotos, como as enciclopédias de Vicente de Beauvais (*Speculum historiale* e *Speculum Naturale*, de c. 1250) e de Brunetto Latini (*Li Livres dou Tresor*, c. 1264), a compilação de vidas de santos de Jacopo de Varazze (*Legenda Aurea*, c. 1275), o tratado de Guilherme de Tripoli (*Tractatus de Statu Sarracenorum*, de 1270) e alguns dos outros anteriormente citados.[42] Tudo indica, portanto, que tinha também conhecimento do latim, já que muitas dessas obras não estavam disponíveis em língua românica. Tudo indica igualmente que ele fez uso dos métodos de leitura que se tinham tornado correntes no seu tempo, depois do aumento da produção livresca desde o século XII. Como lembra Jacqueline Hamesse, o estudo visual do texto se sobrepôs a partir daí à audição, tendo havido simultaneamente uma aceleração das leituras e uma maior eficiência na seleção de passagens a serem utilizadas. O trabalho compilatório de Mandeville foi provavelmente favorecido por essas condições, acrescidas de uma aceitação, dada a necessidade de agilidade, da leitura mais fragmentária – que facilitava a assimilação parcial dos textos – em detrimento da leitura contínua e demorada – atenta ao fundamento geral da obra.[43]

A propósito da partilha de expectativas acerca das terras de lá – segundo aspecto referente à circulação de ideias sobre o oriente –, o apanhado das obras articuladas no

---

40. Sobre as fontes, ver: HAMELIUS, 1923, p. 19-21; LETTS, 1953, p. XXVII, XXXII-XXXV; SEYMOUR, 1967, p. XIV-XV; DELUZ, 2000, p. 12; DELUZ, 1998, p. 44.

41. Sobre a questão da identidade do autor, ver: FRANÇA, 2007, p. 13-15.

42. SEYMOUR, 1967, p. XIV-XV e 276-277; LETTS, 1953, p. XXXII-XXXV; e DELUZ, 2000, p. 12.

43. Cf. HAMESSE, 2004, p. 187-188.

relato "Viagens de Jean de Mandeville" permite aferir que as apropriações desse leitor, que levou ao limite o potencial de viajante de qualquer leitor,[44] foram recebidas como muito autênticas pelos homens do seu tempo. Mais até, vale acrescentar, do que a do genuíno viajante Marco Polo, cujo relato foi ofuscado pelo brilho da narrativa fantasiosa.[45] O livro de Polo, *Devisement du Monde*, ou *Livre des Merveilles*, ou *Il Milione* foi escrito nos Cárceres de Gênova entre 1298 e 1299, tendo ele ditado a Rustichello, que o escreveu em francês – embora influenciado pelo italiano –, como era moda na época. Não foram, contudo, as incursões fabulosas as julgadas falsas pelos seus contemporâneos, foram aquelas em que quis ser fiel ao que observara, como as descrições do carvão fóssil ou do petróleo, por exemplo.[46] O realismo árido que ganhou espaço no século XVI não era bem-aceito entre aqueles que apreciavam as convenções fabulosas sobre o Oriente, vindas de longa data: passagens sobre Alexandre, o Preste João, o Grande Cã, o Velho da Montanha, as Amazonas, etc. Esse recurso às verdades consolidadas pela tradição era a base da erudição medieval, portanto, mais verdadeiros não pareciam ser os realistas, mas aqueles que melhor dosavam as referências antigas, as expectativas dos homens do seu tempo e a experiência pessoal de viagem. Mesmo em períodos posteriores aos séculos XIII e XIV, lembra Jean Paul Duviols, "o contato com o que é 'estranho' não serve senão para confirmar o fundamento do pensamento inicial dos europeus viajantes".[47] Portanto, ainda que os contemporâneos de Mandeville tivessem tido acesso aos livros usados por ele direta ou indiretamente, em latim ou línguas vulgares, não teriam considerado problemáticas as apropriações, já que eram bem aceitas e valorizadas. Mas certamente eles não conheceram esses livros e assimilaram parte do seu conteúdo apenas na forma oral e com muitas mediações.[48]

No universo de imagens partilhadas, a ideia de que descreviam um "outro mundo", como bem define Frei Guilherme de Rubruc,[49] em meados do século XIII, parece ser o fio condutor dos conjuntos descritivos que persistem no final da Idade Média, quando as viagens

---

44. Tal potencial do leitor como viajante, que circula por terras alheias, é escolhido como metáfora de abertura do livro: CAVALLO; CHARTIER, 2004, p. 45.

45. Cf. SEYMOUR, 1967, p. XIV.

46. Cf. D'INTIMO, 1989, p. XV-XVI.

47. DUVIOLS, 1985, p. 13, tradução nossa.

48. Cavallo e Chartier (2004) propõem que "no mundo clássico, na Idade Média, e até os séculos XVI e XVII, a leitura implícita, porém efetiva, de numerosos textos é uma oralização, e seus "leitores" são os ouvintes de uma voz leitora", p. 20.

49. Cf. RUBRUC, 1735, cap. I, p. 6 e cap. XI, p. 20 ou *Crónicas de viagem*, 2005, p. 120 e 132.

para a Terra Santa e partes da Ásia já não eram tão esporádicas[50] e quando o "lá" – o além-mar – já não se apresentava como uma simples fronteira intransponível, mas como o lugar de uma atividade possível.[51] João de Pian del Carpine, o frade franciscano de origem italiana, enviado pelo papa Inocêncio IV à Mongólia, em 1245, para sondar acerca da plausibilidade do prestígio ameaçador dos tártaros, divide sua atenção, como ele próprio declara no primeiro capítulo de sua história, para as características da terra, o perfil dos homens, as formas de culto, os costumes, a origem e a forma de preservação do seu império, as guerras, os modos de guerrear, as terras subjugadas.[52] Benedito da Polônia, seu seguidor também frade, legou-nos um breve relatório, mas que mais não acrescenta do que alguns esclarecimentos ao relato anterior. Outro franciscano, do século XIII, o flamengo Guilherme de Rubruc, que viajou de 1253 a 1255, foi mais minucioso ao descrever os costumes mongóis, a região de Catai e as formas de religiosidade, mas não alcançou a diversidade e a graça das descrições do seu sucessor italiano Marco Polo, o qual, permanecendo bastante tempo no além-mar, de 1271 a 1295, pôde enriquecer seu depoimento com detalhes e exageros que o aproximam do suposto viajante Mandeville. Pela mesma época, em 1293, também o frei italiano João de Montecorvino pisou em solo indiano, chinês e tártaro, de onde compôs cartas preocupadas em relatar seu empenho missionário e os empecilhos ou facilidades para conversão que encontrou, cartas que são consideradas "um testemunho vivo dos primeiros contatos de culturas no Extremo-Oriente".[53] Mais adiante foi a vez do francês Jourdain Cathala Séverac (em torno de 1330) e do missionário italiano Odorico de Pordenone (1314-1330), que seguem os passos de Polo; porém, ampliando a visão ocidental, por acrescentarem uma visão direta do Tibete e referirem a personagem do dalai-lama.[54]

Quando começa a descrever o aspecto dos tártaros, Carpine não se exime de um comentário generalista e que toma os cristãos como referência, ao apontar esse aspecto como "diferente do de todos os demais homens".[55] Montecorvino, por sua vez, se interroga sobre o que nos homens da Índia, "comparados aos outros", poderia admirar e,

---

50. Aryeh Graboïs considera que, nos séculos XII e XIII, há uma retomada das práticas individuais de viagem aos lugares santos graças à segurança proporcionada pelo reino latino de Jerusalém, e que, no XIV e XV, a queda desse reino levou a uma diminuição das viagens; porém, não há uma redução dos relatos, dado que foram sobretudo letrados que percorreram o caminho santo. GRABOÏS, 1998, p. 38 e 45.

51. Cf. ZUMTHOR, 1993, p. 61

52. Cf. CARPINE, 1735, p. 26 e CARPINE, 2005, p. 30.

53. MOLLAT, 1989, p. 26.

54. Cf. *Idem*, p. 27.

55. CARPINE, 1735, p. 26 e CARPINE, 2005, p. 33.

CONSUMO E ABASTECIMENTO NA HISTÓRIA   369

tendo perguntado e procurado muito, nada pôde encontrar, diz ele.[56] E Jordão Catala Séverac diz que a população do império Persa vivia "de maneira muito suja".[57] A seguir a essas impressões iniciais, malgrado as especificidades, surgem as descrições que se tornarão recorrentes: não apenas aquelas referentes às lendas e maravilhas, isto é, aos mitos antigos e medievais dos quais se valeram os viajantes do final da Idade Média para ler, com códigos velhos, as feições e os modos de ser que lhes pareceram tão novos – como não poderia deixar de ser neste universo literário em que o conhecimento adquirido por vista se mescla com conhecimentos adquiridos por audição e leituras –, mas principalmente a persistência sobre certos ângulos, que denunciam o nível do interesse geográfico, étnico e antropológico desses viajantes de outrora e do leitor que tinham em mente para os seus escritos; interesse que vai desde as formas de vestir até o tratamento dos ídolos, passando pela atenção à inversão de hábitos europeus. Entre esses conjuntos merecem aqui destaque – para não falarmos da conhecida reafirmação da santidade dos lugares, que caracteriza os relatos de peregrinos e que resultam em certa monotonia narrativa, dada a recorrência às conhecidas passagens bíblicas – certos ângulos e tópicos acerca dos orientais: seus costumes, suas condutas incomuns e suas crenças idólatras.

Entre as referências fantásticas e mitológicas mais comuns que povoam os relatos dos séculos XIII e XIV, destacam-se aquelas dos seres disformes ou das criaturas híbridas.[58] Os homens com cara de cão aparecem em praticamente todos os relatos aqui referidos. Quando narra a origem do império dos tártaros e sua trajetória, Carpine refere que, entre os lugares onde chegaram, estava um em que os habitantes tinham "forma humana, mas os pés terminavam em pés de bois e tinham cabeça humana, mas tinham cara como de cão", e mais, interpunham à sua fala um latido que mais ainda os fazia aproximarem-se desses animais.[59] Segue seus passos Benedito da Polônia, que fala desses mesmos cinocéfalos na Rússia.[60] Já Pordenone reúne, nas ilhas Nicobar, povos com características diversas, inclusive esses míticos homens com faces caninas, que em outros relatos aparecem nos mais variados lugares.[61] Nas ilhas Andamão, por exemplo, é onde Marco Polo situa os seus

---

56. MONTECORVINO, 2005, p. 255.

57. SÉVÉRAC, 2005, p. 274, tradução nossa.

58. Sobre o papel dos monstros no imaginário dos viajantes medievais, Kappler considera que, entre esses viajantes, "o inesperado é esperado" e o clímax da viagem ou "pedra de toque da autenticidade de uma experiência de viagem" era o encontro com monstros. Cf.: KAPPLER, 1994, p. 156.

59. CARPINE, 1735,, p. 48 e CARPINE, 2005, p. 58.

60. POLÔNIA, 2005, p. 101.

61. PORDENONE, 2005, p. 308.

cinocéfalos, gente, segundo ele, muito má e capaz de comer seus aprisionados,[62] mas que não foram os únicos híbridos caninos de que tomou conhecimento, pois, em um reino de Sumatra, havia homens com "uma cauda de mais de um metro de comprimento, grossa como as dos cães, mas não coberta com pelo".[63] Séverac também refere esses homens com cara de cão,[64] mas é Mandeville quem, embora mencione a existência desse suposto lugar com gentes caninas, diferencia-se dos seus antecessores pelas qualidades positivas que lhes atribui. Diz ele que, atravessando-se diversas ilhas, ao que tudo indica do arquipélago de Nicobar – tal como indica Pordenone –, acha-se uma ínsula, "rica e bonita", com um perímetro "de mais de mil milhas", em que os "habitantes, tanto os homens como as mulheres, têm cabeças de cão e são chamados *canopholos*" (cinocéfalos), umas "gentes razoáveis e de bom entendimento", mas lamentavelmente adoradores de um boi.[65]

Povos estranhos também lembrados são aqueles de boca pequena. Carpine e Benedito da Polônia falam de tais criaturas, designando-as *parocítas* e definindo-as como portadoras de uma boca tão pequena que só se alimentavam de líquidos, caldos, vapores de carnes e frutos liquefeitos, satisfazendo-se "apenas com isso" ou com pouca coisa mais.[66] Povos com "um pequeno orifício redondo no lugar da boca" encontram-se, também segundo Mandeville, nas ilhas Andamão, só podendo comer ou beber "através de um cano ou coisa parecida" e se comunicarem por "um tipo de assobio" e por sinais. Além da boca miúda, seriam eles "de uma estatura tão pequena como a dos anões", contudo, eram "maiores que os pigmeus".[67] Mas essas conjecturas sobre gentes ínfimas é questionada por Polo, em uma das suas investidas realistas, quando ele se ocupa em desmentir "aqueles que dizem que há homens muito pequenos na Índia", pois esses afirmariam "serem homens o que, na verdade, são macaquinhos de rosto muito semelhante ao humano". Esses animaizinhos eram pelados pelas pessoas da terra e, depois, sua pele era posta a secar e a curtir com açafrão, criando assim a impressão de serem "faces humanas".[68] Mas se essa divergência entre Polo e os outros três referidos é notável, ela não desdiz a familiaridade de tal mito e de outros que alimentaram o gosto pelas viagens e o desejo de registrá-las para a posteridade; afinal,

---

62. POLO, 1854, p. 377 e CONY, 2001, p. 200.

63. POLO, 1854, p. 373 e CONY, 2001, p. 198.

64. SÉVÉRAC, 2005, p. 288.

65. FRANÇA, 2007, p. 180.

66. CARPINE, 1735, p. 48 e 2005, p. 57; POLÔNIA, 2005, p. 101.

67. FRANÇA, 2007, p. 184.

68. POLO, 1854, p. 368-369 e CONY, 2001, p. 195.

se Polo se preocupa em desmentir, o faz sobre aquilo de que já tinha ouvido falar mais de uma vez e que provara pela experiência não ser bem assim.

Ainda no que se refere aos híbridos e monstros, não tão frequentes como os citados, mas recorrentes em mais de um relato, são as referências a homens de um pé só, ou de um olho só, ou acéfalos, ou sem boca, ou gigantes. Carpine conta que os mongóis, nas suas incursões conquistadoras até o Cáucaso, "encontraram alguns monstros com figura humana", uns "tinham só um braço com mão no meio do peito e um só pé", sendo capazes de correr tão rapidamente – alternando o pé com a mão para contornar o cansaço – que nem os cavalos os alcançavam.[69] Tais seres velozes e mutilados mereceram ainda mais atenção de Mandeville, porém, encontram-se no seu relato situados na Etiópia,[70] onde existiam "muitos tipos diferentes de gentes" e onde havia "pessoas que têm apenas um pé e caminham tão rápido, que é uma maravilha. O pé é de tal magnitude que dá sombra em todo o corpo quando a pessoa, deitada para descansar, volta-o para o sol".[71] O autor aqui se distancia de Odorico de Pordenone e se inspira em narrações medievais sobre seres disformes, como as de Vincent de Beauvais, e nos poemas do ciclo de Alexandre.[72] Daí surgirem, além dessas, figuras "que são horrorosas à vista". Algumas com "apenas um olho no meio da testa"; outras sem cabeça; outras com "olhos nos ombros e a boca curvada como a ferradura de um cavalo, situada no meio do peito"; outras com "cara completamente plana e igualada, sem nariz e sem olhos, somente com dois pequenos furos redondos no lugar dos olhos e uma boca completamente plana, como uma fenda sem lábios"; outras, igualmente horrorosas, com um "lábio superior tão enorme que, quando estão dormindo ao sol, cobrem toda a face com esse lábio"; outras com "grandes orelhas, que chegam até aos joelhos"; outras com "membros de procriação de homem e de mulher, podendo fazer uso de um ou outro à vontade"; outras, ainda, para não nos prolongarmos mais, "são peludas e trepam rapidamente nas árvores, como os símios".[73]

As ideias fabulosas que circularam sobre o Oriente, entretanto, não foram apenas aterrorizadoras. Dividiram espaço com os seres monstruosos: as notícias paradisíacas; o reino das Amazonas;[74] as árvores que dão farinha, mel, vinho e veneno ou aquela, na

---

69. CARPINE, 1735, p. 49 e CARPINE, 2005, p. 58.

70. Michel Mollat chama atenção para como o Oceano Índico foi, nos séculos XIII e XIV, o "domínio reservado do fantástico", MOLLAT, 1989, p. 122.

71. FRANÇA, 2007, p. 154.

72. Cf. HAMELIUS, 1923, p. 109.

73. FRANÇA, 2007, p. 184-185.

74. *Idem*, p. 154.

Tartária, em que, segundo Pordenone e Mandeville, os frutos continham dentro "um pequeno animal de carne, osso e sangue, parecido a um cordeiro sem lã";[75] ou os peixes de um reino da Indochina (Champa ou Zampa), que admiravelmente se punham à margem, espécie após espécie, para que os homens pegassem quantos quisessem;[76] e, especialmente, os referidos apontamentos sobre a riqueza, o poder e a perfeição do reino do Preste João e o de Catai, que estimularam os projetos de exploração para além dos séculos XIII e XIV.[77] Mas as impressões e juízos mais marcantes, dada sua frequência nos relatos, dizem respeito aos hábitos e costumes inusitados das gentes que viviam para além da Terra Santa, hábitos e costumes na maior parte das vezes apresentados como "maus costumes", como diz Pordenone.[78]

A forma de trajar teve importância similar aos hábitos alimentares, as crenças e os ritos, merecendo algum espaço as referências à higiene. Carpine, ao apresentar os tártaros, atenta, por exemplo, para o modo de confecção indistinto das vestes masculinas e das femininas.[79] Coincidência que é igualmente notada por Rubruc e Mandeville, assim como é notada a particularidade das vestes das mulheres casadas, cujas túnicas se tornam mais amplas e largas e são acompanhadas de um ornamento na cabeça.[80] O costume, menos problemático do que outros, é apenas sutilmente censurado através de um comentário que esconde uma comparação oculta com o que ocorre no Ocidente: se as mulheres casadas distinguem-se das outras pela insígnia na cabeça, "as meninas e as jovens dificilmente podem distinguir-se dos homens, pois em tudo se vestem como eles".[81] Mais surpreendente do que essa coincidência é, entretanto, um hábito invertido que Pordenone e Mandeville, com sutis variações, destacam acerca dos homens do vale do Tigre e do Eufrates. Segundo eles:

> No reino da Caldeia, os homens são belos e vestem-se nobremente com trajes ornados com ouro e preciosamente adornados com maciças pérolas e pedras preciosas. As mulheres, ao contrário, são feias e andam muito mal vestidas. Trazem os pés descalços e uns vestidos muito largos, que chegam até o joelho, com umas mangas tão longas e largas

---

75. PORDENONE, 2005, p. 328 e FRANÇA, 2007, p. 225.

76. PORDENONE, 2005, p. 307 e FRANCA, 2007, p, 178.

77. Segundo Duviols, fizerem-no até o século XVIII. Cf. DUVIOLS, 1985, p. 33-41.

78. Cf. PORDENONE, 2005, p. 310.

79. CARPINE, 1735, p. 28 e CARPINE, 2005, p. 33.

80. RUBRUC, 1735, p. 15-16 ou a versão portuguesa: RUBRUC, 2005, p. 129 e FRANÇA, 2007, p. 211.

81. CARPINE, 1735, p. 29 e CARPINE, 2005, p. 34.

CONSUMO E ABASTECIMENTO NA HISTÓRIA   373

como o hábito de um monge, caídas até os pés. Têm cabelos grandes e negros caídos sobre os ombros. Há mulheres negras, feias e medonhas.[82]

E Mandeville ainda acrescenta uma observação: "quanto mais feias, mais malignas". A diferença em relação aos ocidentais no tocante à vestimenta, como se vê, incomoda, porém, não é tão condenada pelos viajantes como a nudez que viram ou de que tiveram notícia ser corrente em muitos lugares. Polo, por exemplo, refere que, em Zanzibar, umas gentes grandes, gordas e negras andam todas nuas, "sem cobrir sequer a genitália",[83] expressão a propósito que é recorrente no relato de Polo mais do que em qualquer outro. O veneziano serve-se dela, por exemplo, para referir-se aos povos que encontra no sudoeste da Índia, numa das ilhas de Nicobar, onde o rei e os seus andavam "sem nenhuma peça de vestuário", ou aos "sábios astrólogos" da costa indiana, que "andam completamente nus, a não ser a genitália que tapam com um pano muito branco".[84] Outros narradores, como Montecorvino e Pordenone, também notam este surpreendente hábito da nudez numa região do Golfo de Bengala, onde os homens "andam como saíram do ventre da mãe",[85] ou seja, "todos andam nus, tanto homens quanto mulheres; nada trazendo, a não ser uma toalha, com a qual cobrem a sua vergonha".[86] E Mandeville, baseando-se no *Speculum Historiale*, de Vicente de Beauvais, acha notável que os tártaros, "quando querem fazer seus ídolos ou a imagem de algum dos seus amigos para se lembrarem dele", optam por representá-lo "completamente nus, sem qualquer tipo de vestimenta", pois entendem que o que deve ser amado é o "corpo tal como Deus o fez e pelas virtudes com que [...] foi dotado pela natureza".[87]

Os hábitos alimentares e gestos que os envolvem são do mesmo modo observados e descritos por sua peculiaridade relativamente às práticas correntes nas terras cristianizadas. Rubruc conta que os tártaros "comem indiferentemente tudo o que pode ser abatido" e que a carne de um carneiro, partido em pedacinhos, alimenta "cinquenta ou cem pessoas", às quais é dada "uma ou duas porções, segundo o número dos que comem", não sem que antes esteja separada a melhor parte para o senhor e para algum dos seus escolhidos.[88] Hábito

---

82. FRANÇA, 2007, p. 152. Ver também PORDENONE, 2005, p. 288.

83. POLO, 1854, p. 431-432 e CONY, 2001, p. 231. Comentário inúmeras vezes recorrente nos viajantes posteriores, até o século XVII, pelo menos.

84. POLO, 1854, p. 376 e 403 e CONY, 2001, p. 199 e 215.

85. MONTECORVINO, 2005, p. 256.

86. PORDENONE, 2005, p. 308.

87. FRANÇA, 2007, p. 214.

88. RUBRUC, 1735, p. 11-12 e RUBRUC, 2005, p. 124-125.

igualmente inusitado é lembrado por Polo acerca de uma província da China, onde as "pessoas comem todas as carnes, quer cruas, quer cozidas, e arroz cozido com carne".[89] E entre os tártaros, uma falta de critério alimentar ainda maior é notada por Mandeville a partir do referido *Speculum historiale*, de Vicente de Beauvais. Segundo ele, esses tinham o hábito de comer, "por fora e por dentro, sem deixar nada, exceto as sujeiras", os mais diversos bichos: "cães, leóes, raposas, éguas e potros, asnos, ratas, ratos e vários outros animais grandes ou pequenos, exceto cerdos e outros animais proibidos no Antigo Testamento". Uma alimentação, acrescenta ele, à base apenas de carne, sem favas ou legumes, e pão apenas para os grandes senhores, os quais também tinham a oportunidade de se embebedarem com uma bebida feita de mel e de água fermentada, misturados com "leite de égua, camela, burra ou outros animais", dado que "nessa terra não há vinho nem cerveja".[90] Tais informações estão muito próximas das que fornece Carpine, que descreve os diversos alimentos dos mongóis, entre os quais surpreendentemente estava a "placenta que sai das jumentas com o filhote", piolhos e até carne humana, em suma, "tudo o que se pode mastigar constitui seu alimento".[91] E Rubruc, por sua vez, comenta que eles, quando se reuniam para beber, aspergiam primeiramente "com bebida a imagem que está no alto, sobre a cabeça do senhor, e depois as demais imagens, por ordem". A seguir, ainda, aspergiam para as diversas direções em honra ao fogo, ao ar, à água e aos mortos.[92]

Os gestos ligados à alimentação não surpreendem menos a esses que viram, ouviram falar ou leram sobre os povos das terras de além-mar. De acordo com Carpine, Catala Sévérac e Mandeville, esses mesmos tártaros que tanto interessaram a cristandade dos séculos XIII e XIV não usam "toalhas nem guardanapos",[93] "depois de comerem, limpam a mão na roupa, pois só nas casas dos grandes senhores há guardanapos ou toalhas, mas a gente comum não os tem". Indicações semelhantes são dadas por Catala, que destaca que os tártaros e os orientais comiam muitos em um mesmo recipiente e "com as mãos e os dedos", depois "lambiam os dedos" e, se restasse "gordura nas mãos, limpavam nas roupas".[94] E as restrições entre eles não ficavam apenas pelos guardanapos, pois além de comerem "apenas uma vez ao dia, e menos que em qualquer outra parte", eles, ao terminarem de comer, guardavam "os restos sem lavar a panela ou caldeirão, deixando as sobras de carne

---

89. POLO, 1854, p. 268 e CONY, 2001, p. 146.

90. FRANÇA, 2007, p. 213.

91. CARPINE, 1735, p. 37 e CARPINE, 2005, p. 42.

92. RUBRUC, 1735, p. 10 e RUBRUC, 2005, p. 123.

93. CARPINE, 1735, p. 37 e CARPINE, 2005, p. 42.

94. SÉVÉRAC, 2005, p. 274, tradução nossa.

CONSUMO E ABASTECIMENTO NA HISTÓRIA 375

ou caldo" para voltarem a comê-las. Tamanhas restrições levam Mandeville a dizer que "um só homem da sua [própria] terra come mais em um dia que um deles em três", e que os mensageiros estrangeiros que ali chegavam passavam pelas mesmas restrições, comendo "apenas uma vez ao dia, e pouco".[95]

Nem só os aspectos negativos ou aparentemente insensatos nas terras de além-mar são lembrados. Para não falar do sempre citado reino do Preste João, justo e feliz,[96] merece menção, a título ilustrativo, o costume "tanto dos senhores quanto do povo comum" de Chipre de, para amenizarem o intenso calor, comerem "sentados na terra", dentro de umas fossas feitas "ao redor da sala até a altura do joelho" e pavimentadas.[97] Costume, pois justificado e positivo, mas não tão benfazejo como a harmonia entre os tártaros notada por Carpine, que os define como "mais obedientes aos seus senhores do que alguns homens que vivem no mundo, sejam religiosos ou seculares, mais os reverenciam e dificilmente mentem para eles". Melhor ainda, "raramente ou nunca têm choques verbais e jamais passam aos fatos".[98] Do mesmo modo dignos de louvor eram os habitantes de Lar ou Lac, descritos como "os melhores e mais leais mercadores do mundo, e por coisa alguma contam uma mentira", além de levarem uma "vida de abstinência e de muita honestidade".[99] E não menos digno de enaltecimento era o grande reino da China meridional (Mangi, Mangia ou *Mancy*), situado por Mandeville na Índia Maior. Este compilador de histórias sobre o oriente considera que ali estava "a melhor terra, a mais bonita e a mais deleitável e abundante em todo tipo de bem ao alcance do homem", não só pela fecundidade da terra, mas porque ali não havia "pessoas carentes e pedintes". Os habitantes eram "gentes bonitas, no entanto, muito pálidas", e havia ali "muito mais mulheres bonitas que em nenhum outro país do ultramar".[100] Apesar das exceções, contudo, o tom geral das ideias recorrentes nas narrativas dos viajantes medievais é marcadamente, senão de censura, ao menos de estranhamento ou surpresa pela diferença, especialmente no que diz respeito às crenças e ritos, que incomodaram não apenas aqueles que estavam em missão religiosa, mas todos os viajantes que, como os aqui mencionados, estavam imbuídos dos referenciais cristãos. Uma passagem de Catala Sévérac ilustra bem a convicção que tinham acerca de sua superioridade; diz ele ter "uma vez por todas" concluído que "não há melhor terra,

95. FRANÇA, 2007, p. 213.

96. Cf. D' INTIMO, 1989, p. XXI.

97. FRANÇA, 2007, p. 56-57.

98. CARPINE, 1735, p. 35 e CARPINE, 2005, p. 41.

99. POLO, 1854, p. 400-4001 e CONY, 2001, p. 213.

100. FRANÇA, 2007, p. 185.

nem povo mais bonito ou mais honesto, nem bens alimentícios tão bons ou tão saborosos, nem postura tão boa ou costumes mais nobres que aqui na nossa Cristandade".[101]

Nas descrições sobre os povos do Oriente, a prática da idolatria é a que, à partida, ganha mais destaque, mas duas outras correntes, a da antropofagia e a da cremação dos mortos, também não passaram desapercebidas aos viajantes e narradores. Carpine, "embaixador da Sé Apostólica junto aos tártaros" – como ele próprio se define –, quando atenta para as formas de culto desses orientais que tanto amedrontavam os cristãos, os mongóis,[102] comenta que são monoteístas, porém, adoradores de uns ídolos "feitos de feltro, à imagem do Homem" e outros ídolos feitos de "panos de seda", além de os chefes colocarem um bode no centro das suas tendas. A esses ídolos tratam com cuidado, oferecendo-lhes desde "o primeiro leite de toda ovelha ou jumenta" até o coração dos animais mortos para serem comidos, e sem esquecer de lhe oferecerem todo e qualquer alimento ou bebida que vão apreciar.[103] Mas a idolatria, pelo que se nota nas descrições, era prática muito generalizada nas terras orientais. Rubruc, por exemplo, diz que, na região do Cáucaso, as nações "estão entregues à idolatria", entretendo-se "com uma multidão de deuses, de homens deificados e com a genealogia dos deuses". Os sacerdotes desses ídolos são apresentados como "admiráveis pela vida e pela austeridade",[104] tal como igualmente nota Montecorvino, que diz existirem, sob o domínio de Catai, "muitas seitas de idólatras, que creem em diferentes coisas" e que contam com religiosos "muito mais austeros e observantes do que os religiosos latinos" – provável referência aos budistas.[105]

A propósito dos idólatras orientais, Marco Polo diz tê-los visto por várias partes. Sob o domínio do Grande Cã, encontrou desses adoradores de ídolos, vivendo junto com cristãos nestorianos e sarracenos.[106] Segundo ele, alguns levavam vida "com mais honestidade que os outros"[107] e condenavam a luxúria; outros adoradores de ídolos, entre tantos que são citados, eram os povos da costa de Coromandel, que merecem menção por empreenderem uma significativa inversão dos valores correntes dos viajantes ocidentais, ao considerarem "a negrura o modelo de beleza": faziam "pintar todos os seus ídolos de

---

101.   SÉVÉRAC, 2005, p. 293-294, tradução nossa.

102.   Vale lembrar que era costume no tempo de João de Pian del Carpine chamar os mongóis de tártaros, daí a autodesignação, tal como aparece no prólogo da *Historia Mongalorum*, p. 29.

103.   CARPINE, 1735, p. 30 e CARPINE, 2005, p. 35. Cf. também SÉVÉRAC, 2005, p. 280.

104.   RUBRUC, 1735, p. 60 e RUBRUC, 2005, p. 170.

105.   MONTECORVINO, 2005, p. 264.

106.   POLO, 1854, p. 105 e CONY, 2001, p. 62.

107.   POLO, 1854, p. 116 e CONY, 2001, p. 68.

CONSUMO E ABASTECIMENTO NA HISTÓRIA   377

negro, e os demônios, de branco feito neve, porque dizem que o seu deus e os seus santos são negros".[108] Essas curiosas formas de adoração foram, do mesmo modo, motivo da atenção de Pordenone e Mandeville. Em terras mongólicas, ambos dizem ter visto adoradores de ídolos que os alimentavam da seguinte forma: "Trazem ante eles comida quente, acabada de sair do fogo, e deixam que o bafo suba até os ídolos. Então, dizem que os ídolos comeram, mas são os monges que a seguir comem as carnes".[109] Falam também da adoração do boi[110] como deus em terras indianas e, entre muitos outros, de um ídolo que é "metade homem e metade boi". Um ídolo que, muitas vezes, segundo Pordenone, "exige o sangue de quarenta virgens" e ao qual, compara o franciscano, "os homens e as mulheres fazem voto de dar seus filhos e filhas [...], como aqui os homens e as mulheres fazem voto de entregar seus filhos e filhas a alguma ordem religiosa", mas, naquele caso, é o sangue dos filhos que é oferecido e não propriamente sua alma, como nas terras ocidentais.[111] Mandeville diz mesmo que, "muitas vezes as pessoas sacrificam seus filhos, respingando os ídolos com o sangue das vítimas".[112] Pordenone acrescenta que, na Costa de Coromandel, havia um "ídolo muito admirável" que, em certas circunstâncias, era conduzido em um carro de sua igreja a um determinado lugar. Ali "muitas virgens, duas a duas, aproximam-se dele, cantando maravilhosamente". Junto com elas, "aproximam-se também os peregrinos que vieram para a festa e colocam-se sob o carro, fazendo-o passar sobre si, dizendo que querem morrer por seu Deus". O carro passa sobre eles, quebrando e cortando "a todos pelo meio".[113]

Quanto às práticas antropofágicas que recheiam as narrativas, semelhante acordo de referências pode ser notado. Na ilha de Sumatra, Marco Polo diz ter encontrado gentes que, nas cidades, tinham se convertido à Lei de Maomé, mas os que viviam nas montanhas não diferiam dos animais, comendo "carne humana e de todos os outros bichos", fosse "boa ou má".[114] Na costa oriental da mesma ilha, observou habitantes "selvagens e adoradores de ídolos", que tinham o "mau costume" de decidir a sorte de um doente através da consulta a adivinhos. Se os adivinhos proclamavam a sentença de morte certa, o doente era sufocado, o corpo, a seguir, "cozido" e, então, vinham "todos os parentes do defunto" para comerem "sua carne, chupando

---

108. POLO, 1854, p. 397 e CONY, 2001, p. 212.

109. FRANÇA, 2007, p. 186 e PORDENONE, 2005, p. 314.

110. Cf. SÉVÉRAC, 2005, p. 281.

111. PORDENONE, 2005, p. 300.

112. FRANÇA, 2007, p. 162.

113. PORDENONE, 2005, p. 302.

114. POLO, 1854, p. 366-367 e CONY, 2001, p. 194.

inclusive os ossos".[115] Costumes "terríveis" dos quais Mandeville diz ter tido notícia serem praticados numa das ilhas de Andamão, na qual "o pai come o filho; o filho, o pai; o marido, a mulher e esta, o marido." Mas Mandeville, embora descreva hábito semelhante ao referido por Polo, de anteciparem o destino dos doentes, acrescenta que os adivinhos ou sacerdotes de sua religião são apenas intermediários dos ídolos, ou seja, esses e o filho do enfermo, ou a esposa, ou o marido, ou algum amigo "dirigem-se juntos ao ídolo e, ajoelhando-se devotamente diante dele, fazem a pergunta". Se a resposta do "diabo que está dentro do ídolo" fosse de que não morreria, a pessoa próxima cuidava do pai, seguindo "o que o ídolo indicou" até que o doente ficasse curado. Mas se o ídolo dissesse que a pessoa morreria, o parente e o sacerdote procediam a sufocação, pondo "uma mão na boca do enfermo para cortar sua respiração" e assim "o sufocavam e matavam." Depois, seguiam um ritual parecido com o descrito por Polo: fatiavam "todo o corpo em pedaços" e reuniam os amigos para com eles "comer o morto", acompanhados pelos menestréis do país e "com grande solenidade." Os ossos, porém, neste lugar referido por Mandeville, são recolhidos e enterrados "com grandes cânticos e melodias". E o viajante acrescenta que justificavam tal costume, dizendo que comiam "a carne do morto para liberá-lo de dor, porque, se os vermes a comessem na terra, sua alma sofreria grande pena".[116] Como a Polo e Mandeville, a Rubruc e Pordenone chegaram notícias semelhantes sobre esses devoradores dos próprios pais. O primeiro declara ter-lhe sido contado, "por alguém que viu", que, nas terras asiáticas havia um povo, os *tebec*, que costumava "comer seus pais falecidos, para, levados pela piedade, não lhes darem outro sepulcro senão as suas vísceras". Costume que, entretanto, tinham abandonado, "pois eram abominados por todas as nações", continuando apenas a fazer "belos vasos das cabeças dos pais, para, bebendo neles, lembrarem-se deles na sua alegria".[117] O segundo, além de falar de um hábito "pernicioso e mau", na região de Sumatra, de os habitantes comerem carne humana como se fosse bovina e de um costume não menos nefasto, na ilha de Nicobar, de os prisioneiros de guerra serem comidos solenemente caso não oferecessem uma compensação financeira, ele – de quem Mandeville compilou a passagem – lembra de uma ilha do oceano Índico (Dandin, Dondin, Dodin), em que "o pai come o filho, e o filho o pai; a mulher, o marido; o marido, a mulher", tudo sob o argumento de que era melhor comerem eles do que os vermes, pois assim evitariam que à alma sobreviessem "grandes penas".[118]

Repetições análogas sucedem no que diz respeito às informações sobre o costume de queimar os mortos. Na Índia, descreve Montecorvino, "não sepultam os seus mortos, mas

---

115.   POLO, 1854, p. 372 e CONY, 2001, p. 197.

116.   FRANÇA, 2007, p. 183-184.

117.   RUBRUC, 1735, p. 57-58 e RUBRUC, 2005, p. 167.

118.   PORDENONE, 2005, p. 303, 308 e 310-311.

os queimam; e os levam para queimar com instrumento e com cantos, para que os parentes do morto, em outras regiões, mostrem grandes dores e lamentos, como outros povos".[119] Também Rubruc tinha notado o hábito dos iúgures de "incinerarem os mortos segundo o modo antigo", colocando depois a cinza no alto de uma pirâmide.[120] Mas é Polo, Pordenone, Catala e Mandeville que relatam um hábito mais coincidente no que diz respeito à cremação. Este último conta que, nos arredores da Índia, quando morre um homem, "movidos pela compaixão, queimam o corpo para que não sofra dor na terra ao ser comido pelos vermes. E se sua mulher não tem filhos, queimam-na com ele, porque dizem que é razoável que ela lhe faça companhia em outro mundo assim como lhe fez neste". Se, porém, ela tiver filhos, dão-lhe a opção de "viver para criá-los", mas condenam-na moralmente, tachando-a "de falsa e maldita", se prefere viver. Já com relação ao marido que perde a esposa, os indianos são apresentados como bem mais condescendentes, pois "ele será queimado com ela se quiser, porém, se não quiser, ninguém pode obrigá-lo e, além disso, ele pode se casar de novo sem repreensão".[121] Pordenone é seguido, neste ponto, muito de perto por Séverac e Mandeville,[122] mas Polo, apesar da proximidade, destaca o caráter voluntário desse costume indiano, ou seja, "quando um defunto vai ser cremado, a mulher atira-se ao fogo e arde juntamente com ele; e as mulheres que fazem isto são louvadas por este gesto, e muitas o fazem".[123] Catala Sévérac conta mesmo que viu, com seus próprios olhos, "cinco mulheres vivas se atirarem no fogo" com um homem e morrerem com ele.[124]

De tudo o que se viu nesse breve panorama de histórias contadas a partir da experiência pessoal do viajante e de histórias de que tiveram notícia de leituras ou de ouvir falar, um ponto em comum merece destaque: por mais fantasiosas que possam parecer aos olhos daqueles que, no século XXI, ainda insistem em opor real e imaginado, essas imagens recorrentes de um texto a outro foram, ao que tudo indica, muito cridas e apreciadas, tendo os excessos muitas vezes servido para compensar um pouco a decepção com um real menos incomum do que se imaginava. A ideia que os medievais fizeram do oriente foi nutrida por essas noções que circularam na forma oral e escrita e que só fizeram algum sentido porque mantinham certa fixidez e porque não negligenciavam os pré-juízos que vinham de outrora. Afirmar novidades e retomar notícias que se tinham tornado moeda

---

119. MONTECORVINO, 2005, p. 256.

120. RUBRUC, 1735, p. 55 e RUBRUC, 2005, p. 165.

121. FRANÇA, 2007, p. 162-163.

122. Cf. PORDENONE, 2005, p. 300-301.

123. POLO, 1854, p. 387 e CONY, 2001, p. 206.

124. SÉVÉRAC, 2005, p. 278-279, tradução nossa.

aceita era, pois, um movimento indispensável para esses viajantes medievais que visitavam o pouco conhecido ou o desconhecido, aplicando os códigos que lhes eram familiares.

Bibliografia

ÁLVARES, Frei João. *Crónica do Infante Santo D. Fernando*. Ed. crítica por Mendes dos Remédios. Coimbra: F. França Amado – Editor, 1911.

BARBIER, Frédéric. *Historia del libro*. Trad. Patricia Quesada Ramírez. Madrid: Alianza Editorial, 2005.

BARROS, Henrique G. *História da Administração Pública em Portugal nos séculos XII a XV*. Lisboa: Imprensa Nacional, 1885-1934. 5 vol.

BLANCHARD, J.; MÜHLETHALER, J-C. *Écriture e Pouvoir à l'uabe des temps modernes*. Paris: Presses Universitaires de France, 2002.

BOURGAIN, Pascale. "L' Edition des manuscrits". In: CHARTIER, Roger; MARTIN, Henri-Jean. *Histoire de l'édition française. Le livre conquérant. Du Moyen Age au milieu du XVIIe siècle*. Paris: Fayard/Cercle de la Libraire, 1989.

BOVENSCHEN, A. Untersuchungen über Johann von Mandeville und die Quellen seiner Reisebeschreibung. *Zeitschrift der Gesellschaft für Erdkunde zu Berlin*. Berlim: W. Pormetter, 1888, vol. 23.

CARPINE, João de Pian. "Relation du Voyage de Jean du Plan Carpin en Tartarie". In: BERGERON, Pierre. *Voyages faits principalement en Asie dans les XIIe, XIIIe, XIVe et XVe siècles, par Benjamin de Tudele, Jean du Plan-Carpin, N. Ascelin, Guillaume de Rubruquis, Marc Paul Venitien, Haiton, Jean de Mandeville, et Ambroise Contarini: accompagnés de l'histoire des Sarasins et des Tartares, et précédez d'une introduction concernant les voyages et les nouvelles découvertes des principaux voyageurs*. Jean Neaulme, 1735.

_____. "História dos Mongóis". In: *Crônicas de viagem: Franciscanos no extremo oriente antes de Marco Polo (1245-1330)/* João de Pian del Carpine *et al*. Trad. intr. e notas de Ildefonso Silveira e Ary E. Pintarelli. Porto Alegre/Bragança Paulista: EDIPUCRS/EDUSF, 2005.

CAVALLO, Guglielmo; CHARTIER, Roger (dir.). *Historia de la lectura en el mundo occidental.* Madrid: Taurusminor, 2004.

CHAREYRON, Nicole. *Les pèlerins de Jérusalem au Moyen Âge. L'aventure du Saint Voyage d'après Journaux et Mémoires.* Paris: Imago, 2000.

CONY, Carlos Heitor. *As viagens de Marco Polo.* Rio de Janeiro: Ediouro, 2001.

D'INTIMO, Raffaella. *Enformação das cousas da china. Textos do século XVI.* Lisboa: Imprensa Nacional Casa da Moeda, 1989.

DELUZ, Christiane. *Le Livre de Merveilles du Monde.* Paris: CNRS, 2000.

_____. "Découvrir un monde imaginé, le Livre de Jean de Mandeville". In: LECOQ, D.; CHAMBARD, A. *Terre à découvrir, terres à parcourir. Exploration et connaissance du monde XIIE- XIXE siècles.* Paris: L'Harmattan, 1998.

DUCROT, Oswald; TODOROV, Tzvetan. *Dicionário enciclopédico das Ciências da Linguagem.* Trad. Alice Kyoko Miyashiro *et. al.* São Paulo: Perspectiva, 2007.

DUVIOLS, Jean-Paul. *L'Amérique espagnole vue et rêvée. Les lvres de voyages de Christophe Colomb à Bougainville.* Paris: Editions Promodis, 1985.

FEBVRE, Lucien; MARTIN Henri-Jean. *The Coming of the book.* Trad. David Gerard. London/ Nova York: Verso, 2000.

FRANÇA, Susani S. L. (trad. e org.). *Viagens de Jean de Mandeville.* Bauru: EDUSC, 2007.

GRABOÏS, Aryeh. *Le pèlerin occidental en Terre sainte au Moyen Âge.* Paris, Bruxelles: De Boeck & Larcier S. A., 1998.

HAMESSE, Jaqueline. "El modelo escolástico de la lectura". In: CAVALLO, Guglielmo; CHARTIER, Roger (dir.). *Historia de la lectura en el mundo occidental.* Madrid: Taurusminor, 2004.

HAMELIUS, Paul. *Mandeville's Travels.* Londres: Early English Text Society, 1923.

KAPPLER, Claude. *Monstros, demônios e encantamentos no fim da Idade Média.* Trad. Ivone Castilho Benedetti. São Paulo: Martins Fontes, 1994.

LETTS, Malcolm. *Mandeville's Travels. Texts and Translations.* Londres: Hakluyt Society, 1953. 2 vol.

MARCHELLO-NIZIA, Christiane. "L'historien et son prologue: forme littéraire et stratégies discursives". In: *La chronique et l'histoire au moyen age.* Textos reunidos por Daniel Poirion. Colloque des 24 et 25 mai 1982. Presses de l'Université de Paris-Sorbonne, p. 13-25.

MOLLAT, Michel. *Os Pobres na Idade Média.* Trad. Heloisa Jahn. Rio de Janeiro: Campus, 1989.

_____. *Les Explorateurs du XIIe ao XVIe siècle. Premiers regards sur des mondes nouveaux.* Paris: Editions du C.T.H.S., 1992.

MONTECORVINO, João de. "Cartas". In: *Crônicas de viagem: Franciscanos no extremo oriente antes de Marco Polo (1245-1330)/* João de Pian del Carpine *et al.* Trad. intr. e notas de Ildefonso Silveira e Ary E. Pintarelli. Porto Alegre/Bragança Paulista: EDIPUCRS/EDUSF, 2005.

PEREIRA, Isaías da Rosa. "Livros de Direito na Idade Média". *Lusitania Sacra*, 7, Lisboa, 1964-1965; 8, 1967-1969.

POLO, Marco. *Travels of Marco Polo.* The translation of Marsden Revised, with a selection of his notes. Edited by Thomas Wright, Esq. M.A F.S.A. etc. Londres: Henry G. Bohn, York Street, Convent Garden, 1854.

POLÔNIA, Benedito da. "Relatório de Frei Benedito da Polônia". In: *Crônicas de viagem: Franciscanos no extremo oriente antes de Marco Polo (1245-1330)/* João de Pian del Carpine *et al.* Trad. intr. e notas de Ildefonso Silveira e Ary E. Pintarelli. Porto Alegre/Bragança Paulista: EDIPUCRS/EDUSF, 2005.

PORDENONE, Odorico. "Relatório". In: *Crônicas de viagem: Franciscanos no extremo oriente antes de Marco Polo (1245-1330)/*João de Pian del Carpine *et al.* Trad. intr. e notas de Ildefonso Silveira e Ary E. Pintarelli. Porto Alegre/Bragança Paulista: EDIPUCRS/EDUSF, 2005.

RÉGNIER-BOHLER, Danielle (dir.). *Croisades et Pèlerinages.* Paris: Robert Lafond, 1997.

RUBRUC, G. "Itinerário". In: *Crônicas de viagem: Franciscanos no extremo oriente antes de Marco Polo (1245-1330)/* João de Pian del Carpine *et al.* Trad. intr. e notas de Ildefonso Silveira e Ary E. Pintarelli. Porto Alegre/Bragança Paulista: EDIPUCRS/EDUSF, 2005.

_____. "Le Voyage de Guillaume Rubruquis en Tartarie en diverses parties de l'Orient". In: BERGERON, Pierre. *Voyages faits principalement en Asie dans les XII e, XIII e XIVe et XVe siècles, par Benjamin de Tudele, Jean du Plan-Carpin, N. Ascelin, Guillaume de Rubruquis, Marc Paul Venitien, Haiton, Jean de Mandeville, et Ambroise Contarini: accompagnés de l'histoire des Sarasins et des Tartares, et précédez d'une introduction concernant les voyages et les nouvelles découvertes des principaux voyageurs.* Jean Neaulme, 1735.

SÉVÉRAC, Jordan Catala de. *Une image de l'orient au XIVème siècle: les Mirabilia descripta de Jordan Catala de Sévérac.* Ed. Christine Gadrat. Paris: École des Chartes, 2005.

SEYMOUR, Michael C. *Mandeville's Travels.* Oxford: Clarendon Press, 1967.

VEZAN, Jean. "La fabrication du manuscrit". In: CHARTIER, Roger; MARTIN, Henri-Jean. *Histoire de l'édition française. Le livre conquérant. Du Moyen Age au milieu du XVIIe siècle.* Paris: Fayard/Cercle de la Libraire, 1989.

WARNER, George F. *The Buke of John Mandeville.* Westminster: Roxburghe Club, 1889.

WOLFZETTEL, Friedrich. *Le discours du voyageus.* Paris: Presses Universitaires de Franca, 1996.

ZUMTHOR, Paul. *La Medida del Mundo.* Trad. Alicia Martorell. Madrid: Cátedra, 1993, p. 61.

16. A Circulação de Itens Materiais Referentes à Prática Musical na América Portuguesa

Paulo Castagna[1]

---

1. Instituto de Artes, Universidade Estadual Paulista.

Introdução

A PRÁTICA MUSICAL NA AMÉRICA PORTUGUESA envolveu uma grande diversidade de gêneros, para a qual eram necessários alguns itens materiais, em sua maioria adquiridos na Europa e distribuídos no Brasil em longas viagens por meio de navios, carroças, cavalos e mesmo a pé. Esses itens incluíam principalmente manuscritos e impressos musicais, livros litúrgicos com cantochão, tratados teóricos, instrumentos musicais e acessórios (cordas, arcos, cavaletes, etc.), papel, penas para desenho de pautas (rastrum ou rastral), tinta, etc. Até inícios do século XVIII essa dependência deve ter sido quase total, mas, a partir de meados desse século, iniciou-se uma lenta modificação desse processo e tais itens começaram a ser produzidos no Brasil com intensidade cada vez maior, embora nunca tenha ocorrido uma situação de total autonomia. Esse é, inclusive, um aspecto importante a ser levantado, pois a autonomia total em relação a esses objetos nunca existiu em qualquer região europeia ou americana, e sua circulação de uma cidade para outra sempre foi vista como um fenômeno corriqueiro.

A grande dificuldade de se estudar esse assunto, no entanto, é o fato de serem muito raros os registros de entrada de itens musicais no Brasil, sendo quase impossível quantificar sua recepção e determinar exatamente quais eram, para onde se destinavam e quem eram as pessoas e instituições que os consumiam. Há no máximo alguns indícios, que permitem certas suposições, porém esse assunto sempre será tratado com uma certa dose de obscuridade. Por essa razão, o presente texto propõe apenas demonstrar a existência desse consumo, contraposto à crescente produção local de itens musicais a partir da segunda metade do século XVIII. As análises serão realizadas com base em documentos históricos, com destaque para inventários, cujo teor tem especial importância na investigação sobre a circulação de obras artísticas, obviamente elegendo-se um número limitado de documentos para a análise, em função do espaço disponível para este texto.

Nesse sentido, o presente trabalho enquadra-se no conceito de *cripto-história da arte*, tal como definido pelo historiador português Vítor Serrão. De acordo com esse autor, a cripto-história da arte dedica-se ao estudo do patrimônio artístico desaparecido, porém descrito em inventários, plantas, desenhos preparatórios, registros de laboratório, fotografias de obras alteradas, fragmentos, etc. Tal conceito, embora novo, foi criado para fundamentar uma prática historiográfica que já existia há algum tempo, mas ainda não conscientizada de forma teórica. Por esse motivo, Serrão afirma que

> a novidade do conceito reside, assim, na consciência reforçada que pode ser atribuída à "obra artística morta" e à possibilidade de organizar o inquérito a seu propósito segundo bases de investigação sólidas.[2]

Jesuítas

A música religiosa foi, indubitavelmente, o tipo de música que predominou nos ambientes coloniais da América Portuguesa, mas é preciso compreender que, sob esse conceito, foram comuns as mais variadas formas de música litúrgica – como Missas, Ofícios Divinos e funções litúrgicas especiais – e de música paralitúrgica – como vilancicos, Novenas, Trezenas e outros – todos eles essencialmente ligados à origem e aos costumes europeus. Na América Portuguesa também foram consumidos, embora com menor frequência, música para teclado (cravo ou órgão), música de câmara ou de salão (vocal ou instrumental), cantatas e óperas, entre outros. Como veremos adiante, contudo, a maior parte das informações conhecidas referentes ao consumo musical no período 1500-1808 está relacionada à música sacra.

A música sempre desempenhou uma função religiosa importante no ritual católico, tendo sido, entretanto, essencial também enquanto instrumento de catequese, comoção, impacto, identidade e *status* durante toda a fase colonial e, por isso, muitas vezes foi custeada por instituições locais e pelas próprias coroas ibéricas como atividade fundamental no Brasil e outras colônias americanas, como estratégia para a própria manutenção do regime colonial. Não admira, portanto, que muitos desses itens eram simplesmente doados a ins-

---

2. SERRÃO, 2001, p. 12.

tituições religiosas brasileiras por congêneres europeias ou pela própria coroa portuguesa, embora essa não tenha sido a situação mais frequente.

A obtenção de itens materiais destinados à prática musical pelos jesuítas parece ter sido, tanto no Brasil quanto em outras regiões americanas, a que menos teve significado comercial e que mais foi orientada por razões ideológicas. A maior parte dos instrumentos, papéis de música e outros objetos parecem ter sido doados por pessoas ou instituições europeias e até elaborados no próprio continente americano pelos padres ou por seus catecúmenos. A carta do menino indígena brasileiro Diego Tupinambá Peribira Mongetá Quatiá, redigida pelo Pe. Francisco Pires ao Pe. Pero Doménech, em Lisboa (Bahia, 5 de agosto de 1552), explicita esse tipo de relação: "Si (p. 384) viniese algún tamborilero y gaitero acá, parezeme que no habría Principal que no diese sus hijos para que los enseñasen".[3] O mesmo parece ter ocorrido em igrejas diocesanas brasileiras que, por conta do padroado, eram custeadas pela coroa portuguesa. O próprio Bispo de Salvador, D. Pero Fernandes Sardinha, em carta de 12 de julho de 1552, faz esta solicitação ao rei de Portugal: "Não se esqueça Vossa Alteza de mandar cá uns órgãos, porque, segundo este gentio é amigo de novidades, muito mais se há de mover por ver dar um relógio e tanger órgãos que por pregações nem admoestações".[4]

Até mesmo a circulação de manuscritos musicais entre os jesuítas parece ter sido predominantemente um esforço dos próprios religiosos para a difusão da fé cristã no Novo Mundo. Em 1691, o padre jesuíta tirolês Antônio Sepp (1655-1773), que escrevia sobre seu trabalho missionário nas aldeias indígenas dos rios Uruguai e Paraná, então sob administração dos jesuítas espanhóis, informa ter levado para lá instrumentos e composições musicais de alguns autores europeus. A intensa atividade jesuítica no Brasil, na segunda metade do século XVI e primeira metade do século XVII, aliada ao desenvolvimento musical nas reduções jesuíticas do Paraguai, pelo menos a partir de inícios desse século, sugerem que pode ter existido inclusive algum intercâmbio musical entre missionários da América Espanhola e da América Portuguesa, mesmo que de pequenas proporções. Uma provável notícia acerca desse fenômeno refere-se a um padre de São Paulo (se é que o autor está citando a localidade brasileira) que, em 1628, trouxe para a vila alguns papéis de música que obteve ou copiou nas missões jesuíticas do Paraguai:

---

3. Archivum Romanum Societatis Iesu, Roma, Bras., 3-1, f. 64r-67v [antes 298r-301v]. LEITE, 1956, vol. I, p. 375.

4. Arquivo da Torre do Tombo, Lisboa, Corpo Cronológico, I, 88, 63. SARDINHA, 1886, p. 582-583; DIAS, VASCON-CELLOS, GAMEIRO, 1924, vol. 3, p. 370; SANTOS, 1942, p. 216; BRASIL, p. 46; VASCONCELOS, 1991, p. 42-44; FREIXO, 1999, p. 127-134. Atualização ortográfica nossa.

desde esta reducción se hizo este año un camino bien abierto hasta S. Joseph por el cual se trajeron cien cabezas de vacas a San Xavier. Es breve el camino y muy cómodo para nuestra comunicación. La música también se a aventajado mucho que por entender que lo que sabían bastaba no se cuidaba de que pasasen adelante. Cantan a tres coros, y componen en los violones, en los cuales también están diestros. Vino a estas reducciones un clérigo ordenante de la Villa de S. Pablo con deseo de acabarse de ordenar en el Paraguay. Volviose por no haber obispo, y muy maravillado de ver la policía de los indios y de oír la música con haberla buena en su tierra y así llevo alguna música.[5]

Instrumentos musicais

No âmbito jesuítico, não existem dúvidas sobre a circulação desses instrumentos já desde o século XVI, como atesta a abundante documentação conhecida. Seu ensino e prática nas aldeias jesuíticas brasileiras são relatados às vezes em detalhes e a quantidade de instrumentos chega a ser surpreendente. Marcos Holler, no mais completo levantamento até agora realizado sobre a documentação jesuítica referente ao Brasil (quadro 1), localizou inventários e outros documentos referentes aos bens desapropriados dos jesuítas no momento da expulsão, com cerca de quarenta estabelecimentos portugueses, nos quais são citados vários instrumentos musicais. De acordo com esse autor:

> Apenas 11 deles fazem referências a instrumentos, em uma distribuição bastante irregular: de cerca de 60 instrumentos mencionados, 20 encontram-se no inventário da Fazenda de Santa Cruz (Rio de Janeiro), cerca de 12 no inventário da igreja da Aldeia de São Pedro do Cabo Frio e 9 no inventário da Aldeia do Embu (São Paulo).[6]

---

5. RUIZ, Antônio. *Carta Annua del Guayra por el Pe. Antonio Ruiz, del año de 62* (XL – Carta ânua de 1628 pelo Padre Antonio Ruiz, Superior da Missão do Guairá, dirigida ao Padre Nicolau Duran, Provincial da Companhia de Jesus. Coleção de Angelis, Biblioteca Nacional do Rio de Janeiro, doc. I-29-7-18. CORTESÃO, 1951, p. 261.

6. HOLLER, 2006, p. 193.

Quadro 1. Instrumentos nos inventários dos estabelecimentos jesuíticos da América Portuguesa											
	Casa da Vila da Vigia (Pará)	Colégio do Maranhão	Colégio da Bahia	Sem. de Belém da Cachoeira (Bahia)	Colégio de São Paulo	Colégio do Recife	Ald. das Guararás (Rio Gr. do Norte)	Ald. de S. Pedro do C. Frio (Rio de Jan.)	Aldeia de Reritiba (Espírito Santo)	Aldeia do Embu (São Paulo)	Faz. De Santa Cruz (Rio de Janeiro)	TOTAL
Baixões								1	1	1		3
Cravos		1		1					1		1	4
Charamelas							[4]	[4]			8	[16]
Flautas								2			2	4
Harpas								1		2		3
Manicórdios										1	1	2
Oboés											3	3
Órgãos	1	1	1	1	1	1		1	1	1		9
Rabecas								2		3	3	8
Rabecões										1	1	2
Sacabuxas								1				1
Violas											1	1
TOTAL	1	2	1	2	1	1	[4]	[12]	3	9	20	[56]

Fonte: HOLLER, 2006, *loc. cit.* De acordo com o autor, "Números entre colchetes são aproximações".

Existe, entretanto, uma sensível diferença entre o número de instrumentos que circulou nos ambientes jesuíticos brasileiros e hispano-americanos. Um quadro comparativo entre os instrumentos relacionados nos inventários das reduções espanholas foi elaborado por Francisco Curt Lange e transcrito por vários autores (quadro 2). De acordo com Holler:[7]

> Dos inventários das reduções espanholas constam cerca de 500 instrumentos, encontrados em 19 estabelecimentos. Alguns dados são coincidentes nos inventários dos estabelecimentos portugueses e espanhóis, como o grande número de charamelas e a existência de pelo menos um órgão em cada estabelecimento; é, porém, evidente o número maior de inventários com referências a instrumentos nas reduções espanholas (19) e também a quantidade (500) e a variedade (22) de instrumentos encontrados.

---

7. *Idem*, p. 194.

A gritante diferença de quase dez para um é um importante índice quantitativo da atividade musical jesuítica na América Portuguesa e Espanhola. Por razões históricas, a prática musical foi comprovadamente bem mais desenvolvida na América Espanhola, o que gerou nessa região a aquisição e construção de uma quantidade e variedade bem maior de instrumentos musicais.

Quadro 2. Instrumentos nos inventários das reduções da América Espanhola

	Conc. de Uruguay	Santo Thomé	Yapeyú	San Nicolás	San Carlos	San Ig. Guazú	N. Sra. de Fe	Santa Rosa	San Ignacio Mini	Santa Ana	S. Trinidad	Corpus	N. S. de Loreto	Candelaria	S. Fr. Xavier	Asunción La Cruz	S. Lorenzo	S. Juan Bautista	S. Pedro y S. Pablo	TOTAL
Baixões	6	2	5					3	5			3	4	2		2	2	3	4	41
Bandurras												[6]								[6]
Clarins	4	1	3		5			2	3				3	4	4			2	4	35
Cornetas	2															2		1	2	7
Cravos			2										2						1	5
Charamelas	21	4	11		5			11	6			[6]	4	6	5	4	8	7		[98]
Espinetas	1								1			2		3	3	1		1		12
Fagotes			1																1	2
Fagotillos	3																			3
Flautas	4	2											2						2	10
Guitarras			1																	1
Harpas	4	1	9		5			3	4			4	6	6	6	6	4	8	3	69
Liras												[6]							2	[8]
Oboés			1																2	3
Órgãos	1	1	1		1	2	1	2	2	1	2	1	1	3		1	1	1		22
Rabecas	6	4		13	5			5	7			[6]	6	5	5	4	1	9	14	[90]
Rabecões	2		1									3	2	1	1	1	3		2	16
Tímpanos														1	2					3
Trompas		1																		1
Vihuelas									2											2
Violas	2																			2
TOTAL	56	16	35	13	21	2	1	26	30	1	2	[37]	30	31	26	21	19	32	37	[436]

Fonte: HOLLER, 2006, *loc. cit.*, *apud* SZARÁN e von THÜMEN, 1999, p. 98-99. De acordo com HOLLER, "Na fonte utilizada os cálculos das quantidades totais estavam incorretos, e foram corrigidos aqui".

Fora dos âmbitos jesuíticos, no entanto, a situação é um pouco diferente. Instrumentos musicais já eram usados em casas paulistas nos séculos XVI e XVII, de acordo com os inventários e testamentos do período. A julgar pela pequena quantidade, entre as centenas ou milhares de inventários abertos no período, esses instrumentos eram raros na Capitania, sendo mais fácil supor que fossem todos de fabricação europeia. Parecem ter sido preferencialmente ligados aos vilancicos, talvez também a algum tipo de música profana. A documentação menciona a harpa, o pandeiro, a viola (de mão), a guitarra e a cítara, como se pode observar no quadro 3.

Quadro 3. Instrumentos musicais citados nos inventários e testamentos paulistas (1604-1700)					
Instrumento	Proprietário	Documento	Local	Data	Valor
Pandeiro	Manuel Chaves	Inventário	São Paulo	04/10/1604	$160
Viola	Mécia Roiz	Inventário	São Paulo	entre 01/08/1605 e 04/02/1606	$320
Viola/guitarra	Paula Fernandes	Inventário	São Paulo	19/09/1614	$640
Cítara [?]	Francisco Ribeiro	Inventário	São Paulo	22/08/1615	1$280
Viola	João do Prado	Inventário	São Paulo	23/09/1615	1$280
Viola	Balthazar Nunes	Inventário	São Paulo	?/06/1623	1$280
Cítara [?]	Francisco Leão	Inventário	Parnaíba	19/02/1632	$480
Harpa	Simão da Mota Requeixo	Inventário	São Paulo	?/03/1650	6$000
Viola	Leonardo do Couto	Inventário	Parnaíba	03/08/1650	$320
Viola	Sebastião Paes de Barros	Inventário	Parnaíba	24/12/1688	2$000
Harpa	Sebastião Paes de Barros	Inventário	Parnaíba	24/12/1688	$160
Violas	Afonso Dias de Macedo	Testamento	Itu	20/03/1700	-

Fonte: Inventários e Testamentos, 1920-1977, 44v.

São parcas, nesse período, as informações sobre a proveniência desses instrumentos. No testamento de Affonso Dias de Macedo (Vila de Nossa Senhora da Candelária de Utuguassú, 20 de março de 1700),[8] o mesmo declara que possui "umas violas de pinho do reino", parecendo evidente, portanto, sua origem portuguesa. A falta de notícias sobre a construção de violas de mão no Brasil até inícios do século XVIII e mesmo as dificuldades que havia para isso, fazem supor que esses, como vários outros instrumentos musicais, eram principalmente produzidos em Portugal e trazidos ao Brasil por comerciantes. De fato, pela "Pauta da dízima da Alfândega da Vila de Santos pela do Rio de Janeiro" do ano de 1739,[9] ficamos sabendo que nesse ano entraram no Brasil "Violas comuns – a dúzia

---

8. Inventários e Testamentos, vol. 24, p. 471.

9. Pauta da dizima da Alfândega da Villa de Santos pela do Rio de Janeiro anno 1739, vol. 45, 1924, p. 168.

6$000/ Violas marchetadas – cada uma $800/Violas pequenas – a dúzia 1$800", além de "Cordas de viola – o masso $500". A partir dessa informação, é possível supor estarem entrando dúzias desse tipo de instrumento a cada ano, somente na Vila de Santos.

Paralelamente, existem notícias concretas sobre a construção de violas na América Portuguesa a partir de meados do século XVIII, o que indica a grande difusão que esse instrumento deve ter tido já a partir desse período. Considerando-se que a prática das modinhas e lundus, que se estabeleceu no Brasil na transição do século XVIII para o XIX, baseou-se principalmente em seu acompanhamento por violas, esse instrumento deve ter atingido um consumo suficiente para justificar sua compra no reino e sua construção na colônia em grandes quantidades.

Quando analisamos informações sobre instrumentos usados na música religiosa em um período posterior, surgem alguns indícios sobre a coexistência de instrumentos de origem europeia e brasileira. No inventário dos bens de Florêncio José Ferreira Coutinho, que viveu em Vila Rica (hoje Ouro Preto) entre 1750-1819 e teve destacada atuação musical entre 1775 e 1815, são citados alguns instrumentos musicais, como uma viola (que, pelo contexto, é uma viola de arco e não uma viola de mão como as do quadro 3), "voltas de trompa" (um tipo de acessório para esse instrumento) e uma rabeca (nome português para o violino):

> Item – uma viola [de arco] em bom uso, avaliada na quantia de um mil e duzentos reis – 1$200
> Item – quatro voltas de trompa usadas, avaliada todas na quantia de cento e cinquenta réis, com que sai à margem – $150
> Item – uma rabeca do norte com sua caixa usada, avaliada na quantia de seis mil réis, com que sai à margem – 6$000.[10]

Interessante, inicialmente, é a diferença de preço na descrição desses itens (1$200 para a viola e 6$000 para a rabeca) e a expressão "do norte" usada para a rabeca, que podem indicar que a viola havia sido fabricada por um construtor local, ao passo que a rabeca viera de fora e, por isso, era bem mais cara. A circulação de instrumentos de origem brasileira e europeia, ao menos na transição do século XVIII para o XIX, é indicada por vários outros documentos, como o inventário do mestre sanjoanense Lourenço José Fernandes Braziel (?-1831), aberto no cartório de São João del-Rei em 1833. Em lugar de apenas quatro itens instrumentais, como no inventário de Ferreira Coutinho, a relação de instrumentos

---

10. "1820/Orphaos/22 de Abril/Defunto Florencio Joze Ferrª/Coutinho/L.º novo a f. 99/Inventario dos bens e Orphaos/que ficaráõ por falescim.ᵗᵒ do finado/supra morador q̃ foi na Fregue-/zia do Ouro Preto desta Villa fa-/lescido sem Testamento de q̃ᵐ ficou/Inventariante Michaela dos An/jos Lima digo dos Anjos Glz' Lima/ Escrᵃᵐ Pinheiro". 13f. num., 1f. inum., 2f. em branco, aberto em 22/4/1820 e encerrado em 12/6/1829. Museu da Inconfidência de Ouro Preto/Arquivo da Casa do Pilar, Códice 54, Auto 644, 1º Ofício. f.5r-5v e 6v.

de propriedade de Fernandes Braziel sobe para doze itens (quadro 4), demonstrando, por esse tipo de índice, o desenvolvimento que atinge a atividade musical brasileira à medida em que entramos no século XIX.

Quadro 4. Instrumentos musicais mencionados no Inventário dos bens de Lourenço José Fernandes Braziel (São João del Rei, 1833)	
Instrumentos	Avaliação
1 Rabecão grande usado	20$000
1 Pequeno usado	18$000
Outro dito todo quebrado	$000
1 Clarineta	20$000
1 Jogo de trompas velhos [sic]	20$000
1 dita	14$000
Rebecão que recebeu o Padre Francisco Braziel, quando foi pa[ra] S. Paulo	10$000
1 Cravo todo quebrado	10$000
1 Violeta feita cá	3$600
2 Clarins com suas voltas usados	14$000
1 Frauta quebrada	$480
1 Flautim	1$500

Fonte: "1833/16.º ª 1.º = r 1/M. 3.º N. 19/maço 1º/N. 25a./Inventario dos bens do falescido/Lourenço Jose Fernandes Brasiel/de quem/he inuent.ᵉ seo filho o S. M./Joaquim Bonifacio Braziel./Maço 1º/N. 6/1903 L". Museu Regional de São João del-Rei, sem código, f. 10r-11r. VIEGAS, 2006, p. 277-282.

Um desses itens é "1 violeta feita cá", que indica uma viola de arco (em Portugal também denominada "violeta"), o mesmo tipo de instrumento citado no inventário de Florêncio José Ferreira Coutinho, porém fabricada localmente. A inexistência de outros adjetivos para os demais instrumentos nos faz supor que a maioria deles tenha sido adquirida na Europa. O preço reduzido dessa "violeta feita cá", quase metade da "rabeca do norte" de Ferreira Coutinho avaliada treze anos antes, corrobora a hipótese de coexistência de instrumentos fabricados no Brasil e fora dele nesse período, embora com predominância dos instrumentos importados.

São muito raros os instrumentos remanescentes dessa fase no Brasil, que permitam seu estudo e a consequente dedução de aspectos históricos. Uma viola construída pelo *luthier* Joseph François Breton na cidade francesa de Mirecourt, entre 1803 e 1830, atualmente pertencente ao Arquivo Eclesiástico da Arquidiocese de Mariana, é um dos raros instrumentos de cordas antigos preservados em Minas Gerais, mas não existe certeza de que tenha chegado a Mariana nessa época. Como outros instrumentos antigos conhecidos no Brasil, é mais plausível supor que sua entrada no país seja bem posterior ao período de fabricação, tendo sido perdida a maior parte dos instrumentos de corda aqui chegados ou fabricados até inícios do século XIX.

O único tipo de instrumento antigo que foi mais largamente preservado no Brasil e sobre os quais existe uma certa quantidade de informações históricas é o órgão, apesar de seu número, na América Portuguesa, ter sido muito menor que na América Espanhola, em uma proporção ainda maior que a deduzida da análise dos inventários jesuíticos. De acordo com Elisa Freixo,

> Do acervo de órgãos presentes hoje no Brasil (calculado informalmente em cerca de 700 exemplares), entre os instrumentos que funcionam e os emudecidos, contamos vinte e dois órgãos coloniais do século XVIII e início do XIX, alguns deles, no entanto, construídos segundo a estética de séculos anteriores".[11]

Durante a administração portuguesa, foram instalados ou construídos importante órgãos em São Paulo, Rio de Janeiro, Belém, Salvador e várias localidades mineiras, a maior parte deles com características ibéricas. Dentre esses órgãos, foram identificados casos de instrumentos totalmente fabricados na Europa, outros parcialmente construídos na Europa e no Brasil e outros inteiramente produzidos no Brasil. No primeiro caso está, por exemplo, o órgão da Catedral de Mariana, provavelmente concluído na cidade de Hamburgo por Arp Schnitger em 1701 e integralmente transladado para a sede do bispado mineiro em 1753. Exemplo do segundo caso é o órgão da Matriz de São José del-Rei (atual Tiradentes – MG), "construído no Porto, Portugal, em 1788, cuja caixa, decoração e foles, feitos em Tiradentes, datam de 1798".[12] Exemplo do terceiro caso é o órgão da Capela da Ordem Terceira do Carmo do arraial do Tejuco (atual Diamantina), que "parece ter sido construído entre 1758 e 1761 e reconstruído por volta de 1800".[13]

Órgãos totalmente brasileiros, como o de Diamantina, muitas vezes revelam características locais, "fora dos padrões estéticos internacionais".[14] Tal instrumento, além de adotar uma posição oposta à da quase totalidade dos demais órgãos, possui um orifício que atravessa o corpo do instrumento para permitir o contato entre o organista e o celebrante da liturgia, que não é conhecido em nenhum outro instrumento do gênero. Esse aspecto

---

11. FREIXO, 1999, p. 128-129.

12. *Idem*, p. 132.

13. *Idem*, p. 133.

14. *Idem*, p. 129.

é bastante interessante, no sentido em que demonstra que, a partir de fins do século XVIII, as necessidades locais também estavam sendo consideradas, além da mera reprodução dos padrões e necessidades impostos pela Igreja e pelas autoridades portuguesas.

Sobre a construção de órgãos no Brasil existem alguns interessantes documentos, entre os quais destaca-se a carta do Frei Jesuíno do Monte Carmelo (Santos, 1764 – Itu, 1819), enviada da Vila de Itu (SP) em 16 de junho de 1815 – quatro anos antes de seu falecimento – ao Prior do Convento do Carmo de Santos (SP), Frei Antônio Inácio do Coração de Jesus, com a finalidade de confessar alguns pecados que cometera "no tempo da minha rapaziada em que morei nessa Vila [de Santos]". Entre outras surpreendentes e interessantes confissões para a história da música, Frei Jesuíno informa ter construído um órgão para o Convento do Carmo de Santos, provavelmente na década de 1780, porém confessando sua falta de experiência no assunto:

> Finalmente ainda tive outra pior temeridade, porque também tendo meu pouco conhecimento de como se fabrica um órgão, me [pus?] a fazer o órgão desse convento, que me saí muito mal, e ainda que logo que o acabei estava enganativo para quem não entende, contudo eu ocultei [?] o defeito e recebi o que [a]justei, que foram 54$200, indo desta Vila faze-lo lá, e levando um carpinteiro, dando o Pe. Prior toda a madeira e mais coisas precisas, e mais carpinteiro do convento, ausentei-me para cá, e logo soube que o dito órgão se tinha arruinado; e porque já então eu, alem de mais anos, estava também presbítero com outros conhecimentos, padeci inquietações por isso; e querendo dar remédio ao mal que fiz, ainda levei daqui à minha custa, o someiro que hoje existe; porém, como ainda que não estava mau, tinha sido de outro órgão, sucedeu que para poder fazer servir no órgão no convento foi preciso ficar com defeito de lhe faltar duas teclas dos baixos; ainda assim mesmo, quando eu procurava dar remédio, a minha consciência então parece que cada vez mais me encalacrava. Hoje acho-me adiantado em anos e achacado do peito, pobre e sem esperança de melhorar de fortuna, pois sempre tive vontade de satisfazer todo o dano, entregando tudo o que recebo; e porque tenho perdido a esperança de poder fazer, pois hoje já para nada presto; e também porque o receio e cuidado que me causa a hora da morte e da conta, sou obrigado a recorrer a Vossa Reverendíssima como prelado desse convento, pedindo a Vossa Reverendíssima e aos seus religiosos perdão de todo o dano exposto nesta, para sossego e quietação da minha consciência, já que tive o desacordo de obrar em tudo tão imprudentemente.[15]

Deixando de lado os aspectos éticos e morais que predominam no texto de Frei Jesuíno, uma coisa pode ser deduzida de seu texto: construir um órgão em Santos na década de 1780 parece não ter sido uma tarefa tão complexa, a ponto do instrumento do Convento do Carmo

---

15. ANDRADE, nota 1, p. 202-205.

ter sido elaborado por um principiante. O que dizer então de cidades como Salvador, Rio de Janeiro, Ouro Preto e outras, nas quais dezenas, talvez centenas de órgãos tenham sido construídos ou instalados no decorrer do período colonial? Em algumas localidades, como Mariana e São Paulo, os inventários catedralícios atestam uma intensa atividade de manutenção de seus órgãos nos séculos XVIII e XIX, demonstrando haver suficiente conhecimento prático em relação ao funcionamento desses grandes instrumentos. A despeito da falta de informação histórica sobre a origem da maioria desses órgãos, não há dúvidas de que, a partir de meados do século XVIII, artífices locais deixaram de apenas instalar órgãos adquiridos na Europa, trabalhando também em sua fabricação ou adaptação.

Livros litúrgicos

Geralmente impressos, os livros litúrgicos contêm uma coletânea de textos latinos e melodias em cantochão destinadas ao uso em cerimônias litúrgicas (principalmente Missas e Ofícios Divinos). Foram importantes e diversificados em catedrais, mosteiros e conventos, porém muito menos utilizados em igrejas matrizes ou paroquiais e em capelas de irmandades e ordens terceiras, nos quais quase somente os Missais eram necessários.

Os inventários das catedrais brasileiras demonstram a existência, nessas igrejas, de grande quantidade de livros litúrgicos nos séculos XVIII e XIX, alguns deles possivelmente impressos até nos séculos anteriores. Além disso, seu exame permite conhecer o sucessivo acréscimo de títulos à livraria e o consequente desenvolvimento da prática das funções sacras. Um exemplo interessante é o da Catedral de Mariana, da qual são conhecidos inventários abertos entre 1749 e 1882.[16]

Mariana recebeu esse nome somente às vésperas da criação da Diocese, pois era denominada, até 1745, Ribeirão do Carmo, cuja Paróquia (Nossa Senhora da Assunção) fora instituída em 1704. A Matriz de Ribeirão do Carmo possuía uma quantidade de livros litúrgicos relativamente grande, se comparada à de outras matrizes no século XVIII. No segundo inventário de bens da Catedral de Mariana (1749), tomou-se o cuidado de relacionar os objetos encontrados no templo e, entre eles, os livros que já existiam na Matriz de Ribeirão do Carmo antes de sua ereção à Catedral, como se observa no quadro 5.

---

16. AEAM, cód. P-16 – Catedral de Mariana: inventário 1749-1904.

CONSUMO E ABASTECIMENTO NA HISTÓRIA   399

Quadro 5. Livros da Matriz de Ribeirão do Carmo mencionados no Segundo Inventário da Catedral de Mariana (1749)	
Inventário	Livros
2° [Bens da Matriz] Termo de entrega: 15/01/1749 [f. 6v]	Três livros grandes de cantochão vermelhos Três Missais, um mais novo e outro inferior Dois Rituais e dois cadernos de Missa de defuntos Um livro pequenino de defuntos

Fonte: AEAM, cód. P-16 – Catedral de Mariana: inventário 1749-1904.

A partir de 1749, a Catedral de Mariana começou a receber livros litúrgicos, inicialmente enviados de Portugal, como consta na relação de "Livros novos para os Pontificais"[17] e "Livros novos",[18] da "Adição ao inventário à f.2, dos ornamentos e mais bens que novamente vieram de Lisboa na frota de 1752 para esta Catedral" relativa ao terceiro inventário (termo de entrega de 11 de janeiro de 1753). No quadro 6, podemos observar a relação dos livros litúrgicos da Catedral de Mariana até 1804. O documento relaciona os bens dessa igreja até 1882, mas, devido à quantidade de informações, este quadro interrompe-se no momento em que os acréscimos de novos títulos tornam-se menos frequentes.[19]

Quadro 6. Livros mencionados nos inventários da Catedral de Mariana (1749-1804)	
Inventário	Livros
1° Termo de entrega: 12/01/1749 "Livros" [f.5r]	*Três livros de cantochão para o coro* *Seis Missais encadernados em bezerro* *Um dito em carneira encadernada* *Um dito em marroquim* *Um Livro de Evangelhos e Epístolas encadernado em carneira* *Um Breviário grande do coro encadernado em cordovão preto* *Um Pontifical para as Missas com a mesma encadernação* *Outro dito para o mesmo* *Dois passionários com a mesma encadernação* *Um Ritual Romano* *Outro dito* *Um Martirológio Romano* *Quatro Livros de Pontifical em marroquim colado em ouro* *Um Diretório do Coro* *Doze livros proporcionais de cantochão*

---

17. AEAM, cód. P-16 – Catedral de Mariana: inventário 1749-1904. f. 10v.

18. *Idem*. f. 11r.

19. A relação dos livros do primeiro inventário encontra-se transcrita também em: TRINDADE, vol. I, 1953, p. 117 e segs.

3º (Adição) Termo de entrega: 11/01/1753 "Livros novos para os Pontificais" f.10v-11r	*Um Missal com capa de marroquim dourado* *Um Capituleiro, capa do mesmo, também dourado*
3º (Adição) Termo de entrega: 11/01/1753) "Livros novos" f.10v-11r	*Cinco Missais com capa de bezerro pardo* *Doze livros de defuntos* *Doze livrinhos de Novena de São José* *Um Diretório de Coro* *E todos os livros pequenos metidos em um saquinho de linhagem*
Acerto de conta Auto de conta: 01/12/1755 "Livros que faltam" [f.14v]	*De seis Missais encadernados em bezerro falta um* *De dois Rituais Romanos falta um* *De dois livros Processionais de cantochão faltam três* *De doze livros de defuntos faltam três* *De doze livrinhos da Novena de São José faltam cinco* *Falta mais um Livro pequenino de defuntos* *Faltam dois cadernos da Missa de Defuntos de que já se não usavam por muito velhos*
4º Termo de entrega: 10/03/1758 "Livros" [f.18r]	*Quatro Livros pontificais, encadernados em couro vermelho* *Um dito de grande volume intitulado Preparatio ad Missam Pontificalem* *Um dito encadernado em couro vermelho, intitulado Manual Coral, de folha* *Dois livros em couro preto, um das Paixões, outro dos Prefácios e Lições da Semana Santa* *Dois Missais, digo, dois Breviários grandes encadernados de couro preto, que servem na estante do coro* *Cinco Livros grandes do Coro das Missas, Vésperas e Matinas Cantadas* *Um Diretório pequeno do Coro, usado* *Dois Rituais Romanos, um de meia folha encadernado em couro mesclado e outro de quarto encadernado em couro preto, de que usa o Reverendo Pároco* *Deis Cantorinos que servem nos Ofícios de Defuntos* *Nove Processionais* *Seis Livros pequenos das Novenas de São José* *Um martirológio que serve no coro, já usado* *Três Missais encadernados em couro vermelho* *Dois mais usados, que servem nas Missas Cantadas e outro que serve nas Missas de Pontifical* *Doze Missais que andam no uso comum* *Cinco que servem a seis anos e dois encadernados de novo, e os mais antigos usados bastantemente, e um destes muito antiquíssimo e grande*

5° Termo de entrega: 28/05/1759 "Livros" [f.22r]	*Quatro Livros pontificais, encadernados em couro vermelho* *Um dito de grande volume intitulado Preparatio ad Missam Pontificalem* *Um dito encadernado em couro vermelho, intitulado Manual Coral, de folha* *Dois livros em couro preto, um das Paixões, outro dos Prefácios [e] Lições da Semana Santa* *Dois Breviários grandes encadernados de couro preto, que servem na estante do coro* *Cinco Livros grandes do Coro das Missas, Vésperas e Matinas Cantadas* *Um Diretório pequeno do Coro, usado* *Dois Rituais Romanos, um de meia folha encadernado em couro mesclado e outro de quarto encadernado em couro preto, de que usa o Reverendo Pároco* *Deis Cantorinos que servem nos Ofícios de Defuntos* *Nove Processionais* *Seis Livros pequenos das Novenas de São José* *Um Martirológio que serve no coro, já usado* *Três Missais encadernados em couro vermelho* *Dois mais usados, que servem nas Missas Cantadas e outro que serve nas Missas de Pontifical* *Doze Missais que andam no uso comum* *Cinco [novos] que servem a seis anos e dois encadernados de novo, e os mais antigos, usados bastantemente, e um destes muito antiquíssimo e grande*
6° Termo de entrega: 24/11/1759 [f.26v-27r]	[Não foram relacionados livros]
7° Auto de inventário: 31/03/1767 Termo de entrega e fiança: 31/03/1767 [f.32v-33r]	[Não foram relacionados livros]
8° "Bens que acresceram" Auto de inventário: 01/07/1790 Termo de entrega e fiança: 15/07/1790 f.50r-50v	*Sete Missais, a saber: seis novos e um com seu uso* *Quatro livros intitulados Arte de Cantochão, que deu Sua Excelentíssima reverendíssima* *Dez Livros grandes de Solfas pertencentes ao Coro, que deu Sua Excelentíssima Reverendíssima, encadernados em couro, com seu uso*
8° [Bens que faltam] Auto de inventário: 01/07/1790 Termo de entrega e fiança: 15/07/1790 [f.52v]	*Falta um Livro das Paixões* – 4$900 *Um Livro das Procissões* – $450 *Um Livro da Novena de São José* – $300
8° [Adição, correção e acréscimo] Auto de recenseamento e Termo de fiança: 31/03/1767 Auto de recebimento e entrega: 12/10/1793 [f.55v-58v]	[Não foram relacionados livros]

9º Auto de recenseamento, revisão e exame: 20/06/1803 Termo de entrega: 20/02/1804 "Livros" [f.73r-74v]	*Quatro Livros Pontificais, três encadernados de couro vermelho e um de couro preto* *Um Manual Coral* *Dois Canon Missæ Pontificalis* *Um Epistolæ et Evangelia Totius Anni* *Dois Pontificale Romanum* *Um Missæ Pontificalis* *Três Pontificale Romanum* *Quatro Passio Domini* *Um Dominica in Palmis* *Cinco muito velhos: Psalterium Romanum, Graduale Romanum, Antiphonarium Romanum* *Um Lamentationes* *Dez dos Ofícios [e] Missas Próprios e dos Comuns* *Três Breviários grandes, um novo, um encadernado e outro muito velho* *Dois Theatro Ecclesiástico, Thesti, digo, Eccliástico* *Um dito, segundo volume* *Seis Processionais encadernados* *Catorze dos Ofícios de Defuntos* *Doze Missais novos, um destes com fecho de prata* *Dois Missais encadernados em cor vermelha* *Um dito, mais usado* *Seis ditos, usados* *Oito ditos, dilacerados* *Dois Rituais, um encadernado e o outro muito velho* *Um Antifonário do Coro* *Dois Martirológios* *Dois Missais que foram do Excelentíssimo Reverendíssimo Senhor Dom Francisco Domingos* *Dois: um Missal e outro Epístolas e Evangelhos – com capa de veludo carmesim bordados de fio de ouro em sacos de cetim verde desbotado, que foram do mesmo Senhor*

Fonte: AEAM, cód. P-16 – Catedral de Mariana: inventário 1749-1904.

A partir do inventário de 1803, dois títulos chamam a atenção, pela sua frequência e pelo significado na prática musical religiosa brasileira dos séculos XVIII e XIX, como adiante veremos: o *Theatro ecclesiastico,* uma publicação lusitana de Domingos do Rosário, e quatro volumes de um *Passio Domini*, ou seja, livros com a música das Paixões da Semana Santa. O *Theatro ecclesiastico* deixa de ser mencionado a partir de 1852, mas os *Passio Domini* estão presentes nas relações de livros de todos os inventários, até o último conhecido, de 1882.

Os *Passio Domini* mencionados nos inventários da Catedral de Mariana de 1803 a 1882; entretanto, não parecem ser livros impressos nem de cantochão, uma vez que o *Cantus Ecclesiasticus Passionis Domini Nostri Jesu Christi,* de Giovanni Guidetti, versão oficial católica desde 1586, nunca foi impresso em quatro volumes, mas em três (pois eram três os cantores da Paixão monódica): um para o Cronista (ou narrador), outro para o Cristo e o último para o Sinagoga (que desempenha o papel dos demais personagens da Paixão). Tampouco contém exclusivamente cantochão, como atesta o Inventário de 1882: "Quatro Livros Passio: cantochão figurado ou música".

É muito provável que os *Passio Domini* mencionados nos inventários sejam os quatro volumes manuscritos das Paixões (segundo São Mateus, São Marcos, São Lucas e São João) do compositor seiscentista português Francisco Luís (?-1693), atualmente conservados no Museu da Música de Mariana, sendo este um dos raros registros da entrada de uma composição musical portuguesa no Brasil.[20] No Museu da Música de Mariana e no Arquivo da Cúria Metropolitana de São Paulo, também existem outras cópias manuscritas do século XIX, de duas Paixões desse autor – segundo São Mateus (para o Domingo de Ramos) e segundo São João (para a Sexta-feira Santa) –, o que corrobora a identidade da referência, nos inventários da Catedral de Mariana, com os quatro volumes preservados no Museu da Música.

Esse tipo de documento demonstra que as capelas e as igrejas conventuais e diocesanas, principalmente as catedrais, adquiriram periodicamente livros litúrgicos europeus para suprir as necessidades litúrgicas, itens cuja presença no templo eram imprescindíveis para a celebração das cerimônias religiosas. Pelo que se sabe, entretanto, até inícios do século XIX, foram raros os livros litúrgicos produzidos no Brasil ou por brasileiros, sendo documentado, até o momento, uma única exceção, o *Ritual* do Frei João da Veiga, impresso em Lisboa em 1780, para o uso dos frades mercedários do Pará, quase totalmente destinado à reprodução dos textos e cânticos usuais nos conventos mercedários europeus.

Manuscritos musicais

Este é certamente o item musical mais frequente dentre todos até agora abordados, sendo hoje conhecidos milhares de manuscritos musicais relacionados à América Portuguesa, em dezenas de acervos brasileiros, especialmente nos Estados de Minas Gerais, Rio de Janeiro, São Paulo e Bahia. A grande maioria desses manuscritos infelizmente não registra data de cópia e, muitas vezes, sequer os nomes do copista e do autor da composição, porém sua excepcional quantidade nos permite deduzir alguns aspectos interessantes referentes à circulação musical no Brasil do Antigo Regime.

---

20. "PASSIO/DOMINI NOSTRI;/JESU/CHRISTI,/IN NUMERIS DIGESTA,/ALTERNISQUE VOCIBUS QUATUOR/Decantanda,/ SEU POTIUS DEFLENDA:/OPUS/FRANCISCI LUDOVICI/Musices Præpositi in Cathedrali Sede/Ulyssiponensi." Sem indicação de copista, [Portugal, meados do século XVIII]: partes de A¹A²TB, cantochão. Museu da Música de Mariana, cofre, n.8582-8585, E 75/P2.

Até a década de 1760 são raríssimos ou quase inexistentes os manuscritos musicais copiados na América Portuguesa; porém, a partir da década de 1770, esse número cresce com uma rapidez extraordinária. Em meio a esse enorme acervo, existem composições de autores europeus ou brasileiros e uma grande quantidade de composições – perto da metade – sem identificação de autoria. Referente ao período colonial, predomina indubitavelmente a música sacra, porém com algumas cópias de oratórias, cantatas, música instrumental de câmara, canções e fragmentos de óperas.

Em relação às obras sem identificação de autoria, é sempre difícil analisar sua origem, a não ser quando a identificação de autoria possa ser feita pela identidade com outras fontes. No que se refere às obras com claras indicações de autor, o panorama é bastante interessante: a partir dessa década de 1770 parece ser crescente a quantidade de composições de autores brasileiros ou que viveram no Brasil, dentre as obras preservadas, indicando que, de meados do século XVIII em diante, a prática musical brasileira começou a deixar de reproduzir exclusivamente o repertório europeu para também incluir um repertório composto localmente.

Essa proporção é atestada em inventários conhecidos de acervos musicais que remontam ao período colonial. O inventário post-mortem do músico carioca Salvador José de Almeida Faria (1799),[21] por exemplo, é um dos documentos mais extraordinários que atestam o conteúdo de antigos arquivos musicais brasileiros. Lamentavelmente desaparecido do Arquivo Nacional (Rio de Janeiro) após a publicação de seu conteúdo de forma esquemática e reorganizada – e não a partir de uma transcrição sequencial e fidedigna – esse documento menciona 232 composições musicais que pertenceram a Salvador José de Almeida Faria, adquiridas nas duas ou três últimas décadas do século XVIII, com uma grande riqueza em detalhes, incluindo os nomes de quase metade de seus autores, seus títulos e funções e o preço que receberam em sua avaliação (quadros 7 a 10).

Quadro 7. Inventário *post-mortem* de Salvador José de Almeida Faria (1799): obras de compositores atuantes no Brasil

Compositor	Número de obras
André da Silva Gomes (1752-1844)	8
José Maurício Nunes Garcia (1767-1830)	13

Fonte: CAVALCANTI, 1997, vol. 2, p. 619-626; ROBATTO, 2004, p. 155-186.

---

21. CAVALCANTI, 1997, vol. 2, p. 619-626; ROBATTO, 2004, p. 155-186.

Quadro 8. Inventário *post-mortem* de Salvador José de Almeida Faria (1799): obras de compositores atuantes em Portugal

Compositor	Número de obras
Antonio Leal Moreira (1758-1819)	11
Frei Antonio do Rosário (1682-1717)	1
Antonio Teixeira (1707-1755)	2
David Perez (1711-1778)	8
Padre João Alvares Frouvo (1602-1682)	1
João Cordeiro da Silva (anterior a 1756-1801)	4
João de Souza Carvalho (1745-1793)	3
José Joaquim dos Santos (c.a. 1747-1801)	8
Luciano Xavier dos Santos (1734-1808)	1
Frei Manuel de Santo Elias (c.1750-1799)	7
Marcos Portugal (1762-1830)	5

Fonte: CAVALCANTI, 1997, vol. 2, p. 619-626; ROBATTO, 2004, p. 155-186.

Quadro 9. Inventário *post-mortem* de Salvador José de Almeida Faria (1799): obras de compositores atuantes na Itália (35 obras de 11 autores)

Compositor	Número de obras
Baldassare Galuppi (1706-1785)	1
Gioseffo Bencini (ativo entre 1723-1727)	1
Giovanni Battista Borghi (1738-1796)	1
Giovanni Battista Pergolesi (1710-1736)	4
Leonardo Ortensio Salvatore de Leo (1694-1744)	3
Luigi Antonio Sabbatini (c.1732-1809)	7
Niccolò Jommelli (1714-1774)	2
Nicolò Piccini (1728-1800)	3
Paolo Orgitano (c.a. 1740-1807)	2
Tommaso Traetta (1727-1779)	2
Bartolomeo Lustrini (Modanese) (?-?)	9

Fonte: CAVALCANTI, 1997, vol. 2, p. 619-626; ROBATTO, 2004, p. 155-186.

Quadro 10. Inventário *post-mortem* de Salvador José de Almeida Faria (1799): obras de outros autores

Compositor	Número de obras
Obras de compositores não identificados	4
Obras referidas em conjunto, por gêneros	121

Fonte: CAVALCANTI, 1997, vol. 2, p. 619-626; ROBATTO, 2004, p. 155-186.

Esse inventário dá margem a uma grande quantidade de análises, mas para o presente trabalho, limitar-se-á a uma análise estatística da origem das composições nele relacionadas. O documento menciona 21 obras de dois compositores atuantes no Brasil, 51 obras de onze compositores atuantes em Portugal, 35 obras de onze compositores atuantes na Itália e um total de 125 obras de autoria não identificada. Chama a atenção, em primeiro lugar, o fato de a maioria das composições (53,9%) não apresentar indicação de autoria, quantidade compatível com os índices atualmente encontrados nos acervos musicais remanescentes. Mas surpreende a constatação de que apenas 9% das obras foi composta por autores atuantes no Brasil, sendo um deles – André da Silva Gomes – nascido em Portugal (quadro 11).

Quadro 11. Inventário *post-mortem* de Salvador José de Almeida Faria (1799): origem das obras

Origem	Número de obras	Porcentagem
Brasileira	21	9,0%
Portuguesa	51	22,0%
Italiana	35	15,1%
Não identificada, citadas por título	4	1,7%
Não identificada, citadas em conjunto, por gêneros	121	52,1%

Fonte: CAVALCANTI, 1997, vol. 2, p. 619-626; ROBATTO, 2004, p. 155-186.

Nesse sentido, o documento de 1799 apresenta uma realidade um pouco diferente da que se observa em acervos brasileiros remanescentes, nos quais a quantidade de obras de autores brasileiros, dentre aquelas com indicação de autoria, é bem maior que os 9% do arquivo de Salvador José de Almeida Faria, um importante indício de que tais acervos, antes de chegarem até nós, sofreram um certo expurgo da música mais antiga de autores de origem europeia, preservando somente aquelas que se mostrassem atuais naquele período. Surpreendente, ainda, é a presença, nesse arquivo, de 52 sinfonias (22,4% de todas as obras do acervo) entre as obras citadas em conjunto, quantidade que não apresenta nenhuma correspondência com a realidade dos acervos brasileiros atualmente conhecidos. Algumas aberturas e sinfonias instrumentais antigas foram encontradas no Brasil, mas seu número é infinitamente menor que aquelas mencionadas unicamente no arquivo de Salvador José. Parece que esse expurgo, que afetou as obras mais antigas, também pode ser observado na música instrumental, uma vez que a imensa maioria dos manuscritos brasileiros da fase colonial é de música escrita para coro, para voz solista e orquestra ou para coro e orquestra.

De fato, em acervos mineiros, paulistas e cariocas são conhecidas composições musicais sacras e instrumentais (ainda que raras) de autores europeus quase nunca anteriores ao século XVIII, como Niccolò Jommelli (1714-1774), Luigi Boccherini (1743-1805), Franz Joseph Haydn (1732-1809), Ignace Joseph Pleyel (1757-1831), David Perez (1711-1779/80), Peter von Winter (1754-1825), Wolfgang Amadeus Mozart (1756-1791), Joseph Küffner (1776-1856) e outros. Assim como ocorre no arquivo de Salvador José, são raros nos acervos brasileiros os autores que atuaram antes do século XVIII, o que indica claramente que apenas a partir dessa fase a prática musical brasileira desenvolveu-se suficientemente a ponto de gerar grandes quantidades de manuscritos musicais cujos remanescentes chegaram até os nossos dias. A atividade musical brasileira dos séculos XVI e XVII, incluindo a atuação jesuítica, foi imensamente inferior, em termos quantitativos, àquela que se estabeleceu a partir do Ciclo do Ouro, não tendo sido preservada, por essa razão, música referente a esse período.

Dentre os pouco mais de 37% de obras de autores identificados de origem europeia que Salvador José reuniu antes de sua morte em 1799, a maioria (22,0%) é de compositores portugueses e o restante (15,1%) é de autores italianos. Tais informações, que possuem correspondência com dados históricos e análises estilísticas, atestam o fato de que a maior parte da música que chegava ao Brasil vinha de Portugal. Porém, a hegemonia setecentista da Itália, no que se refere à música, inclusive em solo ibérico, fez com que uma grande quantidade de obras originárias dessa região fosse transladada para o Brasil. Não é exagero dizer que a composição brasileira do século XVIII foi estruturada quase essencialmente aos moldes italianos, mesmo que a partir de composições de origem portuguesa.

Comparando-se o inventário do carioca Salvador José de Almeida Faria (1799) com a "*Lista Geral das Músicas*" do ouropretano Florêncio José Ferreira Coutinho (1821),[22] notamos um sensível aumento da quantidade de obras e autores de origem brasileira, o que indica uma tendência que parece ter sido forte até pelo menos a década de 1820. Esse inventário arrola 24 "árias italianas" (provavelmente árias de óperas ou similares, para voz e orquestra),

---

22. CASTAGNA, 2006.

55 "músicas portuguesas" (canções e obras sacras por autores brasileiros e portugueses) e 75 "grades por Florêncio José Ferreira Coutinho", provavelmente composições desse autor, além de alguns outros itens isolados, entre eles "35 marchas militares" e "149 pedaços de papel de música que não aparecem onde se ajunte[m] por estar[em] todas elas truncada[s]". A própria quantidade de autores brasileiros é bem maior nesse inventário (quadro 12) do que no de Salvador José e, se levarmos em consideração apenas a música religiosa, essa proporção é de seis brasileiros para três europeus (dois italianos e um português).

Quadro 12. Compositores de música religiosa citados na *Lista Geral das Músicas do falecido Florêncio José Ferreira Coutinho*, de 1821
Autores
Brasileiros
Bento Pereira
Felipe Nunes
Florêncio José Ferreira [Coutinho]
[Inácio Parreiras Neves]
[José Joaquim] Emerico [Lobo de Mesquita]
Tomé Vieira da Trindade
Europeus
[Francesco] Feo
Pietro [Alessandro] Guglielmi
Vitorino José [Coelho? da Costa?]

Fonte: CASTAGNA, 2006.

A transição do século XVIII para o XIX e, sobretudo, a Independência, provocaram uma transformação do repertório musical brasileiro, com um sensível aumento da quantidade de obras de compositores locais, apesar da permanência do prestígio dos autores italianos nos arquivos musicais brasileiros, mas com uma notória diminuição de obras de origem portuguesa. A partir de então, arquivos de músicos e de catedrais exibem a total predominância de música italiana e brasileira,[23] deixando para trás os velhos modelos portugueses e consolidando o tipo de repertório que se estabeleceu no Brasil do século XIX.

---

23. GABRIEL, 2006; HAZAN, 2006.

Conclusões

O estudo da circulação dos itens materiais referentes à prática musical na América Portuguesa, apesar da escassez de documentos e informações, revela o estabelecimento de um tipo de atividade quase totalmente dependente da produção europeia nos primeiros séculos da colonização. Por outro lado, a própria carência desses itens, aliada ao desenvolvimento dos núcleos urbanos, especialmente no Ciclo do Ouro, levou ao surgimento de uma produção local que visava abastecer parcialmente esse consumo, incluindo uma atividade composicional a partir da segunda metade do século XVIII, pelo menos em Minas Gerais, Rio de Janeiro, Bahia e São Paulo, que acarretou, pela primeira vez nessas regiões, a circulação de música de autores residentes no Brasil, a ponto de existir um momento no qual o número de obras de autores brasileiros chegou a superar o de composições europeias.

É notória, diante do acima exposto, a força que teve a música na América Portuguesa, no sentido de vencer a dependência dos itens materiais de origem europeia e iniciar uma produção local, que para alguns itens em alguns períodos, chegou mesmo a suplantar a aquisição na Europa. É certo que a força dessa produção local foi bem menor no Brasil que em outras regiões americanas, como a Nova Espanha (atual México), porém a prática musical na América Portuguesa atingiu uma situação na qual a falta de determinados itens de origem europeia não significou necessariamente sua carência, tendo sido os músicos brasileiros capazes de iniciar um abastecimento suficiente para manter o crescimento de suas atividades musicais com uma dependência cada vez menor do abastecimento português.

Bibliografia

ANDRADE, Mário de. *Padre Jesuíno de Monte-Carmelo*. São Paulo: Livraria Martins Ed., 1963. (Obras Completas de Mário de Andrade, vol. 16)

BRASIL, Hebe Machado. *A música na cidade de Salvador 1549-1900. Complemento da história das artes na cidade do Salvador*. Salvador, Prefeitura Municipal, 1969. (Evolução Histórica da Cidade do Salvador, vol. 4)

CASTAGNA, Paulo. "Uma análise paleoarquivística da relação de obras do arquivo musical de Florêncio José Ferreira Coutinho". VI Encontro de Musicologia Histórica. Juiz de Fora: Centro Cultural Pró-Música, 22-25 de julho de 2004. *Anais*. Juiz de Fora: Centro Cultural Pró-Música, 2006, p. 38-84.

CAVALCANTI, Nireu. *O Rio de Janeiro setecentista: a vida e a construção da cidade da invasão francesa até a chegada da corte*. Rio de Janeiro: Zahar, 2004.

CORTESÃO, Jaime. *Jesuítas e Bandeirantes no Guairá (1549-1640): introdução, notas e glossario por [...]*. Rio de Janeiro: Biblioteca Nacional, Divisão de Obras Raras e Publicações, 1951 (Manuscritos da Coleção De Angelis, vol. 1).

DIAS, Carlos Malheiros; VASCONCELLOS, Ernesto J. de C.; GAMEIRO, Roque. *História da Colonização Portuguesa do Brasil*; edição monumental comemorativa do Primeiro Centenario da Independência. Porto, Litografia Nacional, 1924. 3v.

FREIXO, Elisa. "O órgão colonial brasileiro". II Simpósio Latino-Americano de Musicologia, Curitiba, 21-25 jan. 1998. *Anais*. Curitiba: Fundação Cultural de Curitiba, 1999, p. 127-134.

GABRIEL, Vitor. "Patrimônio, inventário e herança: a posse de mestres de capela na Sé de São Paulo no século XIX". VI Encontro de Musicologia Histórica. Juiz de Fora: Centro Cultural Pró-Música, 22-25 de julho de 2004. *Anais*. Juiz de Fora: Centro Cultural Pró-Música, 2006, p. 125-137.

HAZAN, Marcelo Campos. "Música e morte, diferença e poder no Rio de Janeiro oitocentista: o inventário *post-mortem* de José Batista Brasileiro". VI Encontro De Musicologia Histórica. Juiz de Fora: Centro Cultural Pró-Música, 22-25 de julho de 2004. *Anais*. Juiz de Fora: Centro Cultural Pró-Música, 2006, p. 173-202.

HOLLER, Marcos. "Uma história de cantares de Sion na terra dos brasis: a música na atuação dos jesuítas na América Portuguesa (1549-1759)". Tese (Doutoramento) – Instituto de Artes, Unicamp, Campinas, 2006. 3v.

Inventários e Testamentos. São Paulo, Departamento do Arquivo do Estado de São Paulo e Secretaria da Educação, 1920-1977. 44v.

LEITE, Serafim. *Monumenta Brasiliae I-V (1539-1568)*. Roma, Monumenta Historica S.I., 1956-1968. 5v. (Monumenta Historica Societatis Iesu a Patribus Eiusdem Societatis Edita, volumen 79-81, 87, 99. Monumenta Missionum Societatìs Iesu, v.X-XII, XVII, XXVI. Missiones Occidentales)

Pauta da dizima da Alfândega da Villa de Santos pela do Rio de Janeiro anno 1739 [...] *Documentos Interessantes para a História e Costumes de São Paulo*, São Paulo, vol. 45, 1924, p. 133-175.

ROBATTO, Lucas. "Estéticas, estilos e escolhas: as aberturas do Padre José Maurício". V Encontro De Musicologia Histórica, Juiz de Fora, 19-21 jul. 2002. *Anais*. Juiz de Fora: Centro Cultural Pró-Música, 2004, p. 155-186.

SANTOS, Maria Luiza de Queirós Amâncio dos. *Origens e evolução da música em Portugal e sua influência no Brasil*. Rio de Janeiro: Comissão Brasileira dos Centenários de Portugal, 1942.

SARDINHA, D. Pero Fernandes. "Carta de D. Pero Fernandes Sardinha ao Rei D. João III. Salvador, 12 de julho de 1552". *Revista Trimestral do Instituto Historico Geographico e Ethnographico do Brazil*, Rio de Janeiro, vol. 49, parte I, 1886, p. 582-583.

SEPP, Anton. *Viagem às missões jesuíticas e trabalhos apostólicos*: nota Rubens Borba de Morais; introdução Wolfgang Hoffmann Harnish; tradução A. Raymundo Schneider. Belo Horizonte: Ed. Itatiaia; São Paulo: Edusp, 1980 (Reconquista do Brasil: nova série, vol. 21)

SERRÃO, Vítor. *A cripto-história de arte: análise de obras de arte inexistentes*. Lisboa: Livros Horizonte, 2001, p. 253.

SZARÁN, Luis (comp. e transcr.); von THÜMEN, Gisela (ed.). *Musica en las Reducciones Jesuiticas de America del Sur*. Asunción: Missions Prokur S. J., 1999.

VASCONCELOS, Ary. *Raízes da música popular brasileira*. Rio de Janeiro: Rio Fundo Ed., 1991.

VEIGA, Frei João da. *Rituale / Sacri, Regalis, Ac Militaris Ordinis / B. V. Mariæ de Mercede / Redemptionis Captivorum, / Ad Usum / Fratrum Ejusdem Ordinis / in Congregatione Magni Paraensi commorantium, / Jussu / R. P. Prædicatoris Fr. Joannis Da Veiga / in Civitate Paraensi ejusdem Ordinis Commendatoris ela-/boratum, & in lucem editum. / [grav.] / Olisipone / Typis Patriarchalibus Francisci Aloysii Ameno./* M.DCC.LXXX [1780]. A' Descencione B. Virginis Mariæ de Mercede, ejusque Ordinis Re-/velatione, & Fundatione 562. / Regiæ Curia Censoriæ Permissu. [495p., mús.]

VIEGAS, Aluízio José. "Considerações sobre a música sacra atualmente no Brasil". VI Encontro De Musicologia Histórica. Juiz de Fora: Centro Cultural Pró-Música, 22-25 de julho de 2004. *Anais*. Juiz de Fora: Centro Cultural Pró-Música, 2006, p. 277-282.

17. O Teatro na Cidade do México por volta da Segunda Metade do Século XIX: dos Cenários às Livrarias

Miguel Ángel Vásquez Meléndez[1]

Tradução de Heloísa Broggiato Matter

---

1. Instituto Nacional de Bellas Artes, Centro Nacional de Investigación, Documentación e Informaión Teatral "Rodolfo Usigli"

NOS PRIMEIROS ANOS DA COLONIZAÇÃO, Hernán Cortés fundou o Hospital Real de Naturales na Cidade do México, para o cuidado dos aborígenes que padeciam de doenças epidêmicas. No final do século XVIII, tal estabelecimento contava entre as principais fontes de renda o arrendamento de um anfiteatro para a representação de comédias e impressão de cartilhas para aprender a ler e escrever; desta forma vinculavam-se o teatro e a leitura, no final do período colonial.

Com o início da vida independente, foram construídos novos teatros na capital da República, permitindo-se investimentos privados, com isso aboliu-se o monopólio estatal desta atividade recreativa.

Por outro lado, a efervescência política, os planos governamentais para o fomento industrial e o interesse dos escritores por inserir a literatura em tais planos, propiciaram o surgimento do mercado das tipografias e, junto com este, a instalação de vários tipos de estabelecimentos para a venda de publicações.

No processo do surgimento e consolidação da manufatura e venda de livros, os autores dramáticos e os tipógrafos compartilharam um interesse, levar o teatro dos cenários às livrarias, essa convergência se tratará neste ensaio.

Arrendatários do anfiteatro de comédias

Depois de sua destruição por um incêndio, o anfiteatro de comédias do Hospital Real de Naturales foi reconstruído em 1753, e a partir de então ficou conhecido como "anfiteatro novo". Este local era concedido para arrendamento a quem ganhasse o remate respectivo e pagasse uma quantidade fixa anual adiantada. Por esse meio, os administradores do Hospital Real de Naturales obtiveram de 3 mil pesos, em 1718 até 6.550 em 1800.[2]

Os maiores ganhos para os *asentistas*[3] vinham das assinaturas, quer dizer, ingressos com os quais se cobriam, de forma adiantada, o total de espetáculos de uma temporada. Tais assinaturas eram adquiridas por grupos privilegiados da sociedade (comerciantes, mineiros, fazendeiros e nobres), que desta maneira proporcionavam aos asentistas um capital para enfrentar os gastos da própria temporada, e algumas vezes lhes permitiam recuperar parte do que havia sido pago recentemente pelo arrendamento do anfiteatro.[4]

Além dos compradores de assinaturas, o público teatral era formado pelos vice-reis, seus familiares, as autoridades locais e empregados reais de alto nível, que entravam gratuitamente nos espetáculos, segundo o estipulado nos contratos de arrendamento; juntos com eles desfrutavam dos espetáculos os que compravam seus ingressos para cada apresentação, entre os quais se distingue os que ocupavam lugares privilegiados, em palcos ou balcões, e os espectadores acomodados em assentos baratos como *mosquetes*[5] e galerias altas. Por isso, a categoria de "assinantes" corresponde aos setores mais caros, e a de "mosqueteiros" a dos grupos com menos recursos, com esta diferença se pode presumir que as representações teatrais contavam com um público heterogêneo formado por todos os setores da sociedade novo hispânica.

Os *asentistas* procuravam assegurar a recuperação da quantia paga pelo arrendamento do anfiteatro através de uma série de atrativos oferecidos aos espectadores. Em primeiro lugar, as representações no anfiteatro costumavam ser variadas incluindo comédias e danças, presumivelmente vistas anteriormente na capital do reino. Como segunda atração, essas peças eram executadas por atrizes principais chamadas "primeiras damas" e por atores jovens conhecidos como "galãs", quer dizer por especialistas da "arte da representação"; assim como por bailarinos formados nas cortes europeias.[6] Como complemento, se procurava um

---

2. VÁSQUEZ MELÉNDEZ, 2003, p. 167.

3. N.T.: *Assentista* – Pessoas responsáveis por fazerem contratos para prover dinheiro ou mercadorias à determinada instituição

4. RAMOS SMITH, 1994, p. 88-89; OLAVARRÍA Y FERRARI, 1961, t. I, p. 24. Ainda que desdenhado na escala social e econômica, o ofício de cômico era uma atividade lucrativa em alguns casos com uma estrutura familiar, onde o pai desempenhava a função de organizador, autor de comédias, diretor de representações e primeiro galã (ator principal), sua esposa era a "primeira dama" (protagonista dos personagens femininos mais importantes), e seus filhos eram, respectivamente "galãs jovens" ou "damas jovens". Por outro lado, em alguns casos as atrizes principais ancabeçavam as companhias e por isso obtinham os salários mais altos. Isto permite supor que poderiam brindar a maior parte do dinheiro arrecadado para a manutenção de sua família, o que constitui uma novidade em uma sociedade patriarcal baseada em atividades manuais.

5. N.T.: *Mosquetes* – locais da plateia conhecidas por galerias.

6. Ainda que desdenhado na escala social e econômica, o ofício de cômico era uma atividade lucrativa em alguns casos com uma estrutura familiar, onde o pai desempenhava a função de organizador, autor de comédias, diretor

ambiente agradável para espectadores e ganhos extras para os organizadores, com a venda de sorvetes, frutas e guloseimas no interior do anfiteatro.

Junto com as apresentações próprias de uma temporada, se realizavam outras, as chamadas funções extraordinárias, como as que celebravam aniversários, compromissos matrimoniais ou nascimento dos membros da monarquia hispânica, assim como a chegada dos vice-reis à capital da Nova Espanha e a comemoração de triunfos bélicos, tratados ou acontecimento político-militares. Neste tipo de eventos, além da venda de alimentos para os espectadores, eram oferecidos "refrescos", o que hoje em dia se chama guloseimas, como bebidas doces e refrescantes, sorvetes, confeitaria fina e lanches para os governantes e seus convidados, quer dizer a oligarquia da Nova Espanha.

Com a representação das comédias e o consumo de alimentos dentro do anfiteatro se relacionavam duas atividades, a teatral, desempenhada pelos atores, e a culinária, graças ao trabalho dos confeiteiros, ambas para o benefício dos organizadores e a favor da manutenção de uma instituição assistencial, o hospital para atender aos índios.

Além do arrendamento do anfiteatro, o Hospital Real de Naturales contava com outras rendas, como as provenientes da impressão de cartilhas para a aprendizagem da leitura e escrita. Este privilégio, concedido ao Hospital em 1641, manteve a vigência, através de remates, pelo menos até 1793. A referida impressão de cartilhas produzia ganhos de mil pesos anuais, em média, com isto situava-se entre as cinco principais fontes de renda para o hospital e contribuía com o aumento de alfabetizados.[7]

Nesta época, um grupo reduzido lia comédias, *sainetes e tonadillas*[8] representadas no anfiteatro. Unicamente os autores das obras, os censores que as revisavam para emitir a permissão prévia para a representação, os diretores, e os atores tinham a possibilidade de ler e reler as peças teatrais. Entretanto, em algumas bibliotecas particulares ou pertencentes a congregações religiosas encontravam-se impressões das obras representadas. Isto mudaria com a chegada da época independente, na qual propiciou-se o fim do monopólio governamental do teatro e a instalação de livrarias nos corredores comerciais da capital.

Os regulamentos teatrais novo-hispânicos concediam ao asentista do anfiteatro a prerrogativa de representar comédias; não obstante em algumas casas ou pátios se ofereciam

---

de representações e primeiro galã (ator principal), sua esposa era a "primeira dama" (protagonista dos personagens femininos mais importantes), e seus filhos eram, respectivamente "galãs jovens" ou "damas jovens". Por outro lado, em alguns casos as atrizes principais encabeçavam as companhias e por isso obtinham os salários mais altos. Isto permite supor que poderiam brindar a maior parte do dinheiro arrecadado para a manutenção de sua família, o que constitui uma novidade em uma sociedade patriarcal baseada em atividades manuais.

7.   ZEDILLO CASTILLO, 1984, p. 320 e 406-408

8.   N.T.: Sainetes e tonadillas – canções ou peças curtas que se cantam nos teatros.

espetáculos com peças dramáticas curtas, contorcionistas, pessoas deformadas, conhecidas como "monstros", e animais. Este tipo de espetáculos tiravam público do anfiteatro, mas permitiam uma maior variedade recreativa, sobretudo para os setores de poucos recursos, e ao mesmo tempo eram uma fonte de emprego para comediantes especializados em espetáculos diferentes dos que se realizavam no anfiteatro de comédias.[9]

Rompidos os laços com a coroa espanhola, realizaram-se um conjunto de reformas em todos os âmbitos do país emergente, procurando a participação dos cidadãos em esferas reservadas para os representantes da coroa espanhola. A atividade teatral se incrementou nesse rumo, diversificando-se com a presença maioritária de particulares, como será exposto no seguinte item.

Os empresários teatrais

Pouco depois do fim da guerra da independência, em 1826, o anfiteatro de comédias passou a chamar Teatro Principal e posteriormente, com o investimento de capitais privados, iniciou-se a construção de outros locais para as representações; desta maneira em 1853 reconheciam-se como "teatros principais" ou de "primeira ordem" o citado Teatro Principal, o Teatro de Santa Anna e o Teatro de Iturbide.[10] Ao mesmo tempo, foram edificados teatros pequenos ou "de menor ordem" e continuaram apresentando-se os espetáculos de contorcionistas, denominados *maromas*[11] de circo, equilíbrio, equestres, e de marionetes nas praças públicas ou em casas. Assim, a administração exclusiva do governo em matéria teatral, através do arrendamento do anfiteatro de comédias, se transformou, permitindo a participação dos empresários teatrais e a concorrência entre eles.

A diferença entre os teatros dependia da monumentalidade, a proximidade com a "Plaza Mayor", a tradição e o tipo de companhias, segundo esses critérios os teatros de "primeira ordem" conservaram sua hierarquia e, com períodos intermitentes de suspensão de espetáculos, mantiveram-se abertos durante a segunda metade do século XIX.

---

9. Entre os "comediantes", denotação genérica para os que se dedicavam aos atos de representação, podem se distinguir três categorias, os contratados pelos administradores dos anfiteatros, com salários fixos e de maior hierarquia; os que alugavam algum local ou se apresentavam em praças públicas, eventualmente burlando a vigilância, e cuja renda dependia do número de entradas vendidas para seus espetáculos; e os itinerantes, que percorriam áreas rurais, sobretudo áreas de mineração e centros agrícolas, em busca de espaços para apresentar seus espetáculos. Economicamente, os primeiros eram os de melhor reputação, assim tinham uma renda constante; enquanto que na escala social, os itinerantes eram considerados como uma espécie extravagante, raptores de mulheres, golpistas que eram tidos como aliados ao demônio, a quem deviam as habilidades para a execução de truques e mágicas.

10. "Reglamento para los teatros de México", *El Siglo XIX*, 19 de junio de 1853, p. 2.

11. N.T.: maroma – acrobacia.

Por volta de 1864, os empresários teatrais administravam sete locais para apresentações (listados na tabela 1), os três primeiros eram os mais rentáveis, já que neles se apresentavam as companhias de "comédias e dramas" ou "de verso" compostas por atores famosos, sobretudo estrangeiros, assim como as companhias de ópera e *zarzuela*,[12] também formadas por artistas de outros países. Além disso, tais locais eram preferidos para as eventos incluídos nos protocolos festivos oficiais, o que garantia apresentações extraordinárias, mais atrativas para os espectadores, e com entradas de preços mais altos.

Ao contrário, nos quatro teatros restantes atuavam atores mexicanos, desde aprendizes ou novatos até os que estavam nos últimos anos de sua carreira; apenas ocasionalmente se utilizavam espetáculos protocolares, com entradas de preço baixo, já que estavam localizados na periferia da cidade e apresentavam espetáculos populares.

Tabela 1 – Localização dos teatros na cidade do México em 1864	
Calle de Vergara	Gran Teatro Imperial
Calle del Factor	Teatro de Iturbide
Calle del Coliseo	Teatro Principal
Calle de Puesto Nuevo	Teatro de Oriente
Calle de Nuevo México	Teatro de Nuevo México
Calle de Arsinas	Teatro del Pabellón
Calle de Corchero	Teatro de Hidalgo

Fonte: VALLE, 1864, p. 436-437.

Em oposição aos discursos nacionalistas, baseados no sentimento contra os espanhóis peninsulares, os empresários, com a intenção de atrair um maior número de espectadores, continuaram contratando companhia hispânicas. Simultaneamente procuravam despertar o interesse do público teatral antes de que terminasse uma temporada em curso. Assim, em maio de 1854, apresentava-se no Teatro Santa Anna[13] a companhia De Rosendo Laimon, que incluía como principais atores o diretor de Juan de Mata e a primeira atriz Maria Cañete; quando se anunciou a contratação de Matilde Diez, chamada "A pérola do teatro espanhol", para a seguinte temporada nesse mesmo teatro. Tal contratação se formalizou oito meses depois, quando a imprensa confirmou a chegada iminente da que foi anunciada como "a maior capacidade dramática que existe em toda a extensão do mundo em que se fala a língua de Cervantes...".[14]

---

12. N.T.: Zarzuela – obra dramática e musical na qual às vezes se declama e se canta.

13. Conhecido também como Teatro Imperial, Teatro de Vergara e Teatro Nacional.

14. *El Siglo XIX*, 24 de enero de 1855, p. 4

A chegada de Matilde Diez ocorreu em 9 de maio de 1855, então um grupo de espectadores veio recebê-la na entrada da cidade (como se costumava fazer quando chegavam os caudilhos militares) e a acompanharam até o local onde se hospedou, para oferecer-lhe a interpretação de várias peças musicais durante essa noite.

Seguramente as notas jornalísticas sobre a atriz e sua chegada à Cidade do México propiciaram seu encontro com os espectadores nas ruas e, sobretudo, no teatro, onde "A pérola do teatro espanhol" iniciou suas apresentações ao lado de uma companhia de famosos bailarinos.[15] Durante essa temporada foram publicados diversos avisos sobre as obras que compunham cada apresentação, assim como notícias e críticas sobre o desempenho dos atores integrantes da companhia principalmente Matilde Diez. Esta campanha publicitária estimulava a presença do público no teatro, incrementava potencialmente os ingressos dos empresários e se baseava na publicação dos periódicos da capital, produto do auge da indústria editorial. Assim, o teatro e a leitura continuavam vinculados, agora como uma maior quantidade de fóruns para a apresentação e de meios impressos.

Mas, enquanto a informação teatral circulava nos periódicos incentivando a presença dos espectadores nos locais de apresentações, as revoltas, motins e enfrentamentos armados entre as facções políticas faziam com que as companhias teatrais dificilmente se mantivessem em um teatro durante um "ano cômico", que compreendia pouco mais de onze meses, e apenas programavam períodos curtos, chamados assinaturas, com doze espetáculos, em média, realizadas durante um mês. De acordo com esse costume, a companhia da atriz Matilde Diez – anunciada com um ano de antecipação – iniciou as primeiras assinaturas em maio de 1855, em julho foi reforçada com a contratação do ator e diretor Juan de Mata e da atriz Carlota Armenta, mas em outubro suspendeu as apresentações por causa de distúrbios políticos na Cidade do México, devido ao rechaço ao caudilho, homônimo do teatro, Antonio Lopez de Santa Anna.

Se os atores novo hispânicos interrompiam as apresentações principalmente por causas naturais como epidemias, no século XIX isto ocorria devido à instabilidade política, que se manisfestava na perseguição de combatentes nas proximidades da capital. Em tais circunstâncias, com o perigo de permanecer em uma cidade sitiada, os habitantes da capital optavam por emigrar à localidades mais distantes, o que diminuía o número de espectadores. Perante esta situação, os empresários teatrais decidiam planejar temporadas curtas, reservando para situações extremas o fechamento temporário ou definitivo dos locais.

Paradoxalmente, a instabilidade política também favorecia o uso dos teatros de "primeira ordem", já que os caudilhos os utilizavam para a realização de bailes e cerimônias, inclusive apresentações teatrais, como parte das comemorações por êxitos militares, pactos, ou

---

15. *El Siglo XIX,* 9 de mayo de 1855, p. 4; 10 de mayo de 1855, p. 4.

pelo início de períodos do governo. Situação que obrigou os administradores dos cenários à delimitação de um espaço com poltronas exclusivas para o representante do poder executivo e para as autoridades locais. Ainda que este tipo de espaços significavam uma reminiscência da época colonial, eles permitiam aos empresários o incremento do público com a presença dos dirigentes políticos e seus partidários, assim como certa regularidade nos espetáculos, derivada das constantes cerimônias cívico-recreativas. Em oposição, os teatros menores eventualmente se incluíam nos protocolos festivos, mas sem possibilidades de presença dos governantes, e por isso com menor público.

Com novos fóruns e a divulgação de notícias através dos jornais os empresários teatrais quebraram o monopólio governamental do teatro e fizeram das representações cênicas um negócio rentável, de maneira que se adaptassem às condições de instabilidade política, próprias de um país em transição para a vida republicana.

Da mesma forma em que o investimento de capitais privados na construção de fóruns contribuiu para a ampliação de oferta dos espetáculos teatrais, na indústria editorial incentivou a venda de livros relacionados com as representações, como será exposto no próximo tópico.

Do teatro à livraria

Em vários discursos nacionalistas do século XIX considera-se a época colonial como uma "era obscura", na qual se destacaram apenas dois expoentes literários, Ruiz de Alarcón e Sor Juana Inés de la Cruz, ambos determinantes para o desenvolvimento do teatro novo hispânico do século XVII. A censura da inquisição, o castigo a quem possuía "livros proibidos" e o "interesse mesquinho" dos espanhóis em manter os índios na ignorância, complementam e explicam esta espécie de "lenda negra" do, suposto, atraso literário colonial.

Na mesma linha discursiva, no período posterior à independência foi fincada a esperança de criar-se uma literatura própria, reflexo da "natureza dos mexicanos". Tal intenção foi compartilhada pelos escritores, que lutaram pela inclusão da literatura e da alfabetização nos planos de desenvolvimento econômico e governamental, e pelos editores, cuja visão empresarial lhes permitiu conceber o aproveitamento do prazer da leitura através de um negócio, a venda de livros. Consequentemente, como produto da conjunção de interesses didáticos e comerciais, foram instaladas as primeiras bancas de livros poucos anos depois de iniciada a vida republicana.

Por volta da segunda metade do século XIX se distinguem três tipos de estabelecimentos (indicados nas tabelas 2 e 3), ou seja os "cajones" lojas muito pequenas sobre rodas; as *alacenas*,[16] instaladas em corredores das zonas comerciais; e as livrarias, que ocupavam parte das casas ou armazéns e eram de dimensões maiores que os outros estabelecimentos.[17]

---

16. N.T.: *Alacenas* – armários embutidos.

17. GUIOT DE LA GRAZA, 2001, p. 236.

Tabela 2 – Livrarias, tipografias e litografias na Cidade do México em 1854	
Nome e/ou proprietário	Endereço
Livrarias	
Antigua Librería, Don José María Andrade	Portal de Agustinos 3
Librería Mexicana, Don Hipólito Brown	Esquina de los portales de Agustinos y Mercaderes
Librería Número 7, Mariano Galván Rivera	Portal de Mercaderes 7
Librería Americana, Carlos Besserel y compañía	Calle del Refugio 6
Librería Madrileña, Gaspar y Roig	Portal del Águila de Oro 6
Librería Española, José Pujoy Esther	Primera de Plateros 11
Librería e Imprenta, Luis Abadiano y Valdés	Primera de Santo Domingo
Librería Nueva, Pedro Guillet	Calle del Arzobispado 10
Librería, Cristóbal de Palomino	Coliseo Viejo, número 21
Librería, Simón Blanquel	Coliseo 1
Alacena, Antonio de la Torre	Esquina de los portales de Mercaderes y Agustinos
Alacena, Cristóbal de la Torre	Portal de Agustinos 5
Alacena, Pedro de Castro	Esquina del Portal de Mercaderes
Tipografías	
Andrés de Boix	
Ignacio Cumplido	
Vicente Cerralde y compañía	
Vicente García Torres	
Tomas Guardia	
José Mariano Lara	
Manuel Murguía	
Juan R. Navarro	
Santiago Pérez y compañía	
Rafael Rafael	
Manuel Redondas	
Vicente Segura Arguelles	
Litografías:	
Decaem y compañía	
Ignacio Inclán	
Manuel Murguía y compañía	
Hipólito Salazar	

Fonte: *Guía,* 1854, p. 318-320

Nos estabelecimentos descritos, junto com livros eram vendidos jornais, revistas, calendários, mapas e ilustrações, além de perfumaria, medicamentos e outras mercadorias.

De forma semelhante, nas tipografias e litografias também era possível adquirir livros, artigos para escrita e materiais de impressão.

Tabela 3 – Livrarias e gabinete de leitura na Cidade do México em 1864	
Nome	Endereço
Livrarias	
Francisco de Abadiano	Primera de Santo Domingo
José María Aguilar y Ortiz	Primera de Santo Domingo, número 5
Antonio de Alcántara	San Andrés
José María Andrade y compañía	Portal de Agustinos, número 3
Señores Buxo y compañía	Coliseo Viejo, número 5
Simón Blanquel	Coliseo, número 13
Mariano Galván	Callejón del Espíritu Santo, número 5
Eugenio Maillefert	Tiburcio, número 2
Agustín de Masse	Portal de Agustinos, número 1
Juan de Moncalian	Santa Teresa La Nueva
Testamentaría Murguía	Portal del Águila de Oro
Guadalupe Pesado de Segura	Segunda de Santo Domingo
Antonio de la Torre	Portal de Mercaderes y Agustinos
Testamentaría Torre	
Gabinete de leitura	
Isidoro Devaux	Tercera de San Francisco, número 4

Fonte: VALLE, 1864, p. 172.

Consideração à parte merecem os "gabinetes de leitura", que eram lugares onde era possível alugar publicações periódicas e livros, o que mostra a expansão do mercado livresco e a identificação de um setor alfabetizado da população, mas carente de recursos para a aquisição de livros ou periódicos. Da mesma forma, porém sem ingressos financeiros, se encontravam bibliotecas particulares, como as pertencentes a colégios e instituições religiosas, à dependências públicas de instrução, academias literárias e liceus; tais bibliotecas, frequentemente, se registravam nos compêndios literários como parte integral dos projetos de divulgação de "conhecimentos úteis", através da leitura.

Além disso, os editores e livreiros adotaram várias estratégias para a comercialização de textos relacionados com as representações teatrais, marcando o trânsito dos teatros às livrarias.

A publicidade para a venda de livros incluía desde a inserção de anúncios, na seção de avisos dos periódicos e nas contracapas dos livros (como se aprecia na tabela 4), até a publicação de catálogos, como os da Livraria Mexicana, que incluíam uma seção denominada "obras soltas", composta pelos títulos de obras editadas em pequenos cadernos, a preços baixos; assim como compilações temáticas ou de autor, chamadas "obras completas", impressas em forma de livro e preços mais altos.

Tabela 4 – Título de obras anunciadas na contracapa de um livro em 1896

Huelga de hijos; *Pobre María*; *Un drama nuevo*; *El chiflado*; *Después de la muerte*; *Zaragüeta*; *Despertar en la sombra*; *Champagne frappé*; *La Dolores*; *A orillas del mar*; *La de san Quintín*; *Los demonios en el cuerpo*; *Los martes de las Gómez*; *Chifladuras*; *La cuerda floja*; *El hombre de mundo*; *Villa Tula*; *¡A vivir!*; *Fuego graneado*; *¡Como se pasa la vida!*; *Mariana*; *Los de Ubeda*; *La flor del espino*; *Miel de la Alcarría*; *Mancha que limpia*; *La sanguinaria*; *La rebótica*; y *Gotas de Rocío*.

Fonte: CUEVAS, 1896.

Utilizando o mesmo tipo de anúncios, eram postas à venda compilações de jogos de magia, truques e toda série de atos próprios de espetáculos cênicos, similares aos apresentados, principalmente nos teatros populares.

Em outra alternativa comercial, em 1865 os editores do jornal *El cronista de México* ofereciam aos seus leitores "comédias por entregas", ou seja, a publicação de peças teatrais em fragmentos, que eram "entregues" diariamente, ou cada semana, para quem fizesse "assinaturas" junto à tipografia do jornal. Essa era uma estratégia frequente para a edição fracionada de novelas, manuais e códigos legislativos, entre outros que se adotou também para o teatro e que mostra o crescente interesse dos leitores por esse gênero literário.[18]

Para um setor de consumidores mais especializado, composto por poliglotas, maestros e músicos, eram vendidos outros tipos de livros; para os primeiros "obras completas" de autores franceses (como as anotadas na tabela 5), ingleses e italianos; para os professores, manuais e textos auxiliares no ensino de matérias como a poética ou a atuação; e para os outros partituras de óperas e zarzuelas.[19]

---

18. *El cronista de México*, 10 de enero de 1865, p. 4.

19. Desde a estreia, inclusive nos anos seguintes, se vendia, na saída dos teatros e nas livrarias, a partitura da zarzuela *La cola del diablo*, o mesmo que da zarzuela La isla de San Balandrán, por outro lado várias das peças musicais que compreendia cada uma delas, eram interpretadas em reuniões familiares; isto refere um produto editorial que permaneceu no mercado livreiro durante vários anos.

Tabela 5 – Obras em francês vendidas na Librería Mexicana
Thèâtre complet du comte Alfred Vigny; Thêâtre de Beaumarchais; Thêâtre complet de Racine; Thêâtre complet de Voltaire; Thêâtre de Clara Gazul ; Thêâtre de J de la Fontaine; Thêâtre de Plaute; Thêâtre de Victor Hugo; y Thêâtre Français au moyen âge, publié d`après les manuscrits de la Bibliothèque du Roi, par Montmerque et Francis Michel.

Fonte: Catálogo de la Librería Mexicana, s. a., p. 20.

Finalmente, em alguns estabelecimentos como a citada Librería Mexicana se anunciava a chegada de remessas de obras representadas nos "grandes teatros de Madrid" e colocadas ao alcance dos diretores e espectadores do México.[20]

Esta última estratégia comercial também era frequente na Cidade do México, ou seja, eram vendidas obras recentemente representadas nos teatros da capital; assim, entre vários casos, em 1855 durante a temporada da companhia dramática encabeçada por Matilde Diez, era possível adquirir as peças nas quais a atriz havia participado, de maneira semelhante em 1858, se podiam adquirir algumas das obras em que atuava o mexicano Merced Morales.

Na década seguinte ocorreram dois acontecimentos significativos deste tipo de estratégia comercial, o primeiro em 1866, quando foram publicados três avisos, oferecendo 66 peças teatrais para venda, das quais sete haviam sido representadas no teatro (como mostra a tabela 6) e que formaram parte do repertório das companhias teatrais até o final do século.

Tabela 6 – Obras representadas e vendidas em 1866						
	Teatro Principal	Teatro De Iturbide	Teatro Imperial	Librería Madrileña	Librería De Aguilar	Imprenta, calle de San Pedro y San Pablo
Física Experimental	01 abr 15 jul			X		
Los muebles de Don Tomás		03 abr		X		
¡Dios sobre todo!	22 jul	10 may		X	X	X
¡Viva la Libertad!	13 may	22 abr		X		
Los treinta mil del pico	03 may 31 may		27 abr	X		
Los soldados de plomo	23 sep 30 sep		21 ago	X		
Del dicho al Hecho	10 jun		13 jul	X	X	X

Fonte: *El Pájaro Verde*, marzo-septiembre de 1866.

20. *El Pájaro Verde*, 6 de enero de 1865, p. 3.

Com respeito ao segundo acontecimento referido, nos primeiros meses de 1868 o Teatro Iturbide esteve ocupado pela companhia do primeiro ator e diretor espanhol Eduardo González, formada pela conjunção de atores famosos e jovens principiantes. González havia manifestado seu interesse pela poesia dramática mexicana, oferecendo homenagens e espetáculos aos escritores e sugerindo a realização de um concurso para os criadores de peças teatrais, ambos aspectos eram novidade para o público da capital, que correspondia às iniciativas do diretor fazendo-se presente nas apresentações.

No auge da companhia de Eduardo González, os empresários distraíram a atenção dos espectadores com o anúncio da contratação de José Valero e sua companhia para o Gran Teatro Nacional. Essa companhia chegou à capital em abril e foi tal seu êxito desde o princípio de suas representações que a companhia de Valero permaneceu no Gran Teatro Nacional até outubro, quando voltou à Espanha.

Sete meses foram suficientes para que José Valero cultivasse os espectadores e os críticos com seu desempenho como primeiro ator e suas habilidades para a direção teatral. Adicionalmente, nesse período foram estabelecidas relações amistosas e profissionais com atores, professores de teatro e poetas dramáticos, os quais, reconhecendo os méritos do diretor hispano nomearam-no membro honorário de um conservatório dramático ou escola para formação de atores.

Já em 1869, enquanto José Valero recordava a temporada teatral do ano anterior e mantinha correspondência com os editores dos diários da cidade do México, os proprietários de várias livrarias aproveitavam a aceitação do público teatral para vender uma compilação com o título *El teatro, enciclopédia temática;* como eles mesmo afirmavam: "concebemos a ideia de fazer uma publicação destinada ao teatro, para inserir nela as peças de mérito reconhecido que o público recebia com entusiasmo frenético ao ver a execução daquele grande artista…"[21]

O plano para a venda de *El teatro, enciclopédia temática,* incluía a entrega semanal de uma obra a baixo preço, somando um total de cinquenta peças escritas por autores espanhóis e mexicanos; as obras seriam entregues nos domicílios dos assinantes, inclusive daqueles que viviam fora da Cidade do México; ou poderiam ser adquiridas em nove estabelecimentos comerciais, desde livrarias, *alacenas*[22] tipografias ou *estanquillos*[23] até na contadoria do Teatro Principal. Tais condições de venda revelam um projeto editorial de longo alcance, amplo e com várias opções de compra, completamente surgido a partir do desempenho de uma companhia teatral.

---

21. *El siglo XIX*, 4 de enero de 1869.

22. N.T.: alacenas – armários embutidos.

23. N.T.: estanquillos – bancas.

Estabelecidas as estratégias para a venda de livros, convém precisar os grupos de leitores e sua relação com os cenários, último item deste ensaio.

Consumidores

Diretores cênicos, poetas dramáticos, críticos teatrais, atores e espectadores conformavam o espectro de consumidores de obras dramáticas e publicações relacionadas com a atividade teatral que se vendiam nas livrarias da cidade do México.

Geralmente os empresários se encarregavam da administração de tais fóruns. Isto incluía a estipulação de contratos de arrendamento, a designação de salários para cada um dos membros da companhia, a determinação de apresentações extraordinárias e do preço dos boletos de entrada, além da eleição de um diretor cênico. Por sua vez, o diretor citado planejava o repertório da companhia para cada temporada, procurando a eleição de obras que garantissem a presença do público e, em consequência, gerassem rendas para os empresários. Precisamente, para o planejamento do repertório era recomendável que o diretor conhecesse as obras dramáticas preferidas pelos espectadores, condição favorecida com a venda de obras dramáticas nas livrarias da Cidade do México.

Pelo que foi descrito anteriormente conclui-se que os diretores teatrais adquiriram os "dramas e comédias", de êxito recente nos cenários europeus, para sua montagem nos locais da capital, e também compravam obras de autores principiantes ou menos famosos, com o objetivo de incluir novidades ou estreias nos repertórios.

Além disso, como os diretores cênicos contribuíam com a formação dos atores, através dos ensaios e a delimitação das características dos personagens em cena, eles também eram leitores habituais de textos teóricos sobre a estrutura dramática, e sobre como executá-la, ou seja, liam tratados de poética e de declamação, um item especializado entre as ofertas editoriais da segunda metade do século XIX.

Os poetas dramáticos, como eram denominados os escritores de teatro, formavam outro setor de consumidores de livros. Pelo tipo de trabalho realizado, este setor se dividia em autores, tradutores e o que hoje se conhece como adaptadores; e por sua participação nas atividades literárias e teatrais se diferenciavam como literatos, ou seja, poetas ou novelistas; jornalistas, que incluía críticos teatrais, cronistas e editores; assim como diretores cênicos. Dentro da indústria editorial, os poetas dramáticos incentivavam a publicação de obras, de preferência as de sua autoria, ao mesmo tempo que procuravam contar com edições em outras línguas a fim de traduzi-las ou adaptá-las para sua montagem, e inclusive para resenhá-las, ou criticá-las com maiores fundamentos depois de serem vistas no palco, desta forma os poetas citados eram promotores e consumidores de obras dramáticas.

Em outro âmbito, as companhias teatrais incluíam desde aprendizes até diretores, os primeiros iniciavam sua carreira desempenhando papéis secundários, curtos, enquanto que os outros eram os atores principais e responsáveis pela companhia. Tal diferença era baseada na experiência adquirida nos palcos e no conhecimento da produção dramática e rudimentos da declamação, portanto os aprendizes com a ambição de ascensão na escala das companhias seriam clientes da livrarias, já que nestas havia oferta de obras dramáticas e teóricas para que os aspirantes pudessem exercitar-se como diretores de teatro.

Finalmente, depois de uma apresentação, o público encontrava fora do teatro pequenos cadernos com o texto da obra recém-vista, o mesmo podia ser encontrado nas livrarias. Três fatores favoreciam a compra de tais cadernos por esse setor da população, o gosto por espetáculos cênicos, o costume da leitura em voz alta, e a possibilidade de executar representações com atores amadores. O primeiro fator explica-se em vários casos na edição de peças dramáticas em função do entusiasmo demonstrado pelo público durante um espetáculo e inclusive uma série de espetáculos, isto é, uma temporada; de modo que a representação de um drama e sua leitura eram complementares e contribuíam na geração de renda para os empresários teatrais, para os impressores e comerciantes de livros, respectivamente. No segundo caso, compreendidos os limites da alfabetização, o costume de reunir a família e a criadagem para realizar a leitura "em voz alta" dos dramas (o que hoje se conhece como a leitura no púlpito ou, com maiores matizes, "leitura dramatizada") ampliou o conhecimento dos mesmos por parte dos analfabetos e dos que careciam de recursos para ir ao teatro. Por último, o terceiro fator também é produto de um costume familiar, o de reunir-se periodicamente para a realização de atividades artísticas e de entretenimento; como consequência de tal costume, os dramas vistos nos teatros e adquiridos nas livrarias eram ensaiados nos lares até sua representação frente a um público formado por familiares e amigos. Neste tipo de encenações também se representavam zarzuelas e atos de ilusionismo, cujas partituras e manuais, respectivamente, eram conseguidos nas lojas de literatura.

Segundo a descrição dos consumidores de livros, referida anteriormente, pode-se inferir a diversidade de preferências dos leitores, os diferentes motivos que propiciavam o consumo, assim como a variada utilização dos livros, que unidos à permanência das apresentações teatrais, propiciaram a circulação permanente de obras dramáticas e de teoria teatral.

Por último, com o levantamento de locais para espetáculos, a contratação de companhias de verso espanholas, a circulação de notas periodísticas e de anúncios nos periódicos e a venda de publicações vinculadas às produções cênicas, continuou o desenvolvimento do teatro gerenciado pelos empresários teatrais em colaboração com os editores e livreiros. Desta maneira, o teatro na Cidade do México durante a segunda metade do século XIX se diversificou para benefício de um grupo consumidor ávido de obras dramáticas levadas aos palcos e impressas.

Bibliografia

El Cronista de México, 1865.

Diario del Imperio, 1865-1866.

El Federalista, 1876.

El Pájaro Verde, 1865-1866.

El Siglo XIX, 1853-1876.

Catálogo General de la Librería Mexicana. México: s. e., s. a.

Catálogo General de la Librería Mexicana. México: Tipografía Rafael Vila, 1851.

Catálogo de libros selectos que se hallan a la venta en la Librería Mexicana. México: s. e., 1848.

CUEVAS, Alejandro. *Gotas de rocío*. México: Eusebio Sánchez, 1896.

DELGADO, Susana. "Entre murmullos y penurias: el teatro novohispano del siglo XIX". In: GONZALBO AIZPURU, Pilar (dir.); STAPLES, Anne (coord.). *Historia de la vida cotidiana en México, t. IV, Bienes y vivencias, el siglo XIX*. México: El Colegio de México-Fondo de Cultura Económica, 2005, p. 367-396.

Guía de forasteros en la ciudad de México, para el año de 1854. México: Mariano Galván Rivera, 1854.

GUIOT DE LA GARZA, Lilia. "El Portal de Agustinos: un corredor cultural en la ciudad de México". In: SUÁREZ DE LA TORRE, Laura Beatriz (coordinadora general); CASTRO, Miguel Ángel (edición). *Empresa y cultura en tinta y papel (1800-1860)*. México: Instituto de Investigaciones Dr. José María Luis Mora – Universidad Nacional Autónoma de México, 2001, p. 233-243.

_____. "El competido mundo de la lectura: librerías y gabinetes de lectura en la ciudad de México, 1821-1855". In: SUÁREZ DE LA TORRE, Laura (coordinadora). *Constructores de un cambio cultural: impresores-editores y libreros en la ciudad de México (1830-1855).* México: Instituto de Investigaciones Dr. José María Luis Mora, 2003, p. 437-510.

OLAVARRÍA Y FERRARI, Enrique de. *Reseña Histórica del teatro en México.* México: Porrúa, 1961.

RAMOS SMITH, Maya. *El actor en el siglo XVIII, entre el coliseo y El Principal.* México: Gaceta, 1994.

RECCHIA, Giovanna. *Espacio teatral en la ciudad de México, siglos XVI-XVIII.* México: Instituto Nacional de Bellas Artes, Centro Nacional de Investigación, Documentación e Información Teatral "Rodolfo Usigli", 1993.

"Reglamento para los teatros de México". *El Siglo XIX,* 19 de junio de 1853, p. 2-3.

VALLE, Juan N. del. *El viajero en México, Completa guía de forasteros para 1864.* México: Imprenta del Valle y Escalante, 1864.

VÁSQUEZ MELÉNDEZ, Miguel Ángel. *Fiesta y teatro en la ciudad de México, (1750-1910), Dos ensayos.* México: Instituto Nacional de Bellas Artes, Consejo Nacional para la Cultura y Las Artes, Centro Nacional de Investigación Documentación e Información Teatral "Rodolfo Usigli", Escenología, 2003.

VIVEROS, Germán. *Manifestaciones teatrales en la Nueva España.* México: Universidad Nacional Autónoma de México, 2005.

ZEDILLO CASTILLO, Antonio. *Historia de un hospital, El Hospital Real de Naturales.* México: Instituto Mexicano del Seguro Social, 1984.

18. Canção Popular, Meios de Comunicação e Reconfigurações do Nacional, no Chile, entre os Anos 1940 e 1960

Tânia da Costa Garcia[1]

---

1. Universidade Estadual Paulista, Franca.

A CANÇÃO POPULAR URBANA constitui uma manifestação cultural tipicamente moderna. Sua produção, circulação e consumo se confundem com o processo de urbanização e com a disponibilidade de recursos tecnológicos. Veiculada pelos meios de comunicação de massa, ao alcançar públicos bem mais amplos que os receptores locais, não demorou, dentro da lógica de mercado, para se traduzir num importante vetor de homogeneização cultural.

No Chile dos anos 40 e 60, diferentes setores da sociedade se mobilizaram em torno da música popular com o objetivo de selecionar um dado repertório como representante da identidade nacional. Tais iniciativas atravessaram desde os acadêmicos ligados a Universidade, cujas pesquisas envolviam o folclore e a música douta; os governos radicais, que atuaram através de organismos específicos controlando, fiscalizando e incentivando a produção e difusão da música popular, até a indústria fonográfica e as emissoras comerciais de rádio, isto é, o universo ligados ao entretenimento, que, envolvidos nesta atmosfera nacionalista, passaram a investir nos gêneros e a integrar as polêmicas em torno desta representação.

Cada um destes setores, a partir de distintos "lugares sociais, econômicos e culturais"[2] professou um discurso particular, a partir de determinados procedimentos de análise, construindo uma dada história sobre as origens da "autêntica" música popular chilena.

Neste sentido, tal autenticidade constituiu e alimentou tradições inventadas, expressando o caráter ideológico destes critérios, bem ou mal formulados, que, em cada época, foram responsáveis pela seleção, produção e/ou consumo efetivado pelos distintos grupos sociais.

---

2.   CERTEAU, 2006.

Mapear as conexões relacionadas às definições deste repertório musical capaz de representar a identidade chilena e sua configuração e reconfiguração pelos meios de comunicação de massa, respondendo às transformações tecnológicas, políticas e sociais do período, constitui o objetivo central desta abordagem.

Em defesa da cultura nacional

As primeiras discussões sobre o tema têm início entre os acadêmicos que se dedicavam aos estudos do folclore. Grande parte das ideias e iniciativas destes homens e mulheres em torno do assunto foi registrado pela *Revista Musical Chilena*, cujo primeiro número data de maio de 1945.

Segundo seus organizadores, a criação da revista respondia a dois propósitos essenciais. Primeiro, oferecer um panorama mensal de todas as atividades musicais do Chile, em resenhas, críticas de concertos, informações de cursos, conferências e demais eventos ocorridos no país. Depois, abrir um espaço capaz de impulsionar o desenvolvimento da música chilena douta, promovendo o diálogo com a tradição folclórica, sem perder de vista as referências internacionais. Embora predominassem os artigos dedicados a música erudita nacional e estrangeira, eram recorrentes os trabalhos sobre o folclore e a música folclórica, relacionados ou não à música douta. Tal presença demonstra que este campo de investigação possuía relevância *per si* – os estudos do folclore no campo musical eram realizados com a intenção de dar a conhecer o patrimônio cultural chileno, além de preservá-lo e difundi-lo na sua forma "original".

Pelas páginas da *Revista* é possível acompanhar outras iniciativas importantes que, numa atuação conjunta, contribuíram para promover os estudos no campo do folclore musical. Assim, na publicação de janeiro de 1946, Vicente Salas destacava no editorial o quinto aniversário do Instituto de Extensão Musical. Criado em 1941, tal organismo teve como principal objetivo divulgar e difundir o labor universitário para além dos muros acadêmicos. Cabia ao Instituto oferecer cursos de extensão, como aqueles lecionados por Margot Loyola, sobre o folclore musical chileno.

A Revista de número 3, publicada em junho de 1945, dedicava seu editorial ao *Instituto de Investigaciones Del Folklore Musical,* iniciativa de um grupo integrado, dentre outros, por Eugenio Pereira Salas, Afonso Letelier, Carlos Lavin, Carlos Isamit, Urrita Blondel e Vicente e Filomena Salas. Como primeiro fruto deste Instituto, surgido em 1943, destacam-se os *Consertos Folkloricos,* difundindo um repertório composto por *auténtico aires nacionales recogidos de la tradicion oral y de la historia.* É lembrado também a edição do folheto "Chile", publicação que contendo os programas destes concertos, era amplamente divulgada nas escolas chilenas, alcançando, muitas vezes, outros países do continente americano. Em 1944, o Instituto foi atrelado à Universidade do Chile, subordinando-se à Faculdade de Belas Artes. Em 1947, passou a ser denominado mais genericamente de Instituto de Investigaciones Musicales, estando ativo até 1970. A partir do momento em que se tornou um órgão oficial da Universidad de Chile, em 1944, suas atividades expandiram-se. Foi mapeada a distribuição geográfica do folclore musical chileno, organizado um arquivo folclórico, e gravado, pela RCA-Victors, uma coletânea denominada *Aires Tradicionales y Folkóricos de Chile*,[3] bem como ainda criadas a biblioteca e discoteca folclóricas.

É notório que dentre aqueles que estiveram envolvidos com a publicação da *Revista* – não só como parte do corpo editorial, mas também divulgando seus trabalhos com certa assiduidade no periódico – muitos integravam, não por acaso, as citadas instituições e iniciativas: Eugenio Pereira Salas esteve a frente da revista e da edição do álbum *Aires Tradicionales y Folkloricos de Chile*; Orrego Salas esteve envolvido com o Instituto de Extensão e com a Revista; Carlos Lavin e Carlos Isamitt atuaram em pesquisa sobre folclore e com o Instituto de Investigações Musicais e, no caso de Lavin, participou também da produção do álbum *Aires Tradicionales y Folkloricos de Chile*; Afonso Letelier integrou o corpo editorial da revista e o Instituto de Investigações Musicais, Urrita Blondel também fez parte do grupo precursor do Instituto de Investigações Musicais e colaborou com a produção do álbum *Aires Tradicionales* – todos docentes de carreira da Universidade do Chile. Estes intelectuais tiveram o papel ativo de delinear, a partir de certos critérios, sedimentar e promover um determinado patrimônio musical chileno, lançando mão, para isso, de meios disponibilizados e auspiciados pela Universidade. A *Revista Musical Chilena* foi um importante canal de difusão e circulação destas ideias impulsionando e ditando as diretrizes da pesquisa no campo da música douta e do folclore musical.

Paralelamente a este labor universitário, imbuídos deste papel de "preservação do patrimônio nacional", os governos radicais, nesta época, também passaram a se interessar pelos rumos da cultura no país. Em 1940 era criada a Direção Geral de Informação e Cultura (DIC), dando início às investigações e à difusão do folclore pelo Estado. Entre 1944 e 1947, foi realizado o primeiro censo folclórico nacional, reunindo 2.500 nomes e domicílios de verdaderos cultuadores de antigas canções e instrumentos. A DIC também foi responsável pela publicação da revista *Vida Musical*, dando ênfase ao folclore nacional.

---

3. Este produto, datado de dezembro de 1944, traduz-se num álbum composto por dez discos duplos, contendo 27 músicas, com folheto explicativo e a melodia das canções em notação musical. Os intérpretes responsáveis foram escolhidos dentre aqueles que apresentavam, na medida do possível, "a forma mais autêntica do cantar tradicional e campesino, sem afetações teatrais". Esta coleção foi reeditada pela primeira vez em maio de 2005, pelo Centro de Documentação e Investigações Musicais da Faculdade de Belas Artes da Universidade do Chile.

Esse órgão governamental associava, a tais iniciativas, interesses políticos, organizando eventos massivos regado a folclore e música popular chilena. A despeito das divergências sobre a concepção de folclore entre os profissionais da DIC e a Universidade, é inegável que os anos 1940 conheceram uma valorização da cultura popular, sobretudo da música folclórica, até então inédita.

Extinta a DIC foi criada, posteriormente, a DIE (Direção de Informação do Estado). Atuando na mesma linha da sua antecessora, dava continuidade, dentre outras atividades, à elaboração de programas educativos, veiculando a música folclórica e implemetando leis em defesa da cultura nacional.

Em sintonia com tais iniciativas, a indústria fonográfica passava a investir de forma mais efetiva neste repertório. Em 1942 a Victor lançava o álbum *Cantares de Chile* – "hermoso album que contiene seis discos com 12 seleciones de musica típica cilena, grabadas por los mejores artistas nacionales".[4] O meio radial também demonstrava maior interesse pelo gênero, veiculando, a partir de 1941, diversos programas nessa linha: Cant r s Chilenos; Chile su gente y su musica; Mañanitas campesinas.[5] Este espaço dedicado à musica folclórica nacional alcançaria os anos 1950 e 1960, exibindo novos formatos do gênero acompanhando as novas demandas sociais e políticas do período. A atuação fiscalizadora e normativa da DIC e depois da DIE, estabelecendo a obrigatoriedade de uma porcentagem de música chilena a ser veiculada pelas rádios – apesar das brechas encontradas pelos programadores para burlar a lei – contribuiu, de alguma forma, para a difusão e valorização deste repertório no *dial*.

A partir dos anos 1940, a genericamente denominada música folclórica tornavase, portanto, objeto de interesse dos mais variados setores da sociedade: desde a organização do campo promovida pela Universidade com a criação de instituições e edição de material sonoro e impresso; a ação da DIC e depois da DIE, órgãos dos governos radicais que visavam no manejo do nacional-popular o incremento de sua atuação políticas; e ainda os investimentos realizados pela indústria fonográfica, paralelamente à veiculação deste repertório pelo meio radiofônico, até o papel da imprensa de grande circulação na promoção do gênero.

Examinemos separadamente as concepções e mobilizações destes três setores (intelectuais, governo e mercado) em torno da seleção, produção e difusão deste repertório.

---

4.   GONZALEZ, 2000, p. 416.

5.   *Idem*, p. 417.

Os intelectuais, o folclore, e a difusão da música folclórica

Dentre as discussões acadêmicas em torno do tema publicadas na *Revista Musical Chilena*, destacamos os seguintes temas: o folclore como ciência e a música folclórica; a "música folclórica" chilena veiculada pelas emissoras de rádio ou o folclore e a cultura de massa.

Um artigo, assinado por Manuel Dannemann, folcloristas dos mais destacados no Chile, em coautoria com Raquel Barros, "Los Problemas de la Investigacion Del Folclore Musical Chileno", traz um breve histórico sobre a investigação da música folclórica naquele país. De acordo com os autores, embora as primeiras iniciativas no campo datem do século XVIII, somente no começo do século XX tem-se, de fato, a "consciência de nossa disciplina como tal, fomentada pela criação e desenvolvimento da Sociedad de Folklore Chileno, fundada por Rodolfo Lens em 1909, a primeira em seu gênero aparecida na América Latina".[6] Mas seria preciso esperar a década de 1940 com a criação do Instituto de Investigações Folclóricas e outros organismos e instituições especializadas para que fosse dada a devida atenção à música dentro dos estudos folclóricos. Teria início, desde então, uma série de ações no sentido de promover o folclore musical, como a produção de artigos relativos ao assunto, a tentativa de confeccionar um mapa folclórico musical do Chile e a edição de um álbum de discos intitulado *Aires Tradicionales y Folkloricos de Chile*, dentre outras já mencionadas. A produção deste álbum constituiu a primeira ação efetiva no sentido de selecionar, elaborar e registrar a música folclórica chilena, cabendo àqueles que estavam envolvidos com este processo, a construção e definição de um repertório, dado como representante da nacionalidade. A seleção deste material, embora tenha sido justificada pelos seus produtores como a referência histórica das manifestações sonoras populares chilenas, era integrada substancialmente pelos ritmos da região central do país, concebida como a área mais representativa da identidade chilena – do Vale Central o país expandiu-se, conquistando e subjugando as zonas extremas do sul e do norte que, por sua vez, teriam informado uma escassa porcentagem étnica à formação da nacionalidade.[7] Tal seleção, como bem observa o musicólogo Rodrigo Torres, significou a exclusão da identidade chilena, das expressões culturais indígenas.[8]

Entretanto, para além do ambiente acadêmico, desde finais dos anos 1920, data das primeiras gravações em disco de um repertório urbano-popular, a música típica chilena esteve representada pela zona central. Conjuntos como Los Cuatro Huasos, Los Quincheros, *Los*

---

6. DANNEMANN, *Revista Musical Chilena*, n. 68, maio/jun. de 1960, p. 84.

7. TORRES, 2005, p. 10.

8. *Idem*, p. 10.

Provincianos constituíram-se nos legítimos representantes de uma cultura *huasa*, isto é, integrada por um universo simbólico oriundo da cultura mestiça, cultuada pelos grandes proprietários de terra da zona central do Chile, evidenciada também na literatura e na pintura. Este repertório era composto basicamente por cuecas e tonadas. Tal configuração das imagens sonoras representantes da *chilenidade* não impediu, entretanto, que outras áreas fossem prospectadas pelos folcloristas. O citado mapa folclórico musical abarcava o norte e o sul do país; os trabalhos de recopilação e difusão do folclore musical de Margot Loyola e Violeta Parra também contemplaram outras zonas que não a central; nos anos 1950, compositores e intérpretes ligados ao mundo do entretenimento, como Los de Ramon, contribuíram para uma visão mais ampla da cultura musical popular chilena; em 1956, a EMI-ODEON investia comercialmente na valorização ascendente da música folclórica chilena e lançava uma série de 35 volumes, denominado *El Folclore de Chile,* não se restringindo a *cuecas* e *tonadas.*

Mas, de volta ao artigo de Danneman, "este entende por folclore o estudo do comportamento integral de uma comunidade manifestado funcionalmente na prática de bens comuns". Tal definição engloba a ideia de *função* como satisfação de necessidade e a importância da incorporação desta necessidade pela comunidade, atendendo à coletividade. Nessa perspectiva, para se estudar a música folclórica, segundo Dannemann, deve se examiná-la dentro de "um quadro básico que ofereça as melhores oportunidade para se aprender sua *função* de acordo com a participação que lhe cabe no comportamento integral da comunidade".[9]

De 1959 é o artigo assinado por Eugenio Pereira Salas, *Considerações sobre o Folclore no Chile.* Aqui, chama atenção a distinção feita por Pereira Salas entre etnomúsica, folclore criollo e música popular. A etno-música é aquela produzida "no norte pelos atacamenhos, no centro do país pelos araucanos e no extremo sul pelo onas, yganes e alacalufes, desde antes da conquista". O folclore *criollo* é definido como a "aculturação dos elementos ocidentais e hispânicos pelas gerações que conviveram na área geográfica deste largo país". E a música popular é, segundo o autor, "aquela composta por autores individualizados dentro da linha, das estruturas melódicas e da prosódia da música tradicional".[10]

Em comum com as opiniões de Dannemann, este traz, mais uma vez, a necessidade de se estabelecer diferenças entre o que se entende por folclore e o que não é folclore. Neste sentido inclui, exclui, classifica, desclassifica, qualifica e desqualifica segundo determinados critérios.

---

9. DANNEMANN, *Revista Musical Chilena,* n. 79, jan./mar. de 1962, p. 31 e 32.

10. PEREIRA SALAS, *Revista Musical Chilena,* n. 67, nov./dez. de 1959, p. 83 e p. 431.

CONSUMO E ABASTECIMENTO NA HISTÓRIA   439

Assim, mesmo sem ter um conceito científico de folclore – como bem afirma Dannemann – delimita-se o objeto, afirmando o que este detém de particular em relação aos outros. Cria-se, neste caso, uma identidade para a música folclórica e, ao mesmo tempo, procedimentos para classificá-la ou desclassificar aquela que não é folclore.

Sobre a música folclórica chilena e sua veiculação nos meios de comunicação de massa, encontram-se dois editoriais, entre os finais dos anos 1940 e início dos 1950, que imbuídos desta missão de preservação do nacional apontam para a ameaça que significam os avanços tecnológicos no campo da radiodifusão, sobretudo devido ao sistema de exploração comercial dominante no meio. Na opinião do editor, cabe ao Estado supervisionar a programação radiofônica a fim de que "não se destrua o tesouro de nossa expressão genuína e de nossa tradição popular". Nos dois editoriais é lembrado que na grande maioria dos países a radiodifusão pertence ao Estado, tamanha a importância estratégica desse meio de comunicação para a segurança nacional. E que, entretanto, no Chile, está completamente entregue à exploração comercial. Também se reportam os editoriais, direta (1950) ou indiretamente (1947), aos equívocos cometidos pela *Direccion General de Informaciones y Cultura* (DIC) que não foi capaz de promover a verdadeira cultura chilena, perdendo-se na promoção de eventos de qualidade duvidosa e realizando propaganda política.[11]

Nessa mesma perspectiva, escreve, Enrique Bello, um artigo datado de setembro/outubro de 1959 intitulado "Decadência da musica popular". Assim, logo no início afirma:

> O fonógrafo e mais tarde a rádio e o cinema quase destruíram a música popular, isto é, a música criada pelo povo. Esta tradição [...] se viu de repente preterida por uma nova realidade social: a industrialização.[12]

E em seguida, parte para uma distinção, não concluída, entre música popular e folclore e o que denomina de popular e popularesco: "a música popular para bailar e para cantar de nossos dias é popular somente no sentido de sua difusão; não é em sua origem, pois, como se sabe, provem de compositores de escassa ou nenhuma relação com o povo".[13] Por fim, pergunta: "existe algum meio que facilite um renascimento da música popular em nossa época de estandardização massiva?"[14] E conclui:

---

11. *Revista Musical Chilena* n. 19, abr. de 1947, e n. 37, outono de 1950.

12. BELLO, *Revista Musical Chilena*, n. 66, set./out. de 1959, p. 62.

13. *Idem*, p. 64.

14. *Idem*, p. 67.

dois poderiam ser os fatores de um renascimento da música popular: o já enunciado (nosso povo tem um estilo) e a retomada do melhor de nossa tradição musical popular, que se encontra nos ares tradicionais e folclóricos, como ponto de partida e modelo.[15]

O autor, embora pouco preciso na sua diferenciação entre o popular e o popularesco, parece querer inferir que o popular massivo – provavelmente o que define como popularesco – para não se distanciar da autêntica música popular chilena, deve pautar-se pela tradição. E, na mesma direção dos editoriais citados, acusa os meios de comunicação de massa e sua forma de exploração comercial como responsáveis pela deturpação desta música.

Tais discussões e mobilizações em torno da definição e preservação de uma música folclórica chilena contribuíram indiretamente com a produção e difusão de uma canção popular urbana nos meios massivos. Este repertório veiculado pelo rádio e pelo disco, denominado música típica chilena, passou a representar a tradição folclórica, a despeito das estilizações e formatações sofridas em função de sua adequação a um público citadino e às tecnologias de difusão.

Os governos radicais, o popular e o massivo

Participaram ativamente desta promoção do cancioneiro popular chileno os governos radicais. Em 1942 era criada a DIC, *Direccion General de Informaciones e Cultura*, dependente do Ministério do Interior. O papel que coube a maioria deste tipo de organismo, existente em diversos países da América Latina, desde o final dos anos 1930, e em alguns casos alcançando até a década de 1950, como na Argentina, foi simultaneamente de propaganda e controle sobre a cultura de massa – imprensa, rádio e cinema.

A DIC, em seu período de existência, 1942-1947, dedicou-se a centralizar os organismos governamentais relacionados às atividades informativas ou culturais e, através destes, exercer tarefas de controle e vigilância, além da elaboração de pautas para a programação de acordo com interesses dos governos em promover o que julgava conveniente em matéria de cultura.[16] A despeito da DIC ter sido extinta em 1947, em pouco tempo foi substituída pela DIE. As primeiras notícias de atuação deste orgão datam de 1952. A Direção de Informação do Estado (DIE) não diferiu em suas ações daquelas realizadas ou intecionadas pela DIC.

Mas, se o aparecimento da DIC ocorre durante o governo de Rios Morales, desde os tempos de Aguirre Cerda devotava-se uma atenção para a importância dos meios de comunicação na vida política. Como nos chama atenção o historiador Claudio Rolle,

---

15. *Idem*, p. 67.

16. ROLLE, 2007.

Deve-se recordar que um dos mais famosos lemas da campanha de Pedro Aguirre Cerda era a educação das massas, chamando a atenção para as experiências mundiais que assinalavam o rádio e o cinema como formidáveis meios para persuadir e educar a população. De modo que parecia lógico que o Estado quisesse propor orientações pragmáticas às rádio emissoras.[17]

Assim, depois de muitos anos de relativa liberdade – há registros eventuais de censura sobre as rádios em caso de crítica ao governo –, "a partir de 1943, se começa a definir melhor as atribuições e deveres do organismo estatal (DIC) mediante um decreto com força de lei".[18] Numa entrevista à revista *Radiomania* no mês de maio de 1943, o diretor da DIC, Antonio Serrano Palma, afirma que embora entenda a radiodifusão como empresa privada, era a favor de que "o Estado exerça sobre ela uma ação orientadora e controladora, limitando sua intervenção direta em abrir caminhos virgens, que não tem despertado o interesse comercial".[19]

Evidentemente, os empresários e trabalhadores da radiodifusão seriam refratários à aplicação das ditas leis – na época aplicadas pela DIE – que coibiam a liberdade de programação das emissoras, manifestando-se através de suas organizações, como a Associação de Broadcasters ou o Sindicato dos Trabalhadores do Rádio. Protestavam, por exemplo, contra os espaços tomados pelo governo para veicular propagandas e avisos de seu interesse:

> Os radiodifusores pedem ao governo o menor número possível de transmissões em cadeia. Somente quando for um comunicado do Presidente da República ou de seus Ministros e, também, logicamente em caso de emergência. [...] Um excesso de transmissões desse tipo é, inclusive, contraproducente para o próprio governo.[20]

Também reagiam negativamente à regulamentação que regia sobre a quantidade de publicidade veiculada e a obrigatoriedade de certo número de apresentações ao vivo e de artistas chilenos. Sobre o tema a revista *Ecran* – periódico de grande circulação dedicado predominantemente ao cinema e com sessões permanentes voltadas ao teatro e a radiodifusão – trazia a seguinte matéria:

> A Associação de Broadcasters, por intermédio de seu presidente, senhor Ricardo Vivado, enviou uma carta ao senhor diretor da DIC, na qual o faz ver o ponto de vista desta

---

17. *Idem*, p. 8.

18. *Idem*, p. 10.

19. *Radiomania*, 1943, n. 4, p. 11.

20. *Ecran*, 2/12/1953 n. 1193, p. 19.

agrupação, alegando que não existe o número determinado de artistas, nem de música *criolla* para cumprir ao pé da letra o Regulamento de Radiotransmissores. [...] Nessa mesma carta acrescentou que as rádios não podiam financiar-se com o tempo mínimo de dez minutos de aviso [publicidade] por cada hora de programa [...]. O Diretor da DIC respondeu então que "era curioso que os radialistas se queixassem da falta de artistas, quando estes chegam todos os dias até o meu escritório queixando-se da falta de trabalho". E acrescentou que, segundo declarações de Nicanor Molinare e estudos realizados por Pablo Garrido, existia música chilena suficiente para preencher mais de três mil minutos de transmissões radiofônicas. [...] Ainda disse o diretor da DIC que seus controladores haviam comprovado que existiam rádios como a Corporación que não ultrapassavam o número exigido de minutos de aviso e, no entanto, não estavam falidas. Em vistas dessas declarações, os artistas de rádio posicionam-se abertamente a favor da DIC, já que as disposições desta última garante a estes trabalho e estabilidade, publicando cartas em apoio ao senhor Bolzard. Os radialistas insistem que o regulamento não seja aplicado de forma severa, porque isso significaria, entre outras coisas, o desaparecimento de uma emissora de excelente qualidade artística, como a Rádio Chilena que não conta com a quantidade de números ao vivo exigida pelo regulamento.[21]

Como se percebe, pelo excerto acima, da parte dos artistas a situação era um pouco diferente. Embora não estivessem totalmente a favor da atuação da DIC, reconheciam as vantagens que poderiam usufruir deste envolvimento do Estado com a cultura. Como exemplo bem sucedido desta parceria, pode-se citar a contratação de artistas para os programas produzidos pela DIC com o fim de "abrir os tais caminhos virgens" que não atraíam o capital. A DIC chegou, inclusive, a criar um selo discográfico na intenção de registrar o que considerava musica chilena de qualidade.

Reunindo músicos, gente de teatro e de cinema, organizou-se em abril de 1947, o "Congresso do Espetáculo". Várias reivindicações foram feitas, desde a construção de espaços públicos para a apresentação de eventos artísticos até direitos trabalhistas para a categoria. Esta pressão de setores organizados da sociedade, exigindo a cumplicidade do Estado no campo da cultura, estender-se-ia pelas décadas de 1950 e 1960.

Todavia, nas páginas desta mesma imprensa especializada, questionava-se a efetiva aplicação destas leis. Ao que tudo indica, tanto durante a atuação da DIC e depois da DIE, a grande maioria destas regulamentações não eram acatadas pelas emissoras e provavelmente não havia fiscalização e tampouco punição da parte do governo.

---

21. *Ecran* 01/04/1947 n. 845, p. 2.

Música folclórica, sociedade de consumo e cultura jovem

As iniciativas advindas da Universidade e as ações governamentais promovendo a música folclórica nacional, incentivaram, ao seu modo, os investimentos da indústria fonográfica neste segmento e o aumento dos programas radiais dedicados exclusivamente ao gênero. O folclore perpetuava-se as custas de releituras e inovações, motivo aliás, de várias polêmicas em torno do tema, como foi mencionado anteriormente.

Esta renovação da música folclórica e sua valorização e expansão no meio urbano esteve também associada a intensificação do processo de urbanização. Invertia-se, dos anos 50 para os 1960, a lógica de ocupação do espaço com o crescimento da industrialização e o incremento das trocas comerciais. Com a população das cidades tornando-se superior a do campo, surgia, de forma setorizada,[22] uma sociedade de consumo em diferentes países da América Latina, dentre eles o Chile.

A nova demanda de consumo e a atmosfera nacionalista, do período, foi responsável por um aquecimento do mercado discográfico que, além dos ritmos estrangeiros, passava a incluir, com maior intensidade, um *casting* de músicos nacionais. As emissoras de rádio, por sua vez, responderam a esta tendência com um espaço maior na programação dedicado ao gênero. Nos anos 50, ofereciam aos ouvintes uma música folclórica estilizadas. Grupos e duos como Los Hermanos Lagos, Los Provincianos, Los Cuatro Hermanos Silva, Margarita Alarcon, Silvia Infantas e Los Baqueanos, Duo Rey-Silva, Esther Soré, promoviam um repertório conhecido como música típica chilena. Música que resultava de uma adaptação do cancioneiro tradicional de origem rural às tecnologias dos suportes, ao show business e à escuta de uma população que urbanizava-se sem, todavia, abandonar totalmente as referências de uma cultura campesina. Tal repertório era, portanto, comprometido com o perfil deste público de transição, a despeito de seus compositores e interpretes, promoverem um discurso de fidelidade à tradição.

Tais inovações, ou "desvios", na concepção dos mais puristas, iam desde as harmonizações, o uso excessivo de instrumentos, o canto coral e o vestuário, inspirados nos huasos domingueiros.

Numa entrevista concedida à revis*ta Radiomania* Violeta Parra, ao ser indagada sobre a qualidade destes grupos de música típica, afirmava:

> A única intérprete verdadeira é Margot Loyola. Que pena me dá ver tantos elementos
> de qualidade como o Duo Rey Silva, o Duo Bascuña Del Campo, Margarita Alarcon

---

22. Na América Latina dos anos 1950 não se pode falar de uma sociedade de consumo estabelecida, consolidada, mas de bolsões de consumo. Áreas mais desenvolvidas, como as metrópoles, cuja presença expressivas das camadas médias garantia o desenvolvimento do mercado.

e tantos outros que não tem uma orientação clara a respeito de como se interpreta o folclore. Gostaria de formar um curso de orientação histórica da canção chilena, onde os intérpretes pudessem aprender o verdadeiro folclore, a maneira de interpretá-lo, suas raízes. Faria isto com toda alma, sem cobrar nada. É um crime o que intérpretes de qualidade estão cantando e gravando, mambo, baião, etc.[23]

Terminando os anos 1950, o trabalho destes grupos que estiveram em cartaz desde finais da década de 1940, sofreria um desgaste natural, como a grande maioria dos gêneros massivos. Em *Ecran,* datam do final desta época, as primeiras matérias reclamando da falta de espaço para a música folclórica nas rádios chilenas. O período teve forte concorrência do bolero – que desde meados dos anos 1940 estava entre as preferidas dos ouvintes – da balada e do rock norte-americano que começava a ter suas versões com intérpretes nacionais.

Somente com o *neofolclore* se voltaria a escutar música folclórica chilena na mesma intensidade de antes. Com a renovação dos artistas e do público, representados, sobretudo, pela juventude, tinha início uma mudança radical nos meios de comunicação de massa. Foi nesta época que surgiram no Chile revistas musicais dedicadas aos ritmos da juventude como *Rincon Juvenil* e *Ritmo,* respectivamente de 1964 e 1965. Estes periódicos, de grande circulação, veiculavam informações que conectavam os jovens chilenos às tendências da música *pop* internacional e ao comportamento da juventude das metrópoles mundiais.

O surgimento de uma cultura jovem no final dos anos 1950 esteve relacionado a tensão entre o tradicional e o moderno, expressando-se num conflito geracional. A proposição de um "novo homem" era protagonizada pelos jovens, categoria até então inexistente. Uma nova forma de estar no mundo e relacionar-se com ele, passaria a relativizar o peso da tradição.

Como bem afirma Montesinos em *La juventud domesticada,*

> somente com a crise econômica das nações ocidentais após a Segunda Guerra nos anos 1950, e com o desenvolvimento de um modelo de consumo e a cultura pop nos 1960, a juventude começa a aparecer como categoria dissociada e ativa.[24]

Antes disso é inconcebível falar, por exemplo, de uma moda jovem. Até esse momento os jovens eram simplesmente adultos, como seus pais. A cultura jovem aparecia como uma

---

23. *Ecran* 08/06/1954 n. 1220, p. 18.

24. MONTESINOS, 2007, p. 8.

CONSUMO E ABASTECIMENTO NA HISTÓRIA 445

expressão a mais da individualidade, do desejo de liberdade manifestada em oposição às convenções sociais.[25]

A cultura jovem encontra-se, dessa maneira, atrelada à cultura de consumo como forma de construção de sua identidade e difusão de seus valores, a despeito de todos os discursos de oposição à sociedade capitalista, derivados deste movimento controvertido que foi a contracultura.

Neste cenário, numa tendência praticamente oposta às outras duas revistas citadas, surgia *El Musiquero*. No seu segundo número, em maio de 1964, o editorial explicitava a que vinha esta nova publicação. *El Musiquero* sairia em defesa explícita da musica folclórica nacional com a intenção de educar e convencer o ouvinte, sobretudo a juventude, da importância e superioridade deste repertório. Fica claro, também, que o alvo principal de seus ataques seria o gosto juvenil pelos ritmos importados, isto é, o rock. Assim, em suas páginas, o espaço concedido à música folclórica seria muito superior aquele reservado ao gênero nas revistas concorrentes.

Neste periódico pode-se acompanhar as disputas entre o tradicional e o moderno, iniciadas com as boas vindas dadas ao *Neofolclore* por aqueles que torciam pela longevidade de um repertório nacional, mesmo que renovado.

> Apesar de ainda hoje dominarem alguns conjuntos estrangeiros, na maioria dos rankings, resulta ser uma grata surpresa ver, acima destes conjuntos, artistas chilenos como Los Cuatro Cuartos ou Los de las Condes disputar popularidade com o rock e o twist, com suas autênticas tonadas chilenas. A qualidade destes intérpretes, somada ao feito certo de que um grande número de bons e novos conjuntos que se perfilam, nos faz crer que, por fim, os chilenos e especialmente a juventude, esta entendendo que o primeiro deve ser o nacional, quando realmente reúne qualidade e bom gosto e este é o caso que estamos vivendo.[26]

Um ano depois, assiste-se a detração destes mesmos grupos.

> O problema surge quando aparece Los Cuatro Cuartos, de cuja aparição derivou o termo neofolclore. O termo foi inventado por alguém, com que fim? Com que fim não importa, mas sim a ignorância de quem o inventou. O folclore não tem dois nomes, nem sobrenome. […] [Mas enfim] o novo termo foi cunhado. […] E hoje se fala em neofolclore com todo desembaraço, referindo-se a uma música interpretada por uma voz alta e harmonizações discutíveis, muito discutíveis, com um mínimo de parentesco com o folclore. E aqui estamos. Com vozes ligeiramente feminina, mas nascidas de

---

25. HOBSBAWM, 1995.

26. *El Musiquero*, n. 13 de abril de 1965, s/p.

varões. É isto que chamam de neofolclore... Um retorno às cantoras? Se me perguntam se o neofolclore tem futuro eu respondo que não.[27]

Esteticamente os grupos característicos de *Neofolclore* inovaram nos arranjos de vozes. Mais sofisticados que os seus antecessores, os grupos possuíam um tenor, dois harmônico, e um baixo (barítono ou baixo-tenor). Também mudaram os trajes. A maioria deles formados por jovens, vestiam-se de *smokey*, descartando a roupa de huasos dos conjuntos de música típica. Tomavam, assim, uma certa distância da cultura rural, não se assumindo como portadores desta tradição, tal qual seus antecessores – os interpretes da música típica. Alterou-se, ainda, a temática das canções. Extrapolando as letras que descreviam as paisagens chilenas e os temas românticos, incorporou-se a poesia de Patricio Mans e Rolando Alarcon, anunciando a presença de novos atores sociais, homens do povo, e novas paisagens, como os desertos do norte.

Dentre os grupos de *Neofolclore* que inauguraram a cena estiveram Los Cuatro Cuartos, Los de Las Condes e Las Cuatro Brujas. O sucesso desses conjuntos deveu-se também ao produtor musical Camilo Fernandes e seu selo Demon, responsável pela edição dos discos da nova geração de músicos dos 1960. Entretanto, vale lembrar que o termo *Neofolclore* foi, inicialmente, utilizado para designar todo tipo de releitura da típica musica folclórica, inclusive aquele repertório que em seguida representaria a Nueva Cancion Chilena.

No ano de 1964 era inaugurada a Peña de Los Parra. A iniciativa partia dos filhos de Violeta Parra ao lado de Alarcon e Patricio Manns agregando em seguida Victor Jara. A ideia era propiciar um espaço alternativo capaz de reunir jovens músicos chilenos e um público interessado num repertório que muitas vezes não se tinha oportunidade de ouvir nas rádios. A nova música folclórica incluía instrumentos andinos e propunha temáticas cada vez mais politizadas. Seus intérpretes eram geralmente homens, que se apresentavam sozinhos ou em grupos, trajados com o típico poncho andino. A *Peña* era frequentada por artistas e intelectuais de esquerda chilenos e estrangeiros, unindo arte e política.

Frente a tais novidades manifestaram-se, em *El Musiquero*, os defensores da autêntica música folclórica, avessos ao vínculo estabelecido entre canção popular e engajamento político:

> Tem o Chile um folclore próprio, autêntico, vigoroso e de força? Eram os precursores (Los Cuatro Huasos) formas débeis e sem força representativa do folclore chileno? São Los Quincheros expressões antigas, mesmo que renovada? [...] É mais valiosa uma canção de Atahualpa Yupanqui (comunista e hoje prospero comerciante) à de Eduardo Falú [...]? é mais importante cantar um contrabandista de gado do que uma moça de tranças longas?

---

27. *El Musiquero*, n. 32, agosto de 1966, p. 40-42.

[...] Algumas correntes políticas atuais estimam que a arte é um meio. [...] a arte não é um meio de politizar, a arte é uma forma de sentir e nada mais. [...]

Da nossa parte uma homenagem sincera a Bianchi, Clara Solovera, Flores Del Campo, Jaime Atria, Barros, Molinare e a tantos outros [...] que para fazer música chilena não olharam seus problemas políticos, nem seus fracassos, mas que criaram páginas cantadas que afortunadamente deram um prestígio ao Chile, que dificilmente poderão oferecer outros valores.[28]

As palavras acima eram dirigidas à Patricio Manns e suas recentes declarações num programa de TV. Manns, além de compositor era também escritor e colaborava com artigos para *El Musiquero*. Em dezembro de 1969, este periódico publicava um texto seu polemizando, justamente, a respeito dos critérios que, em cada época e circunstância, definia o que deveria representar ou não a autêntica música folclórica chilena. A despeito da extensão do excerto, o leitor terminará concordando que sua reprodução é insubstituível:

Aqueles que pensam que as discussões sobre folclore se iniciaram em tempos recentes, por efeito do choque entre o tradicional e o moderno, com as modernas formas de vida e o desenvolvimento de novos meios de acesso a cultura, e a industrialização dos fatores que possibilitam a orientação do gosto popular, estão equivocados. Remexendo em velhos escritos, revisando jornais, coleções e revistas [...] percebe-se que há tempos [...] ninguém está de acordo. Tornado possível que o mesmo fato suscite reações tão diferentes.

Comecemos por localizar o leitor, através de uma autorizada opinião no tema central destas notas: a zamacueca. Disse Luis Alberto Sanches, escritor, historiador, investigador e jornalistas peruano, descrevendo uma Lima colonial:

Entre as manifestações coreográficas daquela mistura (índio, negros e espanhóis), aparece a *zamacueca*. Dela derivam distintos bailes como por exemplo a *marinera* peruana, a *zamba* argentina e *cueca* chilena. A denominação cueca, derivada de zamacueca, foi abolida quando do conflito militar de 1879 [Guerra do Pacifico]. Passada a guerra, [...] se batizou como marinera a antiga zamacueca ou cueca. Tratava-se de apagar todo rastro de influência ou parentesco entre Peru e Chile [...].

Há muito mais coisas saborosas sobre isso. [...] A "Sociedade Filarmônica" criada em 1826 e integrada, entre outros, por Don José Zapiola, compositor nacional e autor do Hino de Yungay e de uma zamacueca famosa nos salões de então, "El negrito", proibiu toda dança de caráter popular caindo também sob a censura a zamacueca. Paradoxalmente o tema de Zapiola é, hoje em dia, um verdadeiro clássico do gênero. [...]

---

28. *El Musiquero*, n. 27, fevereiro de 1966, p. 3.

A Igreja, poucos anos mais tarde, mete-se na polêmica, através do bispo Manuel Vicuña, quem proscreveu a cueca qualificando como "coisa do pecado". Nos tempos atuais existem missas folclóricas e padres folcloristas.[29]

Para Manns a discussão entre o que é folclore não estaria pautada estritamente nas disputas entre o tradicional e o moderno. Na opinião do autor esta seria uma polêmica mais antiga. Desdobrando seu raciocínio, cita diferentes exemplos, situados em distintas épocas. Conta a história da zamacueca – ritmo do qual derivou a cueca chilena, a zamba argentina e a marinera peruana. De acordo com Manns, depois da Guerra do Pacifico o gênero, no Peru, foi denominado marinera no intuito de apagar qualquer parentesco com a cueca chilena. Na sequência, cita dois exemplos datados de censura sobre determinadas canções do repertório popular que posteriormente não só foram assimiladas como se tornaram representações clássicas da musica nacional.

Se, de fato, em outras épocas, a eleição dos gêneros válidos ou não como representação do nacional foi atravessada por operações ideológicas, não há como negar que a tensão entre tradicional e o moderno foi algo característico dos anos 1950 e 1960. Nestas duas décadas, as mudanças aceleradas que atingiam toda a sociedade, provocaram, de um lado, atitudes e comportamentos inovadores – manifestados em novas representações sociais, políticas e culturais – e de outro, ações reativas, que em defesa do *status quo,* proferiam um discurso de viés nacionalista em defesa da permanência.

Sobre o Festival da Nova Canção,[30] organizado em 1969 pelo radialista Ricardo Garcia, reunindo músicos afinados com esta nova tendência, novamente se pronunciaram os recalcitrantes:

> Acaba de terminar na capital um festival denominado *"nueva" canción chilena* [...] Estiveram presentes como participantes, doze autores, todos selecionados por Ricardo Garcia e que, por seus critérios, representavam o momento atual da canção chilena. Transcorridos os dias, pela primeira vez, queremos nos referir a este evento para manifestar que estamos totalmente de acordo com a ideia de dignificar e amparar o folclore, mas não concordamos, contudo, com a maneira como foi conduzido.
> [...] Acreditamos que não é possível falar de uma nova canção chilena, quando se trata de folclore. O folclore rançoso, é antigo, é nobre, vem desde as fundações não se pode fazer de novo. Está feito e é assim. Pode-se falar de novos temas com as velhas formas, mas jamais de uma nova canção chilena, porque parece que já temos nossas formulas e que são tradicionais, belas e verídicas.

---

29. *El Musiquero*, n. 78, dezembro de 1969, s/p.

30. Desde então, as canções com tais características comuns – temática política ou somente folclórica, cantado por vozes masculinas em grupo ou em solo e arranjos com instrumentos andinos, além dos tradicionais da musica popular chilena – passaram a ser denominadas *Nueva Canción Chilena*.

CONSUMO E ABASTECIMENTO NA HISTÓRIA   449

O propósito é laudatório, mas a forma não foi das mais convenientes. Oxalá em outras oportunidades a Universidade entenda que a canção chilena, não tem doutrina e nem pode buscar novidades. Já está feita e como está, está bem.[31]

A crítica é dirigida à Ricardo Garcia, reconhecido defensor da música popular chilena, e a maneira como conduziu o Festival. Discute-se a validade do termo Nueva Cancion Chilena, do mesmo modo que se questionou no passado a denominação *Neofolclore*. Como este último, a Nueva Cancion seria mais uma vez um desvirtuamento, uma ameaça à autêntica música folclórica. Afirma-se, ainda, que a "canção chilena não tem doutrina e nem pode buscar novidades", referindo-se provavelmente ao engajamento político do movimento.

A Nueva Cancion Chilena, justamente pelo seu engajamento políticos, não só desagradou os guardiões da tradição como também não chegou a se popularizar com a mesma intensidade que *Neofolclore* ou o rock chileno nos meios e comunicação. O que não impediu que com *Arriba la Cordillera* de Patricio Manns alcançasse absoluto sucesso de venda;[32] que as canções de Rolando Alarcon se tornassem populares e que Victor Jara tivesse canções premiadas no Festival de Viña del Mar.

A origem do movimento e seus desdobramentos estiveram, indubitavelmente, ligados ao fenômeno de massificação da música popular chilena e da cultura jovem. Se sua difusão foi mais restrita, todavia não deixou de acontecer. As grandes gravadoras, como a RCA-Victor e a Philips, investiram neste segmento ao mesmo tempo que era criada, em 1968, pela juventude comunista a DICAP – *Discoteca del Canto Popular* – garantindo espaço para os trabalhos dos músicos mais militantes, comprometidos com a candidatura de Allende pela Unidade Popular.

Considerações finais

A definição de um determinado repertório musical capaz de representar a identidade do povo chileno, tornou-se, durante as décadas de 1940, 1950 e 1960, uma tarefa abraçada por acadêmicos, políticos, críticos e produtores musicais, radialistas e artistas daquele país. Embora toda a acusação de deturpação do folclore fosse dirigida aos interesses espúrios do mercado, aos *disk jockeys* e aos sem compromisso com a cultura nacional, a importância dos meios de comunicação para a preservação e divulgação do cancioneiro popular foi fundamental. Se, por um lado, tais veículos não propagaram o *autêntico* imaginado pelos puristas acadêmicos, por outro, inventaram sua própria tradição. Com o surgimento da

---

31. *El Musiquero*, n. 92, junho de 1969, s/p.

32. O LP chegou a ser inclusive lançado no Brasil pela Copacabana com o título *El Sueño Americano*. Consta no disco somente o ano de edição no Chile, 1967.

genericamente denominada "nueva ola" – o neofolclore, o rock e a nova canção – os detratores das novas gerações elegeram a denominada "música típica chilena", leia-se, o folclore massivo, como representação da "verdadeira" música popular nacional.

A reprovação cairia, todavia, mais sobre a *nueva cancion*, que sobre o neofolclore, devido ao viés mais explicitamente político desta última. Não há duvidas que estas tendências juvenis que se polarizariam politicamente no final dos anos 1960, foram fenômenos que nasceram atrelados ao mercado e necessitaram de seus suportes tecnológicos para atingirem seus fins.

Portanto, os desdobramentos destas disputas em torno da autêntica música popular chilena demonstram que por traz da discussão o que estava, de fato, em pauta eram as controvérsias relacionadas à superação definitiva, após a Segunda Grande Guerra, de uma sociedade tradicional por uma outra, moderna, manifestada, esta última, nas tecnologias de comunicação que passavam a moldar as representações do nacional em função das novas demandas sociais, anunciando as mudanças políticas que atingiram o país.

Bibliografia

Radiomania, Chile, (1960-1965).

Revista Ecran, Chile, 1946-1959.

Revista El Musiquero, Chile, 1964-1969.

BELLO, H. "Decadência da musica popular". *Revista Musical Chilena*, n. 67, set./out. de 1959, p. 62.

CERTEAU, M. P. de. *A Escrita da História*. Rio de Janeiro: Forense Universitária, 2006.

DANNEMANN, M. "Los Problemas de la Investigacion Del Folclore Musical Chileno". *Revista Musical Chilena*, n. 68, maio/jun. de 1960.

GONZALEZ, J. P. y ROLLE, C. *História Social de la Musica Popular en Chile, 1890-1950*. Santiago: Ediciones de la Unversidad Católica de Chile, 2000.

MONTESINOS, D. *La juventud domesticada*. Madrid, 2007.

HOBSBAWM, E. *A Era dos Extremos. O breve século XX (1914-1991)*. São Paulo: Companhia das Letras, 1995.

PEREIRA SALAS, Eugenio."Considerações sobre El Folclore em Chile". *Revista Musical Chilena*, n. 68, set./nov./dez. de 1959.

ROLLE, C. *Dias de rádio Indústria cultural y sociedad en el Santiago de los años cuarenta.* mimeo, 2007.

TORRES, Rodrigo (ed.). *Aires Tradionales y Folkóricos de Chile.* Santiago: Universidad de Chile, Facultad de Bellas Artes, 2005.

ESTA OBRA FOI IMPRESSA EM SANTA CATARINA NA PRIMAVERA DE 2011 PELA
NOVA LETRA GRÁFICA & EDITORA. NO TEXTO FOI UTILIZADA A FONTE ADOBE
GARAMOND PRO EM CORPO 10,3 E ENTRELINHA DE 15 PONTOS